U0883258

浙江金融职业学院"985"工程二期(攀越计划)建设成果

金融高等职业教育理论与实践

主　编　盛　健　王　琦
副主编　郭福春　章安平

浙江工商大学出版社
ZHEJIANG GONGSHANG UNIVERSITY PRESS

图书在版编目(CIP)数据

金融高等职业教育理论与实践 / 盛健，王琦主编.
—杭州：浙江工商大学出版社，2014.6
ISBN 978-7-5178-0226-6

Ⅰ.①金… Ⅱ.①盛… ②王… Ⅲ.①金融学—教学研究—高等职业教育—文集 Ⅳ.①F830-53

中国版本图书馆 CIP 数据核字(2014)第 007726 号

金融高等职业教育理论与实践

主 编 盛 健 王 琦
副主编 郭福春 章安平

责任编辑 刘 韵
封面设计 许寅华
责任校对 何小玲
责任印制 包建辉
出版发行 浙江工商大学出版社
(杭州市教工路 198 号 邮政编码 310012)
(E-mail:zjgsupress@163.com)
(网址:http://www.zjgsupress.com)
电话:0571-88904980,88831806(传真)
排 版 杭州朝曦图文设计有限公司
印 刷 杭州恒力通印务有限公司
开 本 787mm×1092mm 1/16
印 张 23.25
字 数 551 千
版 印 次 2014 年 6 月第 1 版 2014 年 6 月第 1 次印刷
书 号 ISBN 978-7-5178-0226-6
定 价 49.00 元

浙江工商大学出版社营销部邮购电话 0571-88904970

基于文化视域的高职教育内涵发展研究(代序)

周建松

自20世纪末国家大力推进高等教育大众化进程以来,高等职业教育作为其中的重要组成部分得到快速发展,无论是办学规模还是在校生人数均已占据高等教育的"半壁江山"。然而,2010年以来,高等职业教育发展逐渐陷入了一种令人困惑的局面:一方面,《国家中长期教育改革和发展规划纲要(2010—2020年)》提出了"提高高等教育质量、大力发展职业教育、义务教育均衡发展"的三大发展战略,整个高职战线因为自身的双重属性定位而期待可以兼得两项政策实惠,然而,随着新一轮教育改革政策的出台,有关高职教育的推进举措力度却不大。与此同时,近两年部分高职院校遭遇生源危机,发展受到制约。对此,我们不得不提出这样两个问题:高职教育怎么了? 高职教育怎么办? 笔者拟基于文化视域,将高职教育发展作为一种内含着特定价值规定和行动规律的制度化过程分析和研究当前存在的问题,并提出建议和主张。

一、高等职业教育的生存现实:规模上的"半壁江山"与吸引力上的"弱势群体"

(一)发展脉络:议题与政策

众所周知,高等职业教育作为一个专门教育用词在我国出现大约只有30年的历史,国家真正开始有意识地发展高职教育则至多只有20年时间,直到2005年国务院发布《国务院关于大力发展职业教育的决定》,2006年实施国家示范性高等职业院校建设计划才真正走入快速发展时期。值得注意的是,现阶段被称为高等教育的一个类型的高职教育,在其短短30余年的发展历程中,虽然实现了跨越式的发展,一直处于议题中心,但是在政策上,尤其是同期教育财政投入上却并非处于重点发展的地位。大致而言,这种政策地位可分为两个阶段:

第一个阶段:从1985年中共中央召开第一次全国教育工作会议、颁布《中共中央关于教育体制改革的决定》至1994年第二次全国教育工作会议的近10年间,国家虽然明确了职业教育的发展方针,出台了诸多大力发展职业技术教育的政策,然而由于改革的重心落在"调整中等教育结构",中职教育发展是重头,且当时国家财政实力有限,因此,高职教育实际并未获得太多的财政投入，强调更多的是“多渠道、多层次、多样式”和“大家办”。恰在这一时期，高职教育从短期职业大学起步，在“三不一高”的体制、社会环境下艰难求生存，打下基础。

第二个阶段：20 世纪 90 年代中期以来，随着改革开放进程的加快，尤其是市场经济体制改革目标的确立，我国的高等教育体制改革不断走向深入。在 1992 年全国高等教育工作会议的推动和 1993 年颁布的《中国教育改革和发展纲要》（以下简称《教育规划纲要》）等重要文件的指引下，我国高等教育体制尤其是管理体制进行了一系列重大而深刻的变革，基本解决了我国高等教育宏观管理中“条块分割，多头管理”等问题，破除了部门办学，形成了中央和省两级管理，以省为主、统筹管理的新体制。90 年代后期，中央启动了建国以来的第二次教育结构大调整，大力推进高等教育大众化，通过“联合、调整、合并、共建”等形式优化高等教育结构，通过“改革、改组、改制”积极发展高等职业教育。这一时期，国家通过法律、政策明确了“高等职业教育是高等教育的重要组成部分，担负着为社会主义现代化生产、建设、管理、服务第一线培养高素质技能型人才的重任”，下放高等职业学校设置审批权限，高职教育在“三改一补”的基础上迅速发展，形成了“六路大军办高职”的局面。到“十一五”末期，高职院校数量超过本科院校，在校生规模则与本科生相差无几。到 2011 年，全国具有普通高等学历教育招生资格的高等职业学校数量达到 1276 所，占普通高等学校总数的 60%；全国普通高职院校招生数为 325 万人，占普通高等学校招生总数的 47.7%。[1]

应当看到，作为高等教育大众化的重要组成部分，高等职业教育得到了前所未有的快速发展，特别是为 850 万个家庭培养出第一代大学生，为大量小微企业提供了人力资源支持，为推动我国区域均衡发展做出了积极贡献[2]，使得高等职业教育在基本价值之外，增加了经济发展和社会人文价值，从而有助于深化普通民众对于高职教育的认识。但是，我们也必须正视这样的基本事实：第一，无论从改革开放以来职业教育的整体发展脉络，还是从高等教育大众化的发展格局来看，国家对高职教育的重要性认识和政策推进力度相对较弱；第二，从当前社会认同度来看，高等职业教育的吸引力、影响力依然十分有限，相对于普通本科教育而言，高职教育依然是“低级教育”，相对于“985 工程”“211 工程”院校而言，国家示范性高职院校依然是“弱势学校”。总体上看，高职教育虽总是与教育发展中心议题密切相关，但是在实际政策推动上远没有达到其应有的重要地位。

（二）发展模式：中央与地方

从高职教育本身的发展模式来看，“政府主导、学校主体、企业参与”是其基本特征，尤其是政府的政策指导和财政投入是推动当前我国高职教育大发展的决定性因素。但是具体到中央和地方的角色分工而言，则呈现出一个“中央给政策、地方出实力”的特征，如中央推动实施了国家示范性高等职业院校建设计划，确定发展目标与推进举措并给予财政资金投入，而地方政府则主要负责确定学校发展导向，提供配套资金，同时还为高职院校改善办学条件，提升教育质量，提供土地、人事、专项资金等多方面的支持，由此中央与地方紧密配合，对整个战略的顺利实施发挥了重要的拉动和动员作用。国家示范性高职院校建设计划先后立项 100 所学校，中央财政投入 30 亿元左右，拉动地方投入 100 多亿元，对提升高职教育的影响力、吸引力及政府和社会各界的支持，对高职教育内涵发展的推动和质量的提升产生了直接而深远的影响。

但是这种发展模式也存在着内在的矛盾,其中最根本的是,中央与地方毕竟对高职教育具有不同的认识和推进步调安排。就中央而言,大力发展高职教育,虽有加速高等教育大众化的现实考虑,但是更多的是基于职业教育之于提升劳动者素质,推动产业升级的正向关系认知而做出的国家战略决策。然而对地方政府而言(尤其是地市一级政府),办高职教育的主要着眼点并不在其"职业性"上(就培养产业工人、提升就业质量而言,中职教育反而更具比较优势),而在其"高等性"上,是一种出于认识到"大学"背后所蕴含的人才专家汇聚、科技文化内聚价值所产生的长远政治考虑,这就可以解释为什么当前地方政府在推动校企合作方面缺乏实质性的政策保障,而这一点恰恰是深化职业教育内涵的核心要素之一。

(三)发展预期:力度与路径

从政策导向层面而言,当前我国高等职业教育的基本政策是明确的,但是否已成为整个教育战线的共识则存在疑问。笔者认为,当前整个教育战线在高职教育发展政策和高职院校自身的发展预期两个问题上存在着一定程度的不协调。

第一,在当前高等职业教育的整体政策推进力度上有失落心理。《教育规划纲要》颁布之初,高职战线普遍存在着一种"要以半壁江山为基础,努力打造中国特色、世界水平的中国高等职业教育体系"的二次创业激情,但是随后的相关政策出台显然低于人们的普遍预期,加之2010年以来部分地区出现的生源短缺压力,更使高职院校的主办者和管理者产生了一定的受挫心理。当前最大的问题仍然是高职教育投入资金总体规模偏小,不仅远远比不上本科相关质量提升工程,即使是已承诺的相关政策落实,情况也十分严峻。

第二,在高职院校可持续发展的路径选择问题上存在矛盾心理。从理论上看,要破解当前高职教育发展难题,实现高职教育可持续发展必须思考路径选择,而恰恰在这个问题上,高职教育界对究竟应该是"提升层次、跨越发展",还是"安于现状、深化内涵"存在着相当大的分歧[3]。从相关政策看,国家对高职院校明确2020年之前不考虑"升本"问题,与之形成鲜明对比的是,新设民办本科院校或二级学院的"口子"则相对宽松,两相作用难免使高职院校产生自主发展吁求。如,尽管2011年以来的相关政策明确提出要深化"中高职衔接""推进中高职一体化",但是在具体实践当中,高职院校对此积极回应者并不多见,反倒是在探索与本科高校开展合作办学、联合培养"高职本科"的工作上,近年来的实践案例不在少数。

二、高等职业教育的发展视域拓宽与现实重构:文化视域的引入

笔者一直以为在规模上占据半壁江山以后,高职教育需要坚持类型特色,转向内涵发展。然而,要实现内涵发展,除了要确立人才培养的中心地位,扎扎实实地做好各项基本能力建设外,关键是强化对高职教育的自我认知,提升自我认同度和自主发展能力,用文化视域去审视和研究高职教育的发展路径,用文化内涵去凝聚和深化高职教育的发展共识,用文化价值去积聚和内化其发展动力。

（一）作为制度化过程的高职教育发展与文化视域的意义

要真正实现高职教育的内涵发展，首先必须明确究竟在何种意义上理解高职教育的"内涵"，恰恰在这一点上，我们还远远没有取得基本的共识。笔者认为，应当从制度的角度去理解高职教育，用制度化的原理去看待高职教育发展。所谓制度，最通俗的理解就是一种共同体的规范体系。任何一种制度，无论其自发形成的还是自主建构的，是正式的抑或是非正式的，均包括着价值、规则和实效三个基本的要素或视域[4]。其中，价值代表着制度所欲实现的某种目的或功能，可以说是理想的维度；规则代表着内部主体行动或交往时必须遵循的准则，可以说是应为的维度；实效代表着制度所产生的实际功效和作用，可以说是事实的维度。所谓的制度化过程，实际上就是制度内在的价值、规则和实效逐步在主体间内化并实现有效地自我认知、自我认同和自我发展的过程。由此而言，要准确、全面地理解高职教育的内涵必须明确其内在的价值、规则和实效，也就是我们常说的要从高职教育的基本规律出发去理解高职教育及其发展问题，而以往我们可能更多的是从高职教育发展的实效、从其投入—产出比、从量化指标上去认识和评估高职教育发展，甚至简单地将高职教育作为一种产业来看待，用产业化思维去指导和指引高职教育发展。

就当前而言，如果我们将高职教育理解为一种制度形态并从制度化的角度去考察高职教育发展，最为关键的任务就是要深入审视其文化价值内涵，拓宽其文化发展视域。文化实际上就是一种制度的核心价值，它既是一种人类交往的结果，同时也规定和影响着当下的社会生活。文化的基本功能在于自主意识的塑造（认知与区分）、自我价值的凝练（认同与整合）和自我发展的促成（激励与超越），其功能发挥主要途径是内在价值与意义的不断阐释和重构，它应当成为规则建构和实效评估的最终标准。[5]换言之，文化视域的引入意味着我们要不断地去追问和审视高等职业教育这一制度存在的自我价值和意义规定，强调主要从价值内涵去寻找实现自我发展和自我超越的路径，而高职教育当前之所以会存在发展的困惑，从某种意义而言，就是缺乏了一种文化发展视域的结果。

（二）文化视域下的我国高职教育发展现实

从制度内涵和文化视域审视高职教育发展的现实，我们至少会发现三个比较突出的发展瓶颈：

1. 自我认知不一。高职教育发展已经30多年了，但是关于高职教育究竟应该是一种什么类型的教育、高职教育应该培养什么人，如何培养人，实际上并没有形成一个明确的共识。不仅国家层面的政策性文件在不断地变换着关于高职教育定位的用词和提法，高职院校自身更没有深刻地去反思高职教育的本源是什么，而是习惯于简单地重复政策语言，或是用"行业、企业、职业、专业"等词汇"打包"概括，或是着力于用"专业"概念把自己同普通本科的"学科"概念区分开来。笔者认为，高职教育作为一个类型其最大的特点和特色就是技术技能的培养和职业素质的养成，强调实践性知识的掌握而非理论性知识的传授，因此必须加强实践教学，必须实施校企合作、工学结合。

2. 自我认同不足。高职教育作为一种新的教育类型，政府层面和社会层面对它认同不足是客观存在的，也是无可厚非的，因为任何一种制度都要通过其自身的发展逐步获得肯定,这一点绝非只要短短30年就可以实现。值得反思的是,高职教育战线本身存在自我认同不足甚至自我贬低的心理。在这样一种文化心理作用下,高职教育很难实现自主、良性发展。

3.自我发展不强。目前,国家已从法律和政策上明确了高职教育是一种独立的类型和未来强化现代职教体系建设的发展方向。当前的关键是努力构建一套符合高职教育特征的自主发展体系,真正彰显高职院校的主体意识和主动作为。但从实际情形看,高职院校的自主发展意识不足,自我发展能力不强,甚至无法从内部激励和凝聚发展力量,从高职教育自身的价值规定去设计其规则,评估其成效。笔者认为,高职院校既要盯着上面、外面,研究政府政策和企业需求,同时更要明白内部有什么,要研究高职教育的办学规律、办学模式和基本理论,运用正确的理论、正确的思维指导高职教育教学实践。

当然,这里我们主要从高职院校自身的角度去分析,由于其文化发展视域缺失所导致的发展瓶颈。其实,这样的分析角度同样适用于高职教育的主办者、管理者、高职教育产品的接受者以及一般社会大众事实,正是当前整个社会缺乏一种对高职教育基本价值的认知和认同,缺少对技术劳动者的尊重才形成了我们当前高职教育发展大环境的困惑局面。

三、未来的路径选择:基于文化自信的高职教育内涵发展

处于内涵深化阶段的高职教育必须在发展视域上有所突破,应当引入一种强调自我价值阐释的文化视角,必须追求创新驱动,通过自主的文化建构、制度创新和资源整合实现的内生型发展道路。就当前而言,笔者认为,首先要从文化自信入手,着力解决高职教育内涵发展的基本难题。

(一)道路自信:以类型特色为依归,坚持中国特色的高职教育发展之路

高职教育要实现内涵发展,首先是确立道路自信,要客观、积极地评价过去30余年里我国高职教育走过的跨越式发展道路,为我国经济社会发展做出的巨大贡献,明确发展高职教育既适合我国国情,符合我国经济社会发展的现实需要,也有利于经济结构调整和发展方式的转变。中国是一个人口大国,是一个世界工厂,发展高职教育是实现由人力资源大国到人力资源强国的必然选择,是实现由中国制造向中国创造转变的关键因素。与此同时,我们也必须理性地展望,我国的高等职业教育已经具备了良好的发展基础,明确了基本的发展方向,关键是坚持类型特征,强化创新驱动、内涵发展,只要我们沿着既定的目标前进,就一定能够实现高职教育的可持续发展。

(二)理论自信:以职业性为核心,强化高职教育的文化内涵

理论来源于实践,必须能够解释实践,更重要的是要引领实践,特别在我国这样一个职业教育历史较短、社会认同较低的背景下,增强理论自信显得尤为重要。职业是社会分工的结果,劳动的专门化和专业化是社会进步的重要标志,职业教育的根本目的在于培养专门人才,提升专业能力,促进社会进步。因此,职业教育理论必须回答和回应职业教育发展中的

现实问题，为职业教育的发展建言献策。高职院校应树立人人皆可成才的理念，以学生为本，把高职教育的基本理念内化为价值，深化为行动。

（三）制度自信：以内部整合为重点，加快现代职业教育体系建设

未来高职教育发展的重心在现代职业教育体系建设，成败在于能否实现内部整合。为此必须加强制度自信，真正确立一种职业教育和普通教育二元分离、协调发展的基本教育体制。一种制度要形成强大的文化影响力，必须要实现体系化。普通大学教育是一种在严密的理论知识分类和分层基础上建立的高等教育体系，职业教育应当以职业分类为基础，以专业性要求为层级来划分内部的体系结构，从而打破当前流行的以学历为核心的层级化构想。当前围绕着中、高职衔接还是中、高职一体化，高职院校升格还是应用性本科下移之类的争论实际上并没有切中体系建构的要害。事实上，我们应当看到不同的职业天然具有不同的教育学制要求，不能强求学制学历的统一性。同时，也只有确立以职业区分为基础的内部层级和结构设计原则，才能真正合理地解决高职院校当前普遍存在的发展预期不协调问题。

［参考文献］

［1］中华人民共和国教育部 2011 年全国教育统计数据［Z］.

［2］上海市教育科学研究院，麦可思研究院 2012 中国高等职业教育人才培养质量年度报告［M］. 北京：外语教学与研究出版社，2012.

［3］姜大源. 现代职业教育体系构建的理性追问［J］. 教育研究，2011(11).

［4］青木昌彦. 什么是制度？我们如何理解制度？［J］. 经济社会体制比较，2000(6).

［5］睦依凡. 大学与“大学文化”［J］. 求是，2004(8).

目　录

第一篇　教育教学探讨

第二篇　人才培养模式改革

第三篇 专业建设

第四篇 课程建设

第五篇 实践教学

第六篇 教育国际化

第一篇　教育教学探讨

关于加快发展现代职业教育的思考

周建松

[摘　要]改革开放以来,党和政府的政策支持是推动职业教育大发展的核心要素之一,从“大力发展职业教育”到“加快发展现代职业教育”是表述变化,表明了党的十八大以后党和政府关于职业教育发展的新的政策主张。即第一要义是“发展”,第二要义是“加快”,核心要义是“现代职业教育”。今后的关键是在准确理解党的十八大精神的基础上,努力推进五个方面的政策保障。

[关键词]教育政策;现代职业教育;加快发展

中国共产党第十八次全国代表大会是在我国进入全面建成小康社会决定性阶段召开的一次十分重要的大会。党的十八大报告对教育工作提出了一系列新思想、新要求、新任务,为我国各级各类教育改革发展指明了方向。“加快发展现代职业教育”,是实现全面建成小康社会各项目标、加快经济增长方式转变、缩小收入分配差距、改善民生的重要基础和保障,是对未来我国职业教育发展的总体性定位,必将对我国职业教育发展产生深远影响。事实上,改革开放以来,我国职业教育的发展与国家对发展职业教育的宏观政策引导息息相关,紧密关联,国家政策直接决定职业教育的发展目标定位、体制机制改革与财政投入保障,是左右职业教育发展的核心要素之一。因此,本文着力围绕近30多年来我国职业教育宏观发展政策表述,结合目前经济社会及职业教育发展的现状,对未来我国职业教育发展走向进行初步探讨,并在此基础上提出了当前政策背景下加快发展职业教育的对策性建议。

一、透视:“大力发展职业教育”的政策演进

教育作为一种公共产品,必须要通过公共政策来加以推动。一般而言,公共政策是指公共权力机关经由政治过程所选择和制定的为解决公共问题、达成公共目标,以实现公共利益的方案,其作用是规范和指导有关机构、团体或个人的行动[1]。就职业教育发展而言,改革开放以来,党中央、国务院高度重视职业教育,加强了对职业教育工作的领导和支持,研究解决职业教育发展中的重大问题,制定推动职业教育改革发展的大政方针,确立了职业教育的战略地位,明确了职业教育改革发展的指导思想、目标和思路。在大力发展职业教育政策的推动下,我国职业教育规模不断扩大,服务经济社会的能力明显增强,发展职业教育逐步成

为社会共识。

而支持这种政策动力的认识基础就是职业教育与经济社会发展紧密相关性，正如吴邦国同志在2002年第四次全国职业教育工作会议讲话中指出的那样，加强职业教育不仅是教育问题，也与经济工作有着直接而密切的联系[2]。规范和指导职业教育发展的方案是一项重要的公共政策，其表现形式包括法律、行政法规和规章、党的文件和国家领导人的指示、规划等，其内部结构既包含确立发展定位、领导体制、运行机制的大政方针，又包含支撑各个阶段重点工作的项目工程、质量标准、财政投入、人事保障、绩效评估等具体规定，由此系统持续地推进职业教育的改革和发展，以顺应经济社会发展的需要。笔者通过对指导我国职业教育发展政策（尤其是大政方针）的梳理，发现从1980—2010年，大力发展职业教育是国家一以贯之的方针，这在1985年以来党中央、国务院相关文件关于职业教育发展的表述可以得到初步印证（见表1）。

表1　1985年以来党中央、国务院相关文件关于职业教育发展的表述

时　间	文　件	表　述
1985-5-27	《中共中央关于教育体制改革的决定》	职业技术教育恰恰是当前我国整个教育事业最薄弱的环节，一定要采取切实有效的措施改变这种状况，力争职业技术教育有一个大的发展
1991-10-17	《国务院关于大力发展职业技术教育的决定》	必须高度重视和大力发展职业技术教育，积极贯彻大力发展职业技术教育的方针
1993-2-13	《中国教育改革和发展纲要》	各级政府要高度重视，统筹规划，贯彻积极发展的方针，充分调动各部门、企事业单位和社会各界的积极性，形成全社会兴办多形式、多层次职业技术教育的局面
1994-7-3	国务院关于《中国教育改革和发展纲要》的实施意见	大力发展职业教育，逐步形成初等、中等、高等职业教育和普通教育共同发展、相互衔接、比例合理的教育系列
1996-5-15	《中华人民共和国职业教育法》	第三条，职业教育是国家教育事业的重要组成部分，是促进经济、社会发展和劳动就业的重要途径。国家发展职业教育，推进职业教育改革，提高职业教育质量，建立、健全适应社会主义市场经济和社会进步需要的职业教育制度
1999-1-13	《面向21世纪教育振兴行动计划》	积极发展职业教育和成人教育，培养大批高素质劳动者和初、中级人才，尤其要加大教育为农业和农村工作服务的力度。依据《中华人民共和国教育法》和《中华人民共和国职业教育法》，要努力建立符合我国国情特点的职前与职后教育培训相互贯通的体系，使初等、中等和高等职业教育与培训相互衔接，并与普通教育、成人教育相互沟通、协调发展
2002-9-24	《国务院关于大力推进职业教育改革与发展的决定》	为进一步贯彻落实《中华人民共和国职业教育法》和《中华人民共和国劳动法》，大力推进职业教育的改革与发展，在我国加入世界贸易组织和经济全球化迅速发展的新形势下，要狠抓职业教育，抓出成效。力争在“十五”期间初步建立起适应社会主义市场经济体制，与市场需求和劳动就业紧密结合，结构合理、灵活开放、特色鲜明、自主发展的现代职业教育体系

续表

时 间	文 件	表 述
2004-3-3	《2003—2007 年教育振兴行动计划》	实施"职业教育与培训创新工程",大力发展职业教育,大量培养高素质的技能型人才特别是高技能人才,以就业为导向,大力推动职业教育转变办学模式
2005-10-28	《国务院关于大力发展职业教育的决定》	为进一步贯彻落实《中华人民共和国职业教育法》和《中华人民共和国劳动法》,适应全面建设小康社会对高素质劳动者和技能型人才的迫切要求,促进社会主义和谐社会建设,大力发展职业教育
2010-7-29	《国家中长期教育改革和发展规划纲要(2010—2020 年)》	大力发展职业教育。到 2020 年,形成适应经济发展方式转变和产业结构调整要求,体现终身教育理念、中等和高等职业教育协调发展的现代职业教育体系,满足人民群众接受职业教育的需求,满足经济社会对高素质劳动者和技能型人才的需要。政府切实履行发展职业教育的职责

在 30 多年来改革开放过程中,职业教育对于经济社会发展的重要意义不断凸显,我国先后五次召开全国性职业教育工作会议,部署职业教育发展大局。我们在改革开放以来召开的全国职业教育工作会议关于职业教育发展的表述中也可以看出这种大力发展职业教育政策的延续性(见表 2)。

表 2 改革开放以来召开的全国职业教育工作会议关于职业教育发展的表述

时 间	会 议	表 述
1986 年	第一次全国职业技术教育工作会议	调整中等教育结构,大力发展职业技术教育
1991 年	第二次全国职业技术教育工作会议,国务委员李铁映作题为《大力发展职业技术教育,促进我国经济建设和社会发展》的工作报告	
1996 年	第三次全国职业教育工作会议,李岚清副总理讲话:《努力开创职业教育工作新局面》	大力发展职业教育是提高劳动者素质和实现现代化的迫切要求,是优化教育结构、提高教育整体效益的根本措施,是促进劳动就业、深化企业改革的重要条件。重点发展中等职业教育,积极发展高等职业教育。大力发展职业培训,建立健全职业学校教育与职业培训并举,并与其他教育相互沟通、协调发展的职业教育体系
2002 年	第四次全国职业教育工作会议,朱镕基总理讲话:《职业教育要在新形势下取得更大发展》	职业教育是教育事业中与经济社会发展联系最直接、最密切的部分。大力发展职业教育是适应产业结构调整的需要,是适应企业提高产品质量和效益的需要,是适应扩大就业和再就业的需要
2005 年	第六次全国职业教育工作会议,温家宝总理讲话:《大力发展中国特色的职业教育》	大力发展职业教育,既是当务之急,又是长远大计。大力发展职业教育是推进我国工业化、现代化的迫切需要,是促进社会就业和解决"三农"问题的重要途径,也是完善现代国民教育体系的必然要求。坚持走中国特色的职业教育发展路子逐步形成完备的现代职业教育体系

二、审视："加快发展现代职业教育"的政策含义

笔者以为，党的十八大之所以在30多年"大力发展职业教育"的基础上调整使用了"加快发展现代职业教育"的表述，并特别新用了"现代职业教育"的概念，无论从理念上、政策上、学理上都是有重要意义的。

（一）加快发展现代职业教育的第一要义仍然是"发展"

职业教育一直在中国不受重视，一说职业教育，往往把它与低层次教育、低水平教育、低质量教育连在一起。从这个角度看，党的十八大提出加快发展现代职业教育，首先把职业教育的发展基调进一步明确。也就是说，牢牢抓住发展这一要义坚定不变，并且要扩大职业教育的范畴，拓展职业教育的内涵。就职业教育发展这个视角看，30多年来，我国的教育政策是坚定不移的，并且在不断推进的。就发展本身，笔者认为，它也有其丰富内涵。第一，发展意味着规模的稳定和扩大。为此，教育部颁布的《关于全面提高高等教育质量的若干意见》等有关文件和教育部近年的工作安排中多次明确，高等教育规模新增部分主要用于高等职业教育和专业硕士，针对部分省市高等职业教育招生中出现的一些异常情况，国务院和有关部门也在积极采取相应措施，其核心就是要保住发展的政策不变，发展的规模不变。第二，发展同时必须解决结构问题。在人才紧缺阶段，发展的重点和前提是规模，这无疑是正确的，当规模发展到一个阶段后，如何优化职业教育人才的层次结构、专业结构以及一定意义上的区域结构就显得非常重要。正是从这个意义上说，在某些领域，发展高职比中职更重要，在部分领域，发展本科层次比发展专科层次更迫切，至于专业布局的优化问题，更显得非常迫切。第三，发展离不开质量。尤其是当规模和摊子到一定时候，必须把工作重点和重心转移到内涵建设和提高质量上来，提高人才与经济社会需求的匹配度和适应性，提高用人单位的满意率等。第四，发展的同时必须讲求办学效益。尽可能通过优化专业、人才、区域结构，实行分类管理等路径，提高职业教育办学的经济效益和社会效益，以综合效益的提高来彰显发展的成果，实现规模、结构，质量与效益的统一。

（二）加快发展现代职业教育的第二要义是"加快"

与连续30多年的"大力发展"相比，"加快发展"职业教育，一方面说明过去30多年我国职业教育发展取得了巨大的成就，另一方面也说明与中央的部署和要求相比，职业教育仍是教育体系中的薄弱环节。相对于产业转型升级的紧迫要求，落后的职业教育理念，割裂的职业教育体系，失衡的教育资源，低效的管理运行机制以及单一的师资结构等，都需要"加快发展"以实现职业教育从规模扩张向内涵发展的转变，实现职业教育健康、协调的发展，使职业教育成为工业化、信息化、城镇化和农业现代化同步推进的重要支撑。可以说，"加快发展"现代职业教育具有更为重要的意义，具有更为丰富的内涵，它至少表现在：第一，加快发展比大力发展更迫切、更主动的意思。虽然，大力发展和加快发展这说明了党和政府在政策层面

要进行主观引导，制定政策导向的意思，但应该说，“加快发展”现代职业教育的提法表明国家对职业教育发展更加迫切。第二，使用“加快发展”这个词，说明了我们对职业教育的客观需求的认识上升到了一个新的高度。即中国经济社会发展和转型升级更需要有一大批高素质高技能职业教育培养的人才，或者说，我们现在的职业教育从政策力度、经费保障、专业结构、人才层次、培养质量等尚不能很好适应经济社会发展的需求，必须采取更加有力的措施，需要加快速度、加大力度、加大强度。第三，加快发展意味着我们要在政策、资金等发展要素上采取更加有力的措施。如增加职业教育的经费投入，提高技能型人才的社会地位和经济待遇。第四，加快发展意味着我们要从多视角促进职业教育的发展，不仅要研究中等职业教育、专科层次的高等职业教育，还要探索更高层次的职业教育。也就是说，要积极探索职业教育体系，形成科学完整的职业教育发展链。

（三）加快发展现代职业教育的核心要义在“现代”两字

教育现代化是传统教育向现代教育转化，是一种动态的、不断发展的过程，是教育思想、教育发展水平、教学体系、办学条件、师资队伍等各个方面的现代化。从国际上看，现代模式的职业教育更加强调职业教育与终身学习、创新性、可持续发展以及人类的幸福生活的关系。使用“现代”两字来研究职业教育的发展问题，我们以为，它具有里程碑意义，包含着一系列发展职业教育的理念和思想。《国家中长期教育改革发展规划纲要》明确提出，到2020年，形成适应经济发展方式转变和产业结构调整要求，体现终身教育理念，中等和高等职业教育协调发展的现代职业教育体系。笔者认为，加快发展现代职业教育中的现代职业教育至少应包括如下含义：第一，现代职业教育是指适应现代生产方式和现代产业组织形式的职业教育，也就是建立在分工协作劳动基础上的社会化大生产相适应的职业教育。正因为这样，分工协作、协同精神等培养显得十分重要。也就是说，现代职业教育必须适应社会化。第二，现代职业教育必须与信息化相适应，也就是信息化技术支持支撑的职业教育，即使是弘扬传统文化和工艺的相关职业，也必须具有现代化、信息化理念。也就是说，职业教育必须面向未来，积极推进信息化。第三，现代职业教育必须具有国际视野，积极推进国际化。因为，经济的全球化和国际化，必须要求我们培养的人才在思维方式和行为习惯上具有国际视野，许多标准和规划要具有符合国际通行惯例的特征，国际化非常重要。第四，现代职业教育必须体系化，体系化标志着适应校企融合、兼普融通、中高协调，必须适应经济、经济发展方式和产业结构调整要求，方式多种多样，学制可长可短，通道畅通立交，尤其是更高层次、更具有完整体系意义的职业教育应该得到重视。

三、展望：“加快发展现代职业教育”政策期待

认真学习贯彻党的十八大精神，我们不仅要重视对加快发展现代职业教育的理解，更要研究推动加快发展现代职业教育的措施，并努力在体制机制上真正构建起教育发展保障体系。改革开放以来的历史经验证明，职业教育发展离不开党和政府在大政方针和具体举措两个层面上加以推动和保障，就当前而言，亟待改进的工作包括：

(一)努力形成重视和发展职业教育的良好氛围

应该说,我国有比较系统的职业教育概念形成已经有 20 多年,国务院大力发展职业教育也已经有 30 多年的历史。其间,国家从法律角度,政府从政策推动角度都采取了相应的较为积极的举措。但不可否认的是,时至今日,全社会对职业教育的理解和认识仍然存在许多偏差,职业教育是低层次、低水平、低质量的教育,是面向人人、更是面向穷人的教育等观念仍在众多人心中作怪。中考低分读职业教育,高考低分读高职教育的情况非常普遍,许多用人单位也把职业教育的毕业生放入另册。因此,要积极推进加快发展现代职业教育的目标的实施和实现,首先必须在全社会崇尚职业教育与普通教育平等乃至职业教育光荣的理念,在更大范围内理解和发展职业教育,以更加优厚和支持的措施落实和提高职业教育毕业生的地位和待遇。事实上,重视职业教育的深层次问题在于重新研究和提倡劳动光荣,尊重劳动、尊重创造、尊重劳动人民的首创精神,把发展职业教育与崇尚劳动光荣联系起来看发展和加快发展。

(二)采取有力措施改善职业院校办学条件

由于受低层次、低水平思想的影响,职业院校的低地位和低投入也成为必然,相应的,职业院校办学条件的低水准和低档次也成为自然。正因为这样,人们看不起,不重视职业教育已成为必然。所以,采取有力措施,努力改善职业院校办学的条件,提高职业院校装备水平,应当是当务之急,具体应至少包括:第一,大力提高职业院校经费拨款水平,加大财政支持力度,为改善职业院校办学条件提供前提。第二,采取积极措施优化职业院校的校园条件,包括占地面积、建筑面积、实验实习条件、校园环境建设,尤其是要及时把先进的仪器设备引入学校,体现现代化水平。第三,通过校企合作等路径建立职业院校先进办学条件的形成机制。比较科学合理的办法是,继续实施职业院校行业管理体制,把职业教育纳入行业发展规划,努力实现其与行业发展的同步和协调。

(三)千方百计提高职业院校办学和管理水平

由于职业院校存在种种情况,不仅难以吸引优质的生源,也难以吸引优质的师资,在解决办学经费和条件的同时,我们就要同时研究切实提高职业院校教育质量、办学水平和管理水平问题。第一,要加大师资队伍建设的投入,把培养一支具有较强信息化能力、国际化视野的具有较强专业化能力的职业院校师资队伍当作建设重点,提高待遇、增强吸引力,加大培养、增强适应力,应该引起我们切实的重视。第二,要切实深化教育教学改革,包括探索建立与经济产业发展相适应的专业建设机制,适应现代职业发展需要的课程模式,重视和加强公共道德与职业道德相适应的素质教育体系等,切实推动教育教学的水平。第三,加强职业院校管理机制创新和管理队伍建设,加强职业院校基础性管理和制度建设,提高职业院校管理水平,切实推动学校办学水平和综合效能的提高。

(四)努力建设一批高水平的带头学校

从全国范围内,加快发展现代职业教育是一项较长时期的系统工程,需要达成共识、加大投入、积极推进，以推动整个水平的提高。与此同时，为了给整个职业教育战线和全社会产生正影响力，鼓舞职业教育的士气，培养和打造一部分高水平的职业院校，以其发挥引领带头作用，也十分必要。为此，我们建议：第一，继续按照国家示范性高等职业院校建设的思路，在此基础加大投入和政策引导，形成一批国内国际均具影响力的高水平的高等职业院校，起到标杆作用。第二，提倡和鼓励示范性高等职业院校积极创造条件在若干专业或者整体上升格举办更高层次的高等职业教育，以提高这些学校的社会地位和社会影响力。第三，鼓励国家示范性高职院校通过联合等路径组建高水平职业教育联盟，推进校企综合性集团化和共生态办学。总之，要经过一段时间的努力，建设一批示范性、旗帜性、高水平、大品牌高职院校，切实增强职业教育影响力。

(五)积极创造条件推进本科乃至更高层次职业教育的形成

任何一种教育形式，如果只是“断头的”、不成体系的，必然会给学生发展造成障碍，难以有吸引力和生命力。中国的职业教育目前只有中职和专科两个层次，显然已经成为一个发展障碍。对此，一大批有识之士已经意识到问题的存在，并正在积极进行呼吁，国家也在研究相关措施，但现在认识上没有形成统一，必须积极创造条件加以解决。我们的建议是：第一，从更大范围、更高层次发展职业教育角度看，把一大批新升本学校纳入高等职业教育是可行的，必须加快进程。第二，调动和发挥现有高等职业院校的积极性，并发挥其作用，鼓励并创造条件让现有一批较高水平的高职院校升格为本科层次也是恰当的，必须有所突破。第三，要真正把职业教育尤其是高等职业教育发展好，教育部有必要建立高等职业教育司或高教二司，以统筹并把加快发展现代职业教育文章做得更好。

[参考文献]

[1] 威廉·N. 邓恩. 公共政策分析导论[M]. 北京：中国人民大学出版社，2002.
[2] 吴邦国. 在 2002 年第四次全国职业教育工作会议的讲话[N]. 人民日报，2002-7-31.

浙江金融职业学院高等职业教育研究十年综述(2003—2012)
——基于14种全国高等教育类中文核心期刊发文的计量分析

周建松　陈正江

[摘　要]本文采用文献计量方法，以2003—2012年浙江金融职业学院在14种全国高等教育中文核心期刊发表的论文作为数据来源，梳理学院十年来高等职业教育研究概况及特点，从研究领域、研究主体、研究方法三方面对文献展开分析，总结经验、反思不足并提出改进建议。研究结果显示，十年间，学院高等职业教育研究论文数量呈线性增长态势，未来可能表现为数量稳定在一定区间，学术影响力进一步提升；研究领域由教育政策、办学模式等宏观议题逐步向人才培养模式改革、专业建设、课程建设等中观和微观内容等方面转移；研究主体从相对单一群体逐步向多群体转变，中青年研究者成长较快；研究方法从单纯的对教学实践的经验总结向多学科视角的教育现象分析转化。以上变化趋势表明，学院高等职业教育研究正在逐步走向规范和成熟。

[关键词]浙江金融职业学院；高等职业教育研究；文献计量；领域；主体；方法

导　言

高等职业教育作为一种教育类型，肩负着为生产、管理、服务等领域基层一线培养高端技能型人才的重任，正在成为区域经济社会发展的强大助推器。浙江金融职业学院(以下简称“学院”)是我国高等职业教育大发展中的一个样本，2003年到2012年十年间，学院办学成效显著，高等职业教育研究(以下简称“教育研究”)成为学院办学特色之一，特别是在14种全国高等教育中文核心期刊发表论文数连续六年位居全国高等职业院校首位。高等职业教育具有“高等性”与“职业性”，这是高职院校的普遍属性，同时具有鲜明的“区域性”与“行业性”，这是高职院校的特殊属性，正是由于这种特殊属性，决定了每所高职院校都需要立足自身实际开展研究。教育研究对高等职业教育实践起到解释、指导和预测作用。教育研究激发了学院活力，扩大了学院影响。如果将十年作为一个中长期的历史发展过程，有必要对其进行审视与评估，那么在这个意义上说，本研究可以理解为对学院教育研究的研究。

一、研究思路与方法

(一)研究思路

近年来,教育研究在多学科支持下取得了长足的进展,将计量分析应用于院校研究,为教育理论与实践提供了一种新的方法和路径。本文通过对学院十年来在 14 种全国高等教育中文核心期刊发表论文的检索、计量和分析,梳理学院高等职业教育研究发展概况及特点,通过研究领域、研究主体、研究方法三个维度分析学院高等职业教育研究内容,总结经验、反思不足,并提出改进建议,目的是为进一步推动学院高等职业教育研究的理论创新和实践探索,促进学院科学发展。

(二)采用的方法

根据权威性的标准,我们选择了北京大学图书馆编目认定的《中文核心期刊要目总览》(第 3—6 版)①,14 种高等教育类中文核心期刊的选定依据为《中文核心期刊要目总览》G64。之所以选择这些期刊上的论文作为分析对象,主要是基于以下两方面的考虑:一方面,浙江金融职业学院 2003 年被评为浙江省第一家高职高专人才培养工作优秀等级学校,标志着学院开展高等职业教育具备了良好的基础;另一方面,评价标准作为分析的一个维度,由于这些期刊上被视为高等教育类核心期刊,它们所刊载的论文也就当然地被认为是各种评价指标或征引权威依据的标准文本,进而这些论文在既有的学术体制内也有着基本的权威性。总之,对全国中文核心期刊所收录的高等教育类核心期刊中发表的这些论文进行分析和检索,至少可以使我们认识到学院这十年办学内涵发展与教育科学研究之间的大体关系。

文献检索和计量具体方法和步骤为:借助中国知网(CNKI)数据库资源,首先以第一作者单位——“浙江金融职业学院”为关键词进行检索,接着分别以刊名对 14 种全国高等教育中文核心期刊所刊发的论文进行检索,以上两种检索要求均为精确匹配,然后初定学院从 2003 年 1 月到 2012 年 12 月在全国 14 种高等教育中文核心期刊发表的论文篇名,最后参照《中国高教研究》编辑部 2003—2012 年十年间对全国高等学校教育科研论

---

① 北京大学《中文核心期刊要目总览》分别于 2000、2004、2008、2012 年发布第三版、第四版、第五版和第六版。第三版中 14 种全国高等教育中文核心期刊为中国高等教育、中国高教研究、高等工程教育研究、高等教育研究、高等师范教育研究、高教探索、高校理论战线、黑龙江高教研究、吉林教育科学·高教研究、江苏高教、辽宁高等教育研究、清华大学教育研究、上海高教研究(教育发展研究)、学位与研究生教育。第四版在第三版基础上剔除了吉林教育科学·高教研究和辽宁高等教育研究,新增现代大学教育、北京大学教育评论。第五版在第四版基础上剔除清华大学教育研究、北京大学教育评论、高等师范教育研究和高校理论战线,新增复旦教育论坛、中国大学教学、吉林教育科学、高教研究和辽宁教育研究(现代教育管理)。第六版在第五版基础上剔除现代教育科学·高教研究,新增大学教育科学。

文的统计分析[①],确定论文篇目及数量。因为这些数据都包含着丰富而有价值的信息,我们尝试通过数据采集,并从文本的角度分析这些数据,揭示数据背后的关系,将其变成有用的信息。

二、基本数据分析

(一)数量

学院于2000年6月升格为高等职业院校,开始了举办高等职业教育的探索与实践。2002年1月正式建院后,当年发表论文1篇[②],2003年发表论文1篇,自2005年起,发文数量呈快速增长态势,先人一步,快人一拍,驶上快车道。从3篇上升到2012年27篇,数量增长了8倍,十年累计在14种全国高等教育类中文核心期刊发表文章178篇。从十年总量而言,可谓多产,从单年统计而言,可谓高产。这在篇名(题目)可以得到初步判断,并从2008年开始,连续六年保持高位稳定发展势头(见表1和图1)。

表1　2003—2012年浙江金融职业学院在全国高等教育中文核心期刊发表论文年度分布

年份	2003	2004	2005	2006	2007	2008	2009	2010	2011	2012	合计
篇数	1	0	3	11	12	24	31	31	38	27	178

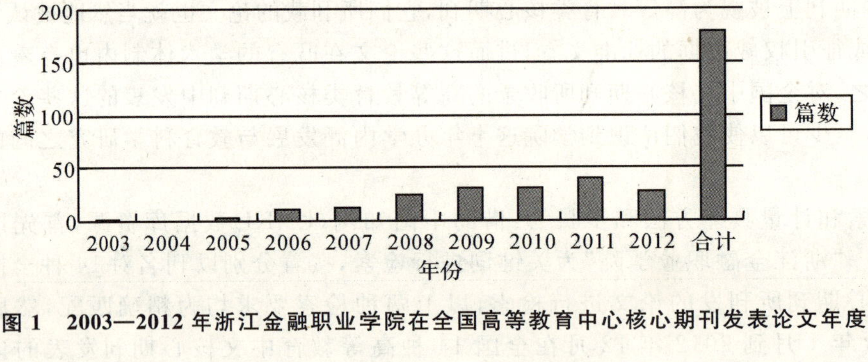

图1　2003—2012年浙江金融职业学院在全国高等教育中心核心期刊发表论文年度分布图

(二)排名

《教育部关于全面提高高等职业教育教学质量的若干意见》(教高〔2006〕16号)指出,要把学校的发展重心放在内涵建设、提高质量上来。教育科学研究是学校内涵建设的重要组成部分,同时也是提高人才培养质量的重要支撑。《2007年全国高等学校教育科研论文统

---

① 《中国高教研究》编辑部自2003年开始进行全国高等教育科研论文的统计分析,2003年发布的是2000—2002年三年数据的统计分析,此后每年对上一年度数据进行统计分析。本文所作的统计数据与其在某些年份略有出入。

② 周建松:《经济管理类高职实践性教学的难点及对策》,《黑龙江高教研究》,2002年第4期。

计分析》指出，高职高专院校的高等教育科研亟待加强。《中国青年报》曾开展过高职院校要不要提倡科学研究的大讨论。我们认为，教育科学研究，能使教育理论研究跟上教育实践发展的步伐，并能更好地指导教育实践。我们关注学院高等职业教育研究的发展过程，也关注发展结果。学院在 14 种全国高等教育类中文核心期刊发表文章数量在全国普通高等院校中排名迅速提升，由 2005 年的排名 300 位左右跃升到近年来连续排名 15 名以内，大大提升了学院在全国高校中的知名度(见表 2 和图 2)。

表 2　2003—2012 年浙江金融职业学院全国高等教育中文核心期刊发表论文在高校排名

年份	2003	2005	2006	2007	2008	2009	2010	2011	2012
排名	470—500(估计数)	270—300(估计数)	84	52	20	14	14	11	12—14(估计数)

注：因 2004 年未在 14 种全国高等教育中文核心期刊发表论文，不计排名。

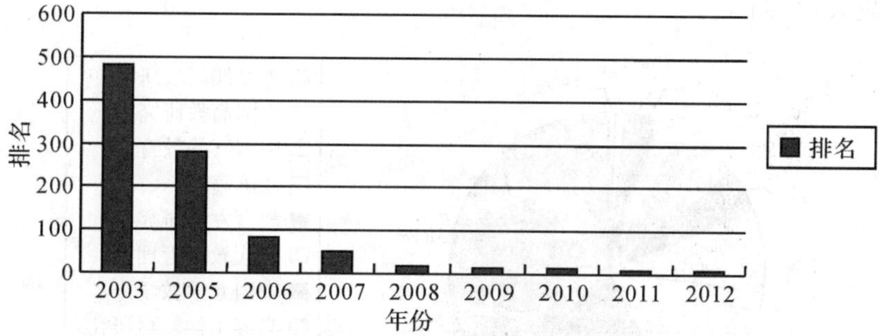

图 2　2003—2012 年浙江金融职业学院全国高等教育中文核心期刊发表论文在高校排名

2006 年，教育部、财政部开始实施“国家示范性高等职业院校建设计划”，全国高等职业院校呈现出千帆竞发、百舸争流的发展图景。经过层层遴选，学院被教育部、财政部确定为首批“国家示范性高等职业院校建设计划”立项建设单位，提出打造中国金融高职第一品牌，引领服务类高职院校发展的目标。示范性高职院校要能真正成为发展的模范、改革的模范、管理的模范，走出一条中国特色的高职发展之路，必须下大力气推进高职教育科研的发展。通过高等职业教育研究提供具有理论指导价值的成果，发挥国家首批示范院校引领、辐射和带动作用。2007—2012 年学院在 14 种全国高等教育中文核心期刊发表论文数连续六年位居全国高职院校第一名(见表 3 和图 3)。

表 3　2003—2012 年浙江金融职业学院全国高等教育中文核心期刊发表论文在高职院校排名

年份	2003	2005	2006	2007	2008	2009	2010	2011	2012
排名	14	14	2	1	1	1	1	1	1

注：因 2004 年未在 14 种全国高等教育中文核心期刊发表论文，不计排名。

(三)论文发表刊物分布

从 2003—2012 年，连续四次都入选 14 种全国高等教育中文核心期刊的有高等教育研究、高等工程教育研究、中国高等教育、中国高教研究、教育发展研究、江苏高教、黑龙江高教研究、高教探索和学位与研究生教育等 9 种刊物。2000—2012 年第四版的《中文核心期刊

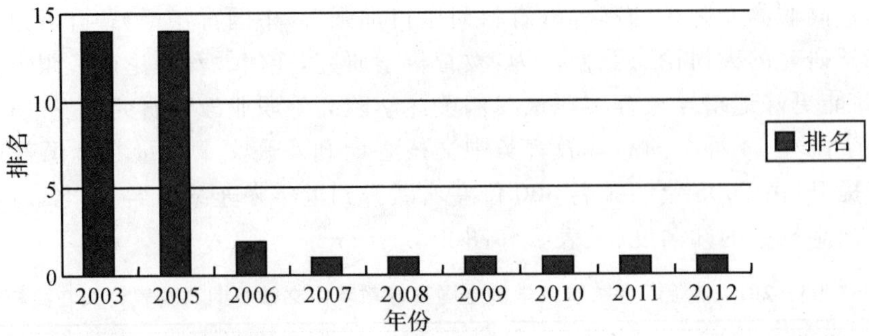

图 3　2003—2012 年浙江金融职业学院全国高等教育中文核心期刊发表论文在高职院校排名

要目总览》共计收录了 17 种高等教育类中文核心期刊，学院在 12 种全国高等教育中文核心期刊有论文发表（见图 4）。

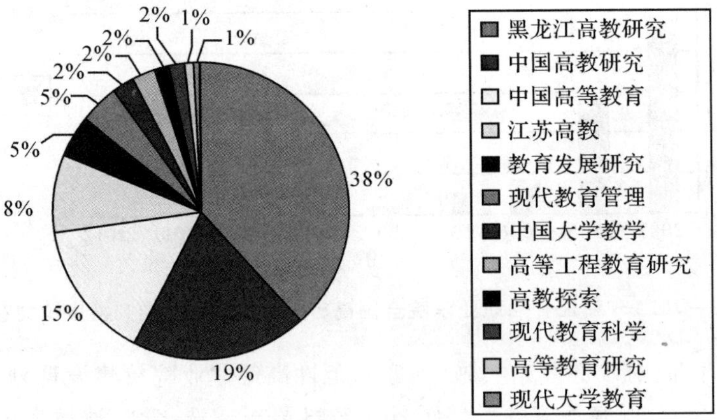

图 4　2003—2012 年浙江金融职业学院全国高等教育中文核心期刊发表论文刊物分布图

三、研究领域分析

作为一种教育类型，高等职业教育的内涵极其丰富，外延也十分宽泛，它跨越了职业与教育、高等教育与职业教育、企业与学校、工作与学习的界域，是“跨界”的教育、开放的教育，具有系统性和复杂性。[①] 研究领域是研究客体的集合，客体是哲学范畴的概念，指存在于主体之外的客观事物，是主体认识和实践的对象。高等职业教育研究领域不仅涉及宏观的确保其权威地位的体系、制度、管理等框架性结构层面的内容，还涉及中、微观的确保其有序运行的教学、科研、服务、评估等进行性的机制层面的内容。因其研究领域非常广泛，人们对高等职业教育的认识和理解需要经历一个逐步深入的过程。认识和理解高等职业教育的立足点是学校，高等职业教育发展隐含的规律性只有通过教育科学研究才可能被发现和掌握。

① 姜大源：《职业教育必须有跨界思考》，《中国职业技术教育》，2009 年第 3 期。

我们通过对主客关系的表达描述呈现了事物的关系发生，通过一定的途径、步骤和手段达到认识高等职业教育的目的。从实践中来，到实践中去。高等职业教育的实践发展需要教育科学研究提供理论指导和理性支撑，而科学的理论来自对事物发展规律的探索和研究。

在对这14种高等教育类全国中文核心期刊进行检索以后，我们可以发现：所有这些论文主要围绕高等职业教育这样的问题展开论述和分析，诸如教育政策与院校办学、人才培养与专业建设、师资队伍建设、实验实训条件建设、校企合作、教学质量保障等等。需要指出的是，这里的篇名（题目）既包括正标题，也包括副标题。十年间，学院教师从办学实践出发，从不同的视角，采用不同的研究方法探讨高等职业教育的现象，这些论文很大程度上体现出一种探索和改革的趋向。在更深刻的层面上，体现出基层院校对中国高等职业教育现实问题的关注。值得我们注意的是，这些都是高等职业教育面对的现实且具体的问题，并提出了大量颇具研究价值的理论学术观点和实践对策建议。我们通过文献的分类与整理，大致可以确定两大主题，即办学模式和人才培养模式，每一个主题都由一系列逻辑环节和要素组成。

（一）办学模式研究

办学模式是指兴办和经营管理学校的体制机制的特定样式，它是由办学资源的特殊属性及特殊组织结构形式所决定。高等职业院校是高等职业教育的办学主体，办学模式是学院体制机制改革与创新的重点和切入点。办学模式研究主要包括学校办学的目的、价值、功能、主体、制度等内容，研究高等职业教育如何更好地服务区域产业转型和社会发展等。与办学实践相适应开展高等职业教育研究，根据发展阶段的不同研究重点有所侧重，从丰富办学理念到培育办学特色再到深化办学内涵，逐步形成完善的具有学院特色的“行业、校友、集团共生态”办学模式。

1. 规范发展阶段（2003—2005）：丰富办学理念。2000年教育部颁布《高等职业学校设置标准（暂行）》的通知（教发〔2000〕41号），对设置高等职业学校作出规定。从发展模式方面考察，这个阶段学院办学发展总体表现为外延式发展，表现为学院基本建设投资扩大、办学规模膨胀和招生数量增长。2003年10月，学院迁址下沙高教园区新校区，校区占地面积从原来不足50亩到超过500亩。2003到2006年间，学院年度招生规模从原来不足800人增加到1500多人，在校生规模从2000多人增长到近5000人，对高等职业教育办学模式和人才培养模式的探索均刚刚起步。[①] 一方面，按照《高等职业学校设置标准（暂行）》，从教师、专业、课程、实习实训条件等方面入手规范办学配置；另一方面，立足于本校实际，借鉴先进经验，探索符合高等职业教育规律的办学模式，逐步形成起高职院校办学论。[②]

① 周建松：《高等职业学院办学管理的实践与探索》，《中国高教研究》，2003年第9期。

② 相关文献有：周建松：《关于高职教育办学定位和办学模式的思考》，《中国高等教育》，2005年第20期；姜进：《组建职教集团　谋求“三个零”突破》，《中国高等教育》，2005年第2期；周建松、郭福春：《开展订单式培养　实现学生毕业与上岗“零过渡”》，《中国高等教育》，2005年第19期；周建松：《坚持“就业立校”，办人民满意的高职教育》，《中国高等教育》，2006年第21期；方华：《职业教育集团化办学模式的实践与思考》，《教育发展研究》，2006年第6期。

2.示范建设阶段(2006—2009):培育办学特色。示范建设既扩大了高职教育研究的外延,也扩大了高职教育研究的内涵。[①] 高等职业教育发展出现了一些新的动向和问题,校企合作、工学结合逐渐成为高等职业教育者的共识,前者主要体现为办学模式改革,后者主要体现为人才培养模式改革。学院在示范建设中,积累的丰富经验和实践智慧,既有自身独立探索,也有兼采各校之长的创新,培育了富有学院特色的办学模式——行业、校友、集团共生态办学模式。[②]

3.巩固提高阶段(2010—2012):深化办学内涵。在后的示范建设阶段,深化办学内涵成为学院办学的主导思想。[③] 内涵是指一个概念所反映的事物本质属性的总和,内涵式发展是以事物的内部因素作为动力和资源的发展模式,表现为事物内在属性的发展,如结构协调、要素优化、质量提升、水平提高、实力增强等。通过学院发展理事会、专业指导委员会、金融职教集团和校友总会等平台的建立和完善,"行业、校友、集团"共生态办学模式有效运行并在此框架下探索人才培养模式改革。[④] 2010年《国家中长期教育改革和发展规划纲要(2010—2020年)》颁布实施,提出提高质量成为高等职业教育的核心任务,学院根据政策导向研究构建现代职业教育体系,提出建设"国内一流、国际知名"的高职院校。[⑤]

---

① 相关文献有:周建松、方华:《国家示范性高职院校的"六全"模式建设实践》,《中国大学教学》,2009年第11期;周建松:《建设国家示范性高等职业院校的责任与使命》,《中国高等教育》,2009年第22期;周建松:《试论国家示范高职院校"百花园"建设》,《中国高教研究》,2009年第10期;周变松:《基于国家示范引领的高职教育可持续发展研究》,《中国高教研究》,2009年第12期。

② 相关文献有:周建松、谢峰:《行业、校友、集团共生态:高职院校办学模式创新》,《中国大学教学》,2008年第2期;周建松、郭福春:《以校友资源为纽带 促高职教育新发展》,《中国高等教育》,2008年第1期;周建松:《生态学视阈下的高职院校开放合作办学模式构建》,《高等教育研究》,2009年第12期;谢晓青:《高校校友资源开发与运用研究》,《高教探索》,2010年第2期。

③ 相关文献有:谢晓青:《关于高校内涵建设的理性思考与对策》,《江苏高教》,2008年第1期;周建松:《探索和建立高职教育可持续发展生态》,《中国高等教育》,2009年第9期;王琦:《逻辑与悖论:高职教育发展的哲学思考》,《中国高教研究》,2009年第3期;张衡:《本科高职发展的困境分析与路径选择》,《教育发展研究》,2009年第21期;周建松:《高等职业教育可持续发展问题的分析与思考》,《中国高教研究》,2010年第4期;周建松:《以"三低"谋"三高":高等职业教育发展政策和机制创新的研究与实践》,《中国高教研究》,2010年第7期;周建松:《关于高等职业教育改革与建设若干问题的思考》,《中国高教研究》,2010年第11期。

④ 相关文献有:周建松:《高等职业教育办学体制与人才培养模式改革的双重创新》,《黑龙江高教研究》,2008年第10期。

⑤ 相关文献有:周建松:《试论以提高质量为核心的高职教育发展观》,《中国高教研究》,2011年第4期;周建松:《关于全面构建现代职业教育体系的思考》,《中国高教研究》,2011年第7期;周建松:《应着力建设一批"国内一流、国际知名"的高职院校》,《中国高教研究》,2011年第12期;姜进:《论高等职业教育质量观的转变》,《中国高教研究》,2011年第6期;唐林伟、方华:《高等职业教育"质量"辨》,《现代教育管理》,2011年第1期;周建松:《构建开放、多元、立体的高职教育质量评价体系》,《中国高教研究》,2012年第8期;周建松:《以制度创新推动高等职业教育可持续发展》,《中国高教研究》,2012年第4期;周建松:《审慎发展五年制高等职业教育》,《教育发展研究》,2012年第5期。

(二)人才培养模式研究

人才培养模式是指在一定的现代教育理论、教育思想指导下，按照特定的培养目标和人才规格，以相对稳定的教学内容和课程体系，管理制度和评估方式，实施人才教育的过程的总和。当然，任何一个学校都不会因为迷恋一种状态而只将其作为一种模式。随着办学规模的快速扩大，社会对高职院校人才培养及其改革的需求均在增长，需要我们对人才培养的相关基础性问题进行研究，以系统深入的人才培养模式理论研究做基础提高人才培养质量。①

对于高职院校而言，校企合作、工学结合是培养职业人的必由之路。因为以职业教育为主的教育特点和培养职业人的教育目标要求，将职业教育渗透到专业教育中，在教育内容上向各种教育渗透，在教育资源上实现有机整合和资源共享。广义的人才培养模式包括公共基础教育、专业教育、思想政治教育、社会实践活动等所有与学生职业发展存在某种联系的教育活动，需求、实施、条件、结构、内容等构成了人才培养模式的质量要素。② 研究的重点是人才培养模式改革及其实现途径，表现为从完善人才培养模式到提升培养质量的转换。③人才培养模式研究领域非常广泛，研究主要围绕专业建设、课程建设、师资队伍建设、实验实训条件建设、思想政治教育、学生素质能力提升、学校教育管理、校园文化等十个方面开展，以支撑学院“六业贯通”人才培养体系和实践。④

1. 专业建设。专业建设以提升人才培养质量为出发点，职业认同和职业素质是专业建设的主旨，通过专业建设，提高高等职业教育服务国家经济发展方式转变和现代产业体系建设的能力，整体提升学院办学水平。专业建设研究主要包括专业群建设⑤、特色专业建设⑥、

---

① 相关文献有：周建松、谢峰：《高职院校人才培养的教育理念体系构建》，《江苏高教》，2008 年第 5 期；周建松：《确立和探寻基层复合型人才的培养机制》，《中国高等教育》，2008 年第 19 期；周建松、郭福春：《基于职业能力本位的高素质技能型金融人才培养》，《中国高教研究》，2008 年第 3 期；周建松、谢峰：《经济类高等职业院校工学结合人才培养模式改革的系统设计与实践》，《中国高教研究》，2009 年第 1 期。

② 章安平、方华：《基于职业导向的“课证融合”人才培养模式实践与思考——以浙江金融职业学院国际贸易实务专业为例》，《中国高教研究》，2008 年第 11 期。

③ 相关文献有：周建松、郭福春：《高职院校订单人才培养的理论与实证分析》，《高等工程教育研究》，2009 年第 6 期；周建松、郭福春：《高职教育文化订单人才培养长效机制建设的实践与探索，高教探索》，2010 年第 6 期；郭福春：《打造校企合作育人平台 强化人才培养机制建设——以浙江金融职业学院银领学院为例》，《中国大学教学》，2011 年第 5 期。

④ 相关文献有：章金萍、王琦：《高职创业型人才培养模式的研究与探索》，《黑龙江高教研究》，2007 年第 8 期；陈杏头：《突破高职院校创业教育管理的瓶颈》，《中国高等教育》，2009 年第 24 期。

⑤ 相关文献有：周建松：《以专业群(为)单元 探索建立开放合作育人机制》，《中国高等教育》，2010 年第 9 期；周建松：《高职院校主体专业(群)校企合作综合体建设的探索——以浙江金融职业学院金融专业(群)为例》，《现代教育科学》，2011 年第 4 期；戴小红：《探索“系会合作”构建专业群开放育人平台》，《中国高等教育》，2011 年第 8 期；孔德兰：《构建以专业群为单元的校企合作有机体的实践与思考》，《中国高教研究》，2011 年第 10 期。

⑥ 方华：《高等职业教育专业特色培育的实践与思考》，《中国大学教学》，2010 年第 6 期。

品牌专业建设、优势专业建设、专业资源库建设[①]和专业建设机制[②]等内容。

2.课程建设。课程建设涉及教育思想观念、教学过程、教学方法和手段、师资队伍、教学管理制度建设、教学条件等多方面的内容，课程建设直接体现学校的教学水平，并将直接影响人才培养质量。高职院校课程建设必须基于工作过程和岗位需求[③]，而精品课程是课程建设的代表和成果。[④] 学院在课程建设中不断改革，在课程建设中开展教学研究，探索适合高职学生认知特点的教学手段[⑤]，开发基于网络的开放式教学，探索应用课程建设成果的载体与方法，如项目教学法[⑥]、情境教学法[⑦]、合作学习法[⑧]、专题教学[⑨]等。

3.师资队伍建设。学校是教书育人、管理育人、服务育人的场所，教师干部是育人的主要依靠力量。结合学院属于高职院校的特点，师资队伍建设一方面主要体现在个体素质提升，提升师德教风[⑩]，培养具有双师素质的教师和专业带头人[⑪]；另一方面体现在优化双师结构，建设专兼结合的教学团队[⑫]，持续提升各类群体的教育水平。[⑬] 教师队伍建设的主要任

① 郭福春：《泛在学习视阈下我国高职院校专业教学资源库的建设与思考》，《中国高教研究》，2012 年第 10 期。

② 周建松：《基于可持续发展的高职教育专业建设机制研究》，《中国高教研究》，2010 年第 4 期。

③ 相关文献有：方华：《论订单培养模式下的高职课程改革与建设》，《中国高教研究》，2006 年第 5 期；刘沂蒙：《基于能力本位的高等职业教育课程改革与实践——以浙江金融职业学院金融管理与实务专业为例》，《中国高教研究》，2008 年第 7 期；陶再平：《基于工学结合的课程体系改革与整合——以计算机信息管理专业为例》，《黑龙江高教研究》，2010 年第 6 期。

④ 相关文献有：王成方：《精品课程建设与高职教育教学改革》，《教育发展研究》，2008 年第 8 期；章金萍：《高职工学结合课程改革中的教师与学生角色重塑——以国家精品课程“营销策划技术”为例》，《黑龙江高教研究》，2009 年第 8 期；孔德兰：《以职业性和实践性为核心的高职院校精品课程建设——以“财务管理实务”国家精品课程为例》，《江苏高教 》，2009 年第 1 期；楼裕胜：《试析精品课程的开发与建设——以“信用管理实务”课程为例》，《黑龙江高教研究》，2012 年第 4 期。

⑤ 周建松：《基于高职教育内涵建设的微观教学改革研究》，《中国大学教学》，2012 年第 6 期。

⑥ 相关文献有：王琦：《高职院校项目课程改革的研究与实践》，《江苏高教 》，2009 年第 1 期；王成方：《高等职业教育〈市场营销〉课程项目化改革的探索与实践》，《中国高教研究》，2009 年第 12 期。

⑦ 相关文献有：王丽英：《高职新生始业教育功能研究——以“思想道德修养与法律基础”课为例》，《黑龙江高教研究》，2008 年第 12 期；邹宏秋：《职业素质教育：高职课程建设的根本立足点》，《黑龙江高教研究》，2010 年第 5 期。

⑧ 相关文献有：赵国忻：《论科学研究引领与课程建设的关系要略——基于“中小企业融资”精品课程建设的实践》，《黑龙江高教研究》，2012 年第 10 期。

⑨ 邹宏秋：《高职院校专题教学改革的成效与展望》，《黑龙江高教研究》，2012 年第 7 期。

⑩ 王丽英：《高校教师责任与责任心问题探究》，《黑龙江高教研究》，2012 年第 11 期。

⑪ 相关文献有：周建松：《关于高职院校培育名师名家的若干思考》，《江苏高教》，2011 年第 5 期；周建松：《高职院校专业带头人建设机制研究》，《高等工程教育研究》，2011 年第 6 期。

⑫ 相关文献有：郭福春：《校企深度融合 打造“五位一体”专业教学团队》，《中国高等教育》，2010 年第 13、14 期；肖旭：《试论“双元双优”专业教学团队的建设模式》，《黑龙江高教研究》，2010 年第 4 期；赵国忻：《高职院校行业兼职教师队伍的建设》，《黑龙江高教研究》，2011 年第 3 期。

⑬ 相关文献有：李逸凡、李悦：《高职院校教师培育应重视“校本教育”》，《 黑龙江高教研究》，2006 年第 10 期；王丽英：《高职教师继续教育的问题及对策》，《黑龙江高教研究》，2006 年第 12 期；邹宏秋：《高校女教师职业认同与性别认同的和谐路径探析》，《现代教育科学》，2010 年第 11 期。

务是提升教师专业素质和职业教育教学能力①;管理队伍建设的主要任务是提高校领导②、中层干部、职能部门工作人员等群体的管理和服务水平③,在教书育人、管理育人、服务育人过程中形成优质绩效。④

4.实验实训条件建设。实践性是高等职业教育的特征,实验实训条件是职业教育的主要教学场域。对实验实训条件建设的研究是学院教育研究中的薄弱环节。⑤

5.思想政治教育。立德树人,德育优先,思想政治教育研究是学院一大优势。在这个过程中,发挥思想政治理论课主渠道和主阵地作用,提高思想政治教育的针对性和实效性。⑥创新德育工作手段和载体⑦,将社会主义核心价值体系引入学校教育等。⑧

---

① 相关文献有:王成方:《工学结合模式下教师能力分析》,《中国高等教育》,2010 年第 5 期;周建松:《试析高职院校青年教师的培养理念及其目标》,《黑龙江高教研究》,2012 年第 1 期。

② 相关文献有:周建松:《浅议现代高职院校长的管理理念与素养》,《中国高等教育》,2010 年第 22 期;周建松:《高职院校党委书记应具备的才能和修养》,《中国高等教育》,2011 年第 24 期;周建松:《党委书记和校长的分工搭配与合力协同》,《中国高等教育》,2012 年第 20 期。

③ 相关文献有:周建松:《试析高等职业院校特色人才队伍体系的建设》,《黑龙江高教研究》,2011 年第 7 期;周建松:《以提高质量为核心的高职院校管理队伍专业化建设》,《现代教育管理》,2012 年第 1 期。

④ 张衡、陈利荣:《高校教师绩效评价问题述评》,《现代教育管理》,2011 年第 8 期。

⑤ 相关文献有:章金萍:《高职顶岗实习保险保障机制的构建》,《黑龙江高教研究》,2011 年第 2 期;周建松、孔德兰、陶永诚:《探索建立统分结合的高职教育实践育人体系》,《中国高等教育》,2012 年第 13、14 期。

⑥ 相关文献有:曲士英:《对高职院校思想政治理论课教师素质的深层思考》,《黑龙江高教研究》,2006 年第 11 期;邹宏秋:《高校思想政治理论课育人功能实现机制研究》,《黑龙江高教研究》,2006 年第 11 期;王瑛:《高职院校思想政治理论课实践育人模式》,《黑龙江高教研究》,2008 年第 6 期;谢晓青:《增强大学生思想政治教育实效性的思考》,《江苏高教》,2009 年第 5 期;曲士英:《高职院校思想政治理论课教学实效性问题研究》,《黑龙江高教研究》,2010 年第 7 期;曲士英、时伟:《高校思想政治理论课教学改革的几点思考》,《江苏高教》,2011 年第 4 期;邹宏秋:《试析双板块互联教学模式——以高职思想政治理论课为例》,《黑龙江高教研究》,2011 年第 10 期;王丽英:《高职院校思想政治理论课教学体系实效性考评》,《黑龙江高教研究》,2011 年第 11 期;邹宏秋:《着眼教学实效 探索高职思政课与专业教育融合新路径》,《中国高等教育》,2011 年第 22 期。

⑦ 相关文献有:谢晓青:《关于高校德育创新问题的若干思考》,《黑龙江高教研究》,2006 年第 9 期;谢晓青:《高校思想政治教育工作载体创新问题研究》,《教育发展研究》,2006 年第 12 期;盖晓芬:《思想政治工作的创新与高职院校新型师生关系的构建》,《黑龙江高教研究》,2007 年第 10 期;邵月花:《高职学生思想道德素质存在的问题及对策》,《黑龙江高教研究》,2008 年第 7 期;龚宏富:《美国德育模式转换与我国高校德育实效性探究》,《黑龙江高教研究》,2009 年第 7 期;李逸凡:《以人为本 德育为先 全面提升大学生思想素质》,《江苏高教》,2011 年第 1 期;王懂礼、曲士英:《基于高职院校学生思想政治状况的样本分析》,《黑龙江高教研究》,2011 年第 5 期;朱海莲:《以体验式拓展训练为载体推进高校德育创新的探究》,《江苏高教》,2012 年第 1 期。

⑧ 相关文献有:邹宏秋:《试论高职社会主义核心价值体系的教育要求》,《黑龙江高教研究》,2009 年第 3 期;李杰:《社会主义核心价值体系引领高校思想政治教育的辩证思考》,《黑龙江高教研究》,2009 年第 5 期;谢晓青:《以社会主义核心价值体系引领大学生思想政治教育研究》,《江苏高教》,2011 年第 6 期;谢晓青:《高校社会主义核心价值体系建设与维护国家文化安全》,《黑龙江高教研究》,2011 年第 10 期。

6.学生素质能力提升。以生为本是学院的办学理念，提高学生素质与能力是学院人才培养的出发点，使学生受益是学院人才培养的落脚点。学院全面实施素质教育[①]，培养德智体美全面发展的社会主义建设者和接班人。素质和能力的内涵与外延非常丰富[②]，主要围绕道德素质[③]、职业素质[④]、人文素质[⑤]、体能素质[⑥]、职业能力[⑦]等方面开展研究，构建高职院校立体化、多方位素质教育体系与格局[⑧]。明理学院成为学院探索职业素质教育的成功的实践。[⑨]

7.学校教育管理。为全面提高学院的教学、科研和社会服务质量和水平，从加强教学管

---

① 相关文献有：曲士英：《高职院校高素质目标定位和实现路径的深化研究》，《黑龙江高教研究》，2009年第11期；周建松、邹宏秋：《全面推进素质教育 促进高职学生健康成长》，《中国高等教育》，2012年第8期。

② 相关文献有：李逸凡：《认清职能 提高高职学生核心能力》，《中国高等教育》，2007年第21期；李逸凡：《高职学生能力培养刍议》，《教育发展研究》，2008年第5期；张鹏超：《增强高职学生可持续发展内驱力的探讨》，《江苏高教》，2011年第2期。

③ 相关文献有：李逸凡：《构建大学诚信道德体系的若干思考》，《江苏高教》，2008年第7期；王瑛：《金融应用型人才诚信教育目标定位探析》，《黑龙江高教研究》，2010年第10期；龚宏富：《高职院校职业道德教育问题分析与途径探讨》，《中国高教研究》，2011年第5期；祝宝江、蒋景东：《纠正信用教育错位的实证研究》，《黑龙江高教研究》，2011年第7期；鲁明川：《文化共融视角下金融应用型人才诚信教育模式的构建》，《黑龙江高教研究》，2011年第12期。

④ 相关文献有：郭福春、郭延安：《融合金融企业文化 培养高素质技能人才》，《中国高等教育》，2008年第12期；盖晓芬：《高职学生职业素质培养研究与实践》，《黑龙江高教研究》，2009年第8期；盖晓芬：《高职院校学生职业素质培养要义与路径选择》，《中国高教研究》，2009年第8期。

⑤ 相关文献有：邹宏秋：《加强人文素质教育 提升高职院校发展竞争力》，《中国高等教育》，2006年第19期；王丽英：《高职院校人文素质教育的人本思考》，《黑龙江高教研究》，2009年第10期；曲士英：《文化经典教育进入高职教育课堂的研究与探索》，《中国高教研究》，2010年第8期；陈娅玲：《对普通高校公共艺术教育现状的分析与反思》，《现代教育科学》，2011年第9期。

⑥ 相关文献有：朱海莲：《大学生体质下降趋势特征、原因及对策》，《黑龙江高教研究》，2008年第11期；张煜：《高职院校体育教学与道德教育融合的路径探析》，《黑龙江高教研究》，2011年第6期。

⑦ 相关文献有：林辉：《高校学生职业生涯规划系统研究》，《黑龙江高教研究》，2007年第8期；林辉：《大学生就业能力提升的思考与对策》，《黑龙江高教研究》，2011年第9期；武晓燕：《职业能力发展需求视野下的高职英语教学模式改革》，《黑龙江高教研究》，2011年第8期。

⑧ 相关文献有：周建松：《高职院校立体化、多方位素质教育的研究与实践——以浙江金融职业学院为例》，《高等工程教育研究》，2012年第5期。

⑨ 相关文献有：李逸凡：《职业素质教育的成功探索——浙江金融职业学院的明理学院》，《高等工程教育研究》，2010年第2期；谢晓青：《大学生素质教育载体创新研究》，《江苏高教》，2010年第6期；曲士英：《明理教育：高职院校德育教育的新路径》，《黑龙江高教研究 》，2012年第2期。

理、学生管理和科研管理[①]，建立质量保障体系[②]、构建校企合作长效机制[③]、建立现代大学制度等[④]方面研究。

8.大学文化。高等教育担负着文化传承的使命。精神是大学的灵魂，指引着学院办学，诠释着学院文化。[⑤] 文化正成为学院一道亮丽的风景线，校园文化为人才培养创造了良好的条件。[⑥]

9.高职教育区域发展和国际化。建设“国内一流、国际知名”高职院校需要认真分析高职教育发展的外部效果，这体现在高职教育区域发展[⑦]和高职教育国际化研究上。[⑧]

10.比较教育研究。比较研究法现已被广泛运用于科学研究的各个领域，在教育科学研究中，比较研究是一种重要的研究方法。比较教育研究通过介绍各国、各区域教育情况，尤

---

① 相关文献有：陈利荣：《完善教学督导机制 推进高职教育内涵发展》，《教育发展研究》，2006 年第 22 期；方华：《基于工学结合人才培养模式下的高职教学管理改革研究》，《中国高教研究》，2007 年第 9 期；谢晓青：《构建高职院校督导工作体系的指导原则与实践》，《中国高等教育》，2007 年第 23 期；谢晓青：《高校助学工作机制创新问题研究》，《黑龙江高教研究》，2008 年第 12 期；方华：《工学结合背景下高职院校教学管理模式探索——以浙江金融职业学院为例》，《中国高教研究》，2010 年第 10 期；邢运凯、陶永诚：《高职院校科研导向的误区及对策》，《中国高教研究》，2010 年第 12 期。

② 相关文献有：王成方：《创建工学结合模式下的教学质量保障体系》，《中国高等教育》，2008 年第 8 期；方华、谢峰：《高职院校“三维”教学质量管理体系建设》，《黑龙江高教研究》，2008 年第 9 期；陈利荣：《论高职院校教学质量监控重点的转变》，《中国高教研究 》，2009 年第 6 期；谢峰：《高职院校教学质量监控体系构建》，《黑龙江高教研究 》，2009 年第 3 期；王成方：《高职院校人才培养工作状态数据分析》，《中国高教研究》，2010 年第 5 期。

③ 相关文献有：曲士英：《完善中国特色现代大学制度的理性思考》，《现代教育管理》，2012 年第 9 期。

④ 相关文献有：徐海洁：《企业导向：高职创业教育服务区域经济的助推器》，《江苏高教》，2010 年第 5 期；谢朝德：《论保险专业校企合作长效机制的构建——基于职业保险人岗位后发展能力的视角》，《黑龙江高教研究》，2010 年第 12 期；郭福春：《我国高职教育校企合作的五重维度分析》，《黑龙江高教研究》，2012 年第 12 期；褚国建：《论职业教育的校企合作法律保障机制及其优化》，《中国高教研究》，2012 年第 11 期。

⑤ 相关文献有：陈云涛：《高职教育视域下的大学精神重构》，《高等教育研究》，2009 年第 7 期；陈云涛：《高等职业教育价值观研究》，《中国高教研究》，2012 年第 3 期。

⑥ 相关文献有：周建松：《国家示范高职院校建设的真谛：机制创新与文化引领》，《中国高教研究》，2008 年第 9 期；周建松：《建设“开放合作 尚德重能”的高职教育文化》，《中国高教研究》，2008 年第 12 期；陈云涛：《高职院校文化育人体系的构建与思考》，《高教探索》，2009 年第 4 期；唐林伟：《高等职业教育文化研究述评》，《黑龙江高教研究》，2011 年第 10 期；鲁明川：《文化共同体视域下的高等职业教育内涵发展》，《现代教育管理》，2012 年第 6 期。

⑦ 相关文献有：王丽英：《高校与社区互动的资源优势与影响》，《黑龙江高教研究》，2007 年第 11 期；王成方：《加快浙江“高等职业教育强省”建设的若干思考》，《中国高教研究》，2008 年第 6 期；郭福春：《以质量工程为依托推进高职教育内涵建设——基于浙江高职教育“行动计划”建设实施效果的实证分析》，《现代教育管理》，2011 年第 7 期；邢运凯：《分离、扩张与匹配：高等教育生态位压力的释放——基于我国高等院校生态位重叠现状的分析》，《现代大学教育》，2012 年第 3 期。

⑧ 相关文献有：戴小红：《高职院校教育国际化动因、内涵与路径选择》，《黑龙江高教研究》，2012 年第 6 期；方华、唐小波：《高职院校教育国际化的探索与展望——以浙江省高职院校为例》，《黑龙江高教研究》，2012 年第 8 期。

其对外国职业教育进行研究，以促进学院教育的发展。①

从关键词可以看出这178篇论文研究主题分布情况，其中高等职业教育发展方面论文占比16.29%，高职院校教育教学方面论文占比20.22%，思想政治教育(德育)方面论文占比22.47%，反映出高等职业教育研究的专业化特点很鲜明(见图5)。

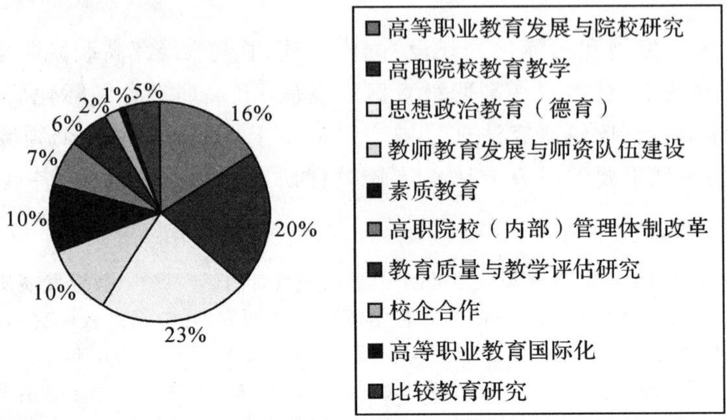

图5 2003—2012年浙江金融职业学院全国高等教育中文核心期刊发表论文研究主题分布图

四、研究主体分析

主体也是哲学概念，是指对客体有认识和实践能力的人，是客体的存在意义的决定者，属于认识论的范畴。我们将论文作者视为研究主体，数据分析显示有如下特点：

第一，单独署名和合作署名是发表研究成果的两种主要形式。单独署名150篇，两人合作署名27篇，三人合作署名1篇(见表4)。按署名第一作者统计，周建松47篇②、郭福春10篇、谢晓青10篇、曲士英9篇、方华8篇、邹宏秋8篇、王成方7篇、王丽英7篇、李逸凡6篇、王瑛4篇、盖晓芬3篇、王琦3篇、章金萍3篇、陈云涛3篇、邢运凯3篇、林辉3篇、姜进

① 相关文献有：翁惠根、曲士英：《美、德、澳高职教育人才培养模式的建构》，《黑龙江高教研究》，2007年第9期；王瑛：《瑞士高等职业教育的成功经验及其对我国的启示》，《黑龙江高教研究》，2007年第5期；王华：《东西方礼仪教育的特点及启示》，《黑龙江高教研究》，2007年第11期；林辉：《台湾高校进退场制研究》，《江苏高教》，2007年第3期；曲士英：《多元文化背景下的爱国主义教育比较研究》，《黑龙江高教研究》，2008年第5期；张辉、曲士英：《德国先进职业教学理念的深层思考》，《黑龙江高教研究》，2009年第6期；王瑛：《国外职业道德教育的经验及启示》，《黑龙江高教研究》，2009年第12期；郁国培：《金融危机背景下的成人教育发展研究》，《黑龙江高教研究》，2010年第3期；谢峰：《1980－2010：中英高等职业教育发展比较》，《江苏高教》，2010年第4期；郭福春：《大陆与台湾高等职业教育比较研究黑龙江高教研究》，2011年第9期。

② 根据《中国高教研究》相关文献统计分析，总结了1998—2009年的高等职业教育研究，列出了1998—2009年高等职业教育研究核心作者，周建松在全国高职院校作者中排名第一。参见姜华、叶涛、姜春林：《2007—2009年高等教育期刊文献计量与可视化研究》，《中国高教研究》，2010年第12期。

2 篇、陈利荣 2 篇、赵国忻 2 篇、戴小红 2 篇、龚宏富 2 篇、朱海莲 2 篇、谢峰 2 篇、张衡 2 篇、唐林伟 2 篇、鲁明川 2 篇，其余作者均为 1 篇，共 24 篇。其中，较为紧密的合作者有周建松和郭福春，合作 5 篇；周建松和谢峰，合作 3 篇；王琦和章金萍，合作 2 篇；方华和唐林伟，合作 2 篇。

表 4　论文署名情况

署　　名	发表论文篇数	百分比(%)
单独署名	150	84.27
合作署名	28	15.73

第二，教师科研人员主要是各院系的教师(包括系领导)和研究中心的科研人员；行政管理人员中主要是党委书记、院长、教务处长、宣传部长、学生处处长等中层管理干部(见表 5)。论文的作者大多是学院领导、部门负责人和专业带头人。通常而言，这些作者具有较为宏观的视野，接触到较为先进的理念，掌握的研究信息和资源较多，对高等职业教育的思考较多。随着学院从事高等教育研究的人数正在逐渐增多，人群更加多元化，青年研究者逐渐成长，发表论文的比例在逐步提高。

表 5　作者构成情况

作者构成	发表论文篇数	百分比(%)
教学科研人员	87	48.88
行政管理人员	91	51.12

第三，作者队伍工作部门覆盖面较广，覆盖到院领导、办公室、教务处、学生处、党委宣传部、高等职业教育研究中心、科研师资处、社会服务处、继续教育与培训学院等职能部门和金融系、投资与保险系、会计系、经营管理系、国际商务系、信息技术系、人文艺术系等，其中院领导 68 篇，人文艺术系 40 篇，高等职业教育研究中心 16 篇，排名前三。

表 6　排名前三的部门

作者所属部门	发表论文篇数	百分比(%)
院领导	68	38.20
人文艺术系	40	22.47
高等职业教育研究中心	16	8.99

第四，作者队伍中具有高级职称的人员比例较高(以文章发表时显示职称为准)。在被统计的 178 篇论文中，第一作者具有高级职称的 162 人次，占被统计论文总数的 91.01%；中级职称的 15 人次，占 8.43%；初级职称的 1 人次，占 0.50%。

表 7 作者职称情况

作者职称	发表论文篇数	百分比(%)
高级	162	91.01
中级	15	8.43
初级	1	0.50

五、研究方法分析

方法是指为获得某种东西或达到某种目的而采取的手段与行为方式。高等职业教育是一种的综合的教育现象，表达描述这种现象需要借助一定的方法来达到，这属于方法论的范畴。就教育科学研究的方法而言，规范分析和实证分析是较常采用的两种方法。

规范分析是指根据一定的价值判断为基础，提出某些分析处理问题的标准并研究如何才能符合这些标准，回答“应该是什么”的问题。实证分析是指超越一切价值判断，从某个可以证实的前提出发，得出的结论可以通过经验事实进行验证，回答“是什么”的问题。[①] 我们主要从论文逻辑结构入手考察论文内容和形式，对研究所采用的方法作出判断：在我们所统计论文的研究方法以规范分析为主，其中采用规范分析方法的论文 166 篇，占被统计论文总量的 93.26%；采用实证分析方法的论文 12 篇，占论文总量的 6.74%，比例较低。表明学院高等教育研究者还是习惯于采用传统的规范分析方法，这与对我国高等职业教育研究起步晚、时间较短有关，实证分析方法的使用有待加强(见表 8)。

表 8 研究方法

研究方法	发表论文篇数	百分比(%)
规范分析	166	93.26
实证分析	12	6.74

六、主要经验、不足及改进建议

(一)主要经验

1. 丰富了高等职业教育办学理念。促进或者制约高等职业教育研究的因素很多，既有历史的渊源，又有现实的影响，同时还有人们的观念。观念取决于对高等职业教育的认识与理解程度。十年来，学院的高等职业教育研究走过了从量的扩大到质的提升的历程，对办学

① 参见汤建民：《学术论文的创造性阅读》，浙江大学出版社 2007 年版。

模式和人才培养模式多维度的教育研究让我们增进了对高等职业教育的理解，指引着学院在办学理念上的转变和人才培养行动上的突破。

2. 形成了高等职业教育研究氛围。在高职院校，教师通常承担较为繁重的教学任务，大多数教师忙于教学事务，无法腾出时间和精力开展教育研究，以往教师观念上觉得教育研究是可有可无的事情，加上研究队伍的稳定性不强，人员流动性较大等因素，导致教育研究氛围不足。学院通过营造研究氛围，鼓励研究主体突破观念桎梏，教育研究既要有甘坐冷板凳的决心，也要遵循高等职业教育规律，教师普遍克服了对教育研究的畏难情绪，形成研究习惯，增强研究自信，掌握研究方法，提高研究自觉。①

3. 建立了高等职业教育研究长效机制。长效机制是实现教育研究可持续发展的重要保障。2007 年，学院发起建立浙江高等职业教育研究中心，于 2009 年、2012 年连续两次获得全国高等教育优秀科研机构称号。研究中心运行五年多来，充分发挥在确定目标、制订计划、分解任务、监督检查、协调服务、激励评价等方面的作用。2010 年，学院在浙江省高职院校率先成立社科联，高等职业教育研究长效工作机制更加完善。

4. 提高了学院的知名度和影响力。学院在办学实践中，大力开展高等职业教育研究，发表论文数量迅速增长，在全国 14 种高等教育类核心期刊发表论文数自 2007 年以来连续六年位居全国高等职业院校第一名。与此同时，学术质量不断提高，按引用率、影响因子、他引次数等可视指标计量，研究成果备受高等教育界和职业教育界关注，学术影响力显著提升，大大提高了学院的知名度和影响力。

（二）不足

1. 研究方法经验性有余，规范性不足。当前学院高等职业教育研究集中体现为经验或常识性思维主导研究过程，从常识和经验事实层面描述和分析职业教育现象或事实，理论研究仅停留于经验总结或工作手册性质的形态，而经验描述毕竟只是开展研究的初级阶段而不是科学理论，这就大大弱化了研究的规范性。

2. 研究内容高教性有余，职教性不足。高等职业教育是高等教育和职业教育的交集，是“跨界”教育。要研究这种“跨界”教育，就必须同时遵循高等教育和职业教育的规律。高等职业教育不是本科教育的“压缩饼干”，由于高职院校与本科院校在文化和教育上存在较大差异，具有特殊性，不能照抄照搬本科院校的概念。如果忽视对高等职业院校大学生成长规律的把握和对高等职业院校人才培养的过程的理解，将会导致相关研究的适用性欠佳。

3. 研究成果学术性有余，应用性不足。“从实践中来，到实践中去”是开展研究一条颠扑不破的真理。一方面，研究成果要能为决策提供建议和意见，成为政策的一部分；另一方面，更重要的是，研究成果要落地，强调对研究成果的应用。当前，学院高职教育研究成果指导教学和应用于教学方面还基本处于起步阶段，教育研究与教育实践仍然处于各自为政甚至相互疏离的状态，制约了高等职业教育研究实效性的发挥。

---

① 这里借用我国著名社会学家费孝通的“文化自觉”的观点，他认为文化自觉是文化的自我觉醒，自我反省，自我创建。研究自觉是指研究者对其研究有自知之明，并对其研究的发展历程和未来有充分的认识，简言之，即研究的自我觉醒，自我反省，自我创建。

(三)改进建议

1.多学科视角下研究的开展。采用多学科视角研究高等职业教育,诸如以教育哲学视角研究高等职业教育价值、使命、责任等;以教育法学视角研究现代大学治理、大学章程等;以教育管理学视角研究现代职业教育体系;以教育社会学视角研究教育、招生、就业与民生(受教育者素质提高)的关系;以教育经济学视角研究高等职业院校绩效问题。高等职业教育已经走过了跑马圈地的时代,需要深入研究领域进行精耕细作,如借鉴浙江树人大学的民办教育研究经验,形成研究的自留地和高产田。

2.加强对现代职业教育体系的研究。政府引导是发展高等职业教育的主要推动力量,《国家中长期教育改革与发展规划纲要(2010—2020年)》提出构建现代职业教育体系,国家加大了教育改革创新和财政支持教育的力度,从国家层面赋予高等职业教育新的使命,高职院校要抓住加快发展现代职业教育的大好时机,加强对现代职业教育含义、体系、制度、实现路径、保障等方面的研究,为加快发展现代职业教育提供基础支持。

3.深化院校研究。院校研究着眼于院校管理和发展中的实际问题,对所在院校的运行状况及其影响因素进行分析和评估的自我研究,已广泛应用于高等教育领域。高等职业教育研究需要借鉴先进经验但更需要立足院校实际,收集、完善和规范院校数据,为院校决策提供信息和咨询服务,为提升高职院校办学质量打下坚实的基础。办学效益研究是院校研究的重要方面,高职院校普遍强调积极争取资源,但对资源优化和高效利用远远不够,对高职院校办学绩效的研究几乎处于空白状态,需要进一步加强。

结语及展望

基于14种全国高等教育类中文核心期刊发文的计量分析,我们发现,十年间,学院高等职业教育研究论文数量呈线性增长态势,未来可能表现为数量稳定在一定区间,学术影响力进一步提升;研究领域由教育政策、办学模式等宏观议题逐步向人才培养模式改革、专业建设、课程建设等中观和微观内容等方面转移;研究主体从相对单一群体逐步向多群体转变,中青年研究者成长较快;研究方法从单纯的对教学实践的经验总结向多学科视角的教育现象分析转化,以上变化趋势表明学院高等职业教育研究正在逐步走向规范和成熟。

回望十年,学院在高等职业教育研究方面取得的成绩令人自豪。当前,国家正加快发展现代职业教育,学院要在保留教育研究特色,发挥教育研究优势的基础上继续深化学院内涵建设,培育出更多特色,生发出更多优势,在理论上和实践上探索具有中国特色高等职业教育的浙江金融职业学院样本。

[参考资料]

[1] 国务院.关于大力发展职业教育的决定(国发〔2005〕35号).

[2] 教育部,财政部.关于实施国家示范性高等职业院校建设计划,加快高等职业教育改革

与发展的意见(教高〔2006〕14 号).
[3] 教育部.关于全面提高高等职业教育教学质量的若干意见(教高〔2006〕16 号).
[4]《中国高教研究》编辑部.2003—2012 年全国高等学校教育科研论文统计分析(共 10 期).
[5] 浙江金融职业学院."十二五"教育事业发展规划.

[参考文献]

[1] 周建松.高等职业教育内涵建设研究[M].杭州:浙江大学出版社,2006.
[2] 周建松.高等职业教育的逻辑[M].杭州:浙江大学出版社,2011.
[3] 周建松,唐林伟.中国高等职业教育研究十年:2001—2010[M].杭州:浙江大学出版社,2012.
[4] 潘懋元.多学科观点的高等教育研究[M].上海:上海教育出版社,2001.
[5] 刘献君.院校研究[M].北京:高等教育出版社,2006.
[6] 黄光扬.教育测量与评价[M].上海:华东师范大学出版社,2002.
[7] 姜大源.职业教育立法的跨界思考——基于德国经验的反思[J].教育发展研究,2009(19).
[8] 申家龙.社会学视野下的职业教育——内涵与特征[J].职业技术教育,2003(6).
[9] 肖凤翔,唐锡海.我国职业教育学科自觉的思考[J].教育研究,2013(1).
[10] 刘春生,张宇.职业教育的问题研究与学科理论建构[J].职教论坛,2006(8).
[11] 乔万敏,邢亮.论大学内涵式发展[J].教育研究,2009(1).

文化经典教育进入高职教育课堂的研究与探索

曲士英　王国雨

[摘　要]文化经典教育是高等职业教育的题中应有之义。在当前“以就业为导向”的高职教育中重视与加强文化经典教育有利于防止高职教育过分功利化的价值追求，同时也是提升高职学生综合素质的重要举措。在课堂教学实践中，教学内容和形式的改革与提升，对增强文化经典教育教学的实效性至关重要；要真正使文化经典教育进入高职教育课堂，还需要高校管理者自上而下地推动和完善其他支撑条件。

[关键词]文化经典教育；高职教育；教学改革

改革开放以来，特别是近十年来，我国高职教育取得了跨越式的发展。就其规模而言，已成为高等教育的“半壁江山”；就其内涵建设而言，“以就业为导向，走工学结合的发展道路，培养生产、建设、服务一线高素质技能型人才”已成为每个高职院校的办学目标。然而，在现实中，如何正确处理技能提升与素质养成的关系，重视与加强大学生的人文素养教育；如何防止其过分功利化的价值追逐，杜绝其沦为职业技能训练场的倾向，无疑成为高等教育者责无旁贷的义务和责任。在弘扬中国优秀传统文化成为社会各界共识的背景下，探讨文化经典教育如何进高职教育课堂无疑具有重要的理论和现实意义。

一、文化经典教育进高职教育课堂的必要性

文化经典教育对于提高学生的思想道德水平，弘扬和培育民族精神，培养其健全的心智，提高其人格境界等方面，无疑具有独特的、重要的作用。

首先，高职教育属于高等教育范畴，应遵循高等教育的基本目标和价值追求。

但是，当人们谈论高等职业教育时，往往强调它的特殊性，即它具有不同于普通高等教育的职业性和技术性，是一种属于职业教育范畴的特殊类型教育。这样，有意无意地忽视了其高等教育本质[1]。就其属于高等教育范畴而言，高职教育应该首先遵循高等教育的基本目标。高等教育不仅是培养符合当代社会分工条件下的具有某种职业能力的职业人，更根本的是，培养符合现代文明和社会发展的社会人，也是一种“成人”教育。

20 世纪 90 年代以来，我国高校在政府的推动下，积极倡导、推进大学生文化素质教育，在理论与实践层面进行了积极的探索与实践，在全国成立了大学生文化素质教育教学指导

委员会。1999 年,教育部建立了首批 32 个国家大学生文化素质教育基地。至今,全国已有 100 多所院校建立了大学生文化素质教育基地,文化素质教育开展得有声有色,在校大学生普遍受益。但在本科院校开展得轰轰烈烈的大学生文化素质教育,在有着高等教育"半壁江山"之称的高职院校却显得无声无息。这显然不符合高职院校培养高素质人才的要求,个中原因值得深思。

台湾大学的黄俊杰教授认为,在今天的高职教育中仍然存在着一种被称为"唯专业教育论"的主张。持该观点的人认为,从学生毕业后的出路着眼,按照高职院校教育是"以就业为导向"的教育定位,学校责无旁贷为学生的前途负责,故应致力于专业教育的 ISO 认证,而不是"浪费"学生的时间于人文素质教育上。黄俊杰认为,这种观点显然混淆了"教育"与"训练"之差异,如果该观点完全付诸实施,将使学生成为哲学家马库色所谓的"一度空间的人",是一种典型的功利主义的教育观,很容易在学生的人格塑造上造成"隧道效应",未必有助于学生毕业后在工作职场的竞争力,反而拘于一隅,更使学生成为生产装配在线的工具。[2] 黄俊杰先生的论述可谓一语中的。也正因为如此,加强高职院校的人文素质教育势在必行,且更具有重要性和紧迫性。

其次,就高等教育的国际化与本土化问题而言,文化经典教育是包括高职教育在内的我国高等教育应对全球化浪潮带来之挑战,确立中华文化之当代价值和培养大学生在文化价值上的主体性立场的必然要求。

经济全球化与知识经济时代的到来是我们的时代特征,而且越来越显示出其对世界各国经济、政治和文化的影响力。全球化的实质是中心发达国家对落后边缘国家的宰制和资本主义市场经济发挥巨大力量的一种世界发展状态和趋势。在此情形下,不仅要强调人文素质教育以应对片面强调专业教育而忽视"成人"教育的错误,而且还要强调传统文化经典教育在人文素质教育中的特殊重要作用。胡锦涛同志在党的十七大报告中提出了"弘扬中华文化,建设中华民族共有精神家园"的伟大时代任务,并且说:"中华文化是中华民族生生不息、团结奋进的不竭动力。要全面认识祖国传统文化,取其精华,去其糟粕,使之与当代社会相适应、与现代文明相协调,保持民族性,体现时代性。"事实上,传统文化经典便是优秀传统文化的重要体现和载体,其中所包含的文化精神,经过批判继承,能更好地为构建和谐社会服务,这已是共识。

有学者认为,人文素质教育或通识教育是以文化经典教育为核心的教育。[3] 这种观点很有见地,文化的继承和发展,只能从文化经典教育开始。朱自清先生在《经典常谈》中强调:"在中等以上的教育里,经典训练应该是一个必要的项目。经典训练的价值不在实用,而在文化。"文化经典是历代先哲对宇宙社会和人生问题思考的回答和记录,通过对经典的阅读和诠释,经典的生命便能活在当下。更为重要的是,文化经典能润泽青年学子的生命,帮助他们思考宇宙社会和当下的人生。同时,文化经典教育对民族文化传统具有传递、保存、优化、整合、更新和创造的作用,而这些便是人文素质教育的根本宗旨。

再次,高职院校学生自身的综合素质不高,尤其是人文素养方面问题尤其突出。因此,对高职院校学生进行文化经典教育的必要性便不言而喻。

毋庸讳言,在现行教育体制下,高职院校学生在非智力素质方面比普通本科院校学生有更大的培养空间和提升的需要。高职教育尽管可以归属于实用性很强的科学教育,但在深层次意义上所表现的人类理性内容使它同样可以超越其实用价值。因此,高职教育课程设置应具有专业性和复杂性,高职教育目标的价值取向和其他类型的高等教育一样,应是非功利的。不但要看具体知识的获得或实际操作能力的发展,还应致力于一种状态或心灵的训练。高职教育的真正成就在于它能使学生献身和追求个人道德和精神上的完善,并在这个过程中提高学生的职业素质和就业能力。因此,从学术性和纯粹理性的角度看,高职教育不能过度追求功利性价值取向。如果高职院校的课程设置主要目的只是致力于给学生一本学历证书或者帮助学生得到一个工作岗位的话,高职教育就会失去精神内核。我们认为,文化经典教育恰恰可以满足提升学生人文素养的教育需求。

二、高职教育课堂中的文化经典教育应注意的着力点

如果说在高职教育中进行文化经典教育是必要的,那么如何在课堂教学中针对高职院校学生的自身特点具体开展文化经典教育呢?应该选取哪些教学内容和恰当的教学形式以提高教育效果呢?

首先,就内容选取标准和讲授重点而言,经典文化教育要以提高学生的人文素养和培育人文精神为目标,彻底摒弃知识教育的误区。作为大学人文素质教育范畴的经典文化教育,决不应停留于泛泛的知识教育。那种认为文化经典教育就是为各专业学生开一些非专业课程,扩大一下大学生的知识面的观点本质上是错误的,是一种将人文教育的手段当作最终目的的观点。

就高等教育而言,任何对经典的诵读、背诵或解读都不可背离人文素质教育的目标。熟悉经典固然重要,而如何使经典真正浸润大学生的生命和价值世界才是教育的最终目的。美国当代著名哲学家列奥·施特劳斯认为,“潜心古典学问是成为有教养的学人的唯一途径”。[4]经典文化是人类精神、智慧和知识的精华。只有通过阅读和诠释经典,发掘宇宙社会和人生的道理,才能将经典转化为大学生可以理解和接受的智慧,文化经典教育才算完成了任务。经典确立的只是我们任何时候都应遵循的常道、常理、常识和常法,是人立身处世的根本。当前我国教育中暴露出来的诸多问题恰恰是由于背离了基本的常道、常理、常法而导致的,比如诚信、公正、善良、宽容、无私、勇敢等。因此,教育的重点应该在将文化经典中的“孝道文化”与大学生的感恩教育相结合,将经典中的“仁爱”思想与社会公德教育相结合,将体现在经典中的人生哲学与大学生的生命教育相结合,将传统艺术经典与当代大学生的审美教育相结合,等等。总之,只有将文化经典与大学生人文精神教育相结合,通过教师讲授和大学生的体悟,化经典之生命为学生的文化生命,而不是仅仅阅读和背诵某些经典知识。这才是符合高职学生特点的文化经典教育。

文化经典内容的选取标准应该具有广泛性、时代性。某些学者主张大学生只读儒家修身一类的书,是失之狭隘的。传统文化经典中无论是哲学类、史学类还是文学类,无论是儒家、道家还是佛家,都应该让大学生涉猎,通过深入浅出的讲解让文化经典浸润年轻学子的生命。同时还要有国际视野,对西方文化经典,高职学生也应有所涉猎。

其次,就教学形式而言,应该充分利用现代多媒体教学设备,通过古典音乐、诗歌以及图

片等展示文化经典的魅力，利用现代语言和现代话题导入授课主题。形式是为内容服务的，如果没有好的形式，将会影响内容的充分表达。因此，要提高文化经典教育的效果，教学方式的改进是必须考虑的。这种教学方式的变革应基于教学理念的根本转变，要贯彻学生是教学活动的主体的思想，完全以培养学生的文化修养与其对当下问题的独立思考能力以及国际视野、当代视野为目标。

与普通本科院校的大学生相比，高职院校的学生在学习习惯、理论思维能力等方面均较差，对提升自身人文素养方面的自觉性也较弱，因此，更加需要有针对性的教学设计，寓文化经典教育于潜移默化之中。以讲授儒家文化经典《论语》为例，我们不能采取以往惯用的教学方式，即一板一眼的介绍有关孔子的生平、《论语》的成书以及其思想概要、源流乃至其在中国历史上的影响等等。知识介绍虽有必要，但不能止步于此。课堂教学设计上，要以问题为中心，从多个角度设计教学活动。如通过讲解《论语》中有关“孝”的若干章节，让学生在理解“孝”与“仁”是孔子乃至早期儒家重要思想特征的前提下，评述孔子“孝”的思想在当代社会的价值，并且结合现代社会的“空巢老人”、虐待老人事件、人口老龄化和养老问题等诸多社会现象和问题深入讨论，让大学生真正认同“孝道”思想具有重要的当代价值，并且自愿身体力行实践之。这要比浮于表面的感恩教育要深刻得多，这堂文化经典教育课既可以让学生了解经典精神，又可以收到感恩教育的效果，可谓事半功倍。总之，我们可以把高职教育中的文化经典教育通过教学形式和教学设计的变革，切实提高教学教育效果。

三、文化经典教育进高职教育课堂的条件支撑

除了需要认识到文化经典教育进高职教育课堂的必要性，以及从教学目标和形式等方面反思课堂实践中应注意的着力点外，要使文化经典教育在高职教育课堂中落到实处，还需要诸多外围条件的支撑。

第一，高校自身和教育管理者需要给予更多的支持和重视。如前文所述，文化经典教育是在“以就业为导向”成为高职教育之定位，实用主义、功利主义导致高职院校过分重视专业教育、职业教育，工具理性无限扩张，人文精神衰落的背景下提出的。它本身是反“实用”反“功利”的理想主义。因此，缺乏来自现实的利益激励，文化经典教育不可能依靠教师或学生自发自觉地推动。换言之，必须通过高校管理部门自上而下的改革才能推动，必须给予高度的重视和支持。

第二，由于其非专业教育的性质，在运行机制上面要给予保障。众所周知，高职教育终究是专业教育，多数学生必须面临很现实的就业问题。事实上，多数学生是抱着“找到一份更好的工作”的目的来就读高职院校的，这也关系到高职院校招生这一极为现实的问题。因此，相对于对就业并无“直接用途”的文化经典教育而言，专业教育必然更受重视。加之与本科高校一样，高职院校的组织模式也是以学科、专业为基础划分的，而文化经典教育显然没有学科归属，也不应该归属于某一学科，因为它属于通识教育，其产生就是为了打破学科割裂造成的弊端。那么，没有学科归属的通识教育必须靠一些制度，包括建立专门的教研室，给予一定的地位和权限，提供一定的经济条件来保障运行，否则文化经典教育便难以实施。

第三，师资队伍的培养也是不容忽视的支撑条件。真正能将经典的基本精神融会贯通并有能力以现代视域把握之的人才缺乏。目前，经典教育在民间发展的速度远远超过教育体制内部，但经典教育发展到今天，开始遇到制约其发展的瓶颈，即由于中国传统文化在教育体制中的长期缺场，经典教育遭遇到师资不足的问题。能否发挥高等院校在人文学术方面的力量，培训高水平的经典教育师资，为高职院校与民间开展的经典教育提供智力支持，很可能是决定高职院校和民间推行的经典教育今后能否顺利发展的一个前提条件。

[参考文献]

[1] 商圣虎. 高职教育研究逻辑起点的抉择[J]. 职教论坛，2006(13).
[2] 黄俊杰. 21世纪的大学专业教育与通识教育：互动与融合[J]. 顺德职业技术学院学报，2007(1)：2.
[3] 任庆运. 论通识教育与经典教育[J]. 高教发展与评估，2008(02).
[4] 杨亭. 浅议经典文化教育[N]. 光明日报，2009-06-18.

浙金院体育课程教学观的十年嬗变

翁惠根

[摘　要]浙江金融职业学院搬迁新校区的十年，是学院各项教育事业大发展、大提升的十年，是从规模发展到内涵提升的十年，是经历创示范、建示范和示范后再建设进程的十年。学院体育课程建设在学院全面实施职业教育教学改革的引领和感召下，职业教育意识日趋提升，课程主动服务意识不断增强，课程教学观得到不断嬗变，教学质量和社会影响不断提升，浙金院体育课程教学观的嬗变主要体现在以下几个方面：

1. 树立体育“大课题”教学观，主动实施“三全”服务(面向全体学生、全天候开放服务、课内外全时空服务)；

2. 在提升学生体质效果难以立竿见影效果状态下，主动树立了以职业体能为主线的职业体适能教学观，直接面向岗位职业人，效果既直接又实用；

3. 在纯以学生体育兴趣爱好为导向的体育选项课改革模式教学实效不尽改革初衷之时，浙金院体育课程走出了以学生为本位和以职业岗位能力为本位并重发展的课程改革之路；

4. 课程教学的创新与实践不应是一个孤立或独立的体育教育现象，要形成具有高职职业特色的体育课程模式，需要凝聚并形成具有蝴蝶效应的改革特色，浙金院体育课程建立并传承了自我规范、自我夯实、外树形象、辐射引领的课程教学与改革观念，从而确立学校体育在省内外高职体育课程改革方面的示范与榜样学校形象和地位。

5. 体育课程教学也是一个传道授业解惑的教育途径，作为基础课程性质的体育课需要以体载德，通过职业综合素质体验式拓展训练等载体，积极开展职业人职业综合素质的养成教育活动。

[关键词]体育课程；教学观；嬗变

学院搬迁下沙新校区的十年，是我国高等职业教育经历数量上规模化，地域上园区化，质量上内涵化，属性上类型化，大发展、大跨越、大提升的十年，也是职业教育观、课程教学观不断嬗变的十年。学院体育课程教学作为学校教育的重要组成部分，在经历了短暂的沿袭中专课程的“教师主导型”模式以及简单模仿本科课程的“学生主导型”模式，受益于学院职业教育规范化和国家示范建设的引领和培育，实现了体育课程从纯体质教学观、终身体育教学观向以职业岗位身体素质和素养需求为导向教学观的一系列嬗变，探索出了以职业岗位身体活动能力需求为任务驱动的“职业实用型”课程教学模式，从而引领了我省乃至我国高等职业体育课程创新与实践活动，深刻地影响了学院体育的社会地位，以及体育课程与体育团队建设水平与质量。

一、由体育课堂教学观向“课内外一体化”课程教学观的嬗变

体育教学在学校教学的时空上、地域上、文化上当属难以厘清边际的教学类型，体育教学的职能范畴难道只是“课堂教学＋运动队训练＋运动会”？体育教学难道仅是知识、技术和技能简单传递和执行的过程，还是学生体能、情商、德商不断开发、挖潜的过程？体育教学作为公共基础学科的教学是自行其道，还是努力实现与专业课人才培养目标的符合性教育？这些理念和方法的处理，关键在于树立以我（体育）为中心的“体育课堂教学观”，还是树立以大我“学校人才培养”为中心的“课内外一体化”大体育课程教学观。

在学院整体搬迁下沙新校区的 2003 年 10 月，体育与艺术教研室（现为体育军事部）突破了长期禁锢体育教师的职能范畴观，不仅一次性地“主动承揽”了由团委、学生处一直负责的学生课外活动、运动会开幕式等项目等学生课余体育活动任务，还从 2004 年开始至今一直实行学生早锻炼、课后锻炼考勤制度，早晚考勤和锻炼队伍也已成为学院“教学日”校园景观的一道靓丽风景线，并成立了十余个学生体育锻炼俱乐部。运动训练和特色体育运动项目自成体系，科学布局，运动成绩日趋彰显。体育课教学服务对象面向全体，开设了针对肢残、因病因伤不能参加正常体育课学习学生的特殊体育俱乐部，实现了体育课程教学观由简单执行教学计划到主动“在处处、在时时、为人人”服务的观点嬗变，实现了体育人校园良好印象地位和体育人社会价值趋同感的提升。

二、由纯体质达标向与职业体能为主的健康体适能提升并重的教学观嬗变

自 1975 年以来，《国家体育锻炼标准》《大学生体育合格标准》和《国家学生体质健康标准》相继成为各类型普通高校体育教育职能的核心内容和教学任务，个人体质达标与否以及学校达标率高低一直是，目前仍是各级各类学校体育工作最关注、最核心、最权威的体育要素，应当成为学校体育和学生不懈努力追求发展的目标。但影响学生体质的因素是综合性的，有遗传、营养、生活方式以及体育锻炼促进等，从科学的视域来分析学生个体体质的增强，需要符合锻炼周期性、运动负荷中大强度性、运动负荷超量恢复性等科学原理，在目前高职学生普遍“教室—食堂—寝室”三点式生活空间以及业余时间蜗居于寝室“网络世界”活动方式下，每周两课时的体育课堂运动负荷只能是一次性的“走过场”，因学生课余忽视主动锻炼以及生理性疾病多发，学生体质健康状况一直处于下降趋势。国家体育总局和教育部 2011 年 9 月共同发布的《全国学生体质与健康调研结果》显示，我国大学生的体质自 1985 年以来持续下滑现象仍然持续，19—22 岁年龄段的大学生群体，爆发力、力量、耐力等体质指标，都呈现出明显的下降趋势。尤其是近几年来学生体质测试意外猝死现象频发，导致各

学校学生体质达标工作举步艰难但仍必须知难而进。测试项目的几度变更以及评价标准的调整，也使学校体质测试无论在测试仪器设备、项目选测与评价、时间安排与受测率落实等方面存在很大的困惑和症结。

学生体质问题是社会性问题，也是学校体育教育工作者的重要任务，遏制下降趋势并逐步提升的美好愿景不可能一蹴而就。自 2006 年以来，学校体育课程积极落实“课课练”学生体质提升项目，重在指导学生测试技术与技巧，挖掘提升学生体质潜能，加强科学组织与《浙江金融职业学院学生体育综合测评实施细则》的评价激励，引导学生努力参加并争取优良成绩和达标率，从而确保了我院搬迁新校区十年来受测率、合格率和优秀率一直保持相对高位运动态势，为多项体育课程教学改革与创新活动奠定了良好的基础。

自 2007 年以来，学院体育课程注重职业实用体育导向性教学，在通过“课课练”指导学生体质测试技术与技巧，挖掘提升学生体质潜能的同时，通过职业实用体育课程以及模块化、复合型实用体育课程的开发与实践，注重学生职业体适能，为职业岗位身体活动能力以及职业岗位特殊体能、技能需求做好身体储备，如：建筑、空乘职员的抗恐高、抗晕眩能力，水上交通、警务人员的水上救护耐力，地质类野外作业岗位的越野攀爬能力等，都是职业院校人才培养中目前缺失亟须充填和完善的任务，学院体育课程教学改革进程中，实现了这种由纯体质达标向与职业体能为主的健康体适能提升并重的嬗变。

三、由纯学生本位的选项课向与以岗位身体活动能力驱动的职业实用体育相结合的教学观嬗变

自 2003 年《全国普通高等学校体育课程教学指导纲要》颁布实施以来，千校一面的以“三自主”（学生自主选择体育项目、自主选择授课时间、自主选择任课教师）的选项课模式沦为全国普通高校公共体育课程的通式模板，旨在启发学生体育学习兴趣，引导终身体育锻炼能力的养成。十年的改革实践证明，在高职类师资相对不足，教学资源不能自主，体育教学项目受制于较少师资的布设的有限项目，学生学习体育的目的及利益没有结合自身社会生活发展实际需求等现实情境下，高职院校体育选项课在不远的将来仍实现不了自主选择授课时间、自主选择任课教师的理想愿景，同时因缺乏系统的体育教育、职业教育素质养成，多数学生所选择的项目没有根据自身爱好和终身体育能力来择取，而是根据是否室内项目可以遮阳避雨，是否好玩，教师管理和课程考核是否考核过严等自我实现因素来选择。十年的高职体育课程教学实践证明，以纯学生本位的选项课模式，不仅未能充分实现培养学生终身体育锻炼能力的初衷，也因为过多地强调以运动技术为主线的运动项目教学和教学时数，忽视了学生基本身体活动能力和健康体适能的增强。

2006 年 9 月，在国家示范性院校建设项目的引领和感召下，学院体育课程积极树立了“增进健康水平，强化职业体能，充实身体储备，提升体育素养”的职业实用体育教学观。通过大量的课题调研和岗位职业人身体活动能力需求论证，探索出了公共基础课性质的以金融专业群为试点的“银行柜员职业实用体育课程”以及以专业基础课性质的以社区组织与管理专业为试点的“社区文体组织与管理”，在一年制试点改革的基础上，从 2007 年开始实施

了以职业工作岗位身体活动能力为驱动，以身体活动能力为特征的体育项目为载体，集“职业体能、终身体育锻炼、职业特殊身体活动技能、职业综合素养”模块为内容，以四学期一贯制的“站台轮转式”职业实用体育课程教学模式，形成了我国高职体育区别于普通高校的体育课程特色理论和实践，引领了浙江省乃至全国高职院校职业实用性体育课程改革方向。“高职职业实用体育课程”被评为浙江省2009年度省级精品课程，“职业实用性体育课程改革与实践的浙金院模式”分获中国大体协职教体育工作委员会和杭州市首届体育工作特色成果一等奖，“基于职业岗位需求为导向的高职职业实用性体育课程改革与实践”被评为学院第三届教育教学成果一等奖，由本人主编的《高职体育》评为浙江省“十一五”重点建设教材(高职高专)。

四、由校本课程自我规范提升向引领辐射高职体育群体课程改革的嬗变

传统的学校体育校本课程建设多以“外接灵气，内接地气”自我形成、规范和发展而成，多因不具有自身校本特点和课程特色而未能成为示范引领的模板。2006年9月由学院首先提出、探索实践并形成系统理论的“职业实用体育课程改革与建设”及其课程建设系列成果，首先在2007年影响了下沙高教园区部分高职院校的体育课程创新与实践，如在本人的指导下，浙江育英职业技术学院体育部通过开展“空中乘务职业实用体育课程改革”系列改革，成为该校课程创新改革引领基层单位。

2008年中国大体协职业教育体育工作委员会首届体育工作特色成果报告会和浙江省首届高职高专体育课程教学与创新研讨会的展示和推介，引起了全国和浙江省高职院校的普遍共鸣，自2006年以来，先后有50余所来自全国各地的高职院校同行先后来学院考察学习，“职业实用体育课程改革与建设”形成的创新理论与研究成果，“有为才有位，有位更可为”的体育部门发展理念，“公共基础课主动服务专业人才和职业人培养”的课程建设理念，以职业工作岗位身体活动能力为驱动，以体育项目为载体，集“职业体能、终身体育锻炼、职业特殊身体活动技能、职业综合素养”模块为内容的“站台轮转式”职业实用体育课程教学模式，给来访者留下了极其深刻的印象，反响强烈，美誉声不绝。2010年以来，指导杭州科技职业技术学院和横店影视职业技术学院课程职业实用性课程改革以及“模块化、组合式体育选项课”课程改革，改革成果日渐显现。

五、由关注学生思想品德教育向职业综合素质养成教育的嬗变

传统的高校体育教育任务为传授体育知识、技术和技能，开展思想品德教育活动，新时期普通高校体育教育的主要任务是增强学生体质，增进学生健康，提升体育素养。体育教学因其课堂的开放式和各类偶发事件的多发，在学生活动中合作、竞争、拼搏、抗挫、意志力、坚持力等心理品质易于情感的真实流露，体育教师的亲切、果断和朋友式关系，易于晓之以理、动之以情，开展温暖型“教化”活动取得课堂式和直白型教育所不能取代

的思想品德教育效果。

体育教学团队以 2007 年学院全面启动国家示范性高职院校建设计划为契机，以金融职业素质养成基地为载体，以立德树人、为人师表、率先垂范为高职体育教师操作规范，在银行柜员职业实用体育课程中注入职业综合素质拓展模块，建设 1500 余平方米金融职业素质拓展园区，编著《职业综合素质拓展训练案例设计》教材，实施以学生职业岗位所需要的创新力、合作力、沟通力、坚持力、抗挫力等职业综合素质养成所需要的非智力因素培养，为强化学生思想道德水平和职业操作做出了积极努力，十年来体育课程学生评价满意度测评始终保持在 94%以上。

六、结　语

理念决定观念，观念决定态度，态度决定行动，行动决定成效。通过十年来浙金院体育管理者和工作者的共同努力，学校体育实力不断增强，社会地位不断稳固，社会影响不断提升，积极打造与国家示范性高职院校相媲美的高职体育工作与管理水平也已成为金院体育人不懈追求和努力的目标。

高职财会类专业“岗证融合”教学模式研究
——以“财务会计”课程为例

李　华

[摘　要]本文以高职财会类专业课程建设背景的分析为切入点，以浙江高校精品课程“财务会计”为例，通过阐述课程的设计理念为切入点，分别从课程体系、教学方法、教材开发、课程考核、职业素质、教学团队等方面，系统阐述了“岗证融合”教学模式及其成效，以期为高职财会类专业课程的教学改革有所借鉴。

[关键词]岗证融合；职业能力；职业考证

大力发展职业教育，是我国经济社会发展的基础性战略任务。高等职业教育作为一个教育层次，具有人才层次的高等性、知识实用性、能力的职业性、人才类型的技术型、就业导向的基层性的特点，为国家培养了大批面向先进制造业、现代农业和现代服务业的高技能型人才。随着我国经济的飞速发展和科学技术水平的快速提升，人才的培养规格也相应发生了变化。同时，我国的二元经济结构特征使得不同区域对同一行业的人才要求也各不相同。以浙江省为例，已经进入工业化后期，经济正处于转型升级的关键时期，迫切需要建立一个现代化的职业教育体系为之提供高素质技能型人才的支撑。为此，高等职业教育必须进一步深化体制改革、推进校企合作、加强内涵建设、提升整体发展水平，主动服务国家和地方经济社会发展。

一、高职财会类专业课程建设的背景

课程教学改革作为高职院校提升人才培养质量内涵建设的重要内容，一直受到了广大教育工作者的高度重视，纵观高职课程历史，分别经历了 2002 年强调理论课程以“必须够用”为度，增加实践教学的阶段；2004 年以就业导向的职业能力系统化课程改革阶段；2007 年以真实工作任务或产品为载体的课程改革阶段。突破了以课程内容理论化、学习方式课堂化、学习结果文凭化为主要特征的本科“压缩饼干”式的教学模式，改变了学科体系下课程开发的路径依赖，按照岗位“一线人才”的标准实施教学改革，尝试进行基于典型工作过程、工艺过程、项目任务的课程改革。

财会类专业是典型的应用型经济管理学科，其教学指导思想和教学目标是学以致用，理论联系实际。随着我国会计行业领域国际化、信息化水平的不断提高，会计的职能已由传统的核算、反映、监督向价值管理、战略决策、风险控制等转变。精通财务会计业务，熟悉国际惯例和资本市场规律，通晓跨国经营管理的中高级财会人员需求不断增加，由此将带来高职财会类人才培养定位由基于经验型的技能人才培养向基于策略型的高技能人才培养的转变，这无疑也对高职院校的课程建设提出了新的要求。笔者以浙江省精品课程“财务会计”为例，对其构建的“岗证融合”的教学模式进行系统阐述，以期为高职财会类专业课程的教学改革有所借鉴。

二、“财务会计”课程设计理念

“财务会计”是高等职业院校财会类专业的一门专业核心课程，在传统本科“压缩饼干”模式下，“财务会计”课程构建了以财务会计目标为导向，以对外报告的会计信息生成为主线，以四项会计假设为前提，以六大会计要素为依托，以会计报告为总结的学科体系逻辑。培养了只会简单重复的“重复先生”；遇到难题手足无措的“抓瞎先生”；缺乏实践经验的“听所未闻先生”；综合能力差、缺乏企业精神的“得过且过先生”。

为此，“财务会计”课程以“准职业人”为教学目标，对其涵盖会计核算理论、具体核算方法、账务处理流程等内容进行教学重组。通过岗位分解工作内容，以证书对接岗位标准，将理论与实践学习相结合，学校教育与企业实践相融合，强调工作即学习、学习即工作，促进学生认知能力发展与职业认同感的建立，并为后续的相关专业课程的学习奠定专业基础。

三、“财务会计”课程“岗证融合”的教学模式

“岗证融合”的教学模式在汲取任务驱动、项目导向、课证融合、行动导向等课程教学改革成果的基础上，实现了岗位、证书、社团三者的深度融合，完善了第一、第二、第三课堂的教学设计，形成“小教室、大课堂、广容量”的局面，达到了学历教育与岗位培训相融合、职业能力与职业素质相兼顾、就业导向与人生发展相统一的教学目标。

（一）“项目＋模块＋平台”的课程体系

“财务会计”课程以满足用人单位和学生的多元需求为出发点，遵循财会人才成长规律，构建了“项目＋模块＋平台”的课程体系，突出课程岗位化、证书化和社团化。其中，以会计工作所涉及的出纳岗位、财产物资岗位、往来结算岗位、成本费用岗位、财务成果岗位、资金岗位、总账报表岗位的业务核算为工作项目，以职业岗位所需的关键能力培养为主线，以工作过程为课程的序化标准设计教学单元。以初级会计师专业技术资格考试大纲为标准，以资产、负债、所有者权益、收入、费用、利润为知识拓展模块，融入课程教学活动中，达到提升职业资格的获取率的目标。以财会信息化协会的社团活动为载体，强化课程实践育人功能，

广泛开展专业社会调研。以课程同步的数字化网站为平台,创建"自助式学习"的平台,以互联网贯通教学链,为构建"终身教育"学习型职业生涯提供专业支持。

(二)"3P"一体化的教学方法

人本主义心理学家卡尔·罗杰斯认为教育的本位主义就是为学生创设良好的氛围,使个体的自我体验与外界介入的价值观保持和谐,从而达到个体"完备"发展的目的。"财务会计"课程以"人人皆能成才"的人才培养观为指导思想,因材施教,激发学习兴趣,构建"3P"一体化的教学方法。将principle(原理)、procedure(过程或流程)、point(要点或考点)集为一体,贯穿于课程的"教学做"之中。以工作项目与任务为载体,整合相应的会计原理、业务流程和考证要点,通过教室场景企业化、学生身份员工化、小组建制公司化、学习方式互动化等教学设计,营造职业工作氛围,将理论知识学习、实践能力培养和职业道德养成三者紧密结合,着力培养学生岗位适应能力。

(三)"三合一"的教材开发思路

"财务会计"教材遵循高职高专学生的认知规律,将教学案例、工作项目、职业考点"三合一",注重设趣、激趣、诱趣、扩趣的设计原则。通过典型案例分析、热点问题讨论导入课程,激发学生的学习兴趣。通过选取贴近工作实际、贴近职业岗位、贴近社会实践的工作项目与任务为教学单元,并辅以相关的情景模拟,再现工作流程,深化学生对职业角色、职业选择、职业实践的认识。通过对职业资格考点解析拓展专业知识,对接初级会计师考证标准,优化课程知识体系。同时,利用QQ、MicroBlog、BBS等信息化手段,开发电子教材,融入丰富的课程资源,促进教学的互动与交流,引导学生自主学习、合作学习,培养学生独立思考和团队合作能力。

(四)"三关"的课程考核体系

基于"财务会计"课程教学的实际需求,构建了"三关"课程考核体系,将知识与技能、过程与方法、职业道德与伦理融入学生的课程评价过程中,设立"应知"理论知识考核关、"应会"实务操作考核关、"应说"职业综合素质考核关。结合不同的考核关,针对性开展笔试、上机操作考核、项目化考核、以证代考、小组PK赛、答辩、专项调研等多种形式,建立了开放式、过程化、标准化、多元化的科学课程评价体系。

(五)"三结合"的职业素质教育

"财务会计"课程积极开展以会计诚信为主线的职业素质教育,构建诚信理论与实践,诚信活动课堂内外,诚信文化硬件与软件建设"三结合"的立体化职业素质教育框架。通过"课前三分钟""案例分析会""佳片评论会""QQ讨论区"等教学活动的开展,树立学生"诚信为本,操守为重,遵循准则,不做假账"职业道德,形成"信以立志、信以守身、信以处事、信以待人、毋忘诚信、当必有成"的职业精神,不断深化课程教育内涵。

(六)“三双”课程教学团队建设

“财务会计”课程教学团队依托校企互动,系统推进“三双”课程教学团队的建设,重视教师的师德教风、专业实践、科研服务等能力培养。通过承接社会服务项目,推行“双岗”工作经历制;根据专业建设需要,推行“双语”的课程教学改革试点;通过完善“双师”素质认证,提升教师职教能力。建立紧密性、互补性、动态化的教学团队,通过育人行动上的紧密合作,团队人员的互补配置,将职业化意识、信息化水平、国际化视野作为团队后续发展的要求,提升师资队伍核心竞争力。

四、“财务会计”课程的建设成效

“财务会计”课程在办好专业、注重学业、关注就业、鼓励创业、强化职业、成就事业“六业贯通”人才培养目标的指引下,构建了“岗证融合”课程教学模式。一方面,以岗位为基础,以项目为载体,以业务流程为导向,注重对会计核算能力的培养,提升学生岗位适应能力;另一方面,以职业考证为切入点,深入分析初级会计师职业资格考试的重点与难点,提升学生的岗位竞争力;最后,以课程网站为平台,依托财会信息化协会的社团活动,拓展专业知识,充分发挥学生自学能力,提升学生可持续发展能力。

(一)重构课程教学体系,实现了能力、知识和素质整合

“财务会计”课程坚持以职业能力的培养为主线,在对原有学科体系的知识结构进行解构的基础上,按照会计岗位的工作过程对课程进行重构,实现了专业能力培养与职业素质培养相结合,岗位工作过程与学生认知心理过程相结合,提高了学生首岗工作的适应能力。

(二)对接实际会计工作内容,实现了关键能力的岗位迁徙

“财务会计”课程充分考虑了教学内容相对固定与理想,而实际工作内容则受客观环境影响而表现为复杂多变的情况。为此,在教学设计中选取了典型的工作任务,辅以相关的学习情境,注重能力习得、转化、巩固、迁移、应用,实现完整的思维过程训练。注重学生关键能力的培养与综合素质拓展,丰富学生岗位选择空间,提高学生岗位的迁徙能力。

(三)拓展课程的教学目标,实现了职业生涯的培养目标

“财务会计”课程充分考虑学生职业能力、职业考证、学历升迁的多元需求,坚持将教学目标与企业需求相结合,教学过程与工作流程相结合,教学方案与职业证书相结合的原则,合理确定课程的长、短期目标,使得第一、第二、第三课堂有机结合,使学生的职业能力得到充分的锻炼与提高,树立学生终身教育的理念,促进职业生涯规划的顺利实现。

[参考文献]

[1] 周建松. 全面实施专业建设深化工程、持续促进人才培养质量[EB/OL]. http://192.168.100.20/zfoa/userLogin.action#,2011-5-18.

[2] 马庆发. 中国职业教育研究新进展·2007.[M]. 上海:华东师范大学出版社,2008:123—135.

[3] 李华. 对高职会计专业实践教学系统的探析[J]. 职教论坛,2010(2):61—62.

[4] 姜大源. 职业教育学研究新论[M]. 北京:教育科学出版社,2007:78—79.

[5] 教育部. 关于全面提高高等职业教育教学质量的若干意见(教高〔2006〕16号)[EB/OL],http://www.moe.edu.cn/publicfiles/business/htmlfiles/moe/moe_745/200612/19288.html,2006-11-20.

高职院校基于课程组视角的数字化教学资源建设研究

张国民

[摘　要]数字化教学资源建设是当前及今后高职院校内涵建设的主要路径，鉴于以往资源建设中存在着共建共享共管难，资源的重复、离散、孤立、低水平建设等现象，本文以课程组的视角从实践维度论述了高职院校的数字化教学资源建设情况。通过实践，达到了优化课程教学资源建设和管理，提升了课程建设水平和师资业务水平，提高了课程教学质量，提升了教学效能。

[关键词]课程组；课程建设；教学资源；数字化；共建共享

一、引　言

2006年，教育部《关于全面提高高等职业教育教学质量的若干意见》明确指出，“课程建设与改革是提高教学质量的核心，也是教学改革的重点和难点”，要“建立突出职业能力培养的课程标准，规范课程教学的基本要求，提高课程教学质量”，要“不断推进教学资源的共建共享，提高优质教学资源的使用效率，扩大受益面”。[1] 2012年，教育部发布《关于加快推进职业教育信息化发展的意见》[2]，文件明确指出加快开发职业教育数字化优质信息资源。众所周知，专业建设是高职院校内涵建设的核心内容，也是院校建设和发展的立足点。课程是专业教学体系中的“细胞”，课程建设水平则成了影响专业建设和人才培养的核心要素。我国高职院校的师资队伍建设不同于国外职业教育的行业主导参与或教师准入机制，经过十年的高速发展，我们的教师队伍存在着始于“学校到学校”的主体源头问题，存在着实践教学能力弱、优质“双师”型队伍建设低、教师水平断层现象严重(高水平教师群体少，中低水平教师多但自我提升意识不强)等问题。课堂是教师的专业发展和能力提升、检验的有效路径。如何通过学校人才培养最基本和关键的落脚点——课程建设来促进专业建设、教师发展、内涵提升，已成为现代职业教育体系亟待着力解决的重要课题之一。近年来，我院通过课程组的形式来推进课程教学资源的数字化建设，提升课程建设水平和师资业务水平，以建立和共享优质、稳定、高效的教学资源，有效地提高了课程教学质量和提升了教学效能，又加快了课程建设的步伐，衍生出了一系列优质的师资、教材、教改项目等，进而成为解决上述诸多问题的一个有效对策。

二、课程组视角的资源建设思路

教研室是高职院校教学工作的基层组织，是学校开展教学与研究活动的基本组织单位。课程组作为课程群建设的分支之一，也是教研室下设的教研组织，主要承担课程体系下某门课程的建设任务。课程组是在备课组概念的基础上进行了拓展，涵盖课程内容的教授者、研究者和课程资源的建设者。它遵循“实效、共享、研讨、互补”原则，主要将课程建设的目光聚焦在课程目标选定、课程内容的选择与组织、课堂实施、课程评价、课程资源数字化等方面，尤其要从课程改革、师资队伍建设、教学基本建设、资源建设、课程管理、课程实施、教学效果等方面进行科学的评价，以提高课程建设内容的科学性、易用性、实用性。

基于课程组视角的课程资源建设思路，即从课程组视角出发进行高职院校数字化教学资源建设，旨在促进课程教学内容的规范化、优质教学资源的共享化、教师专业发展的协同化。课程组的基本建设思路为：由教学与课程建设带头人负责课程的整体规划设计，吸收校内曾经（正在）参与课程建设和教学，或在课程某些教学模块有特定研究或专长的教师，请有实践经验的企（行）业一线员工作为行业兼职教师加入课程组做课程的实践指导，共同负责制定和修订课程的教学大纲，共同商讨并制定统一的教学日历，共同确定组内课程的教材或编写课程的讲义或教材，合作完成组内课程相关的教学论文和教学项目，从而建立起一个专兼结合、高效、稳定的优质教学团队。课程组主要承担课程标准建设、课程教学团队建设、课程教学资源平台建设三大方面的任务。[3]

三、课程组视角的数字化教学资源建设实践路径

（一）建设任务

基于课程组视角的数字化教学资源建设的实现是建立在课程标准和课程教学团队建设的基础上，对课程教学内容进行学科体系的解构与行动体系的重构，集体讨论研究课程教学大纲和教学单元内容，并以所决定的课程教学大纲为框架，按照课程单元（项目）教学内容和教师研究特长进行内容的组织和设计（教案、典型案例、实践项目、课后作业），然后进行课程内容的数字化制作（教学课件）等，通过导入网络教学平台（包含基本的网络教学支持功能：学生分组、资源下载与上传、作业布置与上传、课程在线测试、互动论坛）等。课程组内部定期开展课程教学内容的研讨和教学资源的更新，成员需定期通过平台互动模块解答学生的提问，从而使得课程的建设向重点课程、精品课程等高层次目标迈进，最终提高课程本身的社会地位，以期发挥更大的社会效益和经济效益。

(二)资源平台的选用

教学资源平台是教师参与教学建设,帮助学生学习的主阵地,可分为实体资源平台和信息资源平台。本文主要指后者,它包括一切与课程开发建设及教学活动有关的、具有交互性质的静态文本和动态信息。作为资源聚集的载体,它能够对分散的课程资源进行统一存储和管理,以课程为单位将资源组织起来,进行资源浏览、下载、上传、评价,利于师生查询和使用教学资源,同时方便教师进行在线评价,便于学生进行在线互动。我院从 2008 年开始,引入了清华在线开发的 THEOL 共享型专业教学资源平台,自此开始了校内课程教学资源的建设之路。该平台开发理念即为共享,可根据不同教学模式、不同教育对象的特点,为开展网络教学提供灵活的、可缩放的、适合于多种层面、多种对象及多种网络环境的交互式教与学支撑平台。平台支持课程教学、项目化教学、课程建设与展示以及精品课程建设与评审的管理与应用。它可针对不同角色的用户,设置不同的个性化空间,包括管理员空间、院系管理员空间、教师空间和学生空间。同时,平台还为所有注册用户提供了多种交互工具及个性化工具,主要包括网上论坛、教学邮箱、个人信息、修改密码、在线帮助等。

(三)基于课程组视角的数字化教学资源建设运行机制

THEOL 平台的多用户管理、多交互工具、多功能定制、学习者路径统计等功能与实现基于课程组视角的数字化教学资源建设平台的功能需求不谋而合,能够达到优质数字化教学资源的集成、标准、共享、网络四个维度的要求。因此,我们开展了基于该平台的基于课程组视角的数字化教学资源建设工作,建设运行机制(见图 1)。

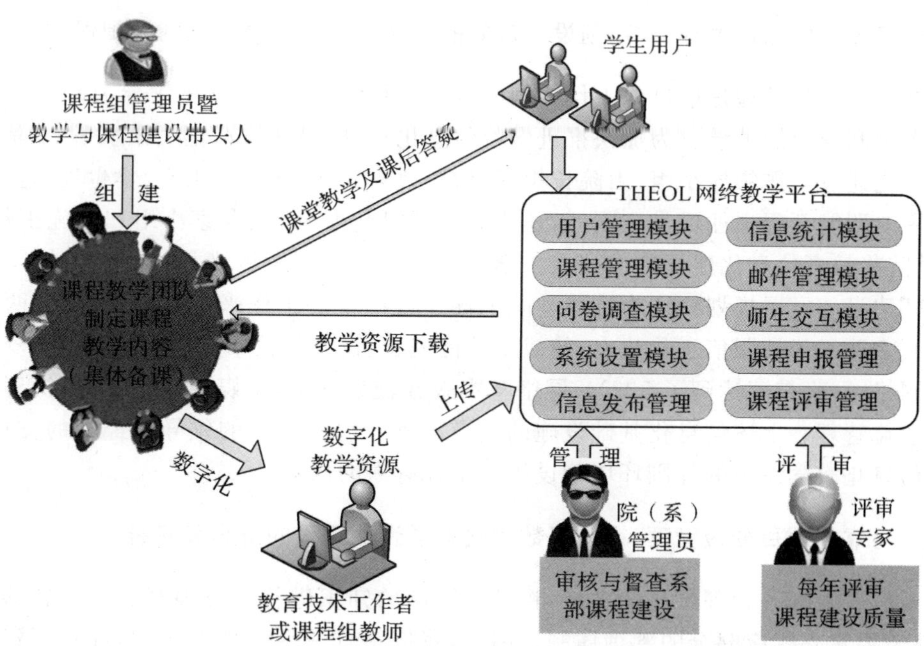

图 1 基于课程组视角的数字化教学资源建设运行机制

课程组管理员，即教学与课程建设带头人，按照专业人才培养方案中对课程所需承担的岗位技术技能培养要求，组建课程教学团队（包括校内课程授课教师、行业兼职教师、教育技术人员等），研讨课程教学内容。通过集体备课的形式，完成课程资源的系统规划和项目设计。通过课程教师和教育技术工作者的合作完成课程资源的数字化，并让教育技术工作者或课程组教师上传到 THEOL 网络教学平台供学生下载学习。通过平台可以调查学生的学情，也可以进行课程作业的网络提交，还可通过向教师提出疑问。课程组教师通过平台定期进行答疑。课程组在遇到出现的共性问题后还需要进行课程资源的更新。院（系）管理员负责审核与督查系（部）的课程的建设，并在期末教学检查中递交资源建设情况的报告。最后，学院教务管理部门每年组织评审专家进行课程建设质量的评审，以便保证课程建设质量。

四、课程组视角的数字化教学资源建设的保障措施

数字化教学资源建设俨然是一个典型的信息生态系统，要在一定的时间和空间展开，是一个伴随课程教学实践不断积累、整合及更新的动态过程，也是一项主体与客体协同建设的系统工程。资源的建设需要依靠平台的支撑，平台和资源的功能的发挥更需要相应的机制支持。政策上的支持、组织上的协调、技术上的培训和充足的经费来源是保障开展好我院数字化教学资源建设工作的重要条件。因此，我们以教育信息生态视角的协调、平衡、共生为建设原则，实施“整合资源、注重共享、强调标准、突出实用、多级评价”的建设思路，以下为建设的相关配套措施：

（一）有效的信息化领导支持，创设了良好的数字化教学资源建设的外围保障

良好的组织与管理是信息化工作实施的有效保证，校长的信息化领导力是教育信息化工作推进顺利与否的关键。为加快推进学院信息化建设，提升信息化工作水平，学院专门成立了信息化建设工作领导小组，由院长担任组长，教务处、实践教学中心、学生处、宣传处，财务处等主要职能部门担任成员。同时，还成立了信息化办公室、专家小组和实施工作小组。此外，学院将教育信息化建设工作列入了学院“十二五”教育发展规划，推出了《校园信息化“十二五”建设与发展规划》，作为推进学院内涵建设的重要工作来落实。同时，近两年学院投入 600 多万元于校园信息化建设，建成了功能完善、设备与技术先进、覆盖面广、安全稳定的校园网络，网络带宽达到了 502M，网络基本服务较为齐全，多媒体教室、网络机房等全面实现信息化管理。上述信息化基础设施的建设离不开组织工作的领导和经费的支持，从而为我院信息化教学设施的外围环境创设提供了强有力的保障。

（二）可靠的项目分级管理，推动了数字化教学资源建设的进程和实施

如何有效发挥各管理层面的功能，将教师团队的知识进行充分整合、共享、转移、传授、创新，就需要建立相应健全的管理体制。因此，我们结合项目管理的流程，优化了资源建设的领导机制，形成了以课程组为基础，学院、系部、专业的三级管理体系。同时，开展了“专业

带头人团队提升工程”和“教学与课程建设带头人工程”。两大工程均采用项目制的形式申报，明确了从专业带头人对专业教学计划的确立到教学与课程建设带头人对课程建设内容的制定和落实等方面的工作职责。在政策和经费支持上，每个项目采用分期动态培养的形式，给予项目滚动式的经费资助，并给予负责人优先的深造培训机会。在项目管理考核上，负责人制定专业和课程建设的计划，采用系（部）自查、教务处检查、学院评定的形式开展。项目制的管理方式，有效地推动了高素质教学团队的建立，保证了课程建设的质量，形成了学习型组织的创设，调动和发挥了教师的积极性。

（三）常态化的教育技术培训，促进了数字化教学资源建设的生成动力

教师专业发展就是以提高教师教育技术能力为前提的，教师的教育技术能力是数字化学习资源有效应用的关键环节，更是教学资源可持续发展的关键所在。教学信息化的进展在很大程度上取决于教师教学行为的转变，促使广大教师在教学和资源建设中广泛地、有效地运用信息技术，是我院信息化领导小组着力研究和解决的问题。近年来，学院教育技术中心联合教师发展中心制定了教师教育技术能力提升计划，以更新教师教育教学观念为核心、以提升教师教学设计能力为重点，以提高教师优秀教学课件制作和教学信息处理能力为关键环节组织了一系列的专家讲座和项目培训，树立了教师终生教育的理念，缩短了教师“要我学”到“我要学”的态度转化，有效地促进了教师现代教育教学理念的更新，也促进了教师多媒体教学资源制作与应用水平的提高，进一步推升了数字化教学资源建设的生成动力。

（四）有效的课程教学改革引领，推进了数字化教学资源的有效利用和持续更新

教育信息生态学强调系统的可持续发展，注重以生态平衡的目标促进网络课程的协同进化，突出数字化教学资源的生成性[4]。不可以否认的是，促进数字化教学资源生态平衡的关键性“物种”无外乎师生。近年来，学院采取以教改或项目的形式推动数字化教学资源的建设和利用。从 2011 学年开始，院级教学改革项目以微观课程教学改革为着力点，课程组以 THEOL 平台为载体，开展了若干基于数字化教学资源建设和使用的教学改革，实施了基于数字化教学资源学习记录的过程性考核，还提高了学生评教过程中教师网络教学资源建设和使用的权重。随着教学资源数字化后的教学应用，促进信息资源的传输、交流、反馈和循环，在不断循环更新的过程中优化了资源，促进了教师和学生的全面发展。

五、课程组视角的数字化教学资源建设的成效分析

（一）促进了优质教学资源的优化

自 2008 年 6 月引入 THEOL 共享型专业教学资源平台之后，经过几年的建设，已累计建有课程 110 门之多。通过课程组的形式进行资源优化后，当前开设的课程有 118 门。这与我院整个教学资源信息化建设的规划密不可分。目前，学院作为金融专业国家教学资源

库建设主持单位，会计专业国家教学资源库主要参与单位，拥有国家精品课程 8 门，省级及以上精品课程 19 门，院级精品课程 50 余门。目前 4 门原国家精品课程正在申报国家精品资源共享课。

(二)促进了教师专业的协同发展

通过课程组的设置，不但能实现校内教师的集体备课、同台授课，还能引进校外行业兼职教师的参与，从课程内容、教学理念、教学方法、教学评价等方面都实现了兼容并包，实现了课程教学内容和岗位能力需求的对接。同时，这种既分工又合作的方式，实现了教学内容互补，教学能力与特长互补，教学资源共享，全面满足学生不同需求，使得不同专业的教师能取长补短，改善原有的知识结构，促进复合型师资的培养。同时，随着当前终身学习和移动学习的推行，课程资源的数字化建设对教师业务能力水平地提出了更高的要求。因此，课程组的研讨、课程相关教改课题项目的合作申报与完成，为同类课程授课教师专业的协同发展提供了一个很好的学习交流的平台。

(三)推动了相关专业的深化提升

基于课程组视角的数字化教学建设在一定程度上促进了课程教学内容的规范化，提高了师资队伍建设水平。其课内外双向交流的师生互动方式调动了学生学习的积极主动性，提升了网络时代师生数字化教与学的能力，也促进了专业内涵的建设和人才培养质量的提高。因此，为学院近年来各项特色专业或优势专业申报工作都提供了大量支撑成果。如，2009 年和 2010 年学院分别立项了 7 个和 4 个省级特色专业，2012 年立项了 3 个省级优势专业。

六、结束语

数字化教学资源是高职院校课程建设质量的集中体现之一。基于课程组视角的建设思路，集各方优势共建共享资源，为高职院校数字化教学资源的建设提供了一个较好的思路。因此，我们仍将继续围绕以专业(群)建设来深化内涵建设的教学改革思路，以金融专业国家教学资源库建设、国家精品资源共享课申报建设、院级精品资源共享课建设为契机，继续以课程组的形式开展教学资源的网络化建设，以推进优秀教学团队的建立、教师专业发展的协同、专业课程的品牌化、优质教学资源的共享。同时，为进一步提高资源建设的效率和使用的效益，将在数字化教学资源建设和使用绩效、平台的教学支持服务功能、师生的教育技术能力培养等方面做进一步的探索和实践。

[参考文献]

[1] 教育部. 关于全面提高高等职业教育教学质量的若干意见(教高〔2006〕16 号)[EB/OL]. http://www.moe.edu.cn/publicfiles/business/htmlfiles/moe/moe_745/200612/19288.ht-

ml,2012-12-13.

[2] 教育部.关于加快推进职业教育信息化发展的意见[EB/OL]. http://www.moe.edu.cn/publicfiles/business/htmlfiles/moe/moe_745/200612/19288.html,2012-12-13.

[3] 朱海洋,尹湛华.以“课程教学组”为载体的高职教学资源建设简说[J].职业教育研究,2010(4):27—28.

[4] 郭福春,张国民.从教育信息生态视角审视高职院校课程的网络化建设[J].现代教育管理,2012(7):88—91.

需求分析视阈下高职 ESP 教学探索
——基于"银行柜面英语"课程的实践

汪卫芳

[摘　要]随着社会经济的发展和对人才需求的不断提高,越来越多的领域开始强调工作领域内的英语交流能力,专门用途英语(ESP)也得到了前所未有的关注和重视。在进行高职 ESP 教学需求分析的基础上,结合浙江金融职业学院金融系"银行柜面英语"课程实践经验,分析高职 ESP 教学存在的不足,并就如何提高 ESP 教学效果和质量提出建议和措施。

[关键词]高职;ESP 教学;银行柜面英语;措施

一、ESP 的含义及必要性分析

(一)以需求分析为基础的 ESP 概念

ESP 是英文 English for specific purpose 的简称,意思是专门用途英语。相对于普通英语而言,其教学内容与特定的专业和职业密不可分。ESP 教学是基础英语教学的延续或扩展,主要是满足学习者对特定行业语言应用技能的需求,从而使得英语作为学习手段或工具,能够进一步促进专业学习与保证工作高效完成。

需求分析理论(Needs Analysis Theory)是 ESP 教学的核心理念,包括目标需求分析和学习需求分析两层含义。该理论强调语言教学中既要分析学习者学习英语的目的、动机和使用英语的情况,也要分析学习者为了在将来的学习或工作中有效地交际必须掌握的语言知识和技能,要将语言分析与学习者的学习目的紧密联系在一起,以满足不同学习者的不同需要。因此,需求分析理论是 ESP 教学设计的理论依据和基础,也是 ESP 教学成败的关键因素之一。

随着社会经济的发展和对人才需求的不断提高,越来越多的领域开始强调工作领域内的英语交流能力,这种基于需求分析的专门英语得到了前所未有的关注和重视。据统计,当今世界的英语交流有 80%是以专门用途语为媒介的。因此,在教学中也出现了各种各样的 ESP 课程,如外贸英语、旅游英语、计算机英语、电子商务英语、法律英语、新闻英语等等,几乎覆盖了各大行业。金融的全球化当然也需要该领域的专门英语,金融英语、银行英语、保险英语、投资理财英语等也应运而生。

(二)高职院校开展 ESP 教学的必要性

1. 开展 ESP 教学是现代社会发展的需要。

全球化时代的到来,使得国与国之间的交流与合作日益频繁,而日益频繁的交流离不开语言的沟通,各行各业对既精通专业业务又有较强的外语能力的复合型人才的需求越来越大。而随着交往与合作的不断深入,作为重要社交工具的英语也更加体现出了它的工具性、应用性特征,外语能力的需求也呈现出了多元化和专业化的趋势。也就是说,一般的外语技能已经很难适应市场需要,社会需要更多既精通专业又熟练外语的专业人才。而 ESP 教学的开展正迎合了现代社会发展的客观需要。

2. 开展 ESP 教学是高职英语教学改革的需要。

高等职业教育培养技术、生产、管理、服务等领域的高等应用型人才的目标决定了高职英语的教学要重在实用,课程教学不仅要打好语言基础,更要注重培养实际使用语言的技能,特别是使用英语处理日常和涉外业务活动的能力。这就要求学校在专业授课之外,也要关注语言教学的改革,更加重视培养学生的英语综合应用能力,特别是听说能力,使他们在今后工作和社会交往中能用英语有效地进行口头和书面的信息交流。因此有很多语言学家认为"ESP 教学是 21 世纪英语教学的发展趋势,也是我国英语教学改革的发展方向"。

3. 开展 ESP 教学是学生自我提升的需要。

从目前我国英语教学的现状来看,大学生在入学前都已经进行了近 20 年的普通英语的学习和培训,即便是农村学生也有 10 多年的语言学习经历,绝大多数学生的英语水平可以说在入学时已经基本达到目前高职大学英语基础教学的目标,学生学习英语的主要目的就是为了通过考级拿到等级证书,虽然在读写方面的能力可能有所提高,但是在交流或语言的实际应用方面仍然相当薄弱,最终的结果依旧是"聋子英语"和"哑巴英语"。此外,高职英语"实用为主,够用为度"的教学思想,也从另一个角度说明开展 ESP 教学的必要性,这样的教学更加符合学生自身发展和今后就业的实际需要,也能更好地激发学生的学习热情,更有效地利用教育资源,达到教学双赢。因此,在高职英语教学中加强 ESP 教学,能最大限度地将学习与实际需求相结合,优化学生的知识结构,拓展学生的知识面,增强学生的择业竞争力,缩短学生的工作适应期,从而帮助学生实现学习英语的最终目的。

二、"银行柜面英语"ESP 教学的探索和实践

"银行柜面英语"课程是浙江金融学院金融系的系本课程,该课程的教学以英语口语和金融专业知识为基础,目标是培养能独立进行金融机构柜面业务操作和双语交流的高素质的国际化复合型金融人才,充分满足金融业国际化发展对人才的需求。课程鲜明的行业特色和与金融机构柜面业务紧密结合的特征深受学生和用人单位的欢迎,课程的覆盖面由原来的国金专业,逐步扩展到金融类专业,再扩展到金融行业银行订单班,每年受益学生近千人,多时授课班级超过 30 个。课程的建设对银行业务国际化发展、银行员工服务质量的提

高和学生的优质就业都起到了积极的促进作用。课程经过多年的探索和实践，为金融类专业 ESP 教学积累了丰富的经验，也逐渐形成了自身的特色。

(一)以需求分析为基础，打造"5P"教学理念

ESP 是应用语言学发展的产物，需求分析是其开发的核心理念，"银行柜面英语"立足于目标情境需求分析，根据高职培养高素质应用型人才目标和结合行业、用人单位和社会发展的具体特征，通过多年的教学探索形成了富有特色的 5P 教学理念，即 preparation，progress，practice，process-evaluation 和 promotion。

preparation 是指学科知识的准备，也就是在开展"银行柜面英语"教学前，学生应该有一定的语言和专业知识基础。

progress 指的是知识的循序渐进，基于对学生需求的分析，课程的学习遵循学生语言学习规律，紧密结合银行柜面岗位素质要求和具体业务操作流程要求需求，在内容上设置 12 个项目和细化的工作任务，业务难度由易到难，流程由简单到复杂，使学生的学习循序渐进，学以致用。

practice 是指知识的实践运用。ESP 教学强调语言运用，鉴于中国学生英语学习注重读写，而轻视听说，特别是高职学生语言基础普遍薄弱、对英语学习存在畏难心理的现状，以高职英语学习"实用为主"的原则和结合学生未来就业岗位素质要求，积极实践以学生为中心，以教师为主导、以学习为中心、以能力提高为核心，通过项目教学法、任务驱动法、案例教学法、情景教学法和角色扮演法等多种教学方法的有机结合，在实际教学中凸显语言的规范性、知识的复合性、人才培养的能力导向性、专业技能的实践应用性等，激发学生学习的兴趣和动力，全面提高学生的职业能力和柜面业务交流双语化水平。

process-evaluation 是知识学习考核的过程性评价手段。为了能够对学生的学习做出公正公平的评价，课程组打破了传统单一的笔试考核形式，全面改革考核方式，突出高职教育的应用性和实践性，以过程性考核来评定学生的最终成绩。通过这样的考核方式改革，学生更注重平时的学习和知识的积累，特别是那些基础比较薄弱的学生也可以通过持之以恒的学习顺利通过考核，并提高语言的运用能力。这样的考核机制改变了学生临时抱佛脚的不良学习习惯，大大激发了学习的兴趣和提高了教学质量，也得到了行业的充分肯定。

promotion 是指职业素质和能力的提升。课程的教学从需求分析和任务与职业能力分析出发，设定职业能力培养目标；变书本知识的传授为动口能力的培养，打破传统的知识传授方式，以"活动导向教学"理论和"学习领域"理论为指导，以"工作任务"为主线，创设工作情境，强调学生金融专业英语知识的运用和表达，并熟练掌握银行柜面业务的操作流程，培养学生的语言实践能力，实现柜面交流双语化的教学目标，满足未来工作的语言能力需求。

(二)以"零距离""零时效"为原则，尝试全真型教学设计

全真型教学是一种新的尝试，也是金融专业课程教学的一种趋势。全真型教学思想打破了传统的教学理念和思想，在教学内容的选取上，始终与银行业务发展保持同步，教辅资料都是根据业务实际和银行培训资料进行重新整合和归纳，邀请商业银行经验丰富、语言交际能力强的业务骨干一起参与教材的编写和教学的设计，并及时根据银行业务的变化进行调整，最后确定了12个典型教学项目(见表1)。一个项目就是银行柜面的一个具体业务，每个项目又根据银行柜面业务的特点和要求设计典型的工作任务，再运用英语知识和表达技巧完成工作任务，然后以真实或模拟的职业领域的职业任务和职业行为过程构建学习领域；学生通过行为导向的学习过程，培养自主学习的能力，形成职业技能。教学内容做到和实际业务的“零距离”“零时效”，切实避免了课本和课堂滞后于实践的问题。

表1 “银行柜面英语”课程典型教学项目与工作任务

项目	项目名称	工作任务	项目	项目名称	工作任务
1	英语语音知识	拼读规则和音标 重音、连读、语调和节奏 柜面交流礼仪和表达	7	信用卡业务	信用卡申领 信用卡挂失 补领新卡
2	银行业务接待	掌握日常会话基本礼仪 银行业务接待基本句型	8	中间业务	信用证开立申请 信用证修改 信用证类型
3	存款业务	开户 活期存款 定期存款	9	货币兑换业务	外币兑人民币 兑回业务 旅行支票兑现
4	取款业务	活期取款 定期提前支取 汇入汇款支取	10	贷款业务	房屋贷款 质押贷款 助学贷款
5	挂失业务	存折挂失 密码挂失	11	汇款业务	汇款业务咨询 汇出汇款 汇入汇款
6	自动柜员机操作	柜员机取款 吞卡 柜员机转账	12	投资理财业务	证券投资咨询 基金业务 互助基金

(三)以“乐学能说”为目的，融合多样化教学方法

鉴于职业教育的教学特色与“银行柜面英语”课程的行业特色，该课程在教学过程中，采取角色模拟、情景对话、任务驱动、语境教学、英语脱口秀等多种教学方法和教学形式，激发学生的学习兴趣，增强学生英语会话能力，培养学生银行柜面一线业务的交际能力。同时运用多媒体教学、专业实验室模拟教学、网络教学等多种教学手段，既丰富了课堂教学内容，又收到了良好的教学效果，学生对专业英语的畏难情绪不断减轻，英语的学习也由原来的压力(pressure)转变成快乐(pleasure)，乐学能说成了学习最大的成效。

(四)以“能力考核”为根本，构建“训考”结合评价体系

ESP教学的主要目的是让学生更好地掌握专业领域内的语言综合运用能力，更好地适应工作岗位的需求，更有效地胜任交际活动。根据此要求，“银行柜面英语”课程不断深化课程考核方式的改革，建设实训教学的评价和考核体系，改革传统的考试方法，在课程综合评

价中侧重过程性的考核和对学生语言运用能力的培养和考核，实训考核大大超过理论考核，既体现了高职教学特色，又实现了ESP教学目标。课程组还根据历届订单班及全日制教学结果的总结，进一步对课程的考核进行完善，加大平时和实训的考核，逐步取消笔试内容，成绩评定由平时表现20%、实训操作20%和期末口试60%构成，加大对学生平时的课堂表现、小组实训情况及场景模拟的考核力度，突出语言的应用性，切实提高了学生柜面双语交流水平，更加凸显课程的行业特色，提高了毕业生的就业竞争力。

三、高职ESP教学中存在的问题

(一)学校和学生对ESP教学的认识不够，影响教学积极性

由于高职学生是最后一批招生，在分数和能力上都与本科学生有较大的差别。学校和学生对英语教学的重视度不够，大多数学生认为英语的学习在今后的工作中使用的频率未必很高，甚至用不到，学生只要通过普通英语的等级考试就可以了。因此，开设ESP课程主要集中在招生时有英语分数要求的商务英语、外贸英语等专业，大部分专业都没有开设ESP课程，学生只是在大一开设普通英语课，后面的两年都不再学习任何英语课程，这样使得学生考级时依赖的是高中打下的基础，而毕业后对英语的掌握差不多忘得一干二净了，这样的断层安排影响了教学的积极性，也影响了学生语言能力的提高。

(二)学生英语基础相对薄弱，影响学习主动性

高职学生的英语水平整体比较低，而且参差不齐，从每年的录取分数来看，150分的卷子平均分在80分左右。也就是说，有相当一部分学生还没有达到及格线(90分)，最高分和最低分之间甚至相差60分之多，这就给更高层次的英语教学带来了相当的难度。此外，高职学生对英语学习也缺乏正确的认识，认为自己不会进外资银行，也不想出国，今后的工作中使用的频率也不高，学了英语没有什么用。课程对2011级学生500多人开展的调查中，只有28%的学生表示这门课对于今后的就业和工作有帮助，因此对课程的学习感兴趣，会认真学。26%的学生表示不感兴趣，只是为了考试甚至就不想学。还有近一半的学生表示虽然感兴趣，但是怕学不好，普遍存在畏难情绪。因此，大部分学生在通过等级考试后便对英语失去了进一步学习的动力，对相关的ESP课程也缺少了足够的兴趣。

(三)ESP师资队伍的数量和质量不足，影响教学质量

由于ESP教学的特点，对师资队伍的要求非常高，从教的老师不仅要有扎实的语言功底，还要熟悉专业知识和具备一定的实践经验，能熟练运用英语表述专业知识、解析专业词汇，目前能满足这两方面要求的专业英语教师普遍缺乏。以“银行柜面英语”课程为例，目前能够从教的专业教师3人，行政兼课教师1人，而学生有时近千人，师生比的失调，只能开展大班授课，学生训练的机会大大减少，学习的效果也受到了影响。调查数据还表明，目前开展ESP教学的高职院校多数将课程归口于外语系，由于外语系的老师大都是英语专业出

身，对英语教学完全胜任，但是他们对相关专业的专业知识储备不够，实践经验不足，甚至完全没有行业背景和实践经验，一定程度上也会影响教学质量的提高。

（四）学习效果评价体系缺失，影响教学反馈

大学英语的效果评估经过长期的发展已经形成了比较完善的考核体系，教学效果可以通过学生英语等级考试的通过率得以直观的体现。比如在衡量一个高职院校学生英语水平时，最直接的办法是比较学生毕业时英语A、B级考试、大学英语三级、四级、六级考试的通过率，以通过率来检验学生的学习效果。而专业英语往往是各行各业有很大差异，很难形成统一的考核标准，仅仅通过学校的考试并非能真正检验出学生的学习效果，效果好坏通常要等学生毕业后走上实际工作岗位才能看出。一方面，学生可以自己体会到在校学习效果的好坏；另一方面，企业对学生实际工作能力的考核也可以看出其专业英语能力的高低。而这些反馈通常要经过教学后的一段时期才能逐步体现出来，效果的检测具有很大的滞后性。

（五）教学模式囿于传统，影响教学创新

由于ESP教学师资的严重缺乏，主要教学还是采用传统的大班教学，加上学生的英语基础普遍薄弱，对英语学习的主动性不够，因此在课堂内主要还是教师讲学生听的“被动式接受”模式。另一方面，ESP课程涉及专业英语知识，要求学生具有一定的专业知识和相当的词汇量，并且要勇于开口交流，学生认为难度较大，还是停留于中国式的“聋哑英语”阶段，教学效果不甚理想。

四、提高ESP课程教学效果和质量的措施

（一）立足需求分析，做好基础英语与ESP教学的衔接

高职院校要提高对ESP教学的重视程度，要充分认识到人才培养的特点和从学生的需求分析出发，更新大学英语教学的理念，开发适合学生专业特点和能力特点的ESP课程，做好基础英语教学与ESP教学的衔接，解决断层的问题。基础英语和专门用途英语不是相互对立的，而是相互联系、相互依存的。基础英语是实现专门用途英语教学的基础，而专门用途英语又是基础英语的拓展和提升。只有处理好两者的关系，才能更好地解决高职英语教学的断层问题，才能真正体现高职学院语言教学的应用性和实用性，也为学生今后在工作发挥更好的作用奠定基础。

（二）加强师资建设，重视英语培新与专业理论的“双提升”

高职院校要重视ESP教学师资队伍的建设，一方面可以通过鼓励英语专业的老师研修专业课程，另一方面也为专业老师英语水平提高提供机会和搭建平台。鼓励教师通过“走出去、请进来”等多种形式开展培训，提高教师的语言能力、理论水平和实践水平，并定期参与行业实习和实践，使教师与实践进一步“耦合”，建设一支高水准的ESP教学师资队伍。

(三)深化教学研究,实现“以研促教,教研相长”

国外对ESP的研究较早,侧重于需求分析,其中最早模型见于John Munby(1978)的目标情景需求分析(TSN:Target situation needs analysis)模型。Hutchinson和Waters需求分析则强调语言运用,指出在ESP教学中值得关注的应当是语言运用(language use),而不是语言学习(language learning)。目前,虽然开设ESP课程的高职院校数量在不断增加,ESP教学在操作上可供调查研究的内容很多,而在理论上范围相对狭窄。另外,大部分高职院校的学科建设还处于探索阶段。因此,应加强高职英语ESP教学的研究,丰富教学教法。高职院校在开展ESP教学(进行专门用途英语课程的需求分析)时,应重视分析目标需求和学习需求。授课教师要认真学习高职教育理论,通过校际交流和业务培训等方式,加强对新形势下高等职业ESP教育理论的理解和实践,提高对教学研究工作的重视程度,积极开展各种形式的教研活动,加强教学研讨,进一步提高教学水平,争取做到以研促教、教研相长。

(四)更新教学理念,促进教学方法和考核体系的创新

ESP教师要不断更新教学观念,从根本上转变传统的教学观念、教学方法,教学要紧紧围绕着学生的需求,课堂上要以学生为中心,进而提高学生学习的积极性与参与性。在教学中,教师要根据学生的实际情况开展因材施教,开展“基于需”的教的探索和实践,理论方面尽可能激发学生学习的兴趣,拓宽学生的知识广度;实践教学方面主要是结合实际银行业务情景,激发学生说英语的兴趣,使学生真正做到敢说、会说、乐说,提高语言的综合运用能力。此外,还应该积极和充分利用先进的电子技术和网络资源,丰富网络教学资源来补充课堂教学,更好地将课堂延伸到课外,全面调动学生的积极性。在考核方面,积极探索和选择适合高等职业教育和学生实际的考核方法,重视过程考核,注重考核的科学性、公平性和合理性,切实提高学生语言综合运用能力。

[参考文献]

[1] 蔡基刚. ESP与我国大学英语教学发展方向[J]. 外语界,2004(2).
[2] 严玲,陈胜. 中国专门用途英语的教学发展趋势[J]. 长江大学学报:社会科学版,2009(2).
[3] 邹德虎. 高职学校ESP教学情况调查研究[D]. 上海:华东师范大学,2009.
[4] 王朝晖. 高职高专英语教学引入ESP课程的探讨[J]. 中国ESP研究,2010(1).

基于高职管理信息系统课程的分层教学

郑春瑛

[摘 要]目前高职院校为了培养学生的信息素养,很多专业都开设了"管理信息系统"课程,而不同生源的高职学生在入学时的计算机专业基础参差不齐,因此使用传统的教学方法不能有效地对学生进行该课程的教学。针对这一现状,笔者结合自己多年从事教学的经验,以浙江金融职业学院的省级精品课程"管理信息系统"为例说明如何采用分层教学以满足需求提高教学效果。

[关键词]MIS;教学目标;分层教学;教学内容

一、分层教学的基础

(一)基于中高职一体化发展的需要

根据《国家中长期教育改革和发展规划纲要(2010—2020年)》中关于"统筹中等职业教育与高职教育发展"的精神,需要全方位一体化构建中职和高职在人才培养、师资培训、课程建设、教育教学改革等方面更为紧密的衔接,搭建从中等职业教育迈向高等职业教育的"成才立交桥",促进学生的可持续协调发展。我院是浙江省教育体制改革试点项目"中高职一体化培养模式改革试点项目"的主持单位,计算机信息管理专业和会计专业是首先试点的专业。所以计算机信息管理专业就要考虑如何改革专业课程以满足这种需求,管理信息系统作为计算机信息管理专业的核心课程就首先需要改革了。

(二)基于高职学生计算机水平的差异

高职院校的生源除了普高生外,还有三校生(来自技校、中专、职高的学生),三校生在高中时普遍学过计算机方面的专业知识,有一定的专业基础,但是一般来说三校生的学习习惯有待改善;普高生高中时只学过一些最基础的计算机知识,没什么专业基础,但是文化基础扎实,学习习惯相对较好。加上近年来由于师资力量、办学条件等原因使得各地中学计算机教育的发展水平相差悬殊,以及学生个人方面存在的巨大个体差异,从而导致高职学生在入学时的计算机专业基础参差不齐,使得学生之间学习计算机专业课程的效果差异明显,因此计算机专业课程教学面临着新的挑战。另外由于我院学生的就业在金融行业针对性强,我院受到社会上众多学生及家长的青睐，因此很多学生是具备本科分数线的，相对于以前来说，学生素质相对较高，那么如何兼顾培养这批学生就成了迫在眉睫的问题。

(三)基于高职院校毕业生的不同出路

高职毕业生的出路有两条：一是通过专升本到高校继续深造；二是直接就业走向社会。我院学生参加的专升本考试课程中一般都有“管理信息系统”，考核内容包括系统分析、系统设计等，侧重理论方面，所以对参加专升本考试的学生，应该侧重信息系统有关的理论知识和系统开发；而对毕业后直接就业的学生，应该是在系统地掌握信息系统的理论知识的基础上，具备在实践中应用的能力，重点培养其在信息社会学习、生活、工作所必需的信息素养。

二、分层教学的概念

分层教学就是针对不同层次学生的认知水平、接受能力与特点设计不同层次的教学目标、教学内容并采用不同的教学方法和考核标准，其目的就是让所有学生都能够通过努力找到一种适合自己的学习模式，即通过最佳的学习状态去取得最佳的学习效果。它能充分调动学生的学习积极性、挖掘学生的潜力、发展学生的个性、改善学生的非智力因素，并能增强学生的自信心，使不同层次的学生都能够各有所得并且在个性上得到最优的发展，从而全面提高教学质量。

分层教学不仅有利于激发普通学生学习的兴趣和自信，而且能够强化优秀学生的个性特征，使所有学生都能找到适合自己发展的最佳模式。高职学生来源的多层次性直接决定了学生计算机水平的多层次性，管理信息系统作为我院计算机信息管理专业的核心课程，因此针对学生的个体差异采用分层教育模式同样适合该课程的教学。

三、分层教学的实践

(一)对所教学生进行分层

因为学生各方面都存在差异，所以教师可以根据学生的专业基础、管理能力、组织能力、学习态度、学习成绩、语言表达能力等各方面的因素表现将他们分为三个层次，这是分层教学的前提。A 层为优秀学生，这一层次的学生计算机专业基础扎实，对专业课程的学习兴趣浓厚，学习习惯良好，语言表达能力较强，反应灵敏，接受能力、自学能力较强。B 层为中等程度学生，这一层次的学生对专业课程的学习有兴趣，有一定的专业基础，学习成绩一般，这些学生中有的脑子聪明但学习不够努力，有的学习努力但学习方法不对路。C 层为基础相对薄弱的学生，这一层次的学生计算机专业基础薄弱，学习成绩落后，专业知识的掌握速度慢，学习习惯和学习效率均有待改善。为了有利于开展团队协作、项目组之间的公平竞争等活动，在实际教学中需要将学生分成若干项目组以开展各项活动，而在编排项目组时，应该尽量使每个项目组都有A、B、C三个层次的学生，每个项目组由一个项目经理加若干成员组成，项目经理负责管理协调分工等，任务包括：(1)系统调查；(2)签订合同；(3)系统分析；(4)系统设计；(5)设计系统安全方案；(6)项目总结。

(二)对教学目标进行分层

根据不同的学生层次来选择确定相应的教学目标，让每个层次的学生都有盼头和成就感。根据课程在专业中的地位和所承担的教学任务计算机信息管理专业的“管理信息系统”课程的教学目标分层如下：

1. 基础性目标。通过案例的阅读讨论分析等活动，使学生了解信息化的有关知识及其对社会和企业的影响，培养学生在信息社会中适应日常生活、学习和工作所必需的信息素养；通过任务引领和常用软件开发中标准文档的阅读等项目活动，使学生了解软件开发的流程及其管理、文档编写及其管理等方面的知识，能理解系统调查、系统分析、系统设计、系统实施、系统测试、系统运行与维护等阶段需要完成的任务，并能编写简单的文档。

2. 提高性目标。能够运用系统安全方面的知识设计基本的系统安全方案；能够了解软件项目管理的内容及评估方面的标准及法律规定；能够了解软件开发、软件著作权等方面的主要法律规定。

3. 发展性目标。通过综合运用高级程序设计语言和数据库实现一个实用小系统的过程，学生熟悉软件开发的整个流程及管理，为学生发展各专门化方向的职业能力奠定基础。对于C层学生要求达到基础性目标，并且鼓励其向提高性目标努力。对于B层学生要求达到基础性目标和提高性目标，并且鼓励其向发展性目标努力。对于A层学生要求努力达到所有目标。

(三)对教学内容进行分层

1. 基础性知识。信息化、信息社会等概念，信息对社会及企业的影响；企业是如何转变经营管理模式以适应信息社会的，先进的管理信息技术是如何支持企业或组织的运行管理和决策的，并更有效地为管理服务；不同开发方式、开发方法的特点及比较；系统调查的原则、方法、步骤；技术开发合同的标准、要点、编写签订时需要注意的地方；系统分析、系统设计、系统测试等阶段的任务、常用的工具和方法；系统开发的流程、系统开发各阶段需要编写的文档及管理要领。

2. 提高性知识。系统备份、数据备份等系统安全方面的知识。软件项目管理的内容及要领、软件质量及软件供应商能力评估方面的标准；软件开发、版权保护和评估软件供应商能力方面的主要法律规定及标准；计算机软件产品开发中文件编制、计算机软件保护、计算机软件著作权方面的主要法律规定。

3. 发展性知识。系统的测试计划、测试报告、安装配置说明书等。如何根据软件开发的需要安装、配置软件开发环境；如何根据软件开发的流程运用高级程序设计语言和数据库进行简单的软件开发，如完成登录界面、主界面、系统输入界面、系统处理、系统输出界面等的设计实现，包括系统的部署安装，要求代码编写规范、界面简洁友好且美观大方、功能少而精。

对于C层学生要求掌握基础性知识，并且鼓励其掌握提高性知识；对于B层学生要求掌握基础性知识和提高性知识，并且鼓励其掌握发展性知识；对于A层学生要求努力掌握所有知识甚至B/S模式系统开发方面的知识。

(四)对教学实施进行分层

围绕课程目标，教学中我们以IT企业软件开发的工作任务为中心来选取并组织教学内容。为了体现本课程重在使学生了解软件开发的流程及项目管理，课程选择业务处理流程简单易理解的库存管理系统作为样例。教师事先准备好一个完整的小库存管理系统及其标准规范的文档，所有课堂内的教学内容都围绕库存管理系统的开发这个大项目，第一部分为准备开发库存管理系统；第二部分库存管理系统开发实践，包括以库存管理系统的开发生命周期为线索来组织的6个项目（选择开发方法、系统调查、系统分析、系统设计、系统实施、系统运行与维护)；第三部分是项目总结，就项目实施过程中遇到的问题及如何解决等经验与体会进行总结交流。对于计算机信息管理专业的大多数学生来说，以后所从事的工作不一定是开发MIS，而是应用MIS，因此，“实践教学”包括以项目组形式开展的系统调查分析设计(包括文档的编写及项目管理)和系统开发两方面。

1.项目介绍。教师演示事先准备好的完整的库存管理系统及其标准规范的相应文档。(1)安装并演示库存管理系统，包括登录系统、显示主界面、各项系统菜单；(2)展示库存管理系统相关的标准规范的文档（调研计划、系统可行性研究报告、软件委托开发合作合同、系统分析报告、系统设计报告、安装配置说明书等)。

2.任务布置。下面以要求学生在教师的指导下在计算机上编程调试实现C/S模式的库存管理系统的实训课为例说明如何布置不同层次的学生任务。任务1:建立数据库、创建系统登录界面、创建主界面、实现3个基本功能、项目的部署与安装。任务2:添加系统菜单图标、制作工具栏、制作工具箱、实现帮助功能等。任务3:实现其他系统功能。对于C层学生要求完成任务1，并且鼓励其完成任务2；对于B层学生要求任务1和任务2，并且鼓励其完成任务3；对于A层学生要求努力完成所有任务甚至开发B/S模式的系统。

实训操作时教师特别要注意进行有针对性的个别指导；另外如果B、C层学生遇到难题，就先请A层学生给予帮助辅导，鼓励各层学生互帮互学。对于比较共性的问题，教师可以自己演示讲解，也可以采用如下方法:先挑选个别A层学生，课后辅导其准备制作PPT、实训步骤等资料后在课堂上为同学演示讲解，这样不但使讲解的学生有成就感，而且能够解决B、C层学生遇到的难题，还使学生有了学习的榜样，同时也能弥补教师精力的不足，从而提高课堂效率。通过这种分层的教学模式，使各层次的学生均得到了发展与提高，形成了积极的学习氛围。

(五)对课程考核进行分层

课程的考核方式将直接影响到学生的学习态度和学习方法，从而影响课程的教学效果甚至人才培养的质量。因此本课程实行以职业能力考核为中心的考核方法，学生最终成绩的考核评价采取过程评价与结果评价相结合、自评互评教师评价相结合、理论与实践相结合的方式。下面仍以要求学生在教师的指导下在计算机上编程调试实现C/S模式的库存管理系统的实训课为例说明如何分层考核。

课程考核时根据教学目标层次分为三个部分:基础部分、提高部分和综合部分。各部分的分值分别是60分、20分和20分。60分是基础题,难度系数低,是专门针对C层学生的,使其能够比较轻松地完成以获得成就感;20分的提高性题是针对B层学生的,使其能够体会经过努力后获得成功的感受;20分的综合题是给A层学生充分发挥他们的聪明才智用的。分层考核面向全体学生,增强了C层学生学好管理信息系统的信心,激励他们不断取得进步。

评分标准

序号	分层考核	项目	分值
1	基础部分	建立后台数据库	10
2		创建系统登录界面	15
3		创建系统主界面	10
4		完成系统3个基本功能	15
5		完成项目的部署与安装	10
6	提高部分	创建系统菜单图标	5
7		创建系统工具栏	5
8		创建系统工具箱	5
9		实现帮助功能	5
10	综合部分	完成系统其他功能	20
		合计	100

在完成软件开发项目后,教师组织学生用多媒体演示软件展示成果并作详细介绍,进行自评、互评、教师点评,教学时主持人、摄影摄像、评分、点评等工作人员都由学生担任,展示结束,其他项目组人员可以提问,由展示的学生进行答疑。自评答疑的过程中,教师引导学生尽量客观地从正面进行评价,最后是教师进行综合评价。

[参考文献]

[1] 黄明睿.经管类专业管理信息系统教学改革探讨[J].现代经济信息,2012.
[2] 石伟平.职业教育课程开发技术[M].上海:上海教育出版社,2006.
[3] 王枫.高职英语分层教学存在的问题及对策研究[D].长春:东北师范大学,2010.
[4] 张义刚.管理类专业管理信息系统课程内容探讨[J].中国管理信息化,2009.

高职教育合作学习现状调查与策略探讨

刘一展

[摘 要]合作学习适应了高职教育高素质技能型人才培养的职业性和实践性的要求。基于以杭州市6所高职院校为样本进行的合作学习现状调查和问题梳理,从创设本土特色的分组原则,提升教师合作教学的素养和探索合作学习的价值问题等方面探讨提升高职教育合作学习实效性的策略。

[关键词]高职教育;合作学习;现状;策略

一、高职教育合作学习的实施背景

高职教育以培养高素质技能型专门人才为目标。“高素质”不仅体现在具备相应的岗位职业能力,还体现在具备全面的综合职业素质。敬业精神、团队合作意识、人际沟通能力、承受能力等“软实力”的提升是确保高职学生可持续发展,解决其“上手快,后劲不足”问题的内在要求。随着社会分工的日益细化和复杂化,团队合作意识与能力成为人才职业素质要求的重要指标。《关于全面提高高等职业教育教学质量的若干意见》(教高[2006]16号)在加强素质教育,强化职业道德方面也明确提出“要针对高等职业院校学生的特点,培养学生的社会适应性,提高学习能力,学会交流沟通和团队协作”的具体要求。这一目标的实现需要外部活动和内心感悟的结合,系统的课程教学是其中的必要环节。

20世纪60年代末70年代初在美国兴起的合作学习作为一种富有实效的教学理论和策略体系,可增强学生的凝聚力和责任感,有效突破高职教育中存在的学生自主学习能力较弱,作为社会个体表现出的社会交际能力和作为“职业人”的灵活应变能力不够强等教学瓶颈。合作学习适应了高职院校人才培养过程的实践性和学生职业道德形成的整体性,但在实施中尚存在诸多困难。了解高职院校合作学习的开展现状,梳理教师和学生在教学、管理和学习过程中遇到的阻碍,分析其原因并探讨解决策略为本次调查的主要目的。

二、高职教育合作学习的现状调查

本次调查问卷采用判断抽样的方法获取样本,在杭州市选取了浙江金融职业学院、浙江水利水电高等专科学校、浙江经济职业技术学院、浙江经贸职业技术学院、杭州职业技术学院、浙江医学高等专科学校6所院校的学生作为调查对象。学生主要来自金融、会计、市场营销、保险、国际贸易、电子信息工程、计算机、电子商务和水利工程等专业。为修正调查结果，同时对35名教师和教学管理人员进行了访谈。调查内容包括对合作学习的认识和合作学习实施过程两大领域。本次调查共发放问卷1000份，回收问卷938份，有效问卷917份，有效回收率91.7%。

(一)关于对合作学习的认识

对合作学习(cooperative learning)的概念定位上，目前存在合作学习"形式说""方法说""策略说"和"管理说"等主要观点①。调查显示，学生在"摆桌椅、分小组的'教学形式'""老师讲解—小组讨论—集中展示—达成共识的'教学方法'""能改善班内气氛，提高学业成绩，形成良好品质和社会技能的'教学策略体系'"和"一种强调合作精神养成的价值观和生活方式"这4种合作学习的界定中，倾向于认为合作学习是一种"教学策略体系"(见图1)，并且绝大部分的学生认为高职教育适合开展合作学习(见图2)。就学生个体而言，参与合作学习的态度较积极(见图3)。

目前，合作学习在基础教育课改中得到了广泛的应用，广大中小学教师对这一教学策略的关注度和参与度普遍高于高等教育。但在调查的35名教师和教学管理人员中有高达94.3%的受访者认可合作学习在高职教学中的实践意义。这说明合作学习在高职教学过程中也具备深度实践的基础。

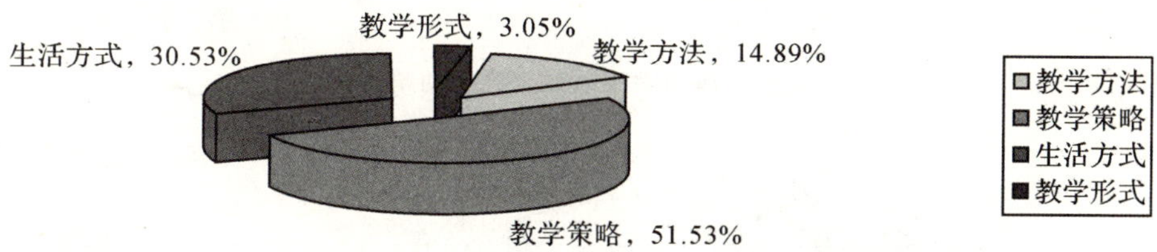

图1　学生对合作学习的界定

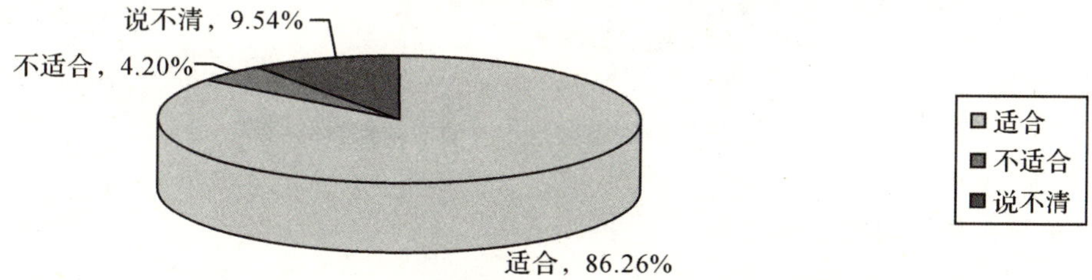

图2　学生对高职教育是否适合开展合作学习的态度

---

① "形式说"以美国学者古斯基(Guskey,T.R.)为代表，认为合作学习要求学生在一些由2—6名学生组成的异质小组中一起从事学习活动，共同完成教师分配的学习任务。"方法说"以王红宇为代表，认为合作学习是一系列促进学生共同完成学习任务的教学方法，以便通过同学之间的交互作用对学生的认知发展、学习情感和同伴关系产生积极的影响。"策略说"以王坦为代表，认为合作学习是一种有效地协同努力，以共同达成学习目标的当代教学创新策略。"管理说"以美国约翰逊兄弟(Roger T. & David w. Johnson)为代表，认为今天的学校需要采用那种正在工商业界显著提高其生产性的以团队为基础的高绩效组织结构。

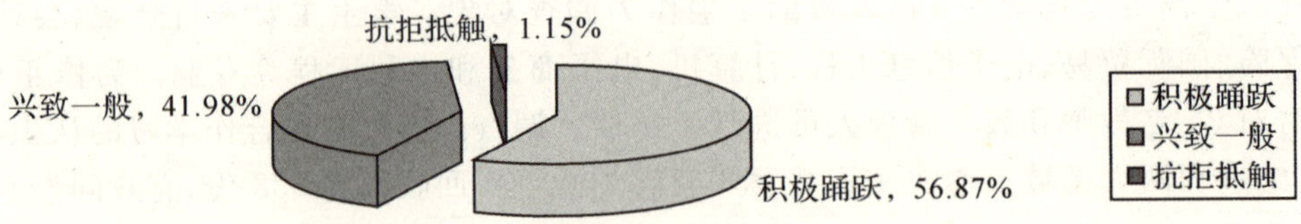

图3　学生参与合作学习的态度

(二)关于合作学习的实施对象

传统的"认识论教学论"把教学过程看成是师生的外部言语信息的交换过程，往往忽视了学生之间在教学中的关系与交往行为。即使在"交往教学论"出现的早期阶段，相对教学中的生生交往，人们更关注人与文本的交往和师生交往。对"生生互动"的强调是合作学习的根本特征。调查显示，高职学生对合作性互动意愿较强，在合作学习中能主动帮助组员，也会主动向组员求助(见图4、图5)。共同协作实现双赢是学生学习的目标。

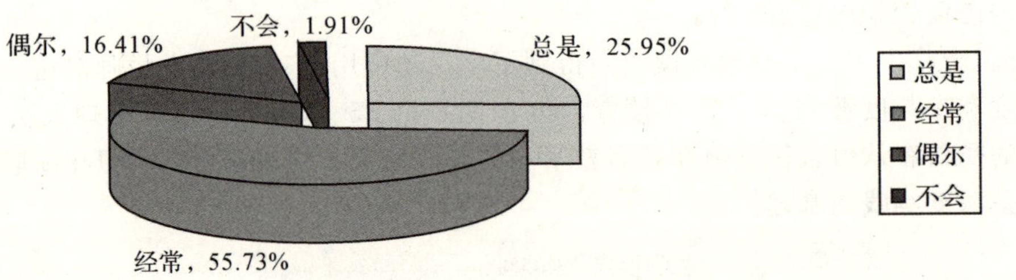

图4　当组员遇到困难时是否会主动帮忙的意愿

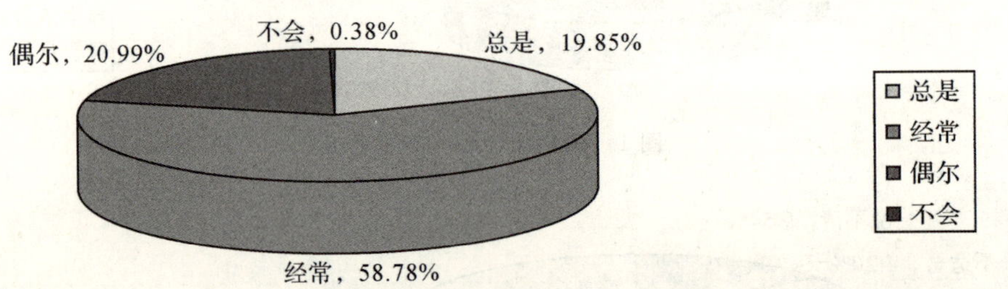

图5　当自己遇到困难时是否主动请教组员的意愿

(三)关于合作学习的实施过程

1.合作学习的基本要素。

从斯莱文(Robert Slavin)、卡甘(Spencer Kagan)和约翰逊兄弟这三位合作学习的代表人物所主张的合作学习基本要素来看，建立互赖关系，聚焦小组目标；明确个体责任，确保人人参与；掌握社交技能，直面积极互动；鼓励公平参与，实现机会均等是合作学习不同流派的共同内核。调查显示，影响学生对合作学习兴趣的因素中，"搭便车"现象最为突出(见图6)。可见，明确个体责任对发挥合作学习作用最为关键。这一结果与斯莱文、卡甘和约翰逊兄弟在阐释合作学习基本要素时提到的唯一相同用词"责任到人"吻合。正是责任到人、人人尽责将合作学习区别于流于形式的小组学习。只有使每个组员都为完成小组目标尽责尽力，积极奉献，才能实现真正的合作学习。

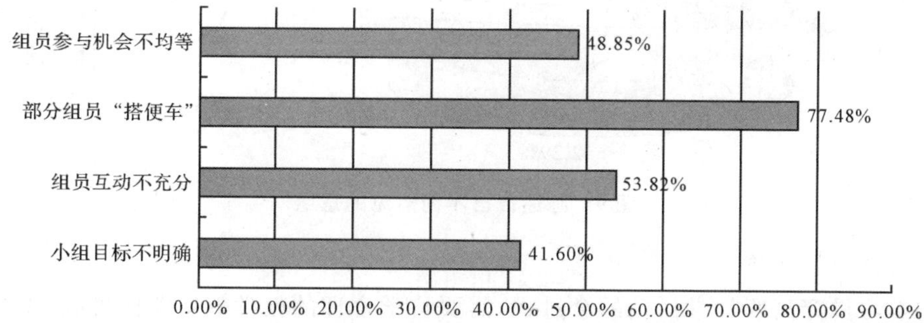

图 6　影响学生对合作学习兴趣的因素

为杜绝“搭便车”现象，约翰逊兄弟建议小组规模要小，认为小组规模越小，个体责任越大。调查显示，多数学生认为 4—5 人为小组的适宜人数(见图 7)，同时在上述 35 名教师和教学管理者中也有 91.4%的受访者持相同意见。

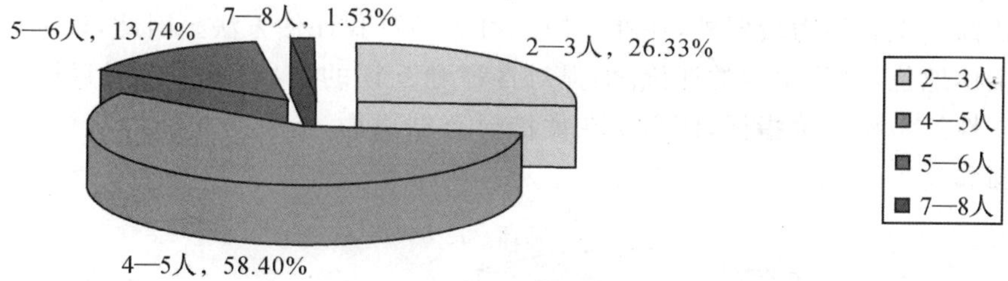

图 7　学生对小组成员适宜人数的看法

此外，在合作学习课堂中，学生应当能有互相鼓励、互相帮助和互相支持的机会，从而培养倾听、表达、理解等社会交往的技能。调查显示，绝大部分学生能认真倾听其他同学的发言并能坦诚地陈述自己的不同看法和意见(见图 8、图 9)。尽管由于中国高职班级人数总体较多，无法确保每位学生都有表现的机会，但可以通过“轮流说”“两人配对”等方式，以继时互动和同时互动最大可能保证每个学生的表现机会。为避免“控制式交往”和“表演式交往”，使学生具有公平参与的条件，斯莱文创设了“成绩分阵法”，为成绩一般或者较差的学生提供了一个只要自我提高和进步就可为小组做出贡献的机会，同时也促使成绩优秀的学生不再止步不前，从而确保学生学习的内驱力。

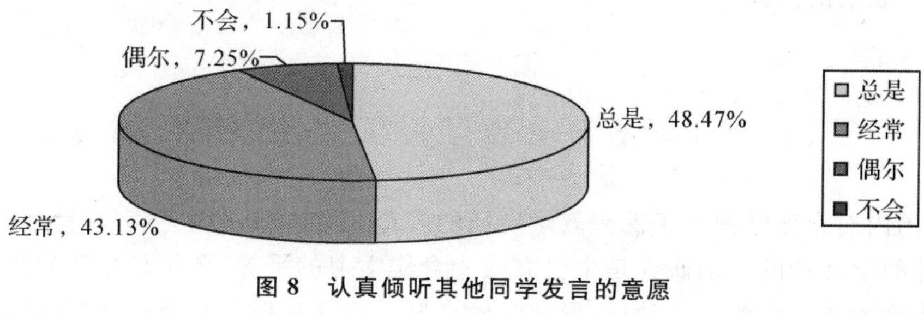

图 8　认真倾听其他同学发言的意愿

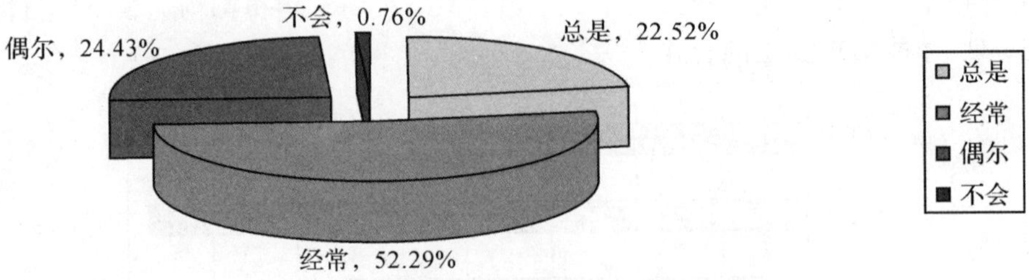

图 9　陈述自己不同意见的意愿

2. 合作学习的评价。

合作学习贯穿高职教学活动的全过程，需要科学合理的教学效果评估机制，需要总结性评价和形成性评价的结合。形成性评价是与合作学习内涵更相符的评价方式，包括教师对学生的评估、学生间相互的评估和学生自我评估，即评价主体多元化。与传统的师评不同，学生的自评和互评往往能提供独特价值的反馈，使教师能更全面掌握学生的学习效果。调查显示，学生更注重互评（见图 10），可见我们应当充分利用互评方式，引导学生对同伴的学习行为进行观察、分析、评估和督促，发挥其积极作用。此外，学生对自评的关注较少，除了学生自我认知意识和能力较弱外，还在于缺乏可靠的自我评估方法。因此，教师应当突出学生的评价主体地位，尊重学生的评价，加强对自评和互评的指导，根据学习目标和任务设计具有可操作性的考核评价指标，使学生在评价时有据可循，恰当地把握评价标准，从而使评价更为全面和公平。

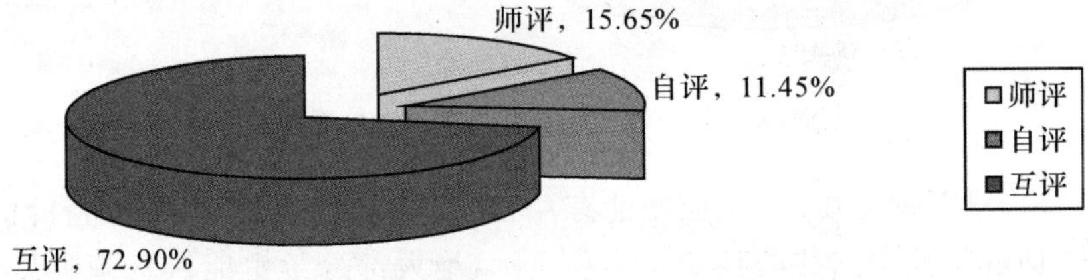

图 10　学生在合作学习过程中最注重的评价方式

在评价内容上，既要注重学习目标的检测，又要关注学生的学习态度、学习成果、学习习惯、参与程度、交际能力和创新能力等各种要素的考核；既要注重知识积累和能力培养的可持续发展过程，又要引导学生反思评价的结果，实现学习过程的跟踪反馈。合作学习评价的重心不仅在于“拔高”还在于“达标”，让学生在取得不同程度的进步时，都能得到老师和同伴的鼓励，获得成功的体验。

三、提升高职教育合作学习实效性的策略探讨

目前，国内对合作学习基于课程教学层面的规范研究和应用研究较多，旨在应用相关理念指导具体教学活动的行动研究是主要方式。合作学习的平等、合作和互助的基本理念，在教学实践中激发了学生的学习动机，形成学生良好的心理品质和社交技能，有效促进高职学

生综合素质的培育,但由于合作学习自身的复杂性和系统培训的缺失,合作学习在高职教育应用中还存在某些认识误区和实施难题,这也正成为推动高职教育合作学习探索和实践的强劲动力。

(一)创设本土特色的分组原则

组建科学的合作学习基本单位“小组”是保证合作探究活动顺利进行的前提。合作学习理论在美国发端时,“异质分组”是一个基本原则。西方“异质”的概念极其细化,涉及种族、智力状况、个性性格、知识结构、操作能力、组织协调和家庭环境等因素。但在我国合作学习实践中,由于社会文化和历史的差异,我们的分组原则不等同于国外的“异质”标准。因此,需要创设与我国本土环境相匹配的异质分组原则。基于强化个性性格、学习习惯、学业成绩、心理发展等因素,确立科学明确的判断规范和评估标准,以保证组内各成员之间的差异性和互补性,是保证组员之间确立积极互赖关系的条件。

在教学实践操作中,教师可综合运用分配组合式和自由组合式两种方式。首先,按照特定标准初步判断学生的各种差异因素。例如,在个性性格上,可尝试小组成员个性测试(The Team Player Survey)方式。组员确定后,还应当通过共同确定组名、制定并签署团队行为准则或合作公约等途径加强小组内涵建设和团队凝聚力,促使组员在遵章行事中潜移默化地形成规则、责任意识,这也是高职学生综合素质培养的内在要求。

(二)提升教师合作教学的素养

教师在合作学习过程中承担着组织者、引导者和评价者等角色。教师的合作教学能力和技巧是合作学习有效性的保障。如果没有对合作学习实质内涵和价值取向有着良好的把握,很难想象教师能够依据高职教育导向和课程性质,围绕学生的知识结构和就业定位,设计好合作情境和任务型载体,安排好合作探究活动。毕竟合作学习在强调学生自我控制、自我监督的同时,还需要教师适时与学生进行对话和调控。如果教师完全“放手”,将丧失对学生学习活动进展情况的把握,使学生处于茫然无助状态;如果过度干预,将束缚学生的创造性。教师要成为合作学习活动的舵手,在充分尊重学生独立性、保障其自主探究的同时,把握合作学习的正确方向。

教师要能够向学生传递合作精神和理念,首先自身要有良好的合作素养。教师的职业特性决定了教学的集体劳动属性,需要突破学科禁锢,打破单一的知识结构,通过教师之间的互动,才能有效推进学科素养的协调发展和整体推进。也就是说,教师之间也要形成“学习共同体”,通过各自信息和见解的分享和对话,建立自发性的相互信赖和支持的同事关系。只有具备善于合作人文精神的教师才能真正培养学生的合作意识。

(三)探索合作学习的价值问题

合作学习需要教学技术层面的支持,需要从教学目标、教学设计和教学策略等方面探索合作学习在高职课程教学中的有效实施,从而创设“利益共同体”,使学生之间实现资源共享,达到共同提高的目的。鉴于高职教育对“职业性”的强调和对贴近真实工作情境的要求,相对基础教育而言,职业教育具备实施合作学习的优良土壤。在真实的工作场景中,劳动者所要扮演的角色和所应具备的技能从来不是单一的，职业教育学生在专业理论和工作技能方面的学习任务，往往是以“项目”或“任务”的方式出现。任务型活动恰恰是合作学习的主要载体。合作学习贯穿于高职学生专业知识、技能及综合素质培养的完整过程，有效推动了学习型职业人才培养的需要。

然而，合作学习的内涵远不止如此。合作学习孕育了关爱、支持、责任和奉献的人际关系。因此，对合作学习的理解还须从课堂教学层面拓展到学生交往平台的建立及合作情感和价值观的培养，从学生学习方法的革新拓展到生活态度和生活方式的变革，提高入职胜任力，加快“学生”向“职业人”的转变。

[参考文献]

[1] 刘吉林．从外显趋于内蕴——我国合作学习研究 20 年的回顾与反思[J]．教育理论与实践，2009(6)：51—52．

[2] 马兰，盛群力．究竟是什么促成了合作——合作学习基本要素之比较[J]．教育发展研究，2008(18)：29—33．

[3] 张建鲲，庞学光．职业教育合作学习引论[J]．职业技术教育，2009(19)：11—12．

浙金院数学教育十年发展记

吴秋明

[摘　要]本文介绍了数学教研室十年来的发展轨迹和发展成果，并介绍了数学教研室主要建设成果与教学文化。希望在下一个十年数学教研室能更好地为学校建设服务。

[关键词]数学；课程建设

2003年，学校刚由浙江银行学校改为浙江金融职业学院。学校也还在现在的钱江新城。

十年后，学校有了很大的发展，数学教育也有了很大的发展。数学组也发展成了数学教研室。

十年前，学校刚由银行学校转型，课程设置还是按中专的方式进行，数学课程开设较多，人员也较多，学校还是按以前培养中专生的方法培养学生，数学课开得极多，数学课程共开设两学期，每周四课时，课时较多，老师也多，整天忙着上课。数学课分为微积分和线性代数两大部分，统一称为"高等数学"，所有专业所有学生都一样。这样产生了不少问题，基础好的学生学了很多，计算机专业的学生也受益很多，但问题也很多，最典型的就是保险034班，由于学生数学基础很差，很难教会学生，很多人最后高等数学补考都没考及格。总结其原因，对他们来说，这高等数学太难了。

2004—2005年，学校针对这样的情况。再结合数学的基础够有就行的指导方针，学校对全校的课程体系安排做出了大调整。课程体系设置以就业为导向，面向实践，基础课程的设置根据专业和学生的需求由专业来定。数学统计教研室根据各专业的需求，将数学课程由"高等数学"改为"经济数学"，课程内容主要以微积分为主结合经济学的基本知识，线性代数的内容不再列入课程范围。课时则改为一学期，每周三课时共计54课时。计算机专业的课程没有改变。这期间数学统计教研室的人员也发生了很大的变化，大家纷纷去了专业教研室。

2005—2007年，这一阶段是数学课程的调整期，数学课程强调以实用为主，对于"三校生"，"3+2"的生源一般不安排数学课程，学生以学习技能为主。对于普高生源的学生，由专业自行决定数学课程的开设。学校的数学课程有了大幅度的减少。这期间，数学课程的教师进行了项目化教学的改革，将数学教学内容以项目分类，根据教学目标，分为十多个教学项目，每个项目一般都以解决问题或应用项目为主，同时兼顾数学课程理论体系。

2007年在学校进行示范性建设的过程中，数学教研室重新成立，数学课程进入另一个发展阶段。随着学校教学的发展，学校知名度的提高，学生的素质越来越高，学生的学习要求也越来越高，对数学的学习需求也越来越大。随着学校示范性建设，学校的层次和水平也在不断提高，这客观上加速了数学教学的发展。

2008 年开始，数学教研室开始进行课程建设，针对计算机类专业，数学教研室与相关专业和系部经过调研和论证，开设了“高等数学”课程，并进行了“高等数学”课程包建设。针对经管会计和金融类专业，数学教研室开设了“经济数学”课程，对此课程的课程包建设教研室花了很大的精力。教研室完成了对各专业的数学需求调查，包括金融专业、会计专业、保险专业、理财专业等等。同时还进行了学生的数学基础调查和数学需求调查。彻底搞清楚各专业需要什么样的数学基础，学生有什么样的数学基础。普高生，职高生，“3＋2”类生源的数学基础完全不同，普高生中文理学生的数学基础也相差很大。对于普高生，文理分开教学，减少导数的教学时间，多上积分的内容。对于“三校生”生源，则先从基础开始上，适当控制难度和进度。2009 年开始“经济数学”成为学校重点建设课程。“经济数学”开设了专门的课程网页：http://jxpt. zfc. edu. cn/eol/homepage/common/opencourse/course_index. jsp? _style＝zjfc&courseId＝10955。里面有课程的详细内容，包括课程大纲、教学计划、教案、习题和学生互动等内容。“经济数学”课程建设以学生的数学教育服务为宗旨，强调对不同专业、不同基础学生进行分类化教学，同时也综合考虑学生今后的进一步发展要求，把学生需求分成完成专业要求、要参加自学本科考试、要参加专升本进一步进行深造和对数学有兴趣的学生四大类，对每类不同学生提出不同的要求。这样做对教师要求高，做起来也很累，但学生从中受到了很大益处。另外，教研室还有一门重点课程“高等数学”也在进行深化建设中。

为了适应现代社会知识经济和科学的快速发展，如今课程建设进行常态化的更新建设，及时根据学校各专业和学生的具体情况进行建设和调整。如今教研室每年都要进行新生数学基础知识调查，及时根据学生的数学基础而更改教学计划和教学内容。同时为了了解现在中学数学的教学改革，还与中学数学同行进行交流，掌握中学数学的基本动态。

数学教研室开设了丰富的各类数学课程供学生选学，以满足学生的各类需求。主要有为自考本科服务为主的“线性代数”（首先由蒋月英教师开设）和“概率论与数理统计”（由吴秋明教师开设），以及各类“高等数学”包括为专升本提升服务的，为没有开设数学课程服务的等等。还有为竞赛和提高学生服务的“数学建模”课程。最近还准备开设“趣味数学”公选课，丰富学校的数学文化，提高学生学习的积极性。

十年来，数学教研室十分注重数学教学的为数学服务性，积极开展各类活动。首先是竞赛活动，从 2004 年开始数学教研室组织师资对学校的优秀学生进行培训，每年都参加浙江省大学生高等数学（微积分）竞赛和全国大学生数学建模竞赛，曾平平和吴秋明等教师为此花了很多的精力，也取得了不错的成绩：2004 年获得了全国大学生数学建模竞赛浙江赛区二等奖，此后还获得了多个省一、二、三等奖，其中 2005 年获得了一个全国二等奖；在数学竞赛方面，也获得了很多奖项，每年都有不少学生获得省二等奖和三等奖，2010 年还获得了浙江省大学生高等数学（微积分）竞赛一等奖。

通过竞赛这个平台，学生的能力得到了提升，不少学生经过竞赛的训练后都找到更好的发展方向。通过竞赛的平台提高学生学习数学的兴趣，进而提高学生的能力，为学生今后的发展打下基础，这是数学课程的一个重要发展方向。

数学教研室十年来不断进行课程教学改革，2003—2005 年间从中专教育到职业教育的数学教学改革，使课程初步适应职业化教育；2005—2008 年进行了教学改革探索，包括数学课程教学内容、教学方法、数学教学体系等；2008 年后扩大了数学的教学范围，数学课程进行了重新定位，数学课程教学进入了另一个发展阶段，这期间又进行了数学课程改革和数学课程与竞赛结合的教学改革探索，积累了一定的经验，也取得了一定的成果。其间教研室教师利用各种机会与校外同行进行各类交流，了解最新的发展方向，学习人家的先进经验。最近吴秋明和曾平平两位教师在学校的支持下去新加坡南洋理工学院学习先进的教学方式，了解了国际上职业教育的最新发展方向。

数学教研室还利用学校的数学协会为学生提供数学服务，“信安数模协会”是由数学教研室教师指导的数学协会，该协会为学校的数学教育和数学文化推广做了很多的贡献。每年，“信安数模协会”为自考专升本的学生提供数学信息资料，指导和规划低年级学生的数学学习，同时开展数学竞赛和数学游戏，丰富学校的数学文化。学院组织的数学竞赛，为学校提供和输送各类数学人才，每年进行的数学趣味比赛，吸引了大量学生参加。最近几年，教研室教师还在课外花时间指导学生玩转魔方，深得广大学生喜爱，也大大推动了学校的数学文化建设。

数学教研室十年来还有一优秀传统是为学生进行课外数学辅导，很多学生在进行自考或专升本考试复习时数学学习会遇到很多困难，这时教师都会为学生提供义务辅导，只要学生有要求都尽量满足，大多数经过专升本考上较好学校的学生都受过数学教研室教师的义务辅导。

2003—2013 年是学校发展的辉煌十年，也是数学教研室发展壮大的十年。

基于建构主义的高职商务英语翻译项目教学改革

朱慧芬

[摘　要]近年来项目教学法已经成为国内高等职业院校广泛使用的教学方法，而建构主义学习观则强调学习的积极主动性、目标指引性、任务真实性、反思性和合作性，可见建构主义与项目结合有着少有的优势。在商务英语翻译教学中、引入真实项目能为学生能动建构提供载体，并有效提高学生建构活动的积极性。本文基于建构主义和项目教学基本理论的阐述，从教学内容、教学过程、教学形式和考核形式的角度探讨如何将以上理论在商务英语翻译课中的运用，有效促进学生的能动建构。

[关键词]建构主义；项目教学法；商务英语翻译教学

一、引　言

在国际化的大趋势下，企业和社会对于商务英语翻译人才和具备一定翻译能力的综合型商务人才的需求越来越大。根据权威机构翻译行业的调查机构常识咨询公司（Common Sense Advisory Inc.）提供的信息，2008 年语言服务类供应商营业额超过 140 亿美元；2008—2012 年翻译市场的年平均增长率为 14.6%。同时随着翻译产业的发展，翻译项目需要译者借助一定的电子信息技术、翻译工具，通过团队协作共同完成，个别译者单枪匹马的工作形式已经不能满足当今时代的要求。而国内的传统翻译教学存在一定的问题：传统翻译教材例子选择和教师自选内容常常偏重文学性题材的文本，教学内容缺乏实用性，与学生目标工作岗位需求差距大，不能非常有效地激发学生的学习积极性；传统翻译教学过程采用“翻译练习—对答案—教师点评—翻译技巧介绍”的四步法（王湘玲、毕慧敏，2008），缺乏对职业译者工作流程的描述性教学；传统翻译教学模式以教师为中心，多以讲解、点评的形式授课，未能有效地体现学生的主体性；传统的课程考核主要考核最终译文，这种考核方式的反刍效果体现为学生学习过分重视翻译学习的结果，缺乏对团队合作和过程学习的重视。可见新形势下企业和社会的需求给商务英语翻译教学带来了新的挑战，必须在商务英语翻译教学中有效地改革传统翻译教学内容、教学过程、教学模式、考核方式，才能有效地提升学生的商务英语翻译能力，满足社会的需求。本文拟运用建构主义的基本原理，探讨如何在商务英语翻译项目教学中，以真实项目为载体、以过程为导向、以多种教学形式、以多元化考核方式，激发学生主动建构，从而提高学生完成实际翻译项目的能力。

二、理论依据

建构主义(Constructivism)教学理论作为认知学习理论重要的分支,是由瑞士著名心理学家皮亚杰(Jean Piaget)在20世纪60年代提出的。建构主义理论认为,学习者是知识建构的主体,知识建构即知识获取和内化的行为,是通过未知知识和已有的知识经验相互作用而完成的。

首先,建构主义者认为知识或技能建构必要的条件之一是问题解决性的学习环境。问题解决性的学习环境,能够调动学习者的学习主动性,有效激活学习者已有的知识和经验,结合新的知识和经验,用于解释和分析当前的问题,从而形成新的假设和推论,并做出检验。这一过程为新知识和技能的建构提供了理想的路径。前期一些建构主义研究对于问题解决式的学习环境要素进行了相关描述,理想的载体要素为"真实任务"(real-life task),学习目标要素必须符合"清晰明确"的条件(顾佩娅、方颖,2003)。而广泛运用于职业教育领域的项目教学作为一种问题解决式的学习途径,为学生的能动建构提供了极佳的学习情景、载体和问题学习型的情景。职业教育课程中的"项目"指的应当是有结构的项目,即具有相对独立性的客观存在的工作任务模块(蒋庆斌、徐国庆,2005)。商务英语翻译项目也是有一定结构的项目,特别是源自真实工作中的翻译项目,不仅具备真实性的特征,反映了社会和学习的真实需求;此外商务英语翻译项目具有清晰明确的目标指引,译文必须符合一定的翻译标准,能完成特定的交际功能,必须遵守国家公布的《翻译服务规范》,具体的翻译项目产出的译文还应适应具体的翻译生态——含译者、读者、委托人、社会文化因素等在内的翻译生态整体。1997年克里斯蒂娜·莎弗纳(Christina Schaffner)和贝弗利·艾达(BeverlyAdab)在《翻译能力培养研究》一书中提及了"模仿真实情景(real-life-like assignment)"教学法,这也体现了项目教学的理念。无论从项目教学、国际翻译教学发展现状来看,真实情景商务英语翻译项目不仅符合最新的教学发展趋势,也为翻译课堂中学生的能动建构提供了极佳的问题解决性的情景,具有更具体的情景,更明确目的性,更强实用性。

其次,建构主义认为知识或技能建构的有效条件之一是合作性的学习环境。在建构过程中,学习者作为学习的主体应围绕当前问题获取有关的新知识和新信息,同时又要不断运用个体"已有的知识和经验"(范琳,2003)。建构主义认为学习建构不仅仅是个体行为、群体行为对学习者个体的有效建构有着积极的意义,而且在问题解决过程中学习者团队合作互动、相互学习、共同协作,引发学习者个体不断反思,促进个体主动内化,最终在解决问题中完成"意义建构"(王冰,2008)。在真实的商务英语翻译项目中,翻译学习者团队在教师的引导下,以协作的形式自觉主动地分析翻译项目中需解决的问题,解读源语项目文本,通过查找翻译工具、网络资源获取背景知识、平行文本等,选择合适的翻译技巧和策略,完成译文初稿,共同按照翻译的标准、发起者的意图、目标语读者的语言习惯检查润色译文初稿,最后完成翻译项目,并完成交稿。在合作完成翻译项目的过程中,小组成员原有经验的不同,性格特征各异,认知能力上也存在着个体差异,通过与他人的合作和交流,学习者个体的认知结构也得以重构,所建构的翻译知识、技巧和经验也将更加完善。

三、教学实践

(一)以真实项目为载体,促进学生主动建构

从教学内容上看,通过项目教学促进学生主动建构翻译知识和技能,体现了商务英语翻译教学从结构走向建构的趋势。传统的翻译教学体现了建构主义语言教学观,教学内容从字词翻译开始逐渐递进到句子的翻译,有一个鲜明的从低级语言单位到高级语言单位的语言对照体系贯穿其中(谭业升,2001),展现形式主要通过语言对比、译文对比。传统教学体现的是一种传授知识的倾向,要培养学习者的翻译能力和素质,通过简单的语言对比、知识传授、技巧讲解是远远不够的。而真实项目为载体的商务英语翻译项目教学能更加有效地将学生置于问题解决的情景之中,能体现翻译学习者目标工作岗位的典型工作任务,涉及翻译学习者思考、协作、翻译和决策的过程,需调动翻译学习者观察能力、分析能力、语言能力、认知能力、思维能力、协调能力,能使相关的知识和经验内化为学习者自身知识体系的一个部分,完成学习者能动建构。

在商务英语翻译项目内容的选取上,应特别重视内容的针对性、典型性、实用性、真实性和实效性。项目的内容方面,为了提高学生的学习积极性,确保翻译项目的针对性、典型性和实用性,须要广泛开展企业单位对翻译人才具体需求的调研、毕业生跟踪问卷调查、行业专家访问等,确定课程的项目。基于广泛扎实的调研,针对大部分专业学生的就业岗位,选取贴近实际生活、贴近实际工作的项目。鉴于以上考虑我院商务英语专业现已编写并使用了《商务英语翻译实务》项目教材,主要涉及商标商号、商务名片、广告、商品说明书、公司简介、商务函电、信用证、汇票、菜谱、旅游等13个翻译项目(曹深艳,2008)。

在项目来源方面,商务翻译教学团队还可以通过行业兼职教师咨询、专职教师实践、虚拟翻译社业务、横向课题等途径获取真实翻译项目。例如近年来,来自金融、商务、旅游等行业的资深行业兼职教师参与我院商务英语翻译教学,也为翻译课程带来最原始的翻译项目教学材料;同时翻译专职教师可利用寒暑假和业余时间到外贸公司和翻译社进行实习,收集一手的翻译项目教学材料。此外,我院还通过虚拟实体的翻译社(金苑翻译社)对外承接学院内外一定量的翻译业务,这些翻译业务经过委托人的允许也可以作为商务英语翻译项目教学的材料;教师在开展翻译项目教学的过程中可通过以上途径不断更新翻译项目以保证翻译项目的时效性。

项目要素把握方面,根据德国翻译家斯蒂娜·莎弗纳的"模仿真实情景"教学法,真实翻译项目教学中再现必须具备项目中翻译情景(translation situation)的各个要素:如翻译项目的发起者(translation requester,可以是翻译社、企事业单位等),译文使用者(target text user,可以是英美游客、某产品的外国使用者等),译者(translator),翻译目的(某文本翻译需达到的目的)等。这些要素将影响为翻译项目学习者进行学习时提供学习情景,同时也是学习者在解决问题完成翻译项目过程中必须兼顾的因素。

翻译项目载体具备针对性、典型性、实用性、真实性和实效性，翻译学习者更加容易联系未来目标就业岗位，在完成翻译项目时发挥更大的主动性和积极性进行主动建构。

(二)以过程性为导向，引导学生能动建构

依托真实项目的翻译项目教学中，翻译学习者解决问题的过程同时也是他们主动建构的过程。英国翻译理论家皮特·纽马克提出翻译学要做的是告诉学生所有翻译程序涉及或可能涉及的东西。可见在项目教学中，应以过程为导向，参考经验译员工作过程的典型工作阶段，将项目任务分解为不同的阶段或者环节，让学习者按照工作环节解决翻译问题。

国内外翻译研究已经对翻译的过程进行较多的研究，大体将翻译过程分为三个阶段，即理解(comprehension)阶段、重新表达(reformulation)阶段和检查核实(resting)阶段(牟俊贞、时庆梅，2002)。但是这种划分具有一定的时代局限性，随着科学技术的发展，网络资源的不断丰富，翻译产业的日益成熟，"三阶段"的划分无法体现 e 时代下翻译工作者的工作环节中某些信息化的元素。例如在完成某公司简介汉译英的项目中，译前查找国内外类似企业的公司简介译文，作为平行本文进行参考，将对翻译项目起到很大的作用。这个环节就没有被归纳在传统的"三阶段"之中。此外，译前对翻译生态的解读，译中翻译决策和网络等资源的使用，译后反思总结，都成了译者翻译过程中重要的环节。如何科学合理地将这些具体内容与传统翻译过程进行整合是翻译项目教学的重点所在。

我院商务英语翻译教学中首创性地将传统译论中的三阶段论和行业资深译者的经验相结合，形成了特色的 PWP 模式教学模式。PWP 分别代表译前(pre-translating)、译中(while-translating)和译后(post-translating)三个阶段。课程的内容组织以课程组自编教材《商务英语翻译实务》中的 13 个商务英语翻译项目和 PWP 的翻译过程为两条交叉的主线，将翻译技巧和翻译理论渗透在这两条主线之中。在某一个项目教学中，PWP 项目教学中以过程为导向，让翻译学习者能如下表在翻译学习中针对翻译项目的每个阶段，通过翻译小组成员合作，完成主动建构。

阶　段	任　务
译前 (pre-translating)	分析具体翻译项目的翻译目的 深度理解源语文本 查阅平行文本
译中 (while-translating)	查阅工具书、网络资料 根据翻译目的选择适合的翻译技巧和策略 将源语转换成目的语文本
译后 (post-translating)	按照翻译的标准、译文使用者的语言习惯等检查润色译文 反思和总结

(三)以多样的教学形式，促使学生互动建构

为了促进学生主动建构，教学中利用多种教学形式，如采用工作坊(workshop)、头脑风暴(brainstorming)、翻译擂台赛等开展教学。教师是课堂的设计者、组织者、监控者，但不再

是课堂的中心。翻译学习者成为课堂的中心，通过合作学习的形式，相互协调、相互沟通，共同完成翻译项目，这充分调动了学生主动建构的积极性。

1. 翻译工作坊。

翻译工作坊（workshop）是指类似于商业性的翻译机构，由若干名翻译者共同完成翻译项目的形式。在翻译项目教学中，可以将学生分为5—6人的小组，即虚拟的翻译社，并让各组为自己的翻译社命名。在商务英语翻译实训中，根据真实翻译项目需求的情况，每个小组成员内部进行讨论分工。每组一名同学担任项目经理，负责将翻译项目分解并分配给小组各个成员，联络项目需求方，完成最终交稿。每组中翻译水平相对较好的同学负责后期统稿和审稿。在完成某一翻译项目的过程中，小组成员不仅共同完成了最终的翻译项目译文，且共同讨论、协作，与需求方进行交流。尽管翻译学习者之间已有的百科知识、翻译理论知识、翻译技巧、网络搜索能力和沟通方式的各不相同，workshop的形式能够促进翻译学习者就当前的翻译项目进行沟通和学习，促进学习者个体在互动中进行建构。

2. 头脑风暴。

头脑风暴（brainstorming）是一种集体开发创造性思维，集体主动建构的方法。在商务英语翻译课中，可以运用全班或者小组的形式进行相关的教学活动。在翻译项目教学中可以采取这种形式，尽可能激发学生的创造性，尽多地收集同一项目的不同版本的译文，并向学生展示，让全班同学畅所欲言，对译文的优劣进行点评，最后共同分析总结和反思。笔者曾对商号翻译、商标翻译、广告翻译、商品说明书翻译项目进行尝试，都取得了良好的效果。

（四）以丰富的教学资源，支持学生主动建构

商务英语翻译项目往往具有一定的专业性，学生在翻译中常常出现畏难的情绪，导致不能全身心地投入，进行主动建构。教师在设计项目教学的过程中，可以为项目教学的每个环节或阶段设计和准备丰富的教学资源，对学生的项目学习起到一定支柱作用，同时学生也在完成任务时进行有选择性的学习，利用相关资源进行知识构建。例如在安排学生进行某公司简介翻译项目学习时，教师为学生提供以下资源：(1)公司简介翻译常用词组列表；(2)公司简介常用句型列表；(3)平行文本（如海尔集团中英对照公司简介）等，甚至可以提供专业词汇对照列表。这样就能有效降低学生完成翻译项目的焦虑度，支持学生主动建构。

（五）以多元的考核方式，激励学生主动建构

课程的考核方式会很大程度上影响学生学习的导向。因此在项目教学中可采取多元化的考核方式，激励学生主动建构。首先，注意过程性考核和终结性考核相结合，将学生平时在项目学习中的参与度、个人表现、小组表现都纳入到考核范围内，激励积极进行项目学习的主动建构，促使学生重视项目学习过程和小组合作；在终结性考核中体现项目考核的导向，避免学生死记硬背。其次，注意教师评价和同伴评价的结合，让小组间进行项目作业互评，通过互评促进学生进一步反思和总结，主动建构。

四、总　结

总之，建构主义的教学观要求教师在教学中重视学生的主体性，以学生为中心，学生是否进行有效的主动建构是评判教学效果的重点。无论从建构主义教学观、项目教学理论还是最新译论来看，高职商务英语翻译教学应该开展基于建构主义的项目教学，并且从项目教学内容、过程、教学组织形式、教学资源、考核形式等方面着手，有效地激励和促进翻译学习者的主动建构，使学生尽快掌握满足目标就业岗位的基本商务英语翻译技能。

[参考文献]

[1] 王湘玲，毕慧敏. 建构基于真实项目的过程教学模式——兼评《翻译能力培养研究》[J]. 上海翻译，2008(2)：53.

[2] 顾佩娅，方颖. 基于建构主义的计算机辅助项目教学实践[J]. 外语与外语教学，2003(7)：28.

[3] 蒋庆斌，徐国庆. 基于工作任务的职业教育项目课程研究[J]. 职业技术教育：教科版，2005(22)：47.

[4] 范琳. 建构主义教学理论与英语教学改革的契合[J]. 外语与外语教学，2003(4)：31.

[5] 王冰，尹涛，吕廷杰. 论基于建构主义的探究性学习与知识创造过程[J]. 天津大学学报，2008(3)：28.

[6] 谭业升. 建构主义翻译教学刍议[J]. 山东外语教学，2001(4)：13.

[7] 曹深艳. 商务英语翻译实务[M]. 北京：科学出版社，2008：10.

[8] 牟俊贞，时庆梅. 翻译实践课应以过程为导向[J]. 山东外语教学. 2002(5)：62.

合作式教学模式在高职专业基础课程中的构建

李　敏

[摘　要]合作式教学是一种在许多国家普遍应用的教学模式，目前在我国也有越来越多的课程开始尝试运用。本文在对合作式教学进行理论综述的基础上，探究了合作式教学模式在高职专业基础课程中的构建，并以一门课程为例进行了应用分析，最后提出了合作式教学模式实施的难点并进行了探讨。

[关键词]合作式教学；专业基础课程；教学模式；学生为主体

一、合作式教学理论综述

合作式教学也称为合作式学习，19 世纪 60 年代初兴起于美国，是一种富有创意和实效的教学理论与策略体系，目前世界上有许多国家采用这种教学模式开展教学。合作式教学理论主要是以群体动力理论、选择理论、教学工学理论、动机理论、社会凝聚理论、发展理论、认知精致理论等心理学理论为依据展开研究的。合作学习在国外的发展大致可分为三个阶段：一是初创阶段，时间大致从 20 世纪 60 年代末到 70 年代中期。这一阶段是开始进行合作学习的理论研究阶段。二是实质性进展阶段，时间大致从 20 世纪 70 年代中期到 80 年代中期。在此阶段研究者们从各种实验研究中提出了许多行之有效的合作学习策略，合作学习理论日臻成熟，合作学习的影响逐渐扩大，形成一种十分有前途的教学流派。三是与其他理论的融合发展阶段，时间大致是 20 世纪 80 年代中期至今。在此阶段出现了合作学习理论与其他相关教学理论的融合发展趋势。

国内外对于合作式教学概念的表述并不统一，影响力较大的主要有以下几种。合作学习的创始人之一，美国的约翰逊兄弟在 20 世纪 80 年代认为，合作学习是一种可以应用于任何年级和任何学科的基本的教学策略[1]。古斯基(T. R. Guskey)认为，“从本质上讲，合作学习是一种教学组织形式”，“它要求学生在一些由 2—6 名学生组成的异质小组中一起从事学习活动，共同完成教师分配的学习任务。在每个小组中学生们通常从事各种需要合作和互助的活动”[2]。S. 沙伦认为：“合作学习是组织和促进课堂教学的一系列方法的总称，是一系列促进学生共同完成学习任务的教学方法，以便通过同学之间的交互作用对学生的认知发展、学习情感和同伴关系(尤其是不同种族之间的关系)产生积极的影响。[3]”盛群力认为，“合作学习是一种有效地协同努力，以共同达成学习目标的当代教学创新策略[4]”。林生傅认为:“合作教学主要利用小组成员之间的分工合作。共同利用资源,互相依赖,互相支援地去进行学习。在开放的社会中,这是一种值得一试的创新教学策略。[5]”王坦认为:“合作学习以现代社会心理学、教育社会学、认知心理学、现代教育技术学等理论为基础,以研究与利用课堂教学中的人际关系为基点,以目标设计为先导,以师生、生生、师师合作为基本动力,以小组活动为基本教学形式,以团体成绩为评价标准,以标准参照评价为基本手段,以大面积提高学生的学业成绩,改善班级内的社会心理气氛,形成学生良好的心理质量和社会技能为根本目标,是一种极富创意与实效的教学理论与策略体系。[6]”

合作式教学是一种开放性更强的教学模式,其在教学过程中强调学生之间的互动,将课后学习与课内学习相结合,把学习内容从向教师学习的单向学习转化为向其他学生学习的多向学习,实现多方面知识和信息共享,更多地发挥学生在课堂中的主体作用,具有以学生为主体,教师为主导,课堂内外相融合,学生之间知识共享等特点。如斯坦福大学以学生为主的讨论式教学、耶鲁大学采取的讨论式课堂、麻省理工学院以讨论和交流为主的课堂教学,均是合作式教学模式的体现。根据高职学生特点、高职人才培养目标以及高职专业基础课程的特点,笔者认为在高职专业基础课程中运用合作式教学模式是一种非常适合的教学方法,对于活跃课堂气氛,提升学习兴趣,提高学习能力,全面提升教学质量和人才培养质量具有重要作用。

二、合作式教学模式在高职专业基础课程中的构建

在高职课程体系构成中,专业基础类课程具有非常重要的作用,是学生专业学习的入门和后续理论、实践一体化专业课程的基础,对培养学生的可持续发展能力具有重要作用。然而专业基础类课程通常具有理论性相对较强,实践内容相对较少的特点,这使很多教师感到这类课程很难引起学生兴趣,最终预期教学目标难以实现;学生也感到这类课程缺少动手操作的内容,比较乏味枯燥,学习效果大打折扣。为此,可以在高职专业基础课程教学中运用合作式教学,具体来讲,合作式教学模式的构建主要从以下几个方面进行。

(一)明确多元化的学习目标

合作式教学的重要参与主体是学生,要想顺利实施,就必须在开课之初与学生明确学习目标,实现“教”“学”目标的统一。根据高职人才培养目标,课堂教学目标不应该仅仅局限于学生期末考出一个理想的成绩,而应该是以提升综合职业能力和素质为核心的多元化教学目标。对于专业基础课而言,教学目标通常包括掌握基本知识,能应用基本知识分析现实问题,具备对专业问题的敏感性,具备自我学习能力,具备良好的沟通表达能力,具备团队合作精神,具备良好的专业综合素质等。不同于传统的以教师讲授为主的教学模式,合作式教学是一种教学模式的改革与创新,其实施效果如何,很大程度取决于学生的配合程度。只有在学生产生了要实现多元化学习目标的强烈愿望,充分了解和认可合作式教学的理念和模式后,才能够愿意参与,最终保证合作式教学预期效果的实

现。因此,教师要让学生明确为什么要采取合作式教学,以及学生如何参与其中,这是顺利实施合作式教学的前提和基础。

(二)实施多元化的课程考核方式

围绕多元化的教学目标,教师要相应实施多元化的课程考核方式,上述几方面教学目标都应尽量在考核方式中体现出来,实现考核方式与教学目标的相一致。多元化的课程考核方式可以体现教师对学生课堂参与程度的过程管理,同时也可以起到督促学生参与课堂活动的作用,是促使教学目标实现的指挥棒。合作式教学强调学生通过积极参与课堂活动来实现多元化的教学目标,因此学生课堂参与的积极性及沟通交流能力的表现就应在课程考核中有所体现。对于学生参与课堂的过程考核,教师要设计出客观、全面的考核办法,既要考核学生的能力水平,也要考核学生付出的努力和取得的进步,使考核成为一种正向的激励手段,而不是纯粹的管制手段。

(三)设计以学生为主体的课堂组织方式

实施合作式教学的关键点在于课堂组织方式的设计,这也是教学能否调动学生积极性,实现师生良性互动的关键。对于课堂组织方式或者课堂活动载体的设计是教学技巧乃至教学艺术的体现。好的课堂活动组织方式可以有效调动学生参与积极性,提升课堂的趣味性,形成师生良性互动。合作式教学模式在分小组的基础上,可以小组为单位开展专题演讲、分组讨论、小组讲课、课堂辩论、课堂抢答等活动方式。如教师事先将某一热点话题布置给某一小组,指导其从几个方面搜集资料,小组成员在收集整理资料后制作成 PPT 在下次课上进行专题演讲,其他同学针对该组发言内容进行提问讨论等,老师进行相应点评总结。对于一些知识性的内容,仅仅由老师来讲,学生就缺少理解消化的过程,因此可以采用分组讨论的方式,在讨论的基础上各小组分别完成对某个知识点的理解并给全班进行讲解。

(四)进行课下课上的良好衔接

合作式教学模式在课堂上大量的时间是交给学生发言或者讨论,这必须以学生课前的充分准备为基础,因此教师要合理布置课后任务并督促学生完成,进行课下课上的良好衔接。专业基础类课程的专业性强,对于刚刚开始专业学习的低年级学生来说具有一定难度,如果没有事前的准备,课上的发言和讨论很难进行,很容易陷入无话可说的尴尬境地。因此,教师要结合教学内容布置一些拓展性的课后任务,引导学生有针对性地查找资料,完成任务。为避免出现学生相互推脱责任、组员搭便车等现象,课后任务要明确并要落实到组,由组长再落实到各组员。

上述合作式教学模式在专业基础课程中的构建(见图 1)。

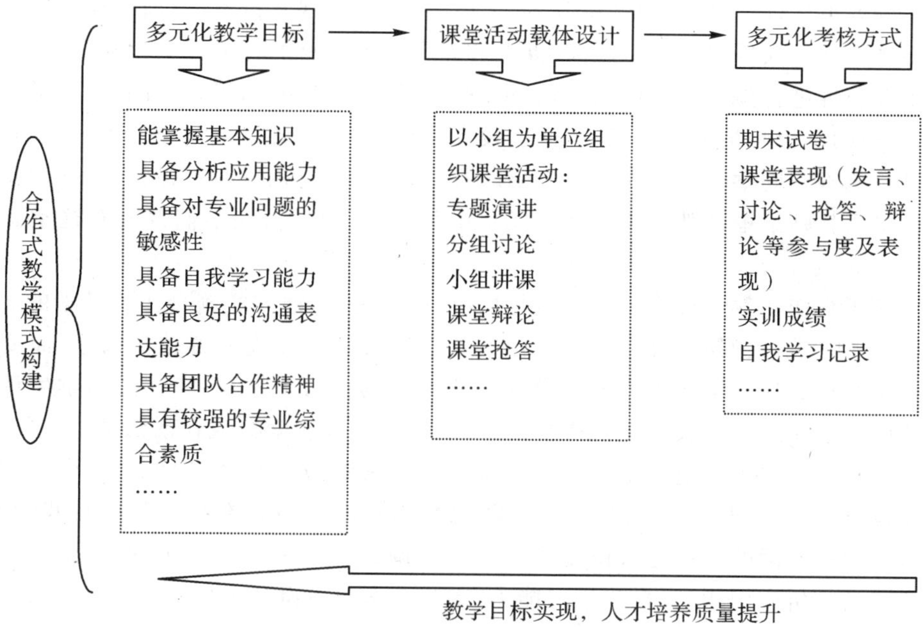

图 1　合作式教学模式构建图

三、合作式教学模式在高职专业基础课程的应用案例

以“国际金融实务”课程为例来构建合作式教学模式。该课程是国际金融专业的专业基础课程，开设时间通常在一年级（下）或二年级（上）。在课程内容中既有宏观知识和也有微观知识，知识性较强，动手操作环节较少。因此，对该课程进行了合作式教学模式的应用。

在开课之初，教师设定了多元化的课程学习目标并向学生作了介绍，让学生认识到实现目标的重要性，使学生产生实现目标的强烈意愿。多元化的学习目标具体包括掌握国际金融基础知识，能解读国际金融现象，具备对国际金融问题的敏感性，具备资料收集及筛选能力，具备良好的沟通表达能力，具备团队合作精神，具有较强的专业综合素质。之后，教师让学生自愿组合成每组 6 人的学习小组，小组成员讨论后确定了组长、组名和小组目标。

与多元化的教学目标相一致，“国际金融实务”课程的考核方式也进行了相应改革。对于基本知识和分析应用能力的考核可以在期末试卷中体现，期末试卷占考核比例的 50%；对于分析应用能力、对国际金融问题的敏感性、资料收集及筛选能力、沟通表达能力以及团队合作精神等的考核可以在平时的课堂参与中体现，学生课堂参与程度如发言、演讲、辩论等表现占考核比例的 20%；对于外汇交易技能的掌握程度通过完成实训练习的情况体现，此部分占考核比例的 30%。

在课程活动载体设计中，“国际金融实务”课程采取了分组讨论、专题发言、分组抢答等形式。实施效果最好、学生参与性最高的一种活动方式为课堂抢答，下面简要介绍。在学习国际货币体系这一项目内容时，教师在课前布置了预习教材的任务让学生完成，并在课堂上又给予了5分钟进行预习，之后结合教材内容以及视频内容提出了几个问题：让学生带着问题观看一段视频，视频结束后，将所提问题设计为抢答题，让各组同学拿着教师分发的ABC选项卡进行抢答。同学们观看视频及看书时都很认真，参与抢答时积极性高涨，课堂气氛非常活跃。最后教师给抢答胜出的小组分发了小奖品进行奖励，同学们普遍对这堂课留下了深刻影响。

在实施了合作式教学模式后，教师通过发放调查问卷(面向实施合作式教学的3个班级共发放问卷147份，收回有效问卷147份)以及学生谈话等方式了解教学效果，简要总结如下：第一，绝大多数的同学认可该教学模式。从问卷调查结果来看，99.6%的学生认为以学生为主体的教学模式优于教师全程讲授的模式。第二，该教学模式在活跃课堂气氛，提升课堂趣味性等方面取得了一定效果。从问卷调查结果来看，75.8%的学生认为合作式教学起到了活跃课堂气氛，提升课堂趣味性的效果。第三，该教学模式在提升学生自我学习能力、综合分析能力等方面的效果还有待提升。从问卷调查结果来看，57.9%的学生认为合作式教学使自己的分析应用能力、自我学习能力、团队合作能力得到了提升。

四、合作式教学实施难点及探讨

根据“国际金融实务”课程教学改革实践，合作式教学模式取得了较好的效果。但是，在实施过程中，还存在一些因素影响了预期效果的实现，这些也是合作式教学模式实施的难点，有待进一步探讨解决。

(一)关于如何调动学生参与积极性

国外教育实施合作式教学的一个优势在于班级学生人数少，便于分组，每位学生可以充分参与其中。而我们的班级人数较多，要实现每位学生参与发言讨论，要占用大量时间，实施起来难度较大。在课堂上只能抽取个别小组、个别同学发言，而那些没有发言任务的同学很容易成为旁观者，缺少参与的积极性。如何在班级人数多的情况下开展合作式教学并调动起每位学生的积极性是实施合作式教学的一个难点。

(二)如何充分发挥学生课下学习的自主性

合作式教学以学生为主体，老师讲解较少。据有同学反映，在学生发言讨论过后，自己对于知识的理解和掌握感觉并不到位。经过了解，这些学生在课后并没有认真地完成预习教材、查找相关数据等任务，以至于在课堂上不知他人所云，学习效果大打折扣。另外，从课堂发言表现来看，一些小组完成任务很认真，发言很精彩。而有一些小组在应付任务，发言时出现整篇念的情况，这样自己对知识的理解既没有提升，更无法很好地将知识和信息传递给其他同学，浪费了课堂时间。因此，在课后任务布置、任务完成情况方面，教师如何督促学生完成，以实现课堂上的良性循环，是教师要全面考虑和精心设计的。

(三)如何应对不同学生的能力差异

通过学生反馈发现,通常学习能力强、自觉性高的同学能够根据老师的要求完成课后任务,在课堂上有良好的表现,认可合作式教学模式,学习效果较好。而对于学习能力差、自觉性差的同学,不能认真完成课后任务,在准备不足的情况下参与课堂活动流于形式,很难引起兴趣,对于合作式教学的认可度差,很难实现预期的教学目标。

(四)如何选择适合的教学内容

运用合作式教学模式,并不意味所有的课程内容都是让学生以分组讨论等形式自主完成,而应选择适合的内容开展。在一门课程中并非所有的内容都适宜开展合作式教学,从学生反映来看,对于一些难度较大、学生理解困难的内容,采用合作式教学效果并不理想。因此在教学选择上,教师应尽量选择一些趣味性强、同学关注度高、容易拓展的内容作为合作式教学的选择。

合作式教学模式不是教条的操作,而是一门课堂组织管理的艺术,需要教师不断创新设计。合作式教学模式为高职专业基础课教学提供了一种很好的方法,但是要实现理想的预期效果,还需要教师根据授课学生和授课内容的不同,在上述问题方面积极探索,采用有针对性的方法来进行教学设计,最终实现教学质量和人才培养质量的全面提升。

[参考文献]

[1] David Johnson & Roger Johnson. Cooperation in Classroom,1984:20.
[2] [美]T. R. 古斯基. 合作掌握学习的策略[J]. 王坦,译. 山东教育科研,1993(5).
[3] [以]S. 沙伦. 合作学习论[J]. 王坦,高艳,译. 山东教育科研,1996(5).
[4] 盛群力. 合作学习的创新特色[J]. 全球教育展望,2002(5).
[5] 王坦. 合作学习简论[J]. 中国教育学刊,2002(1):32—35.
[6] 李贵安,赵志鹏,郑海荣,宋永成. 国际一流大学课堂教学模式对我国教学模式创新的启示与实践探索[J]. 中国大学教学,2011(1):91—94.

高职思想政治理论课专题组式教学改革的应然逻辑与问题预设

鲁明川

[摘　要]专题组式教学是高职思想政治理论课教学改革的一种探索，在实际运用中有其独特的应然逻辑与优势，但也要正确处理好自主性与统一性、多元性与逻辑性、合理性与协调性等方面的问题预设，实现思想政治理论课教与学的良性互动，推动高职思想政治理论教学改革的深入发展。

[关键词]专题组式教学；思想政治理论课；教学改革

2005年，中宣部、教育部下发了《〈中共中央宣传部　教育部关于进一步加强和改进高等学校思想政治理论课的意见〉实施方案》(以下简称《实施方案》)。这一方案对高校思想政治理论课的设置进行了重大调整，高职院校思想政治理论课必修课程为“毛泽东思想、邓小平理论和‘三个代表’重要思想概论”“思想道德修养和法律基础”和“形势与政策”三门课程。这一方案使得课程教学内容的复合性增强，教学难度也随之加大，要求高职院校思想政治理论课教师必须紧密结合高职院校的实际，在教学模式和教学方法方面进行积极探索和改革，从而切实提高教学实效。

一、专题组式教学的基本内涵

专题组式教学是指将课程教学内容细化成若干个教学专题，围绕教学专题组建相应的教学专题组，通过教学专题组集体力量完成课程教学的一种教学模式。这种教学模式按照课程教学的要求，强化教学内容的整合，突出教师的主导作用。课程教师根据自己教学和研究的特长参加到相应的教学专题组，在教学专题组集体备课的基础上，发挥个人专长选择2—3个教学专题到不同的班级去讲授，通过专题组衔接教学内容，最终完成课程教学任务。需要说明的是，这里讨论的专题不是微观意义上的某一具体的知识点的拓展与延伸，而是出于教学的需要对教材内容进行的宏观模块划分，根据高等职业教育人才培养的目标要求和高职院校教学改革的现实需求，对教材内容进行筛选整合成学生成长成才所必需的若干个专题教学单元；专题组也不是简单地将课程教师进行分组，而是基于教师本位基础上资源优化。简言之，专题组式教学是基于专题基础上的教师优化整合式教学。

二、专题组式教学在高职思想政治理论课教学运用中的应然逻辑

教学方法是取得良好教学效果的基本保证，是课程建设形成特色、纵深发展的先决条件。《实施方案》实施以来，高职院校围绕思想政治理论课教学实效的提高，进行了诸多改革和探索，形成了一些富有高职特色的教学方法和教学模式，推动了高职思想政治理论课的建设和发展。随着高职教育的纵深发展以及高职院校课程改革的不断深入，必然要求思想政治理论课在教学方法上进一步加强改革，提高实效。专题组式教学基于高职教育发展的实际以及社会对高素质应用型人才的现实要求，对教材内容和教师资源进行整合，是高职院校课程教学方法改革的一种尝试，其运用于高职院校思想政治理论课教学具有以下几个方面的应然逻辑与优势。

（一）教学内容主题明确，重点突出

高校思想政治理论课是大学生思想政治教育的主渠道，是大学生的必修课。目前，全国所有高校采用的都是教育部统编教材，保证了教材的权威性和课程内容的完整性。但在具体教学组织和实施过程中，高职院校又将面临如下的现实困境：(1)按照教育部文件的相关规定，高职院校思想政治理论课的教学总时数只有本科院校的 2/3；(2)在高职院校日常教学中，每学期都有工学交替、实习实训等环节，这样的环节约占学生总学时的 1/4，思想政治理论课的实际教学课时必将“再打折扣”；(3)高职院校生源来源多元，总体素质要低于本科院校学生，思想政治理论基础和理解能力相对较弱，教学难度相对较大。在这样的现实情况下，如果高职院校简单地按照统编教材知识体系，逐一讲授思想政治理论课的每一章节内容，追求教学内容的面面俱到，势必造成教学内容停留在蜻蜓点水、泛泛而谈的层面，出现教学主题模糊、重点不突出的现象，从而使得教学内容的“入耳、入脑、入心”无法实现，学生对课程内容“真信、真懂、真用”并“真心喜爱、终身受益、毕生难忘”自然也成了天方夜谭。专题组式教学是基于教学内容优化基础上的方法创新，本着“学马列要精、够用”原则，将其运用于高职院校思想政治理论课教学之中，根据学生的思想实际和社会需要精选教学内容，可以克服高职院校思想政治理论课教学内容多、授课时间少、学生基础弱的现实难题，明确教学主题，突出教学重点，提高思想政治理论课教学的针对性。

（二）促进教材体系向教学体系的转变，教学实效不断凸显

实效性是思想政治理论课教学的生命线，也是检验思想政治理论课课程改革与方法创新成效的首要标准。与普通本科院校相比，高职院校在人才培养目标以及学生的总体思想政治素质等方面都存在较大差异，为保证高职院校思想政治理论课教学实效，必然要求在教学方法和模式的采用方面有所不同。专题组式教学通过专题组的多次集体研讨，对教材内容进行科学合理的筛选、提炼、整合，这为实现教材体系向教学体系的转变奠定了基础。与此同时，由于实施专题组式教学，不同教师要去同一班级授课，客观上必然涉及学生评价和教师内在竞争问题，为了使自己的专题组以及自己的教学水平能够得到更多学生的认可，授

课教师必然会根据自己的专业特长，进一步深入了解和掌握学生的思想实际，精心设计教学专题，将课程的核心内容与学生最关心、最关注的问题紧密结合起来，将"备教材"和"备学生"的统一起来，使教材内容具有更强的现实性。除此之外，由于专题组实施"轮课制"，教师的一个教学内容将会在不同班级讲授多次，教师对教学内容十分熟悉，教学设计将会精益求精，教学环节有条不紊。教师在"认识上的精到和讲解的精彩，会深深吸引学生，引发学生的思考和共鸣"。[1]这样的课堂会使学生聚精会神的听课并积极参与课堂教学，增强教师的教学成就感，进而进一步激发教师的教学热情，实现教与学的良性互动，促进教材体系向教学体系的转变，推动教学实效的提高。

（三）教学风格多样，克服审美疲劳，激发学习兴趣

专题组式教学通过多个教学专题组组织实施教学，共同完成课程教学任务，这一教学方法改变了思想政治理论课传统教学中"一门课程，一本教材，一个教师，一讲到底"的传统教学模式，使学生在一门课程学习中，可以接触到不同的教师，每个教师都有自己的个性气质和思维方式，让学生感受到不同教学风格，从而避免听觉和视觉的疲劳，增加了课程教学容量，开阔了学生的视野，提高了课堂的趣味性。除此之外，90 后的新生代大学生具有追求个性化和多样化的心理特点，多个教师轮流授课，满足了学生这一心理，由于教师以及教学风格的变化，使得学生对每一次课、每一个教师、每一种风格都充满了心理期待和比较，在这样的心理条件下，"只要教师因势利导，恰当切入主题，学生的课堂兴奋点就很容易被调动起来"，[2]激发学生对思想政治理论课的学习兴趣，提高学生的课堂"抬头率"，实现教师和学生的有效互动，提高思想政治理论课的教学效果。

（四）教师的教学能力不断提高，教师魅力不断彰显

高职学生对于思想政治理论课的学习热情，与思想政治理论课教师的教学水平以及个人魅力有很大关系。一个专业知识扎实、教学水平高超且风格独特、个性鲜明的思想政治理论课教师，能很好地集中学生的注意力，增强课堂教学的吸引力。学生可能因为欣赏、钦佩或崇拜老师而喜欢上老师所讲授的课程，乐意接受老师的教诲和引导，并能内化成自己的行为动力，促进自身的道德品质不断提升。专题组式教学是在教师充分集体备课的基础上，结合教师的专业特长的一种选择性教学，这一教学模式可以充分发挥教师的个人优势，激发教师的教学兴趣，使思想政治理论课教师能以饱满的热情、良好的情绪进入课堂，加上前期认真的准备，使教师在课堂教学中能够运用自如、游刃有余，这一良好状态必然感染学生，带来学生的积极反应，满足学生知识和情感的双重需求，赢得学生的认同。学生的认同使教师获得了教学的成就感和荣誉感，激励了教师为上好下一次课做出更大的努力，促进了教师教学水平的提高以及教师个人魅力的增强。

（五）教师学术水平得以激发，团体创造力不断增强

思想政治理论课教学内容丰富广泛，涉及哲学、经济学、政治学、社会学等诸多学科知识，因此对于任何一个思想政治理论课教师而言，要全面掌握思想政治理论课的所有内容并能深入讲解每一章节内容，是非常困难的。因为每一个教师都有一定的专业背景和专业特长，在知识储备方面都存在相应的“盲区”，不可能无所不知、无所不精。加之高职院校思想政治理论课教师资源总体上相对不足，教学任务量相对较多，从而使得高职院校思想政治理论课教师科研时间相对较少，学术实力相对较弱。专题组式教学以专题教学组的方式组织教学，教师可以根据自己的研究兴趣和研究专长选择相应的教学专题，实现在教学和科研上的扬长避短，充分发挥教师的学科背景特长，调动教学和科研的积极性，使其围绕自己负责或参与的教学专题收集教学素材、深入钻研，思考、提炼教学内容，促进自身学术研究能力和理论研究水平的提高。除此之外，实施专题组式教学，减轻了教师的备课工作量，使其能够用更多的时间和精力投入到科学研究中来，为教师学术水平的提高以及教学团体创造力的增强提供了必要的条件。

三、专题组式教学实施过程中的问题预设

专题组式教学是高职思想政治理论课教学改革的一种尝试，在实际运行过程中，需要正确处理好以下几个方面的问题。

(一)专题教学内容选取的自主性与统编教材要求的统一性问题

专题组式教学，顾名思义，按照专题进行教学授课。在进行专题授课之前，如何划分专题以及每个专题主要讲授哪些内容是专题组式教学首先必须解决的问题。课程组和专题组在处理这一问题时，具有一定的自主性。教材内容体系、人才培养要求、教师学缘背景、学生实际情况是进行专题划分的四个常用考量因素。四个考量因素的不同组合，可以划分出多个不同的专题。同时，由于专题组式教学具有“专题化”“专业化”的特点，更加注重教师的专业特长，因而每个组的教师在专题教学内容的确定以及实际授课内容的选取上具有较大的自主性。但无论如何，专题的划分和内容的选取一定要“马克思主义理论研究和建设工程”统编教材精神保持一致，决不能抛开统编教材，自说自话。教师可以根据专题教学的需要，对统编教材体系进行调整，对统编教材的教学内容进行删选，但统编教材中重点内容和基本观点决不能随意更改和规避。因为“马克思主义理论研究和建设工程”的思想政治理论课统编教材，是众多学者专家付出大量时间、精力，经多次研讨、反复修订而成的精品教材，其思想性、科学性、权威性，其他同类教材无法比拟。再者，高职院校思想政治理论课承担着“帮助学生树立正确的世界观、人生观、价值观，引导学生坚定对马克思主义信仰和社会主义信念”的重任。为此，高职院校思想政治理论课进行专题组式教学改革时，专题设置和内容选取须与“马克思主义理论研究和建设工程”统编教材的统一要求保持一致，这也是完成“培养社会主义现代化建设合格人才”任务的现实需要。

(二)教师资源多元性与教学内容逻辑性的问题

专题组式教学对教师资源进行了重新整合，每个教师都有自己的专业方向，虽然在专业背景和研究方向上有一定的交叉，但这样的交叉是有限的。总体而言，教师之间在教育背景、教学特长、学术专长等方面的差异性要远远多于相互之间的同一性，教师资源具有明显

的多元性特征。因而即使是专题组教学，同一专题的同一个教学内容，不同的教师在进行讲授时也体现出较大的差异性。加之专题组教学采用轮课制方法组织教学，每个教师只负责2—3个专题讲授，一门课程的教学任务有3—5个甚至更多个教师共同完成，学生在学习过程中，可能会出现“应接不暇”甚至适应困难的现象。除此之外，专题组式教学必然对教材体系进行了调整，教学过程不再是按照教材体系顺序，从前至后、循序渐进地推进。学生在学习过程中，可能会感觉“杂乱无章”，对课程内容的整体性理解和掌握产生一定的不利影响。为此，专题组式教学，在组织实施教学之前，要对教师资源进行合理的整合，尽量让专业背景、学术专长相近的教师在同一专题组，这样在集体备课和课堂教学时，“同一性”将会不断增多，“差异性”也将会相应的减少，这为教学的良好运转做好了必要的准备。在教学专题讲授顺序方面，不能毫无章法地肆意打乱教材体系，要寻找一条主线、按照一定的逻辑顺序对教材内容进行有机地整合，形成专题教学方案。每个教师要熟知专题教学方案并且在第一次班级授课时，讲清楚课程专题教学方案以及该班级的专题讲授顺序，以便学生对专题组式教学以及课程教学内容有个整体性的认识，避免“难以适应”“学习困难”等现象的出现。

(三)专题课时分配的合理性与教学运行的协调性问题

任何一门课程都有重点内容和基本内容之分，专题组式教学其专题设置也存在重点专题和基本专题的问题，两者对应的是课程的重点内容和基本内容，从而存在“大专题”“小专题”的现象。由于“大专题”和“小专题”所涵盖的内容知识点以及在教材体系中的地位存在差异，因而在课时分配上也应有所不同，不能所有专题课时总量都一样，“眉毛胡子一把抓”，导致课程重点不突出，专题组式教学就失去了现实意义。因此，“大专题”的课时量应该多于“小专题”的课时量。除此之外，课时分配时还有2个因素需要考虑到，这就是教师的教学工作量考核要求和专题教学的运行衔接。一般而言，教师每学期或每学年都有教学基本工作量考核的要求，如果一个教师只讲授1—2个“小专题”，很有可能无法完成基本工作量任务。再者，专题组式教学实施轮课制，“大专题”组和“小专题”组在进行轮课时，将会出现课时不匹配、无法对接的问题，因为“大专题”组的课时总量要远远多于“小专题”组的课时总量，导致教学衔接不畅甚至无法运行问题的出现。为此，专题课时分配时，首先应根据其内容的重要性合理分配课时。其次，要制定专题教学运行方案，合理分配教学专题，对“大专题”和“小专题”进行搭配组合，使每个教师都有“大专题”和“小专题”的教学工作，每个教师的教学工作量差别不大，这样不仅能保证每个教师完成基本教学任务，还能保证不同专题组轮课时的顺利对接，实现教学工作的良性运行。

(四)教学管理的过程性与教学评价的准确性问题

专题组式教学由于教师要不断地去不同班级进行讲授，从教师的角度来看，授课对象——学生是不断变化的；从学生的角度来看，授课者——教师也是不断变化的。这样流动的变化对于教师的教学管理和学生的教学评价带来了一些困难。首先，就教学管理而言，由于授课教师的不固定，师生交流的频度、深度十分有限，彼此之间不是非常熟悉。授课教师由于受到专题教学时数的限制，出于教学进度的考虑，也不可能每次课堂教学都点名检查管理，个别学生可能会利用这一点，在课堂上出现玩手机、讲话、睡觉，甚至逃课等不良现象，对课堂教学效果的提升产生了消极影响。其次，就教学评价而言，授课教师的频繁流动对学生准确评价教学带来了问题。因为，一般而言，学生的教学评价是在网络公司开发的统一教务系统中进行的，而目前的教务系统只能对开设课程的一名教师进行评价，无法动态、准确地评价专题组式教学中多个教师的教学工作，教学评价出现不够真实、不够准确的现象。教学管理和教学评价这两个方面的问题，对学生学习的主动性和教师教学的积极性都产生了不利影响。为此，专题组式教学须加强教学的过程管理和教学的动态评价工作。教学管理方面，教师要有强烈的责任意识，对学生出现的不良行为表现，不能放任自流，要严格管理。建立班级学生学习表现记录本，对于逃课、玩手机、睡觉等不良行为及时记录，记录本将在本专题结束后交给下一个专题授课教师，全程记录学生表现，为维护课堂教学秩序和提高教学效果提供基本的保证。在教学评价方面，建立教学动态评价机制，及时收集学生对教学的意见和建议，授课教师在本专题的最后一次课时，学生对教师的教学工作进行评价，并记录在案，学期结束前，将一个教师的不同时期、不同班级的教学评价汇总，形成该教师的本门课程的最终评价。通过教学的过程管理和教学的动态评价，使学生和教师彼此不断的熟知、融洽，打破相互之间的"陌生感"和"隔阂感"，促进了专题组式教学效果的不断提高。

(五)教师教学的灵活性与学生成绩评定的客观性问题

考核是检验教学成效的最基本手段，专题组式教学成效如何也要通过课程考核来反映。谈及专题组式教学的考核，这里有一个问题的是不可回避的，这是教师教学的灵活性与学生成绩评定的客观性问题。因为采用专题组式教学，考核试题由专题组负责，每个教师都有可能要承担命题任务。由于教师受其专业背景、研究方向的影响，每个老师都想把自己关注重点问题和研究成果在试题中体现出来，因此这样就可能导致期末试题中偏题、怪题的出现，学生应试时，无从下手。再者，每个教师即使是同一专题组的教师对于课程内容的知识点认识也不尽相同，出题教师在自己课堂重点讲授命题的知识点，其他课堂教师不一定重点阐释。在这种情况下，如果采用"一张试卷、一考定音"的方式来评定学生的学习成绩，对于多数学生而言，有失公平。为解决专题组式教学中教师教学灵活性与学生成绩评定的客观性的矛盾，首先，要改革考试方式，"采取多种方式、综合考核学生对所学内容的理解和实际表现、力求全面、客观放映大学生的马克思主义理论素养和道德品质"，[3]注重学生的形成性考核，提高平时出勤、课堂表现、读书笔记、课外实践等成绩在总评成绩中的比例，建立"三二五"考核机制，即平时成绩(平时出勤、课堂表现、读书笔记等)占总评成绩的30%，课外实践成绩占总评成绩的20%，期末试卷成绩占总评成绩的50%，多方面综合考核学生的课程成绩。其次，建立统一的课程考试方案，各专题组按照课程教学大纲组织教师命题，避免"偏题""怪题"的出现。在此基础上，形成本专题考试知识点，课程组将各专题知识点汇总形成统一的课程考试知识点，在学生期末考试前，通过教师阐释或者网络教学平台告知所有学生，保证学生在统一公平的原则下依靠自己的实力取得相应的成绩。

总之，专题组式教学是高职思想政治理论教学改革的一种尝试，从实际运行情况来看，这不仅有效地调动了学生的学习积极性和主动性，提升了课程教学效果，而且提高了教师的教学、科研水平，实现了教学的良性互动，对于进一步深化高职思想政治理论课教学改革，推进高职思想政治理论课课程建设具有重要的启示意义。

[参考文献]

[1] 徐淑华. 高校思想政治理论课“专题教学，巡回授课”教学改革模式[J]. 黑龙江教育学院学报，2012(5):51.

[2] 王久高. “中国近现代史纲要”教学组专题教学模式探——以北京大学为例[J]. 思想理论教育导刊，2009(3):92.

[3] 中共中央宣传部教育部关于进一步加强和改进高等学校思想政治理论课的意见[J]. 中华人民共和国教育部公报，2005(4).

第二篇　人才培养模式改革

认识和开发学生需求，推动教学改革不断深入

赵国忻

[摘　要]基于需求的教学改革是“以学生为主体”的教学理念的具体体现，正确认识和理解需求的内涵是教学改革的前提，本文分析了学习需求的多样性，需求的类型和层次性，并从需求的角度总结了金融系在教学改革方面取得的进展和存在的问题，最后从更新教育理念、增强学生自信心、改革和创新教学内容、教学方式和手段、教学考核以及建立校园学习氛围等方面提出了挖掘和开发学生的学习需求，激发其学习动力和兴趣的建议。

[关键词]学习需求；教学改革；学习动机；学习兴趣

一、对基于需求的教学改革的几点认识

(一)正确认识和理解需求的内涵

需求是产生动机的原因，动机将导致寻求特定目标的行为。学习的需求就是产生学习动机并激发其学习的内在原因，基于需求的教学改革，实质就是通过教学活动激励学生学习需求的过程。

首先，人的需求是多种多样的，但大致可分为两类：一是基于与生俱来的一些爱好或喜好产生的需求，如喜欢美食，喜欢玩乐，喜欢游戏，竞争取胜，喜欢新奇的事物，喜欢自由自在，无拘无束，喜欢自主，获得成功，等等，这些兴趣与生俱来，需要的是激发；二是基于后天的环境影响而产生的需求，如，一些人喜欢金钱，一些人喜欢读书，一些人喜欢冒险，一些人喜欢科学研究，一些人喜欢发明创造，一些人喜欢助人(乐善好施)，一些人喜欢体育比赛，一些人喜欢书法，一些人喜欢艺术，等等。

就学生来说，不同学生的学习需求也各不相同。就本系学生来说，有的学生学习需求是为了将来更好地从事银行柜员工作，有的是为了从事客户经理工作，有的是为了从事国际金融业务，有的则是为了从事银行会计类工作，等等，对于不同学生的需求，需要采取个性化的教学模式。

其次，需求是受内在心理因素和外在环境综合影响而产生的。学生的学习需求从刺激来源可分为：学生的需求、家庭的需求、学校的需求、就业单位的需求、社会的需求，等等。学生自身的学习需求，如对知识、对世界探究的欲望，对于身心健康发展的需求等；家庭

需求如对于学生出人头地、成家成才、回报家人的需求；学校的需求，如毕业生获得用人单位欢迎，职业发展良好等；用人单位的需求如能够快速适应单位工作，为单位发展做出更大贡献等；社会的需求，如社会人才供求均衡，人力资源能够有效配置，社会经济快速稳定发展等。

上述可归结为学生自身发展的需求和用人单位的需求两大类。外部的需求，包括家庭、学校、用人单位、社会的需求最终要通过一系列机制作用于学习者本人，才会变成其内在的学习需求，进而转化为其学习的动力。这种转化实质就一种激励机制。

再次，学习需求可分为当前的需求和未来的需求，也可分为显在的需求和潜在的需求。当前的需求指已经产生的客观的需求，只要通过对各类主体进行调查即可了解；而未来的需求，如学生的未来职业转换、职业发展所需要的素质、知识和能力，用人单位未来技术的进步、人才岗位的变化，对于从业者素质、知识和能力要求的变化等，这些需要对学生未来发展、相关用人单位未来技术进步和职业发展变化等规律的系统研究，科学预测才能了解。

显在的需求是指各类主体表现出来的或者已经意识到的需求。潜在的需求则是指各类需求主体客观存在的，但尚未被其意识到的需求。就高职学生来说，练好技能、考取各种证书已在学生中得到共识，他们这方面的学习需求较为强烈，但对于一些涉及未来个人发展的理论性课程或一些涉及人生观、世界观等课程的需求则尚未体现出来。为此，既要更好地满足其显在的需求，又要识别并开发其潜在的需求，使其产生学习动机。

最后，就学生的学习需求来看，可大致分为以下几个层次：

1.外部压力引致的学习需求。指学习需求与行为是迫于外部的种种压力，主要表现为为了考试成绩或考试通过而学习，大学生考试通不过无法获得毕业文凭，无法获得好的工作等。这种学习只是为了完成任务，从中无法享受到乐趣，死记硬背是其最主要的学习方法，对他们来说学习只是一种费心劳神的苦差事。

这些学习行为往往是被动的，是由外部的压力形成的，一旦外部压力消失(如不需要考试，获得了文凭、资格)，学习马上就会停止。因而这类学习需求是短暂的、外部强加的，并非人们的心理所愿，往往会引起学习者的对抗情绪。

2.外部激发、激励型。指一些人特别是贫困家庭的学生，为了改变所处的生活状态和社会地位，从中享受到事业的成功、社会的尊重，希望通过刻苦学习来改变自己改变命运。这种需求一般强而有力，且一般持续时间较长，除非已达到目的或外部条件改变(如学习无法改变命运)。这种学习行为一般都很主动，但在学习过程中难以享受乐趣，学习只是作为一种工具而已。

3.内部激励型。指学习者通过在学习过程中(如探寻新知、陶冶情操、与哲人对话等)得到了充分的满足，学习本身就是目的，学习的乐趣就在于学习的过程中。

从马斯洛的需求层次论来看，内部激励型学习需求就是人们满足自我实现需求的手段。这种动力是内部产生的、自觉自愿的，动力源源不断，永不停歇。其学习是完全出自内心的，是一种自觉自愿的行为，学习本身就是乐趣。

当前，高职学生学习需求与动力主要停留在前两个层次，能达到第三层次的很少，因为在基础教育阶段并没有养成良好的学习习惯，进入高职后，没有了考试升学的压力，加之当前大学生就业难,“读书无用论”很有市场,学习需求动力不足也就不足为奇了。

可见,一方面,学生的学习需求是有差别的,需要个性化教育,同时其学习需求是受到外部环境影响和作用的,需要通过有效的教学活动将其引导于学生身上;另一方面,学习需求又有当前的需求和未来需求,以及显在需求与潜在需求之分,需要科学预测其未来需求,识别和开发其潜在需求,而且学习需求还是有层次的,不同层次需求产生的学习的动力有很大差异,需要有效引导和各不相同激发学习需求向更高层次转化。

(二)基于需求的教学改革的意义

教学改革始终是高职教学的主旋律,通过高职示范性建设、骨干院校建设、特色专业建设,已经针对高职教学的进行了许多卓有成效的探索,并取得很多成功的经验。但随着社会经济发展,高职学生的身心发展,社会经济与学生的需求不断变化,基于需求的教学改革正适应了当前的学习,对于高职人才培养具有重要的意义。

首先,基于需求的教学改革是“以人为本”理念在教育领域的体现,反映了“以学生为主体”的教学理念。一切教学活动都是为了满足受教育者在素质、知识、能力方面的需求,必须以受教育者对于教育的需求为出发点,以学生的身心素质成长发展作为教育的目标。

其次,基于需求的教学改革有利于培养学生的创新意识和创造能力。兴趣和专注是创新和创造的前提。这就要求在教学活动中,要充分重视学生的个性化需求,激发学生的学习兴趣和动力,提高学生从复杂的社会中发现问题、分析问题与解决问题的能力。

再次,基于需求教学改革体现了以就业为导向的高职教育特点,有利于培养高质量的适应于社会需求的高质量人才。特别是作为以就业为导向的高职教育,社会需求是人才培养目标的最重要依据。社会对于相关人才的需求是人才培养质量和水平的最重要检验标准。这就要求教育工作者要深入相关行业、企业实际,了解其对人才在素质、知识、能力方面的需求,并据此培养相关的人才。

二、近年来金融系教学改革的实践

近年来,我院持续开展教学改革,并取得了许多成效。这些教学改革的思路基本沿着两条主线展开,一是基于学生自身的需求,通过教学方法和手段的改革创新,激发学生的学习动机和兴趣;二是基于用人单位的人才需求,培养能够满足用人单位需要的高质量人才。

1.通过校企合作、工学结合等模式,充分了解和掌握用人单位的人才培养需求。如金融系在院领导带领下每年对省内各个金融机构进行调查走访,了解金融单位对人才培养的需求,及时调整教学方案,强化客户经理类课程,新设小微金融、邮政金融等课程,以满足用人单位的现实与潜在需求;与众多金融机构建立合作关系,包括建立各种类型的校外实习基地,教师到金融机构实习和挂职锻炼,聘请金融机构骨干担任兼职教师,建立订单式人才培养,双方共同制定教学计划、共同承担教学任务,使得学生在进入单位实习前,就已经系统学习了该单位的相关企业文化、规章制度和各种操作规范,使得学生一就业即可马上上岗。这些都更好地了解、研究和满足用人单位的需求，使得毕业生顺利就业、优质就业。

2.以金融专业国家资源库建设和金融专业优势专业建设以及农村金融专业特色专业建设等项目为依托，了解和研究用人单位的需求，开发学生的学习需求，激发学生的学习兴趣。就教学方法和手段的改革创新来看，所有课程采用多媒体教学。金融专业国家资源库的建设，为相关任课教师提供了大量的图片、音频、视频文件来制作自己的多媒体课件。

案例教学法也在一些理论性、基础性课程中得到普遍应用，如“现代金融概论”“商业银行风险管理”等课程都大量运用了现实的、最新案例，一般都要求学生对给出的案例进行分析，并提供答案，然后教师进行点评。这样既锻炼了其分析解决问题的能力，满足了自主学习探索的愿望，又会对新的学习充满期望，调动了其学习积极性。

一些实务类课程对于一些程序性、营销性内容采取情景教学法。通过引入或创设适当的情景，让学生从中熟悉、体会和领悟相关的教学知识。高职各专业建立的各类实验室本身就是在创设这样一种职业环境情景。

一些基础性课程如“现代金融概论”等引入竞赛或竞争机制，激发学生学习兴趣。如就某个观点或问题进行辩论赛，学生的实训，调查结果展示比赛、作品展示比赛、演讲比赛、操作比赛、方案比赛、论文比赛等。这些方法在其中也都得到运用。

专业骨干课程如“商业银行授信业务”“银行会计”等采取了项目化教学，教师根据教学目标对教学内容进行重新组织，按照课程所对应的岗位(群)的工作流程或任务进行排列，将课程教学分解为若干个既紧密联系又相对独立完整的项目。在具体的项目教学过程中，教师先简单讲授完成项目所需要的基本知识、原理，然后由学生在教师的指导或帮助下自主完成相应的子项目或工作任务。这种教学模式较好地实现了以学生为主体的教学理念，它以实训为主导，任务明确，学生有充分的自主学习空间，充分激发和培养学生学习兴趣，也适应了用人单位对人才的需求。

当然，上述教学改革在不同课程之间进展也有较大差距，也还存在一定不足，如一些多媒体课件内容则是教材的照搬，除了少量的装饰性图片外，就是满屏满屏的文字，效果比板书还差；案例教学中，案例选择与教学内容相关性弱，原理现实缺乏新颖性，总是重复国外的几个经典案例；情景教学中未能很好组织，部分学生容易走过场；课程竞争或辩论的问题学生缺乏兴趣；课程实训环节太过简单，学生只是简单照搬教师的操作，或者实训过于复杂，学生在现有的知识框架内难以完成；有些项目化教学，仅是将传统教材的每一章设计成一个项目而已，等等，这些都是未来需要进一步加强的。

三、今后的方向与设想—挖掘和开发学生的学习需求是激发学习动力和兴趣

就当前情况来看，高职教学改革的重点主要集中在满足用人单位的需求方面，对学生的需求有待强化。表现在，教学内容主要对接用人单位的当前需求，对于学生的未来发展考虑

不足，对于如何调动学生的学习动机和兴趣举措不多；高职学生学习动力缺乏，学习兴趣不高已成为较为普遍的问题[1]。为此，今后的教学改革在一如既往地对用人单位的人才需求不断进行调查、分析和研究的基础上，还要加强对于学生学习需求、动机和兴趣的研究和实践，分析和开发其各种未来的、潜在的学习需求，以激发其学习动力和学习兴趣。

（一）更新教育理念，以学生的全面发展作为教育的根本目的

以学生的身心素质成长发展作为教育目标，要培养学生积极健康的价值观和人生观，高尚的道德情操，良好的公民素质，乐观积极进取的精神，旺盛的创新意识和创新能力，丰富的知识，卓越的能力。为此，要更新教育理念，要重视学生综合素质的培养，强化非智力因素，特别是情商的育成[2]，如：责任心、感恩心、同情心，诚信意识、公民意识；如何正确认识社会、认识自己、认识他人，如何与同学、朋友、老师及他人相处，如何建立友谊、如何竞争等。教师要以自己的一言一行，影响和带动学生情商的发育，要通过发生在学生身边的一些事例，引导和教育学生提高综合素质；要通过指导和帮助学生建立和参与各类学生社团、社会公益活动，磨炼学生的意志，使其从中领悟和体验与他人相处的经验，学习如何表达自己的思想和感情，如何组织一次活动，如何领导一个团体朝着共同的目标而努力。

（二）增强学生自信心，引导其建立人生目标[3]

自信心是影响学生学习兴趣的重要因素。对于高职生首先要帮助其重拾自信心。一是通过各种形式介绍国内外高职教育发展的缘由，我国政府对于高职教育的重视，高技能人才的稀缺性、高职人才的市场需求，本专业高职毕业生的就业前景等，使其对前途充满希望，相信“天生我才必有用”。二是结合学生熟悉的，或者本校、本专业往届毕业生的成功案例，介绍高职毕业生在就业市场的竞争力，以激发其树立“条条大道通罗马”的信心。三是切实做好毕业生就业工作，以本校优质毕业数据，鼓舞学生。四是做好深入细致的思想工作和心理咨询辅导，帮助遇到各种困难的学生做好思想疏导。

在此基础上，要充分利用“职业生涯规划”课程教学引导学生建立奋斗目标。继续发动全体教师与学生结对，帮助学生对自己的优缺点有一个全面客观地评估，对社会相关职业岗位所要求的职业能力和素质进行分析，帮助其树立人生目标。

（三）教学内容要具有现实性、新颖性、有趣性

第一，教材编排形式要活泼，对于文字叙述要精简，更多的内容应以各种图（如曲线图、卡通漫画、流程图）、表等形式反映；在版面排列上要轻松，吸引人眼球。

第二，教学内容要注重基础性和前沿性。要将本门课程的基本概念、基本原理、规律运用图表、故事、案例等方式讲清讲透，其他衍生性的概念、原理、理论则宜以基础知识的运用——通过学生进行练习、实训、案例分析等形式出现。同时，要结合学生未来发展的需要，将行业、职业领域的最新知识介绍给学生，以增强教学内容的新颖性，激发学生的学习兴趣。

第三，教学内容要以学生为主体，充分考虑不同学生的实际情况和接受能力。如教学目标要明确，但同时在具体要求上要有分类，如包括必须达到的要求（教学重点），鼓励达到的要求（学生自我探索学习部分），在教材编写上也要体现同样的原则。

第四，教学内容要为学生提供自主学习、自助探索的空间。如课后的作业以案例分析、实训练习等开放式探索学习，课堂上至少应留有一定的时间。

（四）教学方式和手段要综合运用兴趣的激发培养手段

总体来说，课程教学的方法和手段是多种多样的，但从激发和培养学生学习兴趣的角度来看，课程教学要能够同时满足下述要求：

1. 清晰的学习目标和意义。教师在每门课程授课前或每一次教学新的内容前，都要明确介绍本门课程的或本次教学内容的教学目标，即通过学习，将获得哪些具体的收获，这种收获要紧密结合学生的实际需求。

2. 明确可执行的任务要求。在教学过程中，教师要通过设置一系列具体、明确的学习/实训任务，通过各种教学手段，使学生在教师的指导和帮助下，自主地完成这些学习/实训任务，然后对学生的任务完成情况进行点评反馈。这样，一方面学生有了具体的目标和任务，学习才会有方向、有目标；另一方面，学生通过自主完成相关任务，也可从中享受探寻新知识的喜悦，调动其学习积极性。

3. 学生的自主探索或学习。教学过程要以学生为主体，让学生手脑真正动起来。为此，任何课程都应该为学生自主学习探索提供机会，如各种实训、辩论赛、调查访问等，这样既可以调动课堂气氛，又可以激发其学习热情。

4. 及时的反馈帮助和评价。作为一种强化学习兴趣的手段，及时反馈与评价也非常重要，特别是在学生自主学习时，教师要对学生的学习成效，如辩论中的表现，完成的实训任务，研讨发言、答辩表现提供点评和反馈，以激发学生不断总结经验教训，提高自己的水平，还可以使学生从反馈中获得学习的动力激励。

（五）教学考核要以知识的领悟、能力的考核为重点

第一，考核内容要以考查学生对于基础知识的理解、把握和运用能力为重点，改变以往直接考查知识性内容的方法。第二，采取更加灵活多样的考核方式，如职业资格考证、技能达标、课程设计方案、实习中的表现与结果、项目综合实训成效、调查报告、研讨答辩等。对于书面的考卷，也应以开放性问题、开卷方式为宜，这实际上也是对学生利用各种学习资源能力的一种考查。第三，考核结果要公平。对于一些项目、任务、答辩等的考核，要尽量引入学生的评价，并根据课程性质引进实习单位、社会等多元化考核主体。当然，教师应事先与学生共同制定考核的标准、规则。第四，严格教学考核管理。

（六）建立良好的校园学习氛围

结合思政课程，进行人生观、价值观的教育，使学生树立正确的人生观、价值观，意识到对自己、家庭、社会肩负的责任和学习重要性；通过舆论引导和典型案例引导，如以历届杰出校友在校期间及工作期间的学习情况为案例进行宣传，使学生认识到成功与学习之间的因果关系；发挥学生会、团委、班委、团支部及各类学生社团自主管理的作用，引导学生建立更

多的自主学习、自主管理的学习社团，形成学习氛围；充分发挥评优汰劣机制的作用，对于评选出来的学风示范班、学习标兵进行大张旗鼓的宣传和表扬，对违反校纪校规的行为和学生进行严肃处理，以弘扬正气，端正学风。

[参考文献]

[1] 吴婉秋，胡春晓. 提高大学生学习兴趣的途径探析[J]. 高等农业教育，2009(11).

[2] 赵丽琴. 怎样让学生爱学习：激发学习动机的 7 种策略[M]. 上海：华东师范大学出版社，2010.

[3] 尹晨祖. 解析 90 后大学生心理特点与应对策略[J]. 赤峰学院学报：自然科学版，2013(11).

基于人才培养模式创新的高职教材建设

章金萍

[摘　要]教材不等同于传统的教科书，而是承载着人才培养模式创新的诸多内容。本文围绕高职教育工学结合、校企合作人才培养模式创新，结合高职院校实际，从高职教材建设应遵循的原则、内容以及提升教材质量的若干举措等方面加以阐述。

[关键词]人才培养模式；创新；高职；教材

随着我国要"基本实现教育现代化，基本形成学习型社会，进入人才资源强国行列"[1]这一教育改革和发展的战略目标的提出，更新人才培养观念，创新人才培养模式，已成为教育改革和发展的重要内容。教材建设作为教学基本建设的重要内容之一，它既是课程改革实施的依托和课程改革成果的外化，也是人才培养模式创新的重要载体。优秀的教材能够有效实现教育理念与教学目标，"增进学生解构社会和知识现象并进而建构社会和知识"。[2]因此，适应工学结合人才培养模式创新需要，厘清高职教材建设内涵，把握教材建设原则，优化教材内容，提升教材质量，显得尤为重要。

一、走出教材建设误区，正确认识教材内涵

高等教育的大众化带来了我国高等教育大发展，表现之一是学生规模的大幅增长。2009年，我国高等教育在学总规模达到2979万人，在校生数为2826万人。以高等职业教育为例，2009年，我国高等职业教育在校生数为1280万人[3]，比2006年的795.5万人[4]，增加了37.85%。在校生数量的激增，对教材形成了大量的需求，致使全国每年出版发行的教材数量巨大，种类繁多。

教材是指根据教学大纲和实际需要，为师生教学应用而编选的材料。主要有教科书、讲义、讲授提纲等[5]。传统的教材往往是以教科书的形态出现的。所谓教科书，据《辞海》中的解释，教科书也叫"课本"，是按照教学大纲编选的教学用书[6]。江文雄(2006)认为教科书是学校按照课程纲要，将各群科教学内容进行系统性编排，供学校师生教学使用之书籍。因为传统是分科教学，所以称为教"科"书[7]。虽然《辞海》中对教材有了比较宽泛的解释，但一般人对教材的认识往往只是停留在教科书，将其等同于教材，基础教育阶段尚有各种名目繁多的配套习题集作为教科书的补充；到了高等教育阶段，

教材建设的主要任务似乎单纯地停留在教师如何自编教科书,并将编写的教科书作为教师重要的教学成果之一。

以教科书作为单一教材的弊端,一是不能及时更新课程教学内容。由于经济社会的飞速发展,为适应这种变化和发展,课程教学内容需要及时更新。目前,虽然教科书编写和使用的周期在日益缩短,许多教科书用上一两年后就被新的所替代,但仍然无法展现最新的经济、社会和科技成果。一方面造成了大量教科书积压的浪费现象,另一方面依然无法满足学生获得最新知识的需求。二是难以将学生拉进活动学习的情境之中。美国教育学家布鲁纳(Bruner)从学习者心智运思的角度,将学习历程分为:活动的学习、图像的学习和抽象的学习[8]。对于高职学生来说,应以具体的活动学习为主,即"做中学",需要通过在实践场所反复训练,才能达到抽象学习的高点,形成一定的理论认知,因此,仅仅一本教科书是远远不够的。三是一定程度上导致了教材质量的下降。单纯将教科书作为教材成果,使一些教师出于自身教学及职称晋升的需要,纷纷加入到教科书编写的行列;同时,出版机构出于盈利的考虑,也将目光瞄准到能够保证较为稳定利润的教材出版和发行中,纷纷组织各类教材编写会议,或出席教育界举办的各种会议,以期能结识高校教师,得到教材的稿源,出版机构相互之间的竞争也愈益激烈。数量众多的教材良莠不齐,同质化现象严重,部分教材内容错误百出,教材出版中要求的主编资质、审稿制度等在一些出版商那里已流于形式,势必导致教材质量的下降,最终对教材的使用者——学生产生不利影响。

教科书是低程度的教材,或者说只是教材的一部分,而不是教材的全部。除了教科书外,报纸、杂志、图书、实物、模型、仪器、参考读物、影音材料、网络资源,甚至教师和学生的经验、校园文化、社会制度和习俗等,都是教材的内容。正如教材按照其英文名称 teaching materials 来看,应该包涵教学活动中使用的各种教学资源。教材内涵除了包含学科概念与知识的客观论述外,还包括编制者本身对该学科的认知与理解,对教学和学习方式的教学观,以及对教材在编制和使用上的教材观等因素[9]。鉴于此,教师的教材建设任务不仅仅只是编写一本教科书,而是应该广泛地搜集、制作各种指导学生学习的材料,从而全面实现教育教学目标。

二、以教材建设为载体,创新高职人才培养模式

高等职业教育是经济社会培养高素质技能型人才的重要载体。随着经济的发展、科技的进步以及产业转型升级,社会对高技能人才需求的内涵发生了深刻的变化,"实行工学结合、校企合作、顶岗实习的人才培养模式"[10]已成为当前高职教育改革和发展的趋势,并日益成为提高教学质量的重要举措。人才培养模式创新在微观层面主要落实到课程改革,而教材则是课程改革实施的载体和改革成果的外化。教材作为体现高职教育特色的知识载体和实施教学的基本工具,直接关系到高职教育能否为一线岗位培养符合要求的技术应用型人才[11]。高职院校以教材建设为载体,通过教材内涵的改革和创新,引领教学模式、教学方法的改革,继而能实现人才培养模式创新的目标。

首先,通过教材种类的扩充,全面实现课程教学目标。随着科技的发展、教育教学观念

的更新,课程教学目标已从传统单一的知识传授发展到全方位的目标,例如技能训练、职业环境营造、职业素养培育、职业心理锻造等,教材的种类与表现方式所展现的功能也趋向多元化。高职的教材除教科书外,既应包括工作手册、新产品目录、相关法规等以传统形式出现的教学素材,还应包括照片、声音、影片、PPT、模拟动画、网络资源等多媒体材料,以此实现课程教学目标。

其次,通过教材编排体例的调整,实现"做中学"教学模式创新的目标。目前一些高职教材仍存在体例陈旧、知识老化、信息量不足,结构不尽合理,过分强调知识传授,忽略能力培养的缺陷。使用这类教材实施教学,不利于创新型人才的培养。为此,需要改变这种偏重于静态的教材形式,而代之以动态化、模块化、项目化等适合情境教学的教材,从而更好地调动学生学习的主动性、积极性[12]。"做中学"(Learning-by-doing)理论是美国著名的教育学家杜威教育思想的重要组成部分。杜威认为"做中学",就是"从活动中学""从经验中学"。动态化、项目化教材,正是体现了这一教育思想的教材。

再次,通过教材编写者的优化,实现校企合作的人才培养目标。"校企合作是高职教育发展的必由之路"[13]。高职院校与行业企业合作的一个重要途径是通过组建的专兼职教学团队,进行课程教学、教材编写、实习与实训指导等具体教学活动上的合作。高职的教材编写,通过行业与企业人员的参与,可以将最新的行业质量标准、产品知识、生产与服务的作业流程等以教材的形式融入课程教学中,甚至还可以拿出许多企业的真实案例来进行教学,实现教学资源的优势互补、资源共享,并使学生能够实现毕业与上岗的"零过渡"。

此外,通过教材内容的整合,实现学生优质就业的目标。以就业为导向是高职教育的重要落脚点,学生是否广受社会欢迎,人才培养质量的优劣需要以良好的就业来评判。目前,高职院校提升就业率及就业质量的一个重要举措是积极推行"双证书"制度,即学生在取得毕业证书的同时,还获取与本专业培养目标相契合,与专业对应的职业技能标准相匹配的职业资格证书。为避免在教学中出现课程教学与职业资格证书考试培训"两张皮"的现象,需要积极探索"课证融合",将职业资格证书考证教材与课堂教学的教材有机整合,"推进职业院校课程标准和职业技能标准相衔接。建立健全职业教育课程衔接体系"。[14]

三、把握高职教材建设原则

基于高职人才培养模式创新需要,新型的高职教材建设应认真把握下述原则。

(一)开放性

创新人才培养模式,在具体的教学活动实施过程中,需要采用"启发式、探究式、讨论式、参与式教学"等开放性教学方式,"开发实践课程和活动课程,增强学生科学实验、生产实习和技能实训的成效","激发学生的好奇心,培养学生的兴趣爱好,营造独立思考、自由探索的良好环境"。[15]在开放教育趋势下,新型的高职教材需要在内容上、形式上、方法上、场景设计上，无不满足开放性教学需要，特别是要不断编撰补充教材、教具，以适应时代变迁及课程改革需求。

（二）多元化

传统教材主要从教师可教的方面出发加以编写，很少考虑如何发挥学生的潜能，激发学生自主学习、参与教学、合作学习的可能，因此，其所承载的目标也比较单一，主要是完成知识的传授。随着经济社会对复合型人才需求的激增，体现为人才培养规格要求的多元化，品德养成、知识充实、能力提升成为高职人才培养的重要内容。因此，作为人才培养重要工具的教材，不仅要成为知识的承载体，还要成为学生掌握各种学习方法，提高职业技能的有效工具，这就需要教师根据不同培养目标、培养规格和教学内容，编写和出版多样化的教材。

（三）动态化

教材的选用和编写应处于动态的过程之中，教材不应只是某些特定知识表现的载体，而应是一个不断发展的过程。教材内容需要根据职业岗位标准的演进不断加以更新和修正。比如，开发网页式教材。教师，包括行业企业兼职教师，运用多媒体技术制作电子教材，并通过课程网页或电子邮件、BBS、QQ 等工具进行跨越时空的相互交流，促使教学资源的充分流通与共享，使学生对专业知识和能力获得更具体的感知。

（四）实用性

高职的教材要满足学习者的需求，就要针对一定的工作岗位，体现教材的实用性和职业性[16]。随着课程教学的改革，许多高职院校的教师纷纷采用任务驱动型的教学，与之相配套的教材也必须成为任务型（task-based）教材。任务型教材是通过任务的设计和开展来完成教学过程的。具体在教材中设计或使用的工作任务应该努力达到仿真化甚至全真化的程度，任务完成的步骤则应依据生产或服务过程的作业流程，这样便可以避免学生走上工作岗位，从事实际工作时，对工作的陌生和疏离感。

（五）个性化

教材建设应根据地方经济发展及学校自身特色，从“促进学生成长成才，树立多样化人才观念，尊重个人选择，鼓励个性发展”[17]的角度加以建设，形成一系列体现各高职院校办学精神、教育观念、培养目标的特色教材及校本教材。如浙江金融职业学院根据“一年级培养金院学子、二年级培养系部学友、三年级培养行业学徒”的思路，建构课程体系，在全校一年级的所有学生中开设了体现金融文化、诚信文化的课程，并开发了《经济学基础》《现代金融基础》《会计基础》《个人理财》《点钞与反假货币技术》《诚信文化理论与实践》等校本教材。同时，高职的教材还应体现因材施教的教育理念，通过教师的个性和创造性，自编教学讲义，满足不同程度、不同个性学生学习的需要。“体现不同学校、不同教师和不同培养对象的特色和个性”。[18]此外，在一些开展订单式培养的高职院校，还应积极开展适合订单行业与企业需要的工学结合定向化教材的编写。

四、优化高职教材建设内容

教材建设是一项系统工程，既包括一般认为的教材编写，还包括从教材建设的前期规划、优秀教材选择、教科书的编写、补充素材的制作、立体化教材平台的构建以及教材质量的评估等内容。

(一)规划教材建设

规划工作是做好教材建设的基础。学校教务部门应根据教育部及本省教育行政部门颁发的有关教材建设的相关文件精神，制定本校教材建设长远规划及年度计划；各专业在广泛调研的基础上，根据学校教材建设规划和计划以及本专业人才培养定位，编制本专业教材体系建设规划和计划，以及每一种教材建设的具体方案，优化教材选题，遴选教材编写者，特别要吸纳行业企业人员参与教材编写，从而使编写的教材更好体现工学结合的高职特色。

(二)选择优秀的教材

教材是教师教学、学生学习最主要的依据，选择理想的教材，在教学上就会事半功倍，增强学生学习的兴趣，进而达成良好的教学效果。在选择高职教材时，需要把握以下几点：(1)是否符合教学目标；(2)是否适合学生阅读和理解，并能引发学生学习兴趣和诸多参与；(3)是否有利于学生开展职业技能训练及获取职业资格证书；(4)信息表达是否准确无误；(5)字数是否合适，价格是否合理。

(三)自编教科书

当现今的教材无法满足教学目标实现及教学改革需求时，可以自编教科书。其中，组建由专业带头人领衔，骨干教师、青年教师、行业企业人员参与的结构合理的高水平教材建设团队非常重要。自编的教科书应力求在编排形式上更加新颖，在内容上能够呈现更多的信息或体现课程教学改革的思路，在方法论上更能激发学生分析、思考、演练的潜能，以避免低层次教科书的重复编写和出版。

(四)制作补充素材

无论是选用的教材，还是教师自编的教材，可能存在着不能完全适应当地经济发展对高职教育的特殊需求，抑或是不能将最新的社会经济发展、技术革新及产业升级的动态及时加以反映的不足，这就需要教师在教科书之外，制作由讲义、案例集、分析报告、最新统计数据等组成的教材补充素材，以供新生在校学习期间能够得到最新鲜的知识。如浙江金融职业学院保险实务专业的《保险理论与实务》是教育部“十一五”规划教材，出版于2008年，该教材的编写主要依据是1995年6月30日第八届全国人民代表大会常务委员会第十四次会议通过的《中华人民共和国保险法》以及2002年10月28日第九届全国人民代表大会常务委员会第三十次会议《关于修改〈中华人民共和国保险法〉的决定》，2009年2月28日由中华人民共和国第十一号主席令发布，并自 2009 年 10 月 1 日起施行的新《中华人民共和国保险法》的相关内容，则需要教师以补充素材的形式向学生介绍。

（五）构建立体化教材平台

所谓立体化教材，荀建忠（2004）认为是指立足于现代教育理念和现代信息网络技术平台，以传统纸质教材为基础，以课程为中心的多媒体、多形态、多层次的教学资源[19]。立体化教材除教科书外，一般应包括教学参考书、学习指导书以及电子教案、课件、网络课程、工具软件等教学素材。这些教学素材有效保证了教学内容从书本内向书本外延伸，从课堂内向课堂外延伸，从当下向未来延伸，从而为学生构筑起全方位、立体化的知识获取平台。

（六）及时评估教材质量

教材质量评估作为教材建设的监督和反馈机制，其存在是十分必要的。近些年，高职教材良莠不齐，既有体现基于人才培养模式创新之下的课程改革成果，也有停滞于本科“压缩饼干”式、内容和形式都较为陈旧、质量不高的教材，一个重要的原因就在于重教材编写、轻质量评估，或者说是质量评估的范围狭小。对教材质量的评估，不仅要监测其能否全面反映课程教学与人才培养目标，还要看其使用者是否满意。由于教材的使用者是教师和学生，高职的教材还需要贴近企业生产和服务一线实务，因此，对教材是否立项出版，仅有教育教学专家的评审是不够的，还需接受行业企业人员、学校教师、学生，甚至家长的检验，应由这些人员共同组成教材评鉴小组，评估教材质量，真正形成一批多方满意的优秀教材。

五、提升高职教材建设质量的政府作为

高职教育已占了高等教育的半壁江山，高职学生使用的教材质量如何，直接关系到教学改革的实施及人才培养质量，关系到数以千万计的高职学生的切身利益。提升高职教材质量，除了高职学校和教师在行业企业支持下，自身努力选择及编写优秀的教材外，教育行政部门及其他相关政府部门应制定政策，规范学校教材编制程序，建立健全教材质量监管制度，加快教育信息化进程，鼓励引进境外优秀职业教育教材，从而全面提升教材建设质量。

（一）规范教材编制程序

对高职院校某一专业教材体系的构建及具体教材编制而言，一般应包括：（1）确定本专业教学目标和内容；（2）确认教学和实践所需材料；（3）准备本专业教材发展计划；（4）搜寻已有现成教材；（5）辨识教学内容欠缺的教材；（6）确定所需教材的优先顺序；（7）制定具体教材编写计划；（8）召开由教育行政管理部门、教育专家、行业企业人员、学校教务部门、课程教学团队、学生等组成的论证会，就编写计划所设计的教材内容进行论证；（9）进行广泛的文献探讨和教材文献资源搜集；（10）撰写教材的初稿；（11）准备第二次稿；（14）召开第二次论证会，对教材内容进行全面详细论证；（15）修改第二次稿，形成第三次稿；（16）实测第三次稿；（17）准备完稿；（18）交出版社正式出版。

(二)建立健全教材质量监管制度

教育行政部门应制定一系列教材质量监管制度以提升教材建设质量,包括严格的教材选用及评估制度,教材主编及参编资格认定制度,制定"深入研究、确定不同教育阶段学生必须掌握的核心内容,形成更新教学内容的机制"[20],以及多方参与的优秀教材评选机制,通过国家规划教材、精品教材、省级重点教材建设,形成教材建设的优胜劣汰机制。

(三)加快教育信息化进程

高职教育立体化教材的建设和发展,有赖于国家教育信息化进程作为支撑。《国家中长期教育改革和发展规划纲要(2010—2020 年)》明确提出要加快教育信息化进程,加强网络教学资源库建设,开发网络学习课程。教材建设从广义来讲,就是要进行教学资源库建设,充分利用现代化信息技术手段,展现各种教学资源。教育行政部门应努力整合各方资源,加大数字化教育服务体系建设力度,促进教育内容、教学手段和方法的现代化。如在一些高教园区建立数字图书馆和虚拟实验室,促进优质教育资源普及共享。

(四)创造条件引进优秀教材

当今,国际化已成为高等职业教育发展的一种全球性趋势。高等职业教育国际化的最主要途径是课程的国际化,一个重要的表现是所有课程均应当体现国际观点[21],通过引进境外优秀教材,接受国际化观念,不失为实现课程国际化的重要途径。因此,对开放教学,培养具有国际视野的人才目标,教育行政部门应积极为高职院校创造条件,鼓励引进职业教育领域具有先进经验的境外优秀职业教育教材,在境外教材的购买方式上制定有别于国内教材购买的政策,在外汇结算方面,相关部门也应给予更多的便利。

[参考文献]

[1] [3][10][14][15][17][20]中共中央,国务院. 国家中长期教育改革和发展规划纲要(2010—2020 年)[M]. 北京:人民出版社,2010.

[2] [7][8][9]江文雄. 职业类科课程教材教法通论[M]. 台北:台湾师大书苑,2006:104—350.

[4] [13]马树超,郭扬. 高等职业教育:跨越·转型·提升[M]. 北京:高等教育出版社,2008:3—175.

[5] [6]《辞海》编辑委员会. 辞海缩印本[M]. 上海辞书出版社,1979:1468—1469.

[11] [16][18]马树超,郭扬等. 中国高等职业教育历史的抉择[M]. 高等教育出版社,2009:19—121.

[12] 邵敬敏. 教材的精品意识与精品课程建设[J]. 中国大学教学,2008(5):90.

[19] 荀建忠. 高等职业教育课程体系改革探索[M]. 广西师范大学出版社,2004:93.

[21] 周建松. 高职院校内涵建设研究[M]. 浙江大学出版社,2006:77.

高职国际商贸类专业“课证融合”人才培养模式实践与思考

章安平

[摘　要]高职院校国际商贸类专业如何践行具有自身特色的工学结合人才培养模式，有效提升人才培养质量，需要积极创新发展路径，破解改革难题。笔者以浙江金融职业学院国际贸易实务专业探索“课证融合”人才培养模式改革为例，阐述了该专业人才培养模式的内涵与条件，剖析了实施过程中的主要问题及已经取得的实践成效，并从政府、学校和企业三个层面提出高职院校国际商贸类专业实施“课证融合”人才培养模式改革的建议。

[关键词]职业导向；课证融合；人才培养模式

《教育部关于全面提高高等职业教育教学质量的若干意见》明确指出，高等职业院校应积极与行业企业合作开发课程，根据技术领域和职业岗位(群)的任职要求，参照相关的职业资格标准，改革课程体系和教学内容。浙江金融职业学院国际贸易实务专业从2006级开始，结合全国示范性高职院校重点建设项目，进行了“课证融合”人才培养模式探索与实践，取得了较好的效果，探索了一条国际商贸类专业行之有效的工学结合人才培养之路。

一、“课证融合”人才培养模式的内涵与条件

(一)内涵

从宏观上来说，“课”代表专业人才培养，“证”代表职业岗位要求，“课证融合”是指专业人才培养与职业岗位要求相融合。从微观上来说，“课”代表专业课程，“证”代表职业考证，“课证融合”是指专业课程与职业考证相融合。

所谓“课证融合”人才培养模式，是指把职业考证项目贯穿于专业人才培养方案，使专业人才培养目标与职业岗位要求相统一，使教学内容与职业考证内容、职业岗位要求相融合，使学生毕业时实现“双证”，甚至“多证”，实现高就业和优质就业目标的一种高素质应用型人才培养模式。

(二)条件

人才培养定位、职业岗位标准和职业考证项目的确立是实施“课证融合”人才培养模式的前提条件。首先,高职院校每个专业都应明确是为哪个职业岗位或职业岗位群培养人才,即确立人才培养定位;其次,应非常清楚对应职业岗位或职业岗位群的标准,即职业岗位标准,从而明确人才培养规格;最后,要确立对应职业岗位或职业岗位群的职业考证项目,作为检验人才培养质量的标准。

二、实施“课证融合”人才培养模式面临的主要问题

高职院校国际商贸类专业实施“课证融合”人才培养模式时,将会面临以下主要问题:

(一)职业岗位标准尚未开发,职业考证项目鱼龙混杂

目前我国已开发的职业岗位标准主要是工科类岗位,而国际商贸类职业岗位标准大都尚未开发。尽管近几年我国陆续推出了各种国际商贸类职业考证项目,但是存在多家机构运作同一职业考证项目,发证机构缺乏权威性,考培捆绑唯利是图等问题。

(二)人才培养方案设计主观性强,与职业岗位要求存在一定差距

由于尚未开发职业岗位标准,因此各国际商贸类专业所设计的人才培养方案与计划培养的职业岗位或职业岗位群从业人员所要求的职业素质、职业能力和专业知识存在一定距离,使人才培养规格与行业企业需求产生偏差。

(三)课程体系以学科体系为主,不能满足职业人才培养要求

目前绝大多数国际商贸类专业课程体系都是以学科体系为主,追求学科体系的完整性,以传授学生知识为教学主目标,缺乏对学生职业能力的培养。

(四)教材以知识体系为主,不能满足高职教学要求

目前国际商贸类专业教材基本上都以知识体系为主,属本科教材的压缩型。尽管某些教材已经在原有基础上,增加了实训内容,但理论与实践脱节,仍无法满足高职教学要求。

(五)专业教学团队以校内教师为主,无法胜任职业人才培养重任

目前国际商贸类专业教学团队以校内教师为主,而校内专业教师绝大多数都是从校门到校门,缺乏实践经验。尽管各校强调培养教师的“双师”素质,但由于教学任务重、下企业难等客观原因,使得专业教师下企业锻炼机会和时间较少,无法使大量专业教师真正成为“双师型”教师。即使有些学校聘请部分企业业务骨干作为兼职教师,但他们往往都只是做一两个讲座或上一两次课,流于形式,无法胜任职业人才培养职责。

(六)实习实训基地单薄,很难培养学生的业务操作能力

国际商贸类专业的校内实训室一般都是由软件和电脑组成。另外,因单个国际商贸类企业往往只能接受少量学生实习,难以同时安排大批学生到校外实习基地开展实习,致使国际商贸类专业单薄的实训基地,很难培养学生的业务操作能力。

三、"课证融合"人才培养模式的探索与实践

浙江金融职业学院国际贸易实务专业结合全国示范性高职院校重点建设项目,在2006级进行了"课证融合"人才培养模式探索,开展了一系列的教学改革,有效地解决了前述提到的问题,取得了较好的效果。

(一)开发职业岗位标准和论证职业考证项目

国际贸易实务专业根据浙江省外贸人才市场需求调研结果,确立了外贸单证员、外贸跟单员和外贸业务员3个外贸岗位为其人才培养定位。目前该3个岗位尚无职业岗位标准,为此,学校聘请一批外贸业务专家,组建职业岗位标准开发专家委员会,对这3个岗位进行工作过程和工作任务分析;确定工作任务,凝练出这3个岗位完成各自每项工作任务需具备的职业素质、职业能力和专业知识;在广泛征求意见、修改完善的基础上,确立这3个岗位的职业岗位标准。

开发职业岗位标准后,国际贸易实务专业按照关联性、规范性和权威性3个原则进行职业考证项目的选择和论证。关联性主要体现在所选职业考证项目与人才培养定位必须高度关联;规范性主要体现在统一教材、统一命题、统一考试、统一阅卷、统一发证和自愿培训等方面;权威性主要体现在职业证书颁发部门要权威。按照这3个原则,该专业最终选择了商务部中国对外经贸企业协会组织的全国国际商务单证员考证、商务部中国国际贸易学会组织的全国外贸跟单员考证和全国外贸业务员考证作为"课证融合"人才培养模式对应的职业考证项目。

(二)设计符合职业岗位要求的人才培养方案

在确立人才培养定位、开发职业岗位标准和选定职业考证项目后,国际贸易实务专业设计了"课证融合"人才培养方案。其设计思路包括:(1)对人才培养的关键环节进行科学化、标准化规定,对整个教学过程进行标准化设计;(2)用职业岗位定位人才培养目标,并考虑学生就业后的可持续发展;(3)用岗位职业能力来描述人才规格,重点关注学生能做什么;(4)融合学历证书与岗位职业证书,把职业考证的职业素质、职业能力和专业知识要求融合到各专业课程。

学院按照以上思路设计的人才培养方案包括专业名称、入学要求、学习年限、人才培养目标、人才培养规格、职业范围、任务与职业能力分析、专业实训课程表、课程结构、教学进程表、专业教师任职资格和实训装备等12项标准化内容。教学进程表分素质模块、考证基础

模块、考证模块、就业模块和顶岗实习与毕业设计模块5个模块，其中，考证模块是围绕专业人才培养定位选择的3个职业考证项目所对应的9门专业核心课程。

(三)重构工作过程系统化专业课程体系

国际贸易实务专业按照工学结合的要求，以3个外贸岗位从业人员的工作过程和工作任务为主线，打破传统的学科课程体系，重构了工作过程系统化专业课程体系，确立了“国际结算操作”“外贸单证操作”“外贸单证综合实训”“出口业务操作”“进口业务操作”“外贸业务综合实训”“出口跟单操作”“进口跟单操作”和“外贸跟单综合实训”9个学习领域，即9门专业核心课程。同时，与外贸企业的业务专家，合作开发了上述9门专业核心课程的突出岗位职业能力培养的课程标准，设计了学习情景，并进行了教学改革实践与探索。

在教学过程中，要求学生以职业人身份开展学习，要求教师以学生为主体，以工作过程和工作任务为路径，以职业能力培养为本位、以项目教学、工学交替为手段、融教学作为一体开展教学，按过程考核与结果考核相结合、校内考核与企业考核相结合、校内考试与职业考证相结合等原则开展多样化考核。

(四)编写适应职业人才培养要求的创新专业教材

为培养符合职业岗位要求的职业人才，国际贸易实务专业与外贸企业的业务专家共同编写了一系列工学结合的外贸职业考证教材和项目教材。根据“课证融合”人才培养方案，该专业牵头联合外贸企业的业务专家主编了全国外贸业务员和外贸跟单员培训认证考试的3本主教材及8本项目教材，大大加快了“课证融合”的进程。

(五)建设符合职业人才培养要求的专业教学团队

为使专业教学团队能胜任“课证融合”人才培养改革，国际贸易实务专业采取了一系列师资队伍建设措施：(1)提出并实施了由行业兼职教师与校内专任教师共同开发课程、共同编写教材、共同备课、共同授课和共同命题的“双元课程建设主体模式”，把“双师结构”专业教学团队落到了实处；(2)采取邀请职教专家到学校进行职教理论培训和指导，让校内专任教师参与专业教学标准开发、课程标准开发、课程整体教学设计等活动，选派教师到国外接受先进职教培训等一系列措施，提升校内专任教师的职教能力；(3)通过选派多名校内教师参加外贸业务员、外贸跟单员和国际商务单证员等考证师资培训班，提高教师职业考证培训能力。

(六)建设符合职业人才培养要求的实习实训基地

国际贸易实务专业根据人才培养定位，建设了由外贸单证实训室和外贸业务实训室组成的校内实训基地。外贸单证实训室和外贸业务实训室通过模拟外贸单证员和外贸业务员的工作环境与业务操作流程，利用ERP外贸软件，让学生以外贸单证员和外贸业务员职业人的身份，开展外贸单证和外贸业务操作实训。同时，该专业充分挖掘行业兼职教师、校友、学生家长、校内专任教师等一切可利用的社会资源，建立校外实习基地，采用化整为零的模式，顺利开展工学交替和顶岗实习等实践教学。

（七）"课证融合"人才培养绩效

通过多年的"课证融合"人才培养模式的实践，国际贸易实务专业取得了较高的考证通过率、高双证书率、高就业率的人才培养绩效，人才培养质量有了大幅提升。

四、实施"课证融合"人才培养模式的建议

结合浙江金融职业学院国际贸易实务专业"课证融合"人才培养模式研究和探索，笔者提出实施国际商贸类专业"课证融合"人才培养模式的几点建议：

（一）政府层面

开发岗位职业标准，规范职业考证项目。对于政府来说，一方面，可专项拨款给对应的行业、协会、学会或专业学校，由其代表政府牵头，组织对应岗位领域的行业企业业务专家和教育专家，共同开发岗位职业标准；另一方面，应授权劳动保障部或对应的行业、协会、学会开发新的职业考证项目，对于已开发的职业考证项目进行整顿、梳理和归并，使其科学、规范、有序发展。

（二）学校层面

明确专业人才培养定位，全面实施教学改革创新。对于学校来说，首先，应要求各国际商贸类专业加强市场调研，明确人才培养定位；其次，根据对应岗位职业标准，把对应职业考证项目融入人才培养方案；最后，构建工作过程系统化的专业课程体系和编写配套专业教材，建设职业导向的校内外实习实训基地和双师结构的专业教学团队，全面实施教学改革创新。这是成功实施国际商贸类专业"课证融合"人才培养模式的关键和核心。

（三）企业层面

树立正确校企合作意识，提高自身校企合作能力。对于企业来说，一方面，要树立正确校企合作意识，主动参与高职院校职业人才培养，这既是承担企业社会责任的表现，也是为企业储备人才的最佳选择；另一方面，要提高自身校企合作能力，为学校提供更好的工学交替、顶岗实习等服务。这是实施国际商贸类专业"课证融合"人才培养模式的强有力支撑。

创新服务　提升品质　扩大功能
——图书馆读者、行业服务创新实践

章　洪

2012年暑假前夕，在“七一”建党纪念大会上，院党委周书记所做的“创新铸就精彩未来”的报告，不仅是对我校“三个十年”以来全面、精确的回顾和总结，也是对学院在新时期又一个十年“再创辉煌”的总动员令或者说冲锋号。回顾在这个“十年”里，我们图书馆从中专学校科一级建制的极普通、很一般并且在同行中几乎没有“话语权”的一个机构，过渡、升格到高等职业院校（筹）的图书馆，又经过十年不断的努力，到目前已经逐步发展成了在省内乃至全国的高职高专类院校内知名的图书馆，我们依靠的就是学院领导的重视，又抓住了发展机遇，坚持特色与创新，才取得了今天的成绩！只有创新才有活力，只有创新才能彰显亮点和特色，只有坚持不断地创新，才能不断增强活力并更具竞争力！回顾我们随学校整体搬迁下沙十年来，我们立足于服务，不断地创新，“人无我有、人有我优、人优我特”，许多具体的做法一直被其他院校同行津津乐道和学习借鉴，然而因为我们不断在创新和发展，“一直被学习模仿，但始终没有被超越”。我们可以很自豪地说，正是因为坚持了创新，我们才有了今天这样的成绩：被教育厅调研检查组给予了很高评价；多年来一直连续被评为浙江省高校图书馆“先进集体”和“优秀馆长”；分别承担全国示范性（骨干）院校图书馆长论坛（2014年将正式升格为经民政部批准的全国性协会）常务副主席、浙江省图工委高职高专分委会副主席；还代表学校先后申请并获得了“浙江省社科普及基地”及“非物质文化遗产教育传承基地”称号，2013年4月还被评为“优秀单位”；我们图书馆服务的“三个一”模式受到了同行极大赞扬和肯定并被学习、推广……事实告诉我们，创新是适应发展必要的手段，创新是各项工作保持先进的保障与根源，只有创新才能立于不败，只有创新才能再创辉煌！

回想2003年11月，因为基建的原因，我们图书馆稍迟于教学和行政单位整体一次性搬入了下沙新校址，十年来，我们与学校“同呼吸、共命运”，在院党委的正确领导下，发挥出了主人翁作用，不断摸索改进，不断适应提高，总结十年来最大的收获和成绩，概括地说就是“服务正确定位，‘三一’模式确立，积极争取机会，获取各方支持”。十年来，从学校挂牌“筹建”开始，我就担任了图书信息中心主任，始终兼任，近年又专职担任图书馆长职务，这在目前国内高校图书馆中实属少有了，然而这更能让我见证这十年来浙江金融职业学院图书馆在院领导的重视、关心、支持下，经全体图书馆人的不懈努力，很好地抓住了发展契机和机遇，取得了令人骄傲的成绩。

所谓“三一模式”是“1＋1＋1”的简称，是对图书馆服务形式、定位和具体内容的概括“三个一”分别表示了图书馆服务的层次：一个“1”是馆内服务，这是图书馆服务基础和工作立足点，是每一个图书馆都要争取力求做好的，要做好这一点自然就牵涉到如何吸引服务对象到图书馆里来，没有了这一点，做好服务就基本成了一句空话；另一个“1”是图书馆的校内服务，也就是必须主动地上门，主动地介入，主动地到各系部、学科组去开展各项读者服务工作而绝不是坐等读者上门才提供服务；再一个“1”就是必须利用自身的各项资源，积极提供社会服务和行业服务，扩大学院的影响，将图书馆服务更好地扩展和延伸，也为校企合作开辟另外一条路径。因此。多年来的实践告诉我们，单单做好馆内的服务是远远不够的，服务力求主动，形式需要创新，工作内容无限，只要努力实践。

十年来，伴随着学院的升格和发展，浙江金融职业学院图书馆不断充实、壮大，发展日新月异。图书馆始终坚持“以人为本、主动介入、读者第一、服务育人”的办馆理念；把为教学科研服务，为培养高素质技能型专门人才和为行业、区域经济社会发展服务作为图书馆的中心任务；把建立安全、高效、丰富的文献保障体系作为图书馆工作的重点；以特色、创新、发展作为图书馆不断追求的目标，着重围绕加强基础设施建设、丰富文献资源、引进先进自动化管理手段、构建高效服务机制、充分利用资源等六个主要方面组织、开展工作，并取得了很好的成绩和新的进步。

一、读者服务功能定位

国家示范院校建设的目标应该表现在两个方面：1. 教育教学改革领先——与区域经济社会发展联系紧密，形成产学研结合的长效机制，以就业为导向，人才培养模式改革成效显著；2. 社会服务领先——积极承担面向区域产业发展的社会培训，主动为行业企业提供应用技术开发和数字信息共享等科技服务，在区域高等职业教育发展中具有明显的带动作用。

根据上述国家示范校建设目标，我院图书馆明确了本馆读者服务功能的定位：一是对校内服务，这里又包含了两个方面：即馆内服务和跨出图书馆的校内服务。围绕本校特色专业建设和教学工作，建设数字化学术与教学资源，为教师教学与研究、为学生自主学习提供优质资源服务；二是对校外服务即社会服务和行业服务，充分利用本校特色专业资源的建设要面向专业对口的产业领域和区域，对外提供专业特色鲜明的资源服务，促进社会服务和行业服务的开展。

二、稳定发展基本服务

在日常服务中，对于校内读者，我们一方面尽力满足师生教学、科研和学习的需要，为师生提供快捷、方便、优质的服务，充分发挥图书馆在教育教学中的作用。我们力求满足学生需要。值得一提的是，深受学生喜欢的“考级考证馆”的成功经验，得到了《钱江晚报》的关注，该报于2012年11月18日给予了专门报道。

另一方面，我们以教师为目标群体，深入系部，联合举办“‘大金融’平台建设与金融学术信息应用推广”等学术沙龙或培训等，大力宣传图书馆的新功能、新服务；同时，为扩大图书馆的影响力和提高资源利用率，我们积极举办“缤纷四月，相约书海”“书香情缘”“芳菲记忆”“知识盛宴”等一系列丰富多彩的读书节活动吸引了大批学生参与。在举行各种活动的基础上，我们还邀请专业数据库的专家到馆，为我们的学生进行不同类型的专题讲座、辅导等，受到学生们欢迎和好评。

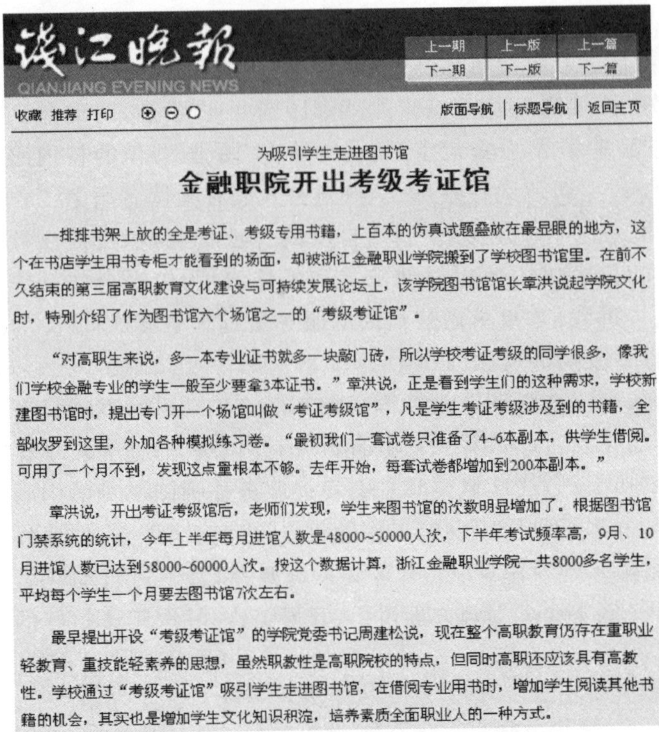

钱江晚报
QIANJIANG EVENING NEWS

上一期 上一版 上一篇
下一期 下一版 下一篇

收藏 推荐 打印

版面导航 | 标题导航 | 返回主页

为吸引学生走进图书馆

金融职院开出考级考证馆

一排排书架上放的全是考证、考级专用书籍，上百本的仿真试题叠放在最显眼的地方，这个在书店学生用书专柜才能看到的场面，却被浙江金融职业学院搬到了学校图书馆里。在前不久结束的第三届高职教育文化建设与可持续发展论坛上，该学院图书馆馆长章洪说起学院文化时，特别介绍了作为图书馆六个场馆之一的“考级考证馆”。

“对高职生来说，多一本专业证书就多一块敲门砖，所以学校考证考级的同学很多，像我们学校金融专业的学生一般至少要拿3本证书。”章洪说，正是看到学生们的这种需求，学校新建图书馆时，提出专门开一个场馆叫做“考证考级馆”，凡是学生考证考级涉及到的书籍，全部收罗到这里，外加各种模拟练习卷。“最初我们一套试卷只准备了4~6本副本，供学生借阅。可用了一个月不到，发现这点量根本不够。去年开始，每套试卷都增加到200本副本。”

章洪说，开出考证考级馆后，老师们发现，学生来图书馆的次数明显增加了。根据图书馆门禁系统的统计，今年上半年每月进馆人数是48000~50000人次，下半年考试频率高，9月、10月进馆人数已达到58000~60000人次。按这个数据计算，浙江金融职业学院一共8000多名学生，平均每个学生一个月要去图书馆7次左右。

最早提出开设“考级考证馆”的学院党委书记周建松说，现在整个高职教育仍存在重职业轻教育、重技能轻素养的思想，虽然职教性是高职院校的特点，但同时高职还应该具有高教性。学校通过“考级考证馆”吸引学生走进图书馆，在借阅专业用书时，增加学生阅读其他书籍的机会，其实也是增加学生文化知识积淀，培养素质全面职业人的一种方式。

《钱江晚报》报道关于图书馆考级考证馆的文章

读书节开幕式

“你挑书，我买单”活动

知识竞赛

即兴书评

话剧大赛决赛

“舌战群儒，笑傲江湖”辩论赛决赛

根据统计，2012 年学生到学院图书馆总计 364337 人次，按每学期统计比上一年度提高了 21%，以学生实际在校 8 个月计算，平均每月进馆超过了 4.5 万人次。这说明图书馆已经越来越成为学生们愿意去的地方。在图书馆外面，已经完全不存在大多数高职和专科学校图书馆“门庭冷落人流稀”的现象了。

此外，《中国高教研究》2013 年第 4 期正式发布了《2012 年全国高等学校教育科研论文统计分析》。根据报告统计，我院 2012 年在 14 种教育类核心期刊上发表的高等教育科研论文共计 27 篇，发表数量再次蝉联全国高职院校第一，连续六年位居全国高职院校的首位，显示出我校高职教育研究的强劲实力，同时也可以说是对我院图书馆科研服务成效的一个佐证、一个最好的说明。

三、创新发展行业服务

十年间，我院数字化图书馆的真正起步、发展、壮大始建于2006年学院被批准为首批国家级示范性院校建设单位，作为"金融职业教育网"的一个主要内容提供方之一，"数字图书馆"建设全面启动，结合学院所面对的是金融经济行业这一特性，目标就是要建设一个集国内所有金融经济相关各类数据库应用平台，在做好为学院教学服务的基础上，同时为行业做好信息共享和服务。目前，在国内所有高校中，我院图书馆的"金融经济特色资源库应用平台"数据库资源的总量，可以说是高校中最全的之一，很少有可以与我们相提并论的。

在推行行业服务功能之前，我院图书馆进行了一些调查研究发现，企业在获取信息时对高校图书馆信息资源利用较少，少数企业之所以利用高校图书馆的原因主要还是因为研究团队中有刚从高校毕业的研究人员，其查询方式一般是回到高校或找同学进行查询，这反映出企业用户对高校图书馆的服务现状不是很了解，或者对图书馆提供的信息在质量和时效方面不满意，说明高校图书馆在服务行业经济中存在着不足和局限，大致可以归纳为以下几点：

第一，为行业经济服务的意识多停留在形式上，缺乏主动性和积极性；第二，区域内图书馆之间合作较为紧密，而同行业内的联系合作相对较弱；第三，特色资源库与企业需求的协调性不足；第四，馆员知识结构、服务能力和队伍结构离行业发展要求仍有一定差距。

我院图书馆主要针对目前图书馆服务社会、行业所存在的问题，转变服务观念，拓展服务内容，构建具有我院专业特色的资源库——浙江金融学术信息交流中心。

浙江金融学术信息交流中心主要是借助现代化的网络技术，将各类电子数据和信息提供给本院全体师生和经过认证的其他院校及行业用户的一个经济教育平台和金融资源平台，拥有内容丰富的数字信息资源，可以方便快捷地为用户提供信息服务。用户可以通过统一检索界面，对系统内的数据和知识库进行访问，并获取自己所需的信息资料。

它为用户提供检索、阅读、下载、交流、预定、馆际互借等常规及特殊要求的多渠道、全方位服务，为行业、社会、学院共生态、同发展提供一个由现代化技术支持的、不受时间和地域限制的平台。

"浙江金融学术信息交流中心"主要由"金融资源库""文献传递平台""参考咨询平台""学术交流论坛"四部分组成：

1. 金融资源库是根据我院、经济金融机构以及同类院校对文献资源的需求，增加和完善我院图书馆的各类资源，特别是将市场上所有的金融类数据库收录完整，力求建成省内最大最全的金融信息中心。同时对所有资源库进行整合，实现统一检索。

2. 文献传递平台。是通过网络技术以及高清扫描技术，为用户提供纸质文献的传递服务。让用户足不出户便可获得数十万的专业图书资源。

3. 参考咨询平台是充分发挥我院教师的专业知识和图书馆的业务能力，为用户提供专业的参考咨询服务。

4. 学术交流论坛试为用户进行学术交流提供平台，营造出良好的学术氛围。

浙江金融学术信息交流中心网站首页

“浙江金融学术信息交流中心”建成后，我们主动与专业、行业和高校联系，以“专业”为单位，对老师进行检索培训；以“校友会”为通道，大力宣传和揭示我馆的馆藏资源和文献优势；以 10 所“对口支援、战略合作院校”为对象，形成馆际互借，弥补其数字资源的不足。目前，已成为“浙江金融学术信息交流中心”用户的单位包括杭、甬、温、金、台、嘉等多家有所选择的重点金融机构以及陕西银行学校、乌鲁木齐职业大学、广西银行学校、丽水职业技术学院以及贵州商业高等专科学校等兄弟院校；个人用户包括各地校友会主要成员和 2012 应届毕业生等数千人，服务对象范围正在不断地扩大。

“浙江金融学术信息交流中心”的最终目标是以“浙江金融学术信息交流中心”建设项目为载体，“主动为用户服务，提供特色化服务，开展经营性服务”，为本院和其他高校的教学、科研，为行业、社会和区域经济提供更好、更新、更及时、多角度、全方位、立体式的信息服务，力求以点带面，以纵向带动横向，最终全面建立跨省区、跨系统、跨行业的图书馆信息服务网络。今后，我们在注重社会效益的基础上，争取在发展中实现一定的经济收益，并将收益投入到新的资源建设中去，如此良性循环，努力把我院图书馆建设成为富有特色、有影响力的金融信息交流中心。

创新就是效益，创新才有生命力！“逆水行舟不进则退”，在当今不断发展、强化竞争的时代，如果我们只依仗着首批国家级示范性院校的老本，不思进取、不求上进，那必定会落伍，必将会被其他领先的学校超越，甚至会出现危机！竞争就是残酷的现实，所谓“适者生存强者胜”。因此，作为学院的一个部门，决不能像有些老观念认为的那样，在图书馆休闲和养生，而是要不断创新、发挥特色，擦亮亮点，充分利用学校和图书馆这块阵地和平台，好好地干出一番事业，为学校争取早日提升办学层次，为学校更上一层楼再创辉煌而添砖加瓦做贡献。

订单培养造就校企合作共赢新局面

朱　明

浙江金融职业学院本着“以学生为本”的教育理念，以培养有较高专业素养的学生为目标，与校企合作单位组建“银领”学院，作为金融专业人才培养的延伸和办学管理平台，对学生进行订单培养，实行职业化教育、员工化管理，形成了具有“赶集”效应的校企合作长效机制，同时实现学生顺利就业、优质就业。经过多年的努力，学院的人才培养成效明显，也为用人单位提供了诸多新鲜的“血液”，校企合作的订单培养受到多方好评。

一、校企合作，打造“金融”人才的培养模式

学院与众多的金融企业合作组建了以“银领”学院为典范的订单培训班。金融专业从2001年开始尝试进行订单式人才培养。参加订单培养的学生不单独组班，而是通过松散的形式与商业银行共同培养。2005年开始，对订单学生独立组班，单独授课，个性化培养。2008年，随着用人单位对订单需求数量不断增加，订单式人才培养模式改革的不断深入，学校和参加订单人才培养的商业银行机构共同组建了独立设置的“银领”学院，对订单人才进行集中管理。

目前，“银领”学院每年订单培养的学生将近1000余人，接近学院毕业生总数的一半。参加订单培养的银行系统和企业系统已经达到50家以上，为学院大部分学生解决了就业的问题。金融机构从新生入学开始，就进行全过程、全方位参与学院的教学工作，学院和银行共同制定教学计划、共同选派师资、共同进行实验实训室建设，面向商业银行业务一线，培养优秀银行柜员。大规模、全程式、岗位型是金融专业订单人才培养的突出特点。同时在校企合作的期间，学院与企业和商业银行进行了友好的交流和沟通，为订单培训班更好地发展奠定了良好的基础。

部分校企合作订单培养金融机构一览表

序号	合作订单班	合 作 单 位
1	工行订单班	中国工商银行浙江省分行
2	农行订单班	中国农业银行浙江省分行

续表

序号	合作订单班	合作单位
3	中行订单班	中国银行浙江省分行
4	建行订单班	中国建设银行浙江省分行
5	浙商订单班	浙商银行
6	浦发订单班	上海浦东发展银行杭州分行
7	兴业订单班	兴业银行杭州市分行
8	华夏订单班	华夏银行杭州市分行
9	招商订单班	招商银行杭州市分行
10	邮储订单班	浙江省邮政储蓄银行
11	邮政订单班	浙江省邮政公司
12	宁波建行订单班	中国建设银行宁波市分行
13	金华中行订单班	中国银行金华市分行
14	泰隆订单班	浙江泰隆商业银行
15	农行订单班	中国农业银行浙江省分行营业部
16	杭州联合订单班	杭州联合银行
17	萧合订单班	萧山农村合作银行
19	宁波招商订单班	招商银行宁波市分行
20	宁波光大订单班	光大银行宁波市分行
21	温银订单班	温州银行
22	杭州联社订单班	杭州地区信用联社
23	温州联社订单班	温州地区信用联社
24	嘉兴联社订单班	嘉兴地区信用联社
25	湖州联社订单班	湖州地区信用联社
26	宁海联社订单班	宁海信用联社
27	嵊州联社订单班	嵊州信用联社
28	财通订单班	财通证券股份有限公司
29	金通订单班	中信金通证券有限公司
30	安信订单班	安信资产管理有限公司

二、深化校企合作,完善金融人才的培养方法

学院聘请了企业及商业银行的专业的导师,通过国家金融专业教学资源库、国家与省级精品课程、省级优秀教学团队、专业教学标准等项目的建设,同时集聚了丰富的优秀教学资源,为"教学做一体化"的专业教学改革提供了保障。开发基于商业银行与企业岗位标准和工作要求的人才培养方案,很好地解决了专业人才培养与企业标准和需求相脱节的问题。

(一)构建长效的校企合作机制

学院从2001年开始尝试对金融"银领"人才实行订单培养。商业银行等金融机构从学生入学开始起,就参与教学计划的制定,共同开展自主招生考试面试和录取等工作,全方位、全过程介入专业教学。商业银行在每年的5月12日统一进校,与学生进行双向选择,签订订单培养协议。签订协议的学生由"银领"学院和商业银行共同培养,学生以商业银行"准员工"的身份在银行开展实训教学和顶岗实习,商业银行将这部分"准员工"纳入企业的员工管理体系。学生到商业银行工学结合和顶岗实习的难题迎刃而解,形成了长效的校企合作机制。

(二)组建高水平互渗式的"双师"结构教学团队

在合作期间,学院选派校内教师到商业银行和企业兼职,进行实习和挂职锻炼,参与企业实践。同时相关的单位选派优秀管理人员和业务骨干直接进入学校进行专业课教学,指导学生进行实训教学和业务操作。校企共同组建了一个高水平互渗式的"双师"结构教学团队,2008年该团队被浙江省教育厅评为浙江省首届高等学校省级教学团队。这样的教学团队,有利于校企间信息互通,更好地为学生服务。

(三)构建开放式的办学管理平台

通过企业和学院的相互努力,使"银领"学院成为开放办学的管理平台,订单培养的金融"银领"人才"准员工"身份,提高了金融机构校企合作的积极性。学院引入了企业的设备、师资、培训、标准与需求,打破了学校封闭式办学的藩篱,有效地为高职教育办学提供了平台。

三、完善校企合作,创新"金融"人才的培养制度

学院以"双师"团队为依托,以校企合作为平台,以开放办学为特征,以工学结合为载体,以优质"银领"为目标。通过学生和用人单位之间进行双向选择进行组班的制度安排,"银领"学院通过三个时间点的制定,将企业的用人竞争前移,在校企合作上形成"赶集"效应,使校企合作制度化。

参与订单培养的企业将学生的实训教学与顶岗实习纳入企业日常管理规范,实行职业

化教育、员工化管理，使工学结合教学管理更加规范化。学校专任教师负责基础课教学和教学组织与管理等工作，形成了一支稳定的专兼结合教学团队，构建了一体化的专兼结合教学团队。

学院从组建订单培训班至今进行了多次的制度创新，使订单培养模式更加合理化，让企业在学校内找到能力较强的专业学生，同时也让学生找到适合自己的工作岗位。实现互利共赢的双重局面。

四、通过校企合作，实现“金融”人才的培养目标

随着订单培训班的不断扩大，更多的企事业单位愿意与学院建立双向的合作关系。近年来，财经类行业在我国已成为主流，由此学院对金融“银领”人才培养的专业也由金融专业扩展到学校所有经管类专业，参与银领学院订单人才培养的银行系统也增加到30余家，让更多的同学有机会接触和了解到了金融行业。以此为目标，学院还将继续努力与更多的单位建立友好的关系。

经过学院坚持不懈地努力，金融“银领”人才培养模式多次在全国示范性高职院校建设会议上作为典型案例进行剖析。北京、上海、浙江、山西、宁夏等30余所职业院校学习借鉴我院金融“银领”人才培养模式。

学院着力把金融“银领”人才培养定位于面向商业银行业务一线，熟练银行柜面业务操作的高素质技能型人才。人才培养以就业为导向、以订单为载体，由商业银行和学校共同进行。学生毕业即就业。金融“银领”人才高质量就业，用人单位满意率高，金融专业在教育教学、人才培养、校企合作、工学结合等方面取得了显著成绩，最终实现高效率、高标准的就业目标，该教学成果在国内处于领先水平，具有很好的推广价值，为金融企业提供不同领域的高技能人才。

浙江省高职大学生体育教学认知的现状调查与分析

钱利安

[摘　要]本文通过文献资料法、逻辑分析法、问卷调查法、数理统计法、专家咨询法、座谈法、比较研究等方法，对浙江省高职大学生的体育教学认知现状进行了调查研究，主要就高职大学生对体育教学的重要性、对人体体质健康的影响、参与体育教学的动机、教学内容的丰富程度及影响因素等认知进行调查，同时对体育教师教学内容、教学方法、运动量安排的合理性和科学性及体育教学满意程度等认知情况进行了研究，为更加合理科学地开展高职体育教学改革，保证高质量的体育教学提供参考与建议。

[关键词]高职大学生；体育教学；认知调查；研究分析

一、引　言

自2003年国家教育部颁布《全国普通高等学校体育课程教学指导纲要》(以下简称《指导纲要》)以来，又一次在全国高校开展了广泛而深入的体育教学改革，主要围绕增进学生身心健康、增强学生体质、提高学生社会适应能力、拓展学生非常智力因素、开展职业实用性体育教学等，从不同角度开拓了体育教学的多元化功能，在课程建设、教学模式、课内外结合等方面均进行了革新与探索。坚持"以学生为本"是我们体育教学的基本理念，而"教学相长"是体育教学的基本原则。作为体育教学的参与主体高职大学生，他们对体育教学的认知情况如何，从另一侧面反映了目前高职体育教学改革是否真正促进了他们"身、心、群"的和谐发展，也是检验高职体育教学改革成功与否的重要标准。因此，开展高职大学生对体育教学认知的现状调查，是一项十分必要和重要的研究课题，有利于我们针对性地开展高职体育教学改革。

二、研究方法与对象

(一)研究方法

1. 文献资料法。

本研究参阅了大量有关课程论、课程设计、课程与教学论等方面的论著和文献，内容涉及教育学、社会学、体育学、心理学等多门学科。采用的文献资料是通过检索浙江大学图书馆的数据库资源，查询人大报刊复印资料、万方数据库、维普数据库 1995—2012 年有关体育课程内容研究方面的文献资料。

2. 逻辑分析法：通过逻辑分析法，归纳和演绎得出结论。

3. 问卷调查法。

4. 数理统计法：依托 SPSS13.0 统计软件[1]，分类整理问卷，计算各变量的频数、平均值和标准差，对结果做初步的描述与分析。

5. 专家咨询法：向相关专家咨询本研究过程中碰到的一些疑难问题。

6. 师生座谈法：召集部分教师和同学就体育课程设置的现状进行座谈、交流。

7. 比较研究法。

(二)研究对象

对浙江经济职业技术学院、金华职业技术学院、浙江交通职业技术学院、杭州职业技术学院、浙江金融职业学院、浙江工商职业技术学院、浙江警官职业学院、杭州万向职业技术学院、浙江商业职业技术学院、浙江育英职业技术学院等 1200 名在校大学生进行了问卷抽象调查，共回收问卷 1187 份，有效问卷 1158 份，回收率和有效率均达数理统计的要求，所获得的信息与数据是开展本研究材料的重要来源和依据。

三、浙江省高职大学生体育教学认知的现状调查与分析

(一)认知的基本概念

认知的概念：[2]认知一般是指认识活动或认知过程，即个体对感觉信号的接受、检测、转换、简约、合成、编码、储存、提取、重建、概念形成、判断和问题解决等信息加工的过程。

认知的概念有广义和狭义之分，广义的概念是指应用现代信息加工处理理论将人的认知看成是一个过程，包括：①接受和评估信息的过程；②产生应对和处理问题方法的过程；③预测和估计结果的过程。狭义的认知概念是指认识。本文所应用的认知概念是广义的，尤其是侧重认识过程中的观念或态度形成及其改变的策略。由于认知概念的提出在很大程度上是与大脑信息加工过程理论密切相关的，如感觉、知觉、注意、记忆等与认知的接受过程密切相关，智慧、思维、情感和性格等与认知的应对、处理和结果预测等过程相关，因此，广义的认知概念包括了传统心理学中的多种心理活动。

(二)浙江省高职大学生体育教学认知现状的调查分析

通过数理统计与进一步的卡方分析，我们发现不同类别高职大学生对体育教学的整体认知情况，除了男女生之间存在统计学意义上的显著性或非常显著性差异外，其他不同类别高职大学生对体育教学的认知情况并不存在显著性差异或非常显著性差异。因此，本研究不对其他类别高职大学生对体育教学的认知情况进行分析与比较研究，而主要对不同性别高职大学生对体育教学的认知情况进行分析研究。

1. 浙江省高职大学生对体育课重要性认知的现状调查。

表 1　浙江省高职大学生对体育课重要性认知的统计情况

类别	重要程度					合计
	很重要	比较重要	一般	不太重要	很不重要	
人数	216	460	421	39	22	1158
百分比(%)	18.65	39.72	36.36	3.37	1.90	100.00

表 2　不同性别高职大学生对体育课重要性认知的统计情况

性别(人数) 百分比(%)	重要程度					合计
	很重要	比较重要	一般	不太重要	很不重要	
男	138	215	149	14	9	525
百分比(%)	26.29	40.95	28.38	2.67	1.71	100.00
女	78	245	272	25	13	633
百分比(%)	12.23	38.71	42.97	3.95	2.05	100.00
合计	216	460	421	39	22	1158

$X^2=38.97, P=0.00<0.01^{**}$

调查数据显示，有 58.37%的同学认为体育课比较重要和很重要，而认为体育课不重要和很不重要的仅占 5.27%，总体上来看体育课程是受高职大学生欢迎与喜欢的。但从男女生两个群体来看，在对体育课重要性的认知程度上存在着数据统计学上的非常显著性差异，男生比女生更喜欢体育课，这基本符合社会大众所认可的“男动女静”的心理预期。

2. 浙江省高职大学生对体育课促进人体体质健康的认知调查。

表 3　浙江省高职大学生对体育课促进人体体质健康认知的统计情况

类别	帮助程度					合计
	很大帮助	有较大帮助	一般	不太有帮助	没有帮助	
人数	172	489	458	26	13	1158
百分比(%)	14.86	42.23	39.55	2.25	1.12	100.00

表 4　不同性别高职大学生对体育课程促进人体体质健康认知的统计情况

性别(人数) 百分比(%)	帮助程度					合计
	很大帮助	有较大帮助	一般	不太有帮助	没有帮助	
男	105	230	177	6	7	525
百分比(%)	20.00	43.81	33.71	1.14	1.33	100.00
女	67	259	281	20	6	633
百分比(%)	10.58	40.92	44.39	3.16	0.95	100.00
合计	172	489	458	26	13	1158

$X^2=18.27, P=0.00<0.01^{**}$

统计数据表明，有 57.09%的高职大学生认为体育课对促进人体体质健康有很大帮助与有较大帮助，进一步的数理统计分析表明，男女生在体育课促进人体体质健康的认知上存在着非常显著性差异，男生认为体育课对促进人体体质健康的认可度明显高于女生，这与男女生对体育课重要性的认知相一致。

3. 浙江省高职大学生参与体育课学习动机的现状调查。

表 5　高职大学生参与体育课学习动机的统计情况(前三位累计数)

体育学习的动机	人数	有效百分比	排序
增进健康、增强体质	858	74.09	1
学习和掌握运动技术技能	419	36.18	2
运动娱乐	330	28.50	3
调节丰富校园生活	298	25.73	4
学会体育锻炼方法	292	25.22	5
健身美体	208	18.22	6
为了达标考试	203	17.96	7
发展完善自我个性	150	12.95	8
调节自我心理	61	5.27	9
提高比赛的裁判能力	54	4.66	10
扩大与同学之间的交往	52	4.49	11
提高自我的比赛能力	12	1.73	12

从统计情况来看，目前高职大学生希望通过体育教学，主要是来增进自身的健康，增加自我的体质，有 74.09%的同学选择了这一选项，可以说在“健康第一”教学指导思想的影响下，体育能促进身体健康、增强体质的思想观念已较深刻地影响了当前的高职大学生，这是我国体育教学经过多年改革的一大成功，这也是体育教学最根本的目标。第二到第五选项分别是学习和掌握运动技术技能、运动娱乐、调节丰富校园生活、学会体育锻炼方法，但总体占比均相对较小，一方面反映了体育教学的多元化功能被高职大学生们所逐渐认识，另一方面也体现了当代高职大学生对体育运动认知个性化、多元化的特点。

4. 浙江省高职大学生对现有体育实践课内容认知的调查。

(1)浙江省高职大学生对体育实践课内容丰富程度的认知调查。

表 6　浙江省高职大学生对现有体育实践课内容设置丰富程度的情况统计

丰富程度	人数	有效百分比(%)	累计百分比(%)
很丰富	96	8.29	8.29
比较丰富	376	32.47	40.76
一般	491	42.40	83.16
不太丰富	156	13.47	96.63

续表

丰富程度	人数	有效百分比(%)	累计百分比(%)
很不丰富	39	3.37	100.00
合　　计	1158	100.00	

表 7　不同性别高职大学生认为目前体育教学内容丰富程度的统计情况

性别(人数) 百分比(%)	丰富程度					合计
	很丰富	比较丰富	一般	不太丰富	很不丰富	
男	55	180	207	63	20	525
百分比(%)	10.48	34.29	39.43	12.00	3.81	100.00
女	41	196	284	93	19	633
百分比(%)	6.48	30.96	44.87	14.69	3.00	100.00
合计	96	376	491	156	39	1158

$X^2=5.49, P=0.025<0.05^*$

表 6、表 7 的数理统计表明，高职大学生对体育实践课内容丰富性的认可度仅 40.76%，且男女高职大学生对体育实践课教学内容丰富程度的认可度存在显著性差异，男生对当前体育教学内容丰富的认可度高于女生，这也是男生比女生更加喜欢体育的原因之一，或者说因为喜欢体育课了，也认可体育教学的内容，体现了“爱屋及乌”的心理现象。

(2)浙江省高职大学生希望增设体育实践教学内容的调查。

表 8 的数据显示，大学生希望增设高职体育教学内容的前五项分别是体育游戏、时尚体育项目、拓展训练、职业实用性体育项目、保健养生知识。但由于学生的个性差异、体育兴趣、身心基础的不同，所选选项的集中程度不高，男女生之间还是存在一定差异的。从表 9 来看，女生对时尚体育、保健养生知识、生活休闲娱乐类体育活动的喜爱，而男生则较倾向于喜欢时尚、有对抗、有刺激的运动项目。

表 8　浙江省高职大学生希望增设的主要体育教学内容情况统计(前三位累计数)

课程内容	人数	有效百分比	排序
体育游戏	339	29.27	1
时尚体育项目	277	23.92	2
拓展训练	263	22.71	3
职业实用性体育项目	247	21.33	4
保健养生知识	212	18.31	5
武术类	187	16.15	6
生活休闲体育项目	172	14.85	7
远足	140	12.09	8

续表

课程内容	人数	有效百分比	排序
棋牌类	110	9.50	9
传统特色项目	96	8.29	10
合计	2043		

表 9　不同性别高职大学生对增设体育教学内容的比较统计(前五位)

男生希望增设的体育教学内容	人数	百分比(%)	排序	百分比(%)	人数	女生希望增设的体育教学内容
体育游戏	178	33.90	1	32.23	204	时尚体育项目
拓展训练	113	21.52	2	27.65	175	体育游戏
武术类	108	20.57	3	23.54	149	保健养生知识
职业实用体育内容	106	20.19	4	23.22	147	拓展训练
时尚体育项目	71	13.52	5	21.80	138	职业实用体育内容
棋牌类	71	13.52	5	21.80	138	生活休闲项目
男生总人数 525 人						女生总人数 633 人

通过以上众多数据分析,男生要比女生更认可体育教学的重要性,而且男生也比女生更认可当前体育课程内容的丰富性,对体育学习与锻炼能促进人体健康、增强体质的认可度男生也要比女生高,且均存在非常显著性差异或显著性差异,造成这种现状的原因主要与男女高职大学生不同的生理、心理特点有关,还与社会的角色期望有关,男生在生理上表现得更有力量、强悍,且又好动,敢于表现自我;而女生则相对喜静,表现得相对柔弱,且又有害羞心理,羞于在大庭广众之下做体育动作。从社会学层面来看,传统的社会角色是男性应是力量的象征,具有"阳刚之气",以体现力量为主的体育课程,在这一点上是很适合男性的,而女性则是温柔贤惠具有"女人味"[3],活动内容在一定程度上会影响女生的对体育课程的满意度。表 9 是男女生对希望增设体育课程内容的前五位的统计情况,从两者之间选择的排序上也从另一个侧面证实反映了女生对时尚体育、保健养生知识、生活休闲娱乐类体育活动的喜爱,而男生则较倾向于喜欢时尚、有对抗、有刺激的运动项目。

(3)高职大学生认为制约增设体育教学内容的主要影响因素。

表 10　高职大学生认为制约增设体育教学内容主要影响因素的情况统计(累计数)

制约因素	人数	有效百分比	排序
体育师资力量的不足	707	61.05	1
现有体育场地器材设施的制约	658	56.82	2
体育课时的限制	510	44.04	3
缺少相应的体育经费投入	369	31.87	4
环境气候条件的影响	211	18.22	5

从统计数据来看，学生认为制约体育实践课教学项目建设的主要因素是体育教师的师资力量、体育场地器材设施、缺少相应的体育经费投入、体育课时的限制及环境气候条件的影响。虽然在因素的排名上有一定的差异，但总体上趋于一致。师资力量和体育场地器材成为最主要的制约因素。由于高等职业教育近几年得到了跳跃式发展，浙江高职院校从1998年开始获得了巨大的发展，到目前为止，共有独立高职院校47所，占浙江省高校总数的64.5%，在校人数超过了20万人[4]，许多高职院校办学规模数不断扩大，学生人数急剧增加，体育教学班学生人数很多都超过《指导纲要》规定的35人左右的数量，调查统计的数据有67%的班级人数在41个学生以上，而考虑教学成本等因素，体育教师的人数并没有相应跟上，导致许多体育教师日常教学工作和训练任务繁重，再加上体育科研工作任务的压力，使得体育教师长期处于超负荷的工作状态，要开设新课程既无时间，也无精力对付。另外新项目的开设肯定需要建新场地，需要有许多新器材、设施，这是需要有一定的资金作保证的，这些都不同程度地制约了新的体育实践课教学项目建设与开发。

5.浙江省高职大学生对体育教师教学内容安排合理性的认知调查。

表11　浙江省高职大学生对体育教师教学内容安排合理性的认知情况统计

类别	合理性					合计
	很合理	比较合理	一般	不太合理	很不合理	
人数	166	555	401	26	10	1158
百分比(%)	14.34	47.93	34.63	2.24	0.86	100.00

表12　不同性别高职大学生对体育教师教学内容安排合理性的认知情况统计

性别(人数) 百分比(%)	合理程度					合计
	很合理	比较合理	一般	不太合理	很不合理	
男	85	235	181	16	8	525
百分比(%)	15.81	44.76	34.48	3.05	1.52	100.00
女	81	320	220	10	2	633
百分比(%)	12.80	50.55	34.76	1.58	0.32	100.00
合计	166	555	401	26	10	1158

$X^2=0.95, P=0.85>0.05$

数理统计与分析表明，浙江省高职院校体育教师对体育课教学内容的安排很合理和比较合理的占比为62.27%，且男女生之间对教师教学内容安排合理性的认知不存在显著性差异。内容决定形式，体育教学成功与否很大程度上取决于教学内容的科学合理安排，合理科学的教学内容也是保证教学质量的重要方面，从现有的调研数据来看，进一步加强体育教学内容的合理性，应还有一定的提升空间与研究的必要性。

6.浙江省高职大学生对体育教师教学方法和手段安排科学性的认知调查。

表 13 浙江省高职大学生对体育教师教学方法和手段的认知情况统计

类别	认知程度					合计
	很好	比较好	一般	不太好	很不好	
人数	143	487	485	29	14	1158
百分比(%)	12.35	42.06	41.88	2.50	1.21	100.00

表 14 不同性别高职大学生对体育教师教学方法和手段的认知情况统计

性别(人数) 百分比(%)	认知程度					合计
	很好	比较好	一般	不太好	很不好	
男	90	241	180	9	5	525
百分比(%)	17.14	45.91	34.29	1.71	0.95	100.00
女	53	246	305	20	9	633
百分比(%)	8.37	38.86	48.18	3.16	1.42	100.00
合计	143	487	485	29	14	1158
$X^2=15.69, P=0.001<0.01^*$						

数理统计与分析表明，大学生对浙江省高职院校体育教师教学方法和手段科学性认知为很好和比较好的占比达 54.41%，且男女生之间对教学方法和手段的认知上存在非常显著性差异，男生的认可度明显高于女生。有针对性的教学方法和手段不仅能激发学生对体育的兴趣，提高教学的效率，更能改变学生对体育的认知，养成良好的体育锻炼习惯。从表 14 的数据反映男女生之间差异非常显著，尤其对女生的教学方法和手段的研究需要进一步深入和细致。

7. 浙江省高职大学生对体育教师运动量安排合理性的认知调查。

表 15 浙江省高职大学生对体育教师运动量安排合理性的认知情况统计

类别	合理性					合计
	很合理	比较合理	一般	不太合理	很不合理	
人数	96	450	571	24	17	1158
百分比(%)	8.29	38.86	49.31	2.07	1.08	100.00

表 16 不同性别高职大学生对体育教师运动量安排合理性的认知情况统计

性别(人数) 百分比(%)	合理性					合计
	很合理	比较合理	一般	不太合理	很不合理	
男	72	205	223	12	13	525
百分比(%)	13.71	39.05	42.48	2.29	2.48	100.00
女	24	245	348	12	4	633

续表

性别(人数) 百分比(%)	合理性					合计
	很合理	比较合理	一般	不太合理	很不合理	
百分比(%)	3.79	38.70	54.98	1.90	0.63	100.00
合计	96	450	571	24	17	1158

$X^2=9.59$, $P=0.004<0.01^{*}$

数理统计与分析表明，浙江省高职院校体育教师对体育课运动量的安排很科学和比较合理的占比为47.15%，且男女生之间对教师运动量安排合理性的认知上存在非常显著性差异，男生的认可度要比女生更高一些。以"健康第一"为教学基本指导思想，高职院校体育教师对课程运动量的安排，从学生的反馈信息来看，还有值得进一步研究和探讨的空间，使体育课的运动量更加合理则更加有利于增进学生的健康，以增强学生体质。

8.浙江省高职大学生对体育教学满意度的认知调查。

表17　浙江省高职大学生对体育教学满意度的统计情况

类别	满意度					合计
	很满意	比较满意	一般	不太满意	很不满意	
人数	100	440	516	80	22	1158
百分比(%)	8.64	38.00	44.56	6.91	1.90	100.00

表18　不同性别高职大学生对体育教学满意度的统计情况

性别(人数) 百分比(%)	满意度					合计
	很满意	比较满意	一般	不太满意	很不满意	
男	69	206	208	27	15	525
百分比(%)	13.14	39.24	39.62	5.14	2.86	100.00
女	31	234	308	53	7	633
百分比(%)	4.90	36.97	48.66	8.37	1.11	100.00
合计	100	440	516	80	22	1158

$X^2=13.27$, $P=0.00<0.01^{**}$

统计数据表明，浙江省高职大学生对体育教学的满意度为46.64%，男女生之间的满意度存在非常显著性差异，男生的满意度要明显高于女生，男生满意度为52.38%，而女生则为41.87%。从总体上来看，高职大学生对体育教学的满意度并不高，须从体育教学的多方面进行改进与提高。

四、结　论

1.有58.37%的高职大学生认为体育课比较重要和很重要，有57.09%的高职大学生认为体育课对促进人体体质健康有很大帮助与有较大帮助，且男女生之间存在非常显著性差异，男生认为体育课的重要性及对人体健康的影响均要比女生强。

2.高职大学生前五位的学习动机分别是增进健康、学习和掌握运动技术技能、运动娱乐、调节丰富校园生活、学会体育锻炼方法

3.有40.76%的高职大学生认为体育教学的内容很丰富和比较丰富，有44.77%的男生认为很丰富和比较丰富，而女生这占比只有37.44%，男女生之间存在显著性差异。

4.高职大学生希望增设的教学内容前五位是体育游戏、时尚体育项目、拓展训练、职业实用性体育项目、保健养生知识，而男生希望增设的前五位是体育游戏、拓展训练、武术类、职业实用体育内容、时尚体育项目，女生希望增设的前五位是时尚体育项目、体育游戏、保健养生知识、拓展训练、职业实用体育内容。

5.影响体育教学内容设置的主要制约因素是体育师资力量的不足、现有体育场地器材设施的制约、体育课时的限制、缺少相应的体育经费投入、环境气候条件的影响。

6.有62.27%的高职大学生认为体育教师对教学内容的安排很合理和比较合理，且男女生之间对教师教学内容安排合理性的认知不存在显著性差异。

7.有54.41%的大学生认为体育教师的教学方法和手段很好和比较好，而47.15%的大学生则认为体育教师对体育课运动量的安排很合理和比较合理，且男女生对两项的认知均存在显著性差异，男生更认可教师对体育教学方法和手段及运动量的安排。

8.高职大学生对体育教学的满意度为46.64%，且男女生之间存在显著性差异，男生的满意度高于女生，但总体满意度不高。

五、建　议

1.从调查结果来看，高职大学生还是比较认可体育教学的重要性，也认为体育课能促进人体健康，增强体质，但从占比来看还不十分理想(均不到60%)，需要加强理论宣传外，更应加强对学生健身养生知识、原理及体育锻炼方法的传授，提高学生的健身意识与锻炼意识。

2.高职大学生体育学习动机的多元化，告诉我们随着工业化时代和小康社会的来临，学生对体育功能的认识已趋向多元化，个体对体育学习的需求也呈现出多元化。因此，在高校体育教学时教师改变传统单一的健身功能，而是要从生理学、心理学、社会学、哲学、教育学等多学科的角度提炼体育教学的多元化功能，使学生深刻认识体育的作用，激发学生对体育学习的兴趣。

3.调查结果表明高职大学生认为当前体育教学内容的丰富性不够，由于高校体育承担

着先进体育文化的功能，从现有情况来看这个功能尚未完全发挥(另撰文章)，[5]调查统计表明体育教学项目设置在16个以上的仅一所学校(共调查23所)，多数学校开设项目一般在10个左右，除了大多数传统、经典的项目外，时尚、符合社会潮流的体育项目设置率极低。而中学体育教学由于认真贯彻《中共中央国务院关于加强青少年体育增强青少年体质的意见》(中发〔2007〕7号)精神，很多学校进行了改革创新，并紧紧跟随社会体育文化潮流，开设了多种时尚及前卫的体育课程，而且部分高中已较完善地开展了模块化教学模式，很多高中生的体育技术技能已非常全面，能力也较强。因此面对新的高中体育教学的形势，作为高校体育教师，我们要研究，更要采取对策，既要加强理论研究，更要在体育实践教学中体现出高等性，这就要我们高校高度重视传播体育的先进文化，要求教师不能安于现状，要接受学习新兴体育项目，并把它引进体育课堂，以丰富高校体育教学内容。

4.随着体育教学功能的多元化，男女生希望新增的项目虽有区别但基本上趋于一致，需要各个学校根据自身的体育教学资源，以学生的体育学习需要为己任，以相应的经费作保障，优化师资力量和保证充足的器材，增设受学生欢迎的体育项目，同时也可充分利用高教园区的教学资源与师资力量进行共享。

5.体育教学内容的合理安排及教学方法、手段和运动量的科学制定，均是体育教学不可缺少的重要环节，不仅关系到体育教学对增进学生体质健康的程度，而且影响体育教学质量的重要因素，也直接影响学生对体育教学的兴趣及锻炼习惯的养成。作为高校教师应在教学方法、教学内容安排及运动量的制定上体现出高等性，体现出合理性，使学生乐于接受。加强高校体育教学方法与手段探讨，思考教学内容的科学安排，制定合理运动量的研究，都是高校体育教师持之以恒的研究课题，需要付出我们高职体育工作者更多的研究时间和精力，以期取得更高的大学生体育教学满意度。

[参考文献]

[1] 张文彤.统计分析教程[M].北京:北京希望电子出版社,2002.

[2] 钱利安.浙江省金融系统职业参与休闲体育现状及制约因素的调查分析[D].浙江大学硕士论文,2004.

[3] 王向东,冯军.浙江高职教育资源配置的现状研究及对策[J].中国职业技术教育,2006(9):11—12.

[4] 钱利安.浙江省高职院校体育实践课教学项目设置的现状调查[J].浙江体育科学,2009(3).

[5] 于可红.高校体育特色项目建设专题报告[R].2010年浙江省大学生体育协会年会,2011(1).

高职院校保险专业人才培养模式再考察
——以浙江金融职业学院保险实务专业为例

李　兵

[摘　要]高职院校保险专业在招生与就业方面都是弱势专业,保险行业在产品销售的过程中也一直被消费者所诟病,保险行业对营销人才的大量需求与保险专业营销能力培养的欠缺不能相适应。而营销能力的提高往往需要情商上的磨炼,非学院式教学所能代替。因此本文通过浙江金融职业学院保险实务专业调研分析,对国内保险专业人才培养方案的再考察,创造性地提出高职院校保险专业"三维·合作"育人的人才培养模式,从而构建社会、行业和专业共生态的良性循环体系。

[关键词]高职院校;保险专业;人才培养

2011年是我国"十二五"的开局之年,保险业作为金融体系和社会保障体系的有机组成部分,必将肩负越来越重要的使命。即使在金融危机情况下,保险业也依然保持着惊人的发展速度。高速增长的保险业带来了对保险人才,特别是高素质技能型人才的大量需求。保险业的"营销至上""保费至上"与收入分配和职务晋升相挂钩,使得许多刚毕业的高职大学生们望而却步。对许多学校的保险专业学生而言,学习是为了取得一张文凭,将来不一定从事保险行业,这样在一定程度上造成保险专业人才培养的错位。在这样背景下,浙江金融职业学院保险实务专业就业率每年接近100%,签约率今年达到了99.4%,而绝大部分生源(自主招生除外)是从其他专业调剂过来的,这本不是大部分学生心仪的专业,三年后,无论就业数量还是就业质量看,都位居学院前列,这种生源质量与毕业质量"倒挂"现象,值得我们去探讨、研究。为了更深入了解当前高职院校保险专业的就业现状,就以浙江金融职业学院保险实务专业为例,深入分析该校保险实务专业学生的就业意愿,为专业发展提供支持。

一、国内保险专业人才培养模式概述

目前,国内学者对保险专业人才培养模式提出了很多看法,主要从宏观和微观方面进行探讨。宏观方面,张青枝提出要切合实际进行人才培养目标定位,并通过培养内容的丰富化、培养手段的多样化、培养制度的灵活化、考核方式的变通化和培养思路的国际化来改进培养措施,满足不断发展的保险行业对创新型保险人才的要求。张鲲鹏认为保险产品销售的高难度，决定了保险高职教育的目标是为保险营销一线培养大量“1+N”复合型人才，这种人才应该拥有一种无法复制的核心职业技能，“N”种辅助职业技能。而且这种复合型人才是一种终身学习型人才，要求保险高职院校应该创新办学模式，既能够为学生提供早期的学历教育，又为学生提供后期持续职业培训教育。微观方面，李加明提出保险专业培养目标主要立足三个方面，即人才的培养方向、培养方法和培养任务。培养方向：专才教育更利于现实保险的需要。培养方法：现实主义的实证方法更有利于保险人才教学的需要。培养任务：学界、业界互动，更有利于保险人才成长的需要。陈靖提出对复合型人才和专业型人才进行差异化培养，引入“校企互为基地+设立专业研究中心”的高等院校与保险业界合作模式。曾鸣提出保险专业教育可以借鉴德国的“双元制”模式。“双元制”教学模式有两个显著特点：一是同就业岗位精密结合，二是企业的广泛参与。事实上，目前很多高职院校保险专业基于工学结合的人才培养模式也比较类似德国的“双元制”模式。

国内学者对保险专业人才培养模式的探讨，无论宏观方面还是微观方面，只是从专业的角度就怎样适应保险行业的人才需求而提出诸如应用型、复合型、“双元制”等模式。事实上，无论培养模式怎样变换，环境怎样仿真，学校环境和公司环境迥异的事实是无法改变的，学生在真正的岗位工作后，就会感到力不从心。这就说明了目前高职院校保险专业人才培养模式尚不能满足保险行业的人才需求。

二、保险专业就业现状分析

（一）就业率分析

通过查询本校的2010、2011、2012届毕业生就业率、就业方向等方面信息，对相关资料进行了分析与跟踪调查。表1是本校近两年保险实务专业毕业生有关就业率与就业方向的统计。

表1　保险实务专业近二年就业率与就业方向统计

年份	毕业人数	就业人数	金融相关	保险方向	其他
2012	181	178	58	62	58(含专升本)
2013	181	180	80	36	64(含专升本)

资料来源：院招生就业办。

从表1可以看出，本校保险实务专业就业率很高，2012年达到98.3%，2013年达到99.4%。但是，从就业结构上看，2012年，金融相关方向就业人数达到32%，保险方向就业人数达到34%，2013年金融相关方向就业人数达到44%，保险方向就业方向还有19.9%，总体来看金融类就业方向这两年均超过了60%。2013年金融相关专业就业人数增加很快，保险方向就业下降，这与投资与保险系的专业群建设、理财与保险专业的有效融合是分不开的，也说明了理财与保险专业的融合效果显现了。当然也与本校扩大银行订单规模，本系组建信泰人寿电销班、天安保险订单班有很大的关系。

(二)就业方向分析

通过对 2012、2013 届保险实务专业毕业生分析来看,70%以上的毕业生毕业后从事的都是与金融保险相关的工作,只有不到 30%毕业生从事了其他行业工作,这也是正常的。从事保险行业的毕业生,就业方向主要集中在保险公司、保险经纪公司、保险代理公司等保险相关类公司。岗位主要是营销、电话销售、前台、财务等,其中从事营销岗位的毕业生会占很大的比例。为什么保险专业毕业生真正从事保险行业的人数还不到全部被毕业生的 30%?是专业不对口,还是保险公司不需要这种类型的人才?实际上,要搞清楚这个问题,首先要考虑学生的"进口"问题,即学生报告专业时的志愿选择问题。从近几年招生情况来看,如果去掉自主招生的学生,通过全国普通高考第一志愿报考保险实务专业的学生基本上都是个位数,绝大部分是从其他专业调剂过来的。表 2 是近四年第一志愿报考保险实务专业的学生数。

表 2　保险实务专业近四年第一志愿报考情况统计

	录取人数	第一志愿报考人数	从其他专业调剂的人数
2010	181	95(自主招生 90,普高录取 5)	130
2011	173	50(自主招生 48,普高录取 2)	123
2012	168	32(自主招生 32,普高录取 0)	136
2013	205	58(自主招生 55,普高录取 3)	147

资料来源:院招生就业办。

如果单从就业率上看,学生基本上都找到了去处,那么一个高职院校完成这样的就业率,在同类院校里也是名列前茅的,至少没有就业的压力。然而,当我们继续忽视保险专业的招生问题,不能理解学生报考保险专业的冷漠性,这样学生的"出口"问题,即学生的就业问题,也会被高就业率所掩盖。学生不愿意选择保险实务专业,原因主要有以下几点:

1. 市场原因。

当中国从计划经济向市场经济过渡的时候,市场渐渐活跃,保险公司对人员的需求很大,营销员良莠不齐,保险销售的后遗症出现了。投保人投保容易,理赔难,甚至出现了保险欺骗,保险商品在客户的心里的位置渐行渐远。大家对保险的不信任和不理会直接会影响到自己孩子,甚至周边孩子报考保险专业的积极性。

2. 行业原因。

由于市场原因,行业社会形象差,保险公司虽然人才需求量大,但是需求短视,需要的是具有营销和推销能力的营销员工。很多刚毕业经过"洗脑",蜂拥进入保险企业。当真正经过市场洗礼后,很多毕业生承受不了保险行业巨大的压力,相继离去。

3. 文化原因。

在发达国家保险已成为甚至排在住房之前的生活第一需要之时,而现今很多中国人还在拒绝保险。我国有着几千年的小农经济社会历史。这种影响的明显特征,就是只顾眼前利益、没有长远打算,只重个人情感、轻视法律契约,等等。中国几千年文明史总回避中国人浮躁、投机的历史，总认为风险怎么会发生在自己身上，结果总是等到风险发生时才想到保险。

三、保险行业人才需求状况：我们需要大量的营销和专业岗位人才

（一）主要岗位的人才需求规模预测，保险营销员平均 41.2 人/家高居首位

针对 108 家保险机构 15 个主要岗位 2011 年人才需求规模的调查结果显示（见表 3），有超过半数以上受访保险机构表示有招聘需求的岗位为保险营销员岗（74 家，占比 68.5%）和保险内勤岗（58 家，占比 53.7%）；从各岗位招聘规模来看，保险营销员岗以平均 41.2 人/家高居全部岗位的首位，74 家机构的招聘总量达到 3048.8 个。

另外，对不同业务人员紧缺程度的调查，54 家产险公司中有一半公司表示其当前最为紧缺的是熟悉机动车辆险业务的人才。据中国人保浙江分公司数据显示，2010 年 9 月份，定损人员有 2500 名，2011 年 2 月份，定损人员有 3426 名，5 个月之内定损人员总共增加了将近 1000 人。

表 3　保险机构主要岗位人才需求规模预测

有招聘需求的岗位	有招聘需求的保险机构（单位：家）	人员平均需求量（单位：人/家）	人员需求总量（单位：人）
保险营销员	74	41.2	3048.8
保险出单人员	27	9.8	264.6
电话营销专员	33	9.2	303.6
渠道销售经理	35	9.1	318.5
保险客户经理	45	0.0	387
业务经理/业务主管	34	7.2	244.8
保险内勤	58	4.3	249.4
其他岗位	11	4.1	45.1
保险理赔人员	37	3.3	122.1
培训讲师	24	2.3	55.2
保险核保	22	2.3	50.6
保险理财顾问	13	2.0	26
财会专员	10	1.9	19
保险文员	15	1.7	25.5
精算师	3	1.0	3

(二)保险实务专业之于营销岗位的分析

自从高校开办保险专业以来,保险专业毕业生在人们的印象中总是和卖保险联系在一起,做保险就是营销。当然,从保险商品无形性这个特点来看,营销确实之于保险有着特别重要的意义。那么,我们首先来看看成功营销人员应具备的素质。

据世界著名的市场研究公司——盖洛普管理咨询公司研究表明:优秀的营销员一般在以下几个方面具有良好的素质:内在动力;干练的作风;推销能力;与客户建立良好关系的能力;自我能动性和忍耐力。这几者相辅相成,缺一不可。

从以上成功的营销人员所具备的素质来看,基本上都是情商方面的,而营销专业人才所从事的业务活动范围广阔,难以在学习期间掌握所有的岗位知识。更重要的问题是目前教育界忽视了情商教育。著名心理学家丹尼尔·戈尔曼曾经说,一个人如果不具备情感能力,没有自我意识,不能处理悲伤情绪和没有同情心,不知道怎样跟人很好地相处,即使再聪明,这个人也不会有大的发展。高情商者不但容易形成良好的人际关系,而且易于为自己营造良好的成才环境,从而更容易在职业生涯和私人生活中取得成就。情商的高低,不是天生固定的,也并非仅仅依靠幼儿时代的培养就够了。智商在一个人青春期过后就不会有太大变化,而情商主要靠学习,一辈子都能不断发展。

(三)浙江金融职业学院保险专业就业环境状况:我们有良好的就业平台

浙江金融职业学院基于教育生态学的理念与原理,结合学院的办学实践提出了“行业、校友、集团共生态”的高职院校办学模式。为更好地实现共享资源、凝聚资源、整合资源的愿景,学院在办学实践中沿着“以行业为依托、以校友为纽带、以集团为载体”这一思路,本着“以主动换互动”的原则,从大处着眼、小处着手,通过具体而细致的实践,保证了共生态办学模式创新成为一项涵盖理念、路径与实践等层面的系统工程。其中,订单式培养是该模式最富特色的人才培养实践。在集团整体优势的推动下,众多集团内的金融、管理、房产及电子商务等类型的企业纷纷在学院设立订单班,大大拓展了学院订单培养的规模,使学院订单培养规模达到了2012届毕业生总人数的60%,成为学院人才培养模式改革的主要载体,做到了为用人单位量身定制人才,为开展以工学结合为重要切入点的人才培养模式改革奠定了基础。订单培养规模的逐年拓展,使学院人才培养工作实现了与企业岗位能力标准的全面接轨,加强了企业与学院的联系,为学生就业营造了良好的环境。

四、保险实务专业人才培养模式
——“三维·合作”育人:现代保险职业人才培养

(一)“三维·合作”育人的内涵

“三维·合作”即三维联动,团队合作,三维联动是指社会、基地、课堂在三个维度中的交融。陶行知把整个社会,整个人生都列入生活教育范畴,“社会即学校”:其一,是指“社会含

有学校的意味”。或者说“以社会为学校”。其二，是指“学校含有社会的意味”。其三，“社会即学校”扩大了学校教育的内涵和作用。陶行知在《社会即学校——三答操震球问》一文中说：“我们主张‘社会即学校’，是因为在‘学校即社会’的主张下，学校里面的东西太少，不如反过来主张‘社会即学校’，教育的材料，教育的方法，教育的工具，教育的环境，都可以大大增加，学生、先生也可以更多起来。因为在这样办法下，不论校内校外的人，都可以做师生的。‘学校即社会’，一切都减少，校外有经验的农夫，就没有人想去领教；校内有价值的活动，外人也不得受益。”基于陶行知的教育理念，社会、课堂可以理解为社会即学校或者学校即社会，而基地是指生产性实训基地，它是两者融合的产物和桥梁。

团队合作是指学生课堂、课外的合作。学生的课堂教学以分组的形式，以项目教学为载体，以任务为驱动，在完成任务的过程中，强化专业技能、团队协作、交流与沟通。课外以导师为核心，成立兴趣方向小组，三年一个方向，持续关注一个领域，一个企业，完成一个项目，不断扩大学生的交际范围和增强他们的调研分析能力。在这个平台上，学生把课堂所学知识加以利用，在实践中检验理论，在过程中不断成长。

（二）三维联动

社会、基地、课堂的三维联动是两两之间的融合、渗透、互动。我们培养保险人才，首先，要符合社会的需求，不能一味地强调专业技能，因为最终学生要踏入社会，要为自己客户服务，要与同行业的人交流，和同事合作，这些不是专业技能所能完全达到的要求。其次，生产性实训基地作为桥梁的作用。2009 年 2 月，保险实务专业提出了“社会即学校——基于生产性实训的保险大课堂人才培养模式改革”。四年来，保险实务专业始终沿着这个方向前进，把生产性实训引入课堂，强化校内实训基地建设。2011 年 10 月，信泰人寿保险股份有限公司电销中心的成立和建设，融入了保险企业的文化和理念，是校内生产性实训的重要场所，使人才培养模式有了实质性突破，从而推动形成稳定长效的校企合作机制。最后，课堂教学始终落实综合素质培养的理念。无论是专业人才培养方案的课程设计，还是专业实践教学所实施的导师制，都是专业技能和与人沟通、合作技能的联动培养。

在实际人才培养过程中，三维联动也得以很好地贯彻和执行。首先，行业参与社团沙龙，社团走出课堂，参与理财博览会，对百姓保险知识进行普及。其次，行业参与保险职业技能大赛，设立大赛奖金，发现保险人才。大赛组织、竞赛过程，是发现社会和行业对人才类型需求过程。再次，行业在校内设生产性实训基地，组织学生实战演练，提升团队协作、专业技能、抗压抗挫能力。最后，导师制的平台，进一步提高了学生了解社会、接触行业、调研市场的能力，回到课堂，反馈课堂教学，三者彼此交融和联动很好地践行了“社会即学校”和“学校即社会”的教育理念。

（三）团队合作

1. 课内合作。

保险实务专业历经十年，曾经开过与情商相关的课有：保险营销、市场营销实务、营销技巧、交流与沟通、保险职业礼仪、保险职业素养、保险心理学、保险客户关系管理、抗挫能力训练、团队经营。从最近四年培养方案可以看出，专业课的情商培养在增强，可以参见表 4。

表4 保险实务专业培养方案与情商培养相关的课程设置

2009年以前	保险营销、保险客户关系管理、团队经营
2010	保险营销、保险客户管理、交流与沟通、保险心理学、团队经营
2011	市场营销实务(系本)、保险客户管理、交流与沟通技巧训练、团队经营、保险职业素养、抗挫能力训练
2012	营销技巧(系本)、保险交流与沟通、保险客户管理、保险职业素养、团队经营、专业实践活动
2013	营销技巧(系本)、保险交流与沟通、保险客户管理、保险职业素养、团队经营、专业实践活动

保险实务专业教学以营销教学为核心，拓展了许多情商培养教学，有许多教师也参与到情商培养过程中，形成了保险实务专业所独有的情商培养教学。保险实务专业教师有4名，医疗保险教师有2名，每学年都会有相关教学，同时他们也参与学生课外的情商培养，这就做到教师的积极引导。上述课程都有一个共同的特点：分组训练，项目教学。教学过程是"多言堂"，老师更像主持人，充分调动学生的积极性，做到每周有项目，课上有活动，课下有任务。曾经风靡一时的"魔鬼一分钟""晨会经营""无领导小组"，很好地调动了学生课堂的积极性和关注度，学生的团队协作、人际沟通、语言表达得到了很好的锻炼，更关键的是他们的自信心有了很大的提高。

2010级开始，保险实务专业加大了课内合作相关课程设置，2013年正是他们的毕业之年，三年的情商氛围的熏陶，今年的进银行订单班的人数是历年之最，总计109人，占总毕业人数的61%，保险和证券订单班总计15人。从进入订单班的学生情况来看，沟通能力和语言表达能力占据了十分重要的位置，就业率方面，保险实务专业就业率100%，签约率97%以上。2011级进入订单班的情况依旧喜人，而且学生越发自信。

2. 课外合作。

(1)社团活动的开展。2012年3月，新的投资与保险系成立之后，在原有的理财协会、保险协会基础增加了实践投资协会、演讲与口才协会、创业与投资协会、职业与技能协会。其中，保险协会和演讲与口才协会是由保险实务专业同学负责的社团。依托保险协会，保险实务专业成功举办了五届保险职场技能大赛，帮助保险专业的同学报名代理人、经纪人考试，积极参加暑期社会实践调研等项目；依托演讲与口才协会，以保险实务学生为主体的代表队获得了院辩论赛冠军，下沙高校辩论联盟第四，省大学生辩论赛高职组冠军。

(2)职场技能大赛的举办。保险实务专业职场技能大赛已经成功举办了五届，大赛所展现的保险职业人风采都深深影响着每个保险专业的同学。大赛周期一般从每年的3月份开始到6月初之前结束，从报名到预决赛，三个月时间里，保险职场氛围浸染着每位同学。课余时间的方案策划，晨会的排练，无形中形成了团队的自律性、凝聚力、荣誉感。这个过程，他们有犹豫、胆怯、敷衍，但最终他们都能战胜困难，走向展现自我的舞台。其间的沟通、协作都是一个团队走向成熟的过程，个人在这个团队中也得到了锻炼。

(3)社会服务的参与。新的投资保险系成立之后，系领导特别重视实践教学，社会服务也是其中项目之一。除了积极参加"挑战杯""工行杯""建行杯"等实践项目外，保险实务专业的学生连续参加了两届浙江省理财博览会，很多学生参与到志愿者行列中，从大会的组织、对参会者的服务、宣传浙江金融职业学院投资保险系，到现场的保险知识咨询、职场技能大赛的展示等，社会服务的过程，就是团队合作不断潜移默化提高的过程。

(4)导师制的实施。从高中升到大学，学生突然间失去了归宿感，不像高中老师那样，见面机会比较多，导师制的实施正好弥补了这个缺失，很好地做到了学生和导师间的沟通和了解。同时，院系两级的项目开展很容易得到实施。学生聚拢在老师周围。三年来，关注一个经济现象演变过程，一个企业发展过程、一个项目完整进展过程，渐渐地，他们在项目实践的带动下，耳濡目染自己团队所关注的项目，在语言表达、人际沟通、项目策划方面会得到显著的提升，毕业设计方案在导师带领下，很容易找到自己的选题和解决问题的办法。

总之，四个方面的课外团队合作有三个共同的特点：首先，都能调动学生积极参与实践活动中来。其次，参与的过程都要有语言表达、组织策划、人际沟通等，而这些综合素质的提升往往是在课外的合作中所获得的。再次，在合作过程中，他们很容易找到归宿感、成就感，自律性、自信心得以提升。最后，团队合作教学的培养往往突出团队性，活动的过程就是情绪感染、思想影响的过程，这个过程相比教师、家长的说教效果更大。

五、结　语

保险公司不断地告诉消费者，他们卖的不是产品，而是责任。保险实务专业也要告诉学生，我们培养的不是卖保险的人，而是如何让客户主动买保险的人。事实上，在保险专业人才培养的过程中，我们既不能唯“营销”至上，也不能唯行业“订单班”为马首，一味模仿和借鉴往往会出现“橘生淮南则为橘，生于淮北则为枳”的现象。因此，我们要根据当地的行业需求，结合本校自身的优势，发展符合自己的专业培养模式。

[参考文献]

[1] 刘爱华. 保险实务专业学生就业意愿分析与思考[J]. 商场现代化，2009(11).
[2] 张青枝. 中国高校保险专业人才培养的隐忧与思考[J]. 山西经济管理干部管理学院学报，2010(6).
[3] 张鲲鹏. 保险高职教育的“1＋N”复合型人才培养目标研究[J]. 保险职业学院学报，2010(12).
[4] 李加明. 我国大学保险专业教育的定位与定轨[J]. 上海保险，2011(11).
[5] 陈靖. 保险人才培养模式创新策略探究[J]. 上海金融，2011(1).
[6] 曾鸣. “双元制”是快速培养保险人才的有效模式[J]. 上海保险，2003(11).
[7] 阿里巴巴资讯. 成功营销人员应具备的黄金素质[EB/OL]. [2010-04-29]. http://www.alibado.com/old/zixun/zhengwen/0429-4.html.
[8] 周建松，谢峰. 行业、校友、集团共生态：高职院校办学模式创新[J]. 中国大学教育，2008(4).

浙江省高职院校会展专业学生就业胜任特征研究

张万里　金方增

[摘　要]后世博时代，浙江省会展业正进一步走向专业化、规模化、品牌化、国际化和多元化，相应地对从属于现代服务业的会展行业人才的培养也提出了更高的要求。培养符合该行业需求的国际会展复合型人才，关系到区域会展经济的可持续发展，关系到我国“十二五”规划中推动会展业健康发展目标的实现。本文通过规范的文献研究、实证研究方法，初步形成了会展专业学生就业胜任特征模型，可用于指导浙江省区域高职院校国际会展复合型专业人才培养的实践。

[关键词]复合型；素能；就业胜任特征；人才培养方案

一、引　言

改革开放30多年来，中国经济长足发展，至2007年，中国国内生产总值年均增长超9%，经济总量上升至世界第四位。随着国内基建投资、出口贸易和内需消费的拉动，各类来华国际性展会或国际投资贸易会议数量增多，规模扩大，经济效应日益明显。20世纪90年代以来，全国范围内的高等职业教育开始快速发展，在校生规模稳步增长，专业群建设成果喜人，而高职依托“国”字头重点专业设立的国际会展专业，在培养会展业复合型人才方面能否找到适合的模式，已成为教育界同仁关注的问题。本文拟就浙江省高职国际会展复合型人才培养作些探索。

二、高职院校国际会展复合型人才培养动因研究

浙江省作为外贸、会展大省，其经济结构、社会经济发展有其特点，势必会造成我省会展专业人才培养的特殊性。本文重点着眼于浙江省区域，在前人研究基础上，分析我省高职院校培养国际会展复合型人才的现实基础和市场需求。

(一)我国会展业的性质要求我们培养复合型人才

继《中华人民共和国国民经济和社会发展第十一个五年规划纲要》首次提到发展会展业

后,"十二五"规划又一次提及会展业,再次对我国会展业的发展做出战略性规划。在两个规划里,会展业都是写在"服务业""生产性服务业""商务服务业"的篇、章、节中,这就明确了会展业的类别和性质,同时也说明会展业应成为与会计、审计、税务、工程咨询等行业相同的智力密集型高端服务业。作为资金、技术、智力密集型的产业,会展业策划、管理等核心人才理应既是专才也是通才,即复合型人才。

(二)浙江省的区位优势有利于国际会展业的发展

浙江省位于中国东部沿海,长三角重要地带,地理位置优越,水陆交通便利,人力资源总量丰富,整体素质较高,工农业基础较雄厚,政策对新兴产业扶持力度大,科研力量较强。凭借这样的区位环境和经济条件,我省在发展国际会展业方面有着得天独厚的先发优势。经过改革开放 30 多年的持续发展,浙江省人均生产总值已超过 5000 美元,正处于全面提升工业化、信息化、城市化、市场化、国际化水平的关键时期。随着 2011 年 2 月 25 日国务院正式批复《浙江海洋经济发展示范区规划》,浙江海洋经济示范区建设从此上升为国家战略。"十二五"期间,浙江海洋经济的发展必将助推我省会展业到达一个更高端更国际化的层次。正如《杭州市"十二五"会展业发展规划》所展示的那样,在"十二五"期间杭州将建设成为最具潜力的全国展览中心城市、最具活力的中国节庆之都、最具魅力的国际会议目的地,淳安要被打造成中国的"达沃斯"。由此可见,我省各级政府对会展业的发展也是相当重视。我省经济环境和国际会展业发展需要高职教育研究国际化复合型人才的培养。

(三)我省高职院校有着培养国际会展复合型人才的政策优势

根据《浙江省国民经济和社会发展第十一个五年规划纲要》《浙江省教育强省建设与"十一五"教育发展规划纲要》和《浙江省教育厅关于"十一五"期间全面提升高等职业教育办学质量和水平的若干意见》,我省高等职业教育围绕提高教学质量、培养高质量人才为中心,积极探索中外办学。《浙江省高等职业教育中外合作办学五年发展规划(2009—2013 年)》(以下简称《省高职教育合作办学规划》),以科学发展观为指导,坚持"扩大开放、规范办学、依法管理、促进发展"的方针,要求通过积极引进国外先进的教育理念、教育资源、办学模式、教学方式、教学手段、管理经验,推动全省高等职业教育中外合作办学向宽领域、高水平、深层次发展,提高高职院校的办学水平和育人质量,为我省经济社会发展培养大批具有国际视野的高素质技能型人才。我省高职院校可根据《省高职教育合作办学规划》加入中外合作行列,积极引进国外优质教育资源,切实提高会展人才培养的国际化程度,培育一批国际化水平较高的师资和行业急需的应用型人才。

以上我们分析了浙江省高职院校培养国际会展复合型人才的依据与条件,要构建适合我省区域内国际会展发展的人才培养模式,我们还需通过实证研究方法,分析我省会展业对高职国际会展复合型人才素能的基本要求。

三、高职国际会展复合型人才素能基本要求研究

为了较全面真实地反映我省会展业对高职国际会展复合型人才素能的基本要求，从而有效指导高职院校构建相适应的人才培养方案，我们成立了课题组，随机抽选了省内部分会展企业，综合运用问卷调查、文案调查、电话访谈及实地考察等方法，对这些企业进行了相关调研。参与问卷调查的大多为这些企业的经理、总监、主任、部门主管等中层及以上管理者，部分人员在企业内从事管理与人员招聘工作，因此调研结论基本能反映我省会展业对相关会展专业人才的需求。后期，课题组采用社会统计软件 SPSS19.0 及 EXCEL 软件对回收问卷进行定量分析，并对照文案研究、电话访谈、实地走访得来的信息谨慎推论，最终形成有指导意义的会展专业学生就业胜任特征结构模型。

（一）研究前提

基于初步调研信息，刘大为(2008)会展业人力资源胜任力开发理论及贾建锋等(2011)的胜任特征维度分类基础上，我们建立了会展专业学生就业胜任特征库。考虑到后期对数据进行因子分析时如变量过多，需要增大样本数量(即被调研会展企业数)，我们特意限制了特征库内要素的数量(即变量数)，首先放入了 14 项特征要素，并按其内在有机性和层次性分为 4 个维度，分别是元胜任特征维、素质特征维、知识技能维、行为胜任特征维(见表 1)。

表 1　会展专业学生就业胜任特征库

胜任特征维度	胜任特征要素
元胜任特征维(3 项)	外表仪态、待人接物、语言表达
素质特征维(3 项)	责任意识、创新能力、项目执行能力
知识技能维(5 项)	学历文凭、职业认证、文案写作能力、电脑应用能力、外语能力
行为胜任特征维(3 项)	行业经验、人际沟通能力、组织策划能力

在第一阶段小样本试测中，我们采用莱克特五分量表(Likert Scale)将上述会展专业学生就业胜任特征库中的 14 个要素设计到调查问卷中，即对每个要素的描述分为五级：5＝“非常重要”、4＝“很重要”、3＝“基本重要”、2＝“不太重要”、1＝“完全不重要”。经信度检验，内部一致性系数 α(Cronbach's Alpha)为 0.843，表示该量表的信度可以接受。接着我们采用因子分析进行效度测试，以因子载荷量来判断该要素与相对因素的关系(一般因子载荷量小于 0.3 的要素与相对因素的关系较弱)，进而将其删除，最后保留了其中 11 个要素(见表 2)。

表 2　试测后修正的会展专业学生就业胜任特征库

胜任特征维度	胜任特征要素
元胜任特征维(3 项)	语言表达、电脑应用能力、项目执行能力

续表

胜任特征维度	胜任特征要素
素质特征维(3项)	责任意识、创新能力、文案写作能力
知识技能维(3项)	学历文凭、组织策划能力、外语能力
行为胜任特征维(2项)	行业经验、人际沟通能力

在试测后，我们删除了“外表仪态”“待人接物”“职业认证”三个要素，同时将就业胜任特征要素按因子载荷的最大值进行归类，我们发现与原本的要素归类还是存在一定的差异。这样修正的原因我们初步推断如下：(1)外表仪态等三项要素的最大因子载荷量都小于0.3，它们可能与其他一些项目存在相似性，如外表仪态、待人接物可体现在人际沟通能力中，其次排除职业认证这一要素，说明目前会展行业尚未建立权威、科学、统一的职业认证体系，没有被我省相关企业普遍认可的职业认证制度或证书，因此将其从知识技能维中去除应是合理的。(2)电脑应用能力和项目执行能力被归入元胜任特征维，这说明计算机应用及项目执行已经成为基本的胜任力，是培养和发展其他胜任特征的基础。(3)文案写作能力被调整到素质特征维，这说明尽管文案写作可作为一项技能进行训练，而且也需要一定的知识支撑，但在实际工作中，企业更期待这是会展专业学生的一项基本素质。

在第二阶段中，我们运用重点调查(发放调查问卷)和随机抽样(深度访谈)相结合的方法，广泛收集企业对上述特征库的意见和建议，然后再进行修改、完善，最终明确会展专业学生应具备的就业胜任特征，即我省会展行业对高职国际会展复合型人才素能基本要求。在正式施测后得到40份回卷，我们对其中的数据再次进行因子分析，以检验修正后的就业胜任特征库的效度。

(二)分析过程与结果

我们使用SPSS软件中的因子分析对11个要素进行降维分析，进行了KMO抽样适当性检验和巴特利特球形检验(见表3)，检验后得到KMO值为0.672(大于临界值0.5，表示可进行因子分析)，巴特利特球形检验卡方值为218.627，自由度55，显著性P值等于0.000(概率Sig.小于0.05)，说明该拒绝零假设，相关系数矩阵并非单位矩阵，变量间存在公共因子，要素(即变量)适合因子分析。

表3　KMO和Bartlett的检验

取样足够度的Kaiser-Meyer-Olkin度量		.672
Bartlett的球形度检验	近似卡方	218.627
	df	55
	Sig.	.000

同时，在碎石检验中，按因素被萃取出的顺序，其特征值随因素个数变化形成散布图，我们可以发现从第4个点后下降趋势变得较为平缓。一般而言，曲线开始变平缓的前一个点

可被认为是萃取的最大因素个数，因此前 4 个因素保留了最大的要素（即原始变量）的信息（见图 1）。

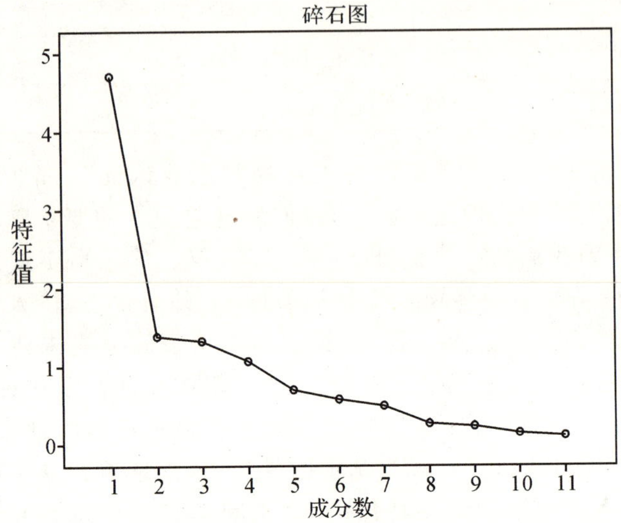

图 1　碎石检验

用 SPSS 软件对 11 个要素进行主成分抽取，并经最大方差法旋转（即正交旋转）后，我们得到旋转成分矩阵表（见表 4），正如碎石图所显示的那样，我们可将 11 个要素归类到 4 个因素中去（看各个要素在每个因素中系数即因子载荷的大小，一般大于 0.5 的就归于该因素中）。

表 4　旋转后的因子载荷矩阵

	成分			
	1	2	3	4
语言表达	0.867	0.076	−0.053	0.018
项目执行能力	0.775	0.243	0.300	0.251
电脑应用能力	0.582	0.342	0.105	0.278
行业经验	0.139	0.855	0.152	0.129
人际沟通能力	0.472	0.715	0.198	0.219
外语能力	0.520	0.536	0.278	−0.204
学历文凭	−0.018	0.104	0.865	0.110
组织策划能力	0.179	0.153	0.846	−0.004
创新能力	0.377	−0.147	0.207	0.828
责任意识	−0.139	0.459	−0.125	0.782
文案写作能力	0.369	0.269	0.512	0.556

提取方法：主成分。

旋转法：具有 Kaiser 标准化的正交旋转法。

根据上表写出该因子分析的数学式，其中 $f_i(i=1,2,3,4)$为公共因子即因素：

语言表达$=0.867\ f_1+0.076\ f_2-0.053\ f_3+0.018\ f_4$

项目执行能力$=0.775\ f_1+0.243\ f_2+0.300f_3+0.251\ f_4$

电脑应用能力$=0.582\ f_1+0.342f_2+0.105f_3+0.278\ f_4$

……

文案写作能力$=0.369\ f_1+0.269f_2+0.512f_3+0.556\ f_4$

可知，前 3 个要素在第 1 个因素上的载荷较高(都大于 0.5)，意味着它们与第 1 个因素有着较强的相关性，而与第 2、第 3 和第 4 个因素相关性都较小，即后 3 个因素对其不具显著的解释作用。

我们对以上数据表再加上因素解释原始变量的总变异数情况进行整合，并计算了整体及每个因素的内部一致性系数(Cronbach's Alpha)，最后进行数据汇总，按最大因子载荷将会展专业学生就业胜任要素归入 4 个因素，我们仍以前文所述的分类法命名这 4 个因素，即 4 个维度：元胜任特征维、行为胜任特征维、知识技能维及素质特征维(见表 5)。4 个因素可解释 77.075% 的变异量，所有因素的内部一致性系数 α 均大于 0.7(整体系数 α 达到 0.851)，说明其信度与效度都通过了检验。

表 5 因子分析数据汇总

胜任特征要素	因素名称				α 系数
	元胜任特征维	行为胜任特征维	知识技能维	素质特征维	
语言表达	.867				$\alpha_1=.742$
项目执行能力	.775				
电脑应用能力	.582				
行业经验		.855			$\alpha_2=.777$
人际沟通能力		.715			
外语能力		.536			
学历文凭			.865		$\alpha_3=.702$
组织策划能力			.846		
创新能力				.828	$\alpha_4=.738$
责任意识				.782	
文案写作能力				.556	
特征值	2.534	2.051	2.028	1.865	$\alpha=.851$
方差贡献率(%)	23.038	18.644	18.438	16.955	
累积方差贡献率(%)	23.038	41.682	60.120	77.075	

在以上分析基础上，我们根据因素归类和因子载荷再次微调了会展专业学生就业胜任特征库，最终形成由4个维度11项要素组成的会展专业学生就业胜任特征结构模型（见表6）。其中，原本我们将外语能力归入知识技能维，但在会展企业实践中，它更体现出应用性和技能性的特征，因此被调整到行为胜任特征维中。这一点也为我们在教学中特别注重和加强学生英语语言应用能力提供了理论依据。

表6　会展专业学生就业胜任特征结构模型

胜任特征维度	胜任特征要素
元胜任特征维（3项）	语言表达、项目执行能力、电脑应用能力
素质特征维（3项）	创新能力、责任意识、文案写作能力
知识技能维（2项）	学历文凭、组织策划能力
行为胜任特征维（3项）	行业经验、人际沟通能力、外语能力

（三）后续调研

如前文所述，鉴于客观条件及样本数量的关系，为便于分析并建构会展专业学生就业胜任特征结构模型，我们限制了用于分析的特征要素的数量，甚至还根据因子分析需要做了删减，该特征结构模型只能在较大程度上反映我省会展企业对会展业国际化复合型人才素能要求的共性，其可补充与扩展的余地相当大。事实上，对于具体企业来说，它们对会展专业学生必定有着许多各不相同的具体要求，这就需要我们进行后续调研，通过深度访谈、实地走访等形式，进一步了解会展企业对我们专业人才培养内容的意见和建议，从而充实与完善会展专业学生就业胜任特征库，实现真正的“产教对接”。

在后期抽样调研的21家企业中，除我们已在特征库中列出的要素外，有一部分企业主管认为，会展专业学生还应加强心理素质，要有极佳的抗挫能力，要学会调整心态；要有较好的思想道德素质和职业操守，比如诚信、守时、敬业等等；要有服务意识，主动了解市场需求和客户需要；人际沟通中要注重礼仪，同时也要具备一定的协商、谈判能力。会展企业十分看重营销能力，毕竟多数会展企业尚处于上升期，对策划、管理等核心人才的需要虽然很急迫，但这类人才在社会上不历练3—5年时间是不可能形成的，因此企业会更多地期望刚从学校毕业的学生具备一定的营销能力，为企业招展、招商服务。

综上所述，我们认为我省高职应致力于培养国际会展复合型人才，中国的会展业正在逐步走向专业化、规模化、品牌化、国际化和多元化，高职院校选择培养具有国际化视野，具有“博、精、深”复合型能力的会展人才是顺应时势，是明智之选。我们可参照会展专业学生就业胜任特征结构模型进一步建立国际会展复合型人才就业核心能力指标，将重点落实在培养专业学生就业核心能力上。

四、结束语

本文通过规范的文献研究、实证研究方法，初步形成了会展专业学生就业胜任特征模型，可用于指导高职院校国际会展复合型人才培养方案的设计。研究成果已用于推动国家示范性高职院校浙江金融职业学院 2012 级会展策划与管理专业（国际会展方向）人才培养方案的实施，同时也应用于指导该专业 2013 级人才培养方案的制定。基于此研究，今后我们将进一步完善高职国际会展复合型人才培养模式的理论体系，进一步深化"工学结合"人才培养模式改革，推动学生应用能力、国际化、复合型素质显著提升，使接受相关模式教育的高职会展专业学生毕业后能迅速为区域会展业发展及经济建设服务。

[参考文献]

[1] 曹扬. 世博会·会展教育与研究[M]. 北京：社会科学文献出版社，2010.
[2] 常菁. 高职会展专业人才培养的思考[J]. 铜陵学院学报，2007(1)：128—129.
[3] 贾建锋，等. 大学生就业胜任特征结构模型的实证研究[J]. 高等工程教育研究，2011(6)：92—97.
[4] 马云辉. 会展就业难在何处？[J]. 中国对外贸易·中国展览，2012(3)：38—39.
[5] 王永刚. 集群化视角下的中国会展业资源整合[M]. 上海：上海财经大学出版社，2010.
[6] 谢梅英. 浙江省会展业人才培养对策研究[J]. 企业家天地：理论版，2007(7)：194—195.
[7] 杨顺勇. 中国会展：创新与发展[M]. 北京：化学工业出版社，2008.
[8] 张敏. 中国会展研究 30 年文选[M]. 上海：上海交通大学出版社，2009.

基于人力资源外包的外贸技能人才培养研究

王　婧　章安平

[摘　要]文章从研究外贸企业的人力资源特点和外包需求入手，分析了高校接包的可行性，创新性地提出了基于人力资源外包的外贸技能猜测培养机制。认为应当建立互相服务的利益链，才能从根源上解决校企合作双方利益诉求不对等的状况，发展长期稳定的校企合作关系，实现外贸技能人才可持续发展，推动外贸企业学习型组织的建设。实质是依据比较优势理论的基本原理，发挥校企双方的优势，通过企业与校方“服务模块互换”，获得人力资源优化，实现校企双赢。

[关键词]人力资源外包；校企合作；合作机制

由于外贸人才需要丰富的经验且流动性大等原因，外贸技能人才的培育不是一所学校或一家企业能完全承担的，校企合作长期以来以企业单向对院校提供资源和帮助为主，没有长期稳定的利益链维系，因此很难维持可持续的积极互动的合作关系。为了更好地培养外贸技能人才，校企合作机制的建立应当改变思路，从用政策和激励机制提高企业参与积极性，转变到开拓校方服务企业的方式，通过互助式服务来吸引企业参与校企合作，即从“单向思维模式”转换成“双向思维模式”。只有这样才能建立长期稳定的合作办学机制，培养对口人才。高职院校服务企业的一个可能的路径是承接企业部分人力资源外包。

一、外贸企业人力资源外包需求

(一)企业实行人力资源外包的动因

人力资源外包是将企业人力资源相关职能部门或全部转由企业外的专业服务外包商来完成。实行人力资源外包可以获得以下优势：

1. 实现人力资源管理转型，提高行政效率。

企业实施人力资源外包实际就是把“社会的人力资源”转变成了“企业的人力资源”，通过灵活的管理方式和用人方式提高人力资源利用效率，这种有效的人力资源管理，能把员工潜在的竞争力转化为企业自身的实力，形成企业独特优势。

通过人力资源外包，可以将部分非核心的功能性工作外包给专业外包商，让人力资源部从处理低层次重复性事务的部门转型为处理战略性工作的部门，即从招募、教育培训、薪资福利工作等细微烦琐的工作中解脱，集中精力投入企业文化建设、工作分析和规划、绩效评估等附加值高的工作，提高行政效率。

2.专注于核心业务，提升竞争力。

企业之间的竞争实质是核心竞争力的竞争。把非核心业务通过外包交给外包服务商，从外部获得这些业务的解决方案，能使企业专注于从事可以带来长期竞争优势的核心业务。这有利于企业的各职能部门向专业化发展，改善其产业链上的薄弱环节，从而提高竞争力。同时，外包服务商还能带给企业一些新技术、新思路和新的管理方式，帮助企业提升营利性，挖掘企业潜力。

3.降低成本，促进价值链形成。

人力资源外包使得企业可以以较低的成本获得更好的效果，同时还可以把企业原有的固定成本转变为变动成本。人力资源管理外包可以帮助企业实现业务流程再造，对以往的业务流程进行优化，剔除烦琐的环节，建立高效的业务流程，提升企业执行力，提高企业的创新和应变能力，同时也有助于促进企业给客户提供产品和服务的价值链形成。

(二)人力资源外包常见类型

1.按人力资源外包的程度分，主要有完全型外包、选择性外包、人力资源工作人员外包和分时外包。

(1)完全型外包是将企业的人力资源相关工作全部外包给承包商，外包风险较大。

(2)选择性外包是将本企业的人力资源职能有选择地外包给人力资源服务承包商。在选择性的外包方式下，企业和人力资源接包方要基于共同的愿景建立战略合作伙伴关系，并签订商业合同。(张善兴，2010)

(3)人力资源工作人员外包是指企业人力资源管理者不隶属于本企业，而是从服务商那里租赁过来的，但由他们来执行所有人力资源职能。这样企业可在减少人力资源管理成本的同时获得专业的服务。

(4)分时外包是指企业不定期或分时间段请接包方提供人力资源管理服务。最常见的形式就是人力资源管理咨询。

2.按人力资源外包的职能分，主要有事务性外包和战略性外包。

(1)人力资源事务性业务外包，也称为购进型人力资源外包。主要通过购进人力资源管理的专业服务，完成人力资源事务性工作。如：人事档案管理，人事关系转置，工资发放，养老金计算与发放，学习和培训等。

(2)战略性业务外包，也称为引进型人力资源外包。主要是通过引进外包服务商的专业队伍，协助企业进行人力资源规划、人才的素质测评和组织机构设计等工作。

(三)外贸企业人力资源特点

1.员工流动性大，高级人才难找。

由于行业自身的特点，一些真正有能力的人往往会自立门户，一些员工可能因为订单压力跳槽，员工的流动性较大。同时，从就业市场反馈的信息来看，外贸类专业的毕业生往往达不到企业在实际业务操作上的要求。这一供需不对称的现象使得外贸企业中普遍存在人才缺口的现象。一般来说，外贸公司需要的人才不但要熟悉全套外贸流程，还要有谈判能力以获得客户订单；要有良好沟通能力来维系和客户以及和工厂的关系；要了解产品信息和客户需求，知道客户想要什么，懂得如何对产品进行改进和创新，同时，还要求业务能力和道德责任感并重。这样的人才不是仅有学校文凭或一次为期几周的培训就够的，还要有经验积累和长期的各个方面的培训。

然而，由于员工流动性大、仅看重眼前利益等因素，外贸企业不太重视也很难抽调人手对员工进行系统化的培训，企业员工整天疲于日常工作，很少有交流学习的机会。

2.管理层复合型人才欠缺。

目前，外贸企业的管理层队伍往往经验丰富，但许多缺少复合型的学科经历，有的难以适应业务发展和进一步扩张的需要，给项目谈判、审批和实施造成障碍。对于外贸企业来说，管理层需要有与时俱进的国际化视野，这就需要管理层干部不断从外界汲取新的知识，成为复合化人才，把握国际行情和全局发展趋势，带动企业纵深发展。

3.人力资源管理缺乏系统性、规划性。

一些外贸企业，特别是中小外贸企业对人力资源管理的定位还停留在人事管理的层面，往往是行政部门的附属物，受领导意志的影响较严重。一些私营外贸企业用人任人唯亲，偏爱家族式的管理阵营。多数外贸企业人力资源管理的职能主要是招聘基层员工、计算产量、发工资之类的活动，而这些工作并未结合企业战略规划展开。对于人力资源的管理缺乏系统性，一般没有对历史数据的整理和分析，缺乏对人力资源长期、中期和短期规划的概念。同时，人才保障机制不规范，一些中小外贸企业在管理上无视人事法规政策，员工应有的假期和福利无法保障。

二、高职院校承接外贸企业人力资源外包可行性分析

高职院校承接外贸企业人力资源外包既是拓宽学校社会服务渠道的一种方式，也是形成良性校企合作机制的路径。从国外院校开展社会服务的经验来看，高职院校适合承接培训类和咨询类服务外包。国外院校开展社会服务普遍存在形式和途径多样化，服务内容宽泛，服务领域多，服务性组织实体化水平高等特点。比如，美国高校社会服务的形式主要有：建立校企合作的研究中心、建立创新中心、校企联合办学、向企业转让技术、开展社区服务、提供各类咨询服务等。其中咨询服务是最为普遍的形式，从州立大学到社区学院，都对社会和企业开展各类咨询服务(徐同文，2003)。考虑到外贸企业基层员工和管理层都有系统性培训需求，人力资源管理部门对战略性工作业务开展经验不足以及外贸公司信息安全需要等因素，我们认为外贸企业适合实行选择性外包，外贸企业实施外包的内容可以包括培训、招聘、人力资源规划、人才的素质测评等。高职院校承接外贸企业的这些人力资源外包工作具备一定的优势，这主要体现在以下几方面：

（一）行业和师资优势

由于目前我国培训和咨询行业准入制度尚未建立，监管制度也不完善，培训和咨询产业有大量的民办组织，市场较为混乱。相比较而言，高职院校在提供培训、咨询等人力资源相关的外包服务上有一定的优势，这表现在3个方面：第一，我国多数高职院校在办学时依托相关部门和行业，具备充分的信息来源，并且已经在给部门及行业企业进行培训和咨询服务时积累了多年经验；第二，我国高职院校在发展过程中，特别是在国家级和省级示范性建设过程中，已形成了规范的管理制度，组建了经验丰富的“双师型”师资队，具备专业的培训技巧；第三，高职院校与企业联系较为紧密，各个专业往往有专业指导委员会指导课程设计和人才培养工作，在把握行业发展趋势上有一定优势。

（二）设施优势

高职院校在建设过程中已依据行业需求建立了各类实验室，针对外贸企业而言，不但有按业务模块划分的实训室，如单证实训室、业务实训室等，还配有与企业同步的ERP软件，教学设备较完善。同时还有图书馆和电子资料作为依托，使高职院校在承接服务外包时具备良好的条件。

（三）成本优势

目前，我国人力资源外包行业缺乏统一的收费标准，各类机构都是自行定价。对外贸企业来说，实行人力资源外包的主要动因之一就是降低成本，因此外包是否能实现成本下降，是企业最关注的问题之一。

高职院校在提供咨询服务过程中，对行业的研究可以结合各类研究课题和学校社会服务计划来降低成本；在提供各类培训服务过程中，可以结合学院自身人才培养方案制定和课程设计，从而降低成本。

另外，由于校方在“校企合作办学”过程中需要企业提供各类指导和实践岗位，如果校方给企业提供人力资源外包服务，就会形成一种“以服务换服务”模式。在这一模式下，校方可以把原来支付给企业的服务费转移到提供培训的劳务支出上，使得企业也可以把人力资源培训等经费转移到提供校方服务的劳务支出上，依据比较优势理论的原理，双方互换的服务都是各自具有优势的项目，可以减少成本。

因此，高职院校在承接部分人力资源外包过程中的成本优势十分明显。

（四）防范风险优势

在外贸企业实行人力资源外包过程中可能存在以下一些风险。

1.信息安全风险。

在人力资源外包过程中，外贸企业需要把大量资料提供给接包方，其中一些涉及商业机密，一旦泄漏就会给企业带来严重损失。

2.企业文化曲解风险。

每个企业都有自己的企业文化，而且与人力资源管理的关系非常密切，管理过程即是员工对企业文化认知的过程。如果接包方在提供服务时不能很好传递外贸企业文化理念，那么外包发生后，接包方对企业文化理解的差距往往会导致企业理念被曲解，服务质量与效率就会下降。

3.接包方服务质量风险。

近年来，人力资源服务承接商发展迅速，但接包方的素质参差不齐，存在专业化程度不高，缺乏行业从业经验，经营不够规范等问题，外贸企业无法真正了解接包方的服务能力、发展状况、成本结构等重要信息，以致在选择接包方商时造成逆向选择。

4.信息不对称风险。

在人力资源外包之后，外贸企业与接包方之间存在信息不对称的问题。由于外包运作的全过程难以被外贸企业全面掌控，可能产生两方面的问题：一是接包方出于对自身利益考虑，可能过滤对自己不利的信息，造成信息传达不及时或被刻意隐瞒，使得企业决策滞后；二是接包方可能因不被监督而不尽力执行，使外包质量不理想。

高职院校承接人力资源外包能有效降低以上风险，这是因为校方一般由老师兼职提供服务，教师队伍素质和业务水平较高，同时，校方在提供外包服务的同时也需要企业的服务，双方通过校企合作办学和服务外包实现工作模块互换，实质是一种深度融合，因此学校对企业文化和企业人力资源方面的需求的了解途径是多方面的，对企业文化的了解也会比较深刻。

三、外贸企业人力资源外包模式下的人才培养机制

从系统论的观点来看，“机制”是指系统内各要素相互作用、合作制约，从而形成良性循环、健康发展的程序和规则的总称。校企合作是一项系统工程，涉及教育界、产业界以及政府和社会大环境等，不但需要构建内部机制，还需要外部机制配合。

（一）内部机制

外贸企业人力资源外包模式下的校企合作的内部机制实质是建立一种校企互利共赢的模式。以塑造企业可用的人才为共同目标，模仿比较优势理论的基本原理，通过企业与校方“工作模块互换”，把高职院校和企业各自的特长和优势充分发挥出来，并加以合理利用，实现校企双赢，即校方承接企业部分人力资源职能的外包，企业配合学校开展教学工作。

首先，校企共同参与开发外贸岗位职业标准、员工素质提升标准和管理层拓展标准。主要通过对外贸企业现状的调研，分析员工不同阶段的岗位职业能力需求、专业知识需求和职业素质需求，形成三个层次的培训包标准，并进行对应层级的认证。

其次，双方明确需要由对方承担的工作内容，并通过合同明确双方的责任义务。具体来说，企业适合外包给高职院校的人力资源职能包括咨询类和培训类，咨询类主要是战略性人力资源业务，如人力资源规划、人才素质测评、组织机构设计、员工职业发展规划等；培训类包括对新员工上岗培训、老员工素质提升培训和管理层思维拓展培训，注重结合企业发展现状和未来趋势，并在培训设计中体现素质教育、专业教育与企业文化共重，提高员工对企业

的认同感，实现可持续发展。也可以结合企业人才需求运用职业能力标准进行“订单式”培养。在执行过程中，企业应根据外包合同，调查实施情况，实施反馈修正机制和动态目标管理。

企业向校方提供的服务有：在建设教材、课程和专业时给予指导；在企业建立实训基地，给学生提供工学交替和顶岗实习的相关岗位，使学生切身体验外贸企业员工的工作环境和工作内容；为教学提供相关业务材料和资源；有条件的还可以由企业通过场地、技术、师资等多种形式向高职学校注入股份，直接参与办学。

通过校企双方互换各自具有优势的工作模块，实现资源的最优配置，建立利益共享机制。

最后，还应当建立保障制度和评估体系。保障制度包括设立专项资金、成立管理协调机构等措施。评估体系主要是通过对合作双方服务的细致分析，评价合作效益、合作结果等，并对合作双方实施适当的奖惩，确保校企合作的良性循环（党中华等，2011）。可以授权第三方中介或专门的评估机构来进行公正的评估，结合企业员工培训运用职业能力标准进行“标准化培训”和“达标考核”。

（二）外部机制

外部机制需要依靠政府和行业共同配合。

政府可以通过给予一定的税赋减免等优惠措施，提高校方承接企业服务外包的吸引力。同时通过舆论宣传和政策导向，进行适当引导，为学校与企业的“服务模块互换”模式提供有利的舆论环境、政策环境和社会环境。

行业协会可以在校企合作中起到中介的作用，提供信息沟通、合作评估、利益协调等服务，降低校企合作的交易成本。

当然，外贸企业人力资源外包模式下的校企合作的内部机制还处在探讨阶段，需要解决的问题还有很多，如高职院校提供服务外包的经验和资质问题，服务是否能接受市场的考验，教师日常工作和社会服务工作的平衡问题等，还需要进一步研究和解决。

［参考文献］

［1］何万勇．我国企业实施人力资源外包的策略分析［D］．山东大学，2006．
［2］张善兴．我国中小企业人力资源外包研究［D］．燕山大学，2010．
［3］徐同文．美国地方高校社会服务现状及借鉴［J］．石油大学学报：社会科学版，2003(10)．
［4］艾芳．人力资源外包动因及实施策略探析［J］．科技和产业，2011(10)．
［5］党中华，毛杰，蔡向东．多层次服务外包人才培养校企合作机制探究［J］．中国外资，2011(250)．

以“价值”“能力”与“支持”为核心的医疗保险专业人才培养模式研究

曹晓兰

[摘　要]随着我国社会医疗保险体制改革的全面深化，以及商业健康保险的迅猛发展，市场对医疗保险专业人才的需求激增，全国各相关高校每年输送的医疗保险专业人才总人数也在逐年增加。但遗憾的是，近些年相当一部分专业学生毕业后没有走上与医疗保险相关的岗位，而是被动地选择了其他行业，造成经过多年精心培养的医疗保险专业人才严重流失。造成这一系列问题的重要原因在于人才培养方案的目标不切合实际，价值取向不清晰，人才培养方案的实施与执行过程缺乏各种能力判断与条件，人才培养方案的完成没有充分考虑支持者的态度与意见。因此，本文着重从价值、能力与支持三个层面分析医疗保险专业的人才培养模式，为医疗保险专业的学生正确地规划自己的职业生涯提供依据。

[关键词]医疗保险专业；人才培养模式；分析研究

一、医疗保险人才的社会需求与供给现状分析

随着我国社会医疗保险改革的深化及商业健康保险的发展，医疗保险专业高等教育得到了进一步的发展。近十年来，我国医疗保险类专业，包括保险专业(医疗保险方向)、公共事业管理(医疗保险方向)与卫生事业管理(医疗保险方向)得到了长足发展，这是由于医疗保险改革和商业性健康保险的发展大大增加了社会对专业医疗保险人才的需求。为进一步完善医疗保险实务专业人才培养方案，我们组织学生进行了专业人才需求市场调研，同时也召开了保险相关行业的专业指导委员会。会上专家一致表示现阶段医疗保险的专业人才短缺，医疗保险专业人才就业前景广阔，发展潜力较大，但是需要对人才培养模式作进一步的改革和调整，以适应保险行业的快速发展。

(一)医疗保险人才的社会需求旺盛

社会需求决定了医疗保险专业办学与人才培养的方向。专业建设者必须依据社会需要优化人才培养模式，从数量、类型与层次上适应社会需求，防止专业建设中社会需求认定的主观性与人才培养的盲目性。在医疗保险建设初期，由于医疗保险体制与制度的残缺，以及部分医疗保险相关机构的准入政策，导致了医疗保险专业需要的数量较少、层次较低，其他

专业的可替代性较高，形成了医疗保险专业人才的“有需无求”。随着医疗保险体制的健全、制度的完善以及改革的深入，医疗保险制度从建设阶段走向发展阶段，改革内容从单一化走向立体式的发展，越来越多的复杂性、技术性问题突显出来。医疗保险专业人才需求的数量、质量与类型就会快速大幅度提高，否则难以履行医疗保险的业务与管理职能。为了解决这些复杂问题就客观上导致了医疗保险专业人才的需求。

（二）医疗保险人才的社会供给总量短缺

目前，我国培养医疗保险类的专业主要包括医疗保险专业、保险专业（医疗保险方向）、公共事业管理（医疗保险方向）与卫生事业管理（医疗保险方向）4 类专业。这 4 类专业分别分布在 3 类高等院校中：一类是诸如北京大学、江苏大学、人民大学、复旦大学、南开大学、武汉大学、湖南师范大学、辽宁大学、中山大学、厦门大学之类的综合性高等院校，也有像中央财经大学、西南财经大学、上海财经大学、东北财经大学以及中南财经政法大学之类的财经类高等院校；二类是诸如江西中医学院，右江民族医学院、安徽医学高等专科学校、天津医学高等专科学校、菏泽医学专科学校之类的医学院校；三类是诸如浙江金融职业学院、雅安职业技术学院等职业院校。据不完全统计，截至 2009 年底，全国开设了保险学专业或相关方向的本、专科层次的高等院校有 97 所，目前还有不少高校正在酝酿开设这一专业。据有关资料显示，中国每年需要的 10000 名以上的医疗保险人才，随着新医改的进一步推进，这个数字将大大突破，每年仅仅县以下单位所需要的医疗保险人才就达 6 万多人，这与目前高等院校毕业的医疗保险专业的毕业人数在总量上有着巨大的差距。

（三）医疗保险专业人才倍受医疗保险相关机构青睐

浙江金融职业学院是于 2006 年 9 月招收首届医疗保险专业学生的，该专业是浙江省第一个以培养医疗保险人才为目标的专业，截至 2011 年 6 月，在校学生总数 329 人（其中 2006 级 82 人、2007 级 82 人、2008 级 40 人、2009 级 94 人、2011 级 31 人），2010、2012 级学校没有计划招生。目前已经有 4 届毕业生，就业率均在 98％以上。在过去的 [illegible] 年，我们对浙江的多家保险机构进行了调查，无论是经营财产险类的公司、寿险类的公司，还是专业的健康保险类的公司，其对医疗保险的人才需求均十分旺盛，每家保险机构至少需要 10—20 名熟悉相关医疗保险知识的专业人才。特别是对专门从事健康保险业务的部门和公司做了详细调查，有超过九成的公司和部门表示更愿意招聘医疗保险专业毕业的学生，因为其在这方面更有专业优势。

二、以“价值”“能力”与“支持”为核心的医疗保险专业人才培养模式

医疗保险专业人才培养模式的核心是培养目标、学生能力建设和社会支持之间的互动过程。为此，要基于美国哈佛大学肯尼迪政府学院在案例教学中所倡导的“在决策过程中充分考虑价值、能力与支持三个因素相互统一的原则”才能使医疗保险专业的人才培养方案行之有效。首先，要体现人才培养方案目标所具有的价值（V）；其次，要考虑人才培养方案实

施与执行过程中所必备的人、财、物条件，即能力(C)；第三，要认真考虑人才培养方案所涉及的利益相关者的态度与意见，即支持(S)。

(一)对价值圈的思量能够使医疗保险专业人才培养目标更趋于合理

人才培养方案目标首先要体现其价值(V)。笼统来讲，培养目标所体现的“价值”表现为，在一定的政策、制度、社会环境下，通过医疗保险专业课程的设置，培养医疗保险领域的高级复合型人才，同时能满足社会对医疗保险的服务和管理的各种需求，并促进有利于医疗保险专业人才发挥作用的环境不断完善。但不同高校的办学性质和毕业生就业渠道各不同，所以就不能千篇一律定格其人才培养目标。比如，随着我国公务员考试制度、事业单位公开招聘制度的建立，作为医疗保险专业最主要的就业途径——各级医保管理部门，也要通过公务员考试或者是事业单位招考才能录用。在这种客观环境下，只有综合类和医科大学的医疗保险专业毕业的本科生才有资格进入该部门，当然这类学校的毕业生也可以进入基层社会保险机构和医疗保险相关机构工作，但工作比重会有所下降，因为这些机构可能更适合那些实践操作能力强的专科类和职业院校的毕业生。因此综合类和医科大学的医疗保险专业人才培养目标可以定位于“具备扎实管理学与医学基础，掌握医疗保险理论，能在各级政府社会保障部门、商业保险机构、医疗卫生单位从事医疗保险与管理的高级复合型人才”，而专科类和职业院校的医疗保险专业人才培养目标定位价值更应考虑实际应用能力、营销能力、业务操作等方面的基本知识。该类院校医疗保险专业的人才培养目标要体现其价值就必须立足于“依托保险行业、积极开拓医疗保险市场、面向医疗保险一线岗位，在各商业保险公司、相关保险机构和其他医疗保险机构从事医疗保险的营销、核保、核赔、综合管理等方面工作的实用人才”的办学定位。

(二)对能力圈的梳理能够使人才培养方案的实施与执行过程更加客观

“能力”就是要考虑人才培养方案实施与执行过程中所必备的人、财、物等条件。

“人”即专业教师的培养能力。目前大部分医疗保险专业教师都是“从学校到学校”，没有在专业实际部门工作的经历或实践，虽然具有很高的专业理论水平，但是实践领会与操作能力则明显不足。在我国，由于体制原因、学历要求等，有实践能力的人才或专家由于没有高学历而无法从教。医疗保险需要教师既具有扎实的保险专业知识，又具有深厚的医学底蕴。而有些医疗保险专业教师来自临床医学专业，这些教师有着深厚的医学知识，但对医疗保险专业知识了解有限；另一个极端是，专业教师都来自于金融保险专业，有着深厚的金融保险学功底，但缺乏一定的医学知识。这些教师都很难将医学知识和医疗保险实务有效结合。因此，医疗保险专业教学不仅仅是理论知识的传授，同时包括对学生动手能力的培养。要求授课教师既精通医疗保险专业理论知识，又要熟悉医疗保险业务，如医疗保险产品分析、医疗保险计划设计、医疗保险核保理赔、医疗保险产品营销等。然而，由于教学任务和科研任务的双重压力，一般的专职教师很难达到这样的要求。所以，在师资配备时，可以考虑安排“双师”教学，即医疗保险专业理论课程部分由专业教师承担，而实训教学，尤其是课外实训教学部分由保险公司相关专业人员负责。“双师”教学既有利于专业教师专心负责和深化理论教学，从而减轻压力，也有利于让学生接受一线专业人员最直接、最权威的指导，亲身体验医疗保险实务操作流程，加强学生运用知识的能力，避免出现理论与实践脱节的现象。另外，各院校要考虑培养具有“双师”特征的专业教师。例如，将现有的专业教师分批送到相关岗位去接受一定时间的培训，回校后便可胜任医疗保险专业相关课内实训教学活动的开展，同时也有利于避免完全依赖外界师资力量的尴尬局面。

“财”即相关教学条件的配备能力，比如教材的选择、课堂授课环境以及校内外实训基地的条件等。目前，医疗保险专业的核心课程中一般涵盖了保险学、医疗保险学、社会保险学、人身保险学、健康管理等课程。这些课程、教材数量多，更新速度快，但是偏重于理论知识的介绍和管理条例的罗列。有些教材虽然名为“××理论与实务”，但是实务部分一般仅陈述某省市的医疗保险政策或者某商业医疗保险公司的条例、细则，缺乏实际操作内容的介绍和指导，缺乏相关案例的讨论启示与实践延伸。

此外，医疗保险专业理论教学体系发展较为完善，而实践教育教学体系建设却显得有些力不从心，其主要表现就是缺乏专业实践教育教学基地，没有条件配备专业实验室或者与其他专业共用实验室，并且在医疗保险操作模拟软件的引进和开发方面投入过少。造成了培养出来的学生理论知识水平和实际操作能力存在较大差异，学生无法较快地适应市场发展和需求。因此，医疗保险专业在校内通过对现有资源的整合利用，完善医疗保险实训实验室，以进行岗位模拟、现场讨论、计算机模拟操作等教学。在校外应当积极与企事业单位（如医院医保科、政府医保局、商业保险公司等）、民间团体（如医疗保险协会等）合作，将其建设为长期实践基地，定期组织学生去参观、学习和交流，从而提高学生的社会实践能力和社会问题认知程度。实践教学还需要有与之相配套的实践教学指导教材、实践模拟操作软件等资料。对此，可以根据需要编制实践教学指导教材一部，教学软件可以通过外购或其他途径取得。

“物”指人才培养方案的核心部分即课程设置与教学模式。课程建设体现了人才培养目标和模式上的基本要求。课程设置如果不合理，其结果必然会导致所培养的人才无法满足市场需求。医疗保险有别于其他保险专业（方向）的关键，在于它更注重医学在保险学中所发挥的作用与功效。因此，在设置相关课程时，要特别注重医学课程的设置与安排。但在必须保证经济类、保险类基础课程不受影响，而课时量又不可能扩充的前提下，医学课程的设置与安排，显然不可能做到面面俱到。因此，医学课程的选择与搭配就显得非常重要。目前最大的问题是，由于各高校之间缺乏必要的交流与合作，往往会导致各高校在课程设置方面五花八门，很不统一；加上学界与业界的沟通与联系不够深入，使得课程设置明显脱离现实需求，尤其是教学模式单一化。

因此，通过与行业专家讨论认定以及近几年的办学经验来看，我们认为，医疗保险专业必修课，其课程体系应该包括三部分：一是经济类基础课，主要包括经济学、金融学、投资与理财、会计与统计等；二是保险类专业课，主要包括保险学、社会保险、商业健康保险、人身保险、健康保险核保理赔、保险营销学、保险法等；三是医学类必修课，主要包括基础医学、临床医学、保险医学、健康管理等。上述课程的设置，目的在于既强调经济类、金融类、保险类课程的重要性，又突出医疗保险的课程设置特色。在教学模式上，可以采用案例讨论的形式进行，具体形式可以是小组讨论、双方辩论；也可以在学校模拟保险企业等开展有关活动，培养学生的保险文化和职业素养；可以组织辩论会、演讲会等，训练学生的口语表达能力、公关能力，培养其团队意识和吃苦耐劳的精神，增强学生独立处理问题和适应保险市场的社会竞争能力；可以通过各种专业知识竞赛，普及相关知识，激发了学生的学习热情；还可以组织专业学生在校内向同学开展大学生医疗保险制度、城镇居民医疗保险制度、新型农村合作医疗等政策咨询服务。

医疗保险专业可以通过以上理论教学环节、实践教学环节与毕业设计紧密结合起来。通过专业认知实践、课程实践教学、专业课题调研、相关职业技能培训、毕业实习等形式，形成医疗保险专业的课程整体流程再造，培养出实践操作能力强、学习能力强、专业与市场对口的学生。

（三）对支持圈的关注能够使人才培养利益相关者的态度与意见更加注重公平

“支持”表现为医疗保险人才培养应在充分考虑社会公众对于医疗保险服务和管理的需求的基础上，充分利用社会支持网络对课程内容及课程结构进行适宜的改革。医疗保险专业属于应用性学科，目前国内高校在课程设置上未能充分发挥由家庭、学校、社会等资源所构成的社会支持网络，以及在提供专业课程教学内容、课程教学实践基地方面所能起到的作用。常见的形式仅仅局限于组织学生到商业保险公司、各级医疗保险部门进行参观学习，聘请保险公司有一定理论水平和实际工作经验的兼职教师来担任应用性课程的授课或是举办讲座。学校专职教师在理论课程与实践课程的设置及具体运作过程中，仍存在知识和技能的局限性。充分利用医疗保险专业课程设置的社会支持网络，使课程设置得到家庭、学校、社会公众的支持与认可，例如通过教师的教学、校内外同学之间的学习交流竞争，建立和完善校内综合实训室，完成医学查勘定损、核保核赔、理赔等纸质操作流程的实训；学校与保险公司、医疗机构、人力资源与社会保障部门等实践基地进行实训教学合作，了解医院、医保中心对患者（被保险人）进行医治的过程和医疗费用管理的方法，为学生的学习及就业提供认知支持与参与支持；建立学校专职教师参与保险业务实践的制度，为专业课程设置提供工具支持。

三、医疗保险专业人才职业生涯规划模式

一般情况下，医疗保险专业毕业生进入商业保险公司以后的第一份工作往往是保险营销（持续1年），然后依据专业专长调入保险业务部门（保险核保、理赔等部门，3年左右）；到此医疗保险人才就出现分流，一部分依旧从事保险业务工作，一部分因管理需要调入职能部门从事人力资源管理、财务管理、行政管理等工作；此时又出现第二次分流，一部分人依然从事原有工作，一部分人走上领导岗位。由此可见，对于医疗保险人才来说最好的职业生涯规划就是：营销（1—2年）—保险业务（2—3年）—部门管理（3—5年）—领导岗位（到退休）。实现四步走的人生规划，必须具备与职业生涯规划阶段对应的能力素质，营销主要需要市场营销能力；保险业务阶段主要需要保险核保、理赔等能力；部门管理阶段主要需要业务管理、人力资源管理能力、财务管理能力、办公室行政管理能力；领导岗位阶段主要需要综合管理能力。多数医疗保险人才主要集中在医保部门从事保险业务，难以向“横向走”从事保险行

政，也难以“纵向走”从事管理工作。四个阶段中，医学知识与技能都将起着基础性的作用，医学、保险、管理应该成为医疗保险人才培养方案的三个重要组成部分。但是，各个部门在能力要求上是有差异的，各个阶段需要的知识与能力是不同的，这说明在医疗保险专业人才培养的过程中应该依据职业路径的需要进行课程设置，避免课程设置的目标导向与社会需要脱节。

医疗保险专业的建设与发展要依据社会需要设立人才培养方案，不断调整完善课程结构与教学内容。不断进行人才培养方案的优化设置，并进行师资力量、教材选择、实践基地的配套建设，形成更加切合行业实际需要、更贴合学生实际能力的人才培养方案。

[参考文献]

[1] 曹乾，张晓，翟成凯. 我国医疗保险人才培养模式缺陷与改进路径[J]. 中国高等医学教育，2005(2)：10—11.

[2] 袁杰，郑先平，周宇燕，等. 我国医学院校医疗保险专业建设的理性思考[J]. 中医教育，2007，26(1)：11.

[3] 詹长春，周绿林，王忠. 以社会需求为导向，积极完善医疗保险人才培养方案[J]. 中国卫生事业管理，2007(6)：405—406.

[4] 刘海兰. 论我国医疗保险人才培养存在的问题[J]. 学术论坛，2008(20)：221.

[5] 郑先平，刘雅. 对健康保险专业核保理赔课程教学改革的思考[J]. 中国高等医学教育，2010(7)：86－88.

[6] 俞彤，刘霖叶，卞呈祥. 医学院校开设医疗保险专业培养模式分析[J]. 经济研究导刊，2010(7).

[7] 张玉平，秦惠洁，黄振宝. 浅谈研究型大学的本科实践教学体系[J]. 实验室研究与探索，2005(5).

[8] 郭水兰. 实践教学的内涵与外延[J]. 广西社会科学，2004(10)：25—27.

[9] 右江民族医学院. 公共事业管理专业(医疗保险方向)人才培养方案实行草案[S]. 百色：右江民族医学院，2008.

关于高职院校导师制组织模式研究

裘晓飞

[摘　要]高等职业教育由于其自身教育特点在推行导师制过程中遇到各种困难，本文将在高职院校导师制运行过程中形成的三条主线“学校（校内导师）——学生”“学生——行业（行业导师）”“学校（校内导师）——行业（行业导师）”进行梳理，分析高职院校推行导师制的核心问题，并提出以“双导师”及“三年一贯制”为特点的高职院校导师制组织模式。

[关键词]高职院校；导师制；双导师；三年一贯制

导师制，是采用师徒结对的方式，由导师对学生的学习、品德和生活等方面进行综合指导的个性化培养机制。高等职业教育的大众化和学生素质提升需求使过去以本科生、研究生为主要对象的导师制开始向高职院校移植，在此过程中需要依循高等职业教育和高职学生的特点，正确处理好学校（校内导师）——学生——行业（行业导师）之间的关系从而达到互利共赢。

一、导师制研究文献综述

导师制是一种教育组织模式，作为该种教育模式的先行者牛津大学，建立起以能力培养为目标，以个别性导师课为指导方式，以师生交流与思维碰撞为核心的教学制度（王辉、王卓然，2012），保持了卓越的教学质量。

（一）导师制的理论基础

以马斯洛、罗杰斯为代表的人本主义教育理念主张“以人为本”，发展个人潜能和树立自我实现观念，教育要培养心理健康、具有创造性的人，并使每个学习者达到具有满足感与成就感的最佳状态。个性化教育难以完全通过课堂大范围传授，师徒结对小范围交流的导师制则是较为理想的实现方式。

（二）我国导师制的应用性研究

我国目前导师制主要用于研究生和本科教育，研究文献也主要集中于此，包括中外研究生制度的比较分析（周晓芳，2010）、研究生和本科生导师制的制度改革和实施方法研究（薛林群、门相国，2003；段冷昕、叶青海，2009；刘长青、孔丽丹，2013）、本科生与研究生导师制的差异分析（刘安吾，2009）等。

近年来，由于高职院校对于导师制的尝试，相关研究也在增加，认为学业导师可以强化学生的人生规划和终身发展素养，形成学业指导与成长指导同步的一体化教育教学管理机制（张爱华、王鹏、陈淑范，2009），有利于因材施教、是提高大学生综合素质和创新能力的有效途径（李建雄，2009），也是实施学分制的重要保证（杜玲令，2011），而选聘好导师则是顺利实行导师制的重要环节（林若红，2006）。张志霞、潘惠苹、植雅芳（2013）还提出在工学结合的人才培养模式基础上建立“双导师制”可以深化校企合作，具有十分重要的现实意义。

二、高等职业院校推行导师制的必要性

（一）有利于改变高等职业院校师生关系淡漠的现状

高职院校的教师一般远离学校居住，课外很少留在学校，师生沟通交流机会少，学生缺乏对高职院校和教师的归属感，师生关系淡漠。导师制可以加强师生交流，让学生更多地体会到教师和学校的人文关怀，促进教学相长。

（二）有利于连续性的专业学习指导

学生在高职院校学习的各门课程一般都由不同教师授课，教师对学生的学习背景和基础了解较少，结对的导师则可以从始业教育、基础课程和专业课程的学习乃至毕业实习和毕业设计等各环节综合把关，进行连贯指导，满足学生个性发展需要。

此外，高职院校强调实践育人，学生的专业社会实践活动与竞赛更需要导师的同步指导。

（三）有利于进行人生发展指导和职业生涯规划

教育不是基础知识的简单灌输，更需要教师把各种人文的内容传递给学生，导师制有利于建立“情感型”的新型师生关系，以便教师把自身的经验甚至人生哲理、感悟以较好的效果传输给学生，潜移默化，让学生更多地体会到教师的人格魅力，从而为进行人生发展和职业生涯指导奠定基础。

（四）有利于与就业对接

高职院校的导师制可以由行业专家介入，学生在校内就可以与行业一线从业人员接触，了解行业的现状与需求，从而更好地实现与就业的对接。

三、高等职业院校推行导师制的难点

(一)导师的选拔困难

导师需要根据高职教育的特点对学生进行学习、实践、思想、就业、生活等一系列的综合引导,因此对人选的学术研究、实践能力、思想境界都有比较高的要求,选择难度较大。同时,专业教师往往已经有了很大的教学和科研压力,再担任导师会进一步增加工作量,参选的积极性不高。

(二)学生的主动性弱

师生关系既需要情感纽带,也需要事务活动纽带来维系,且是双方互动的。虽然教师有热情,但是高职学生对于如何与导师交流认识较少,且自主学习性差,研究能力更弱,很难自己主动地发现项目来请教老师。尤其是跨入大学校门的一年级学生,更少主动找导师沟通或探讨问题,让导师制流于形式。因此,需要建设良好的专业实践活动机制让双方产生互动。

(三)管理经验不足

特别是导师制对于高等职业院校来言是新事物,没有经验,容易照搬本科甚至是研究生院校的做法,而这两类院校是进行普通高等教育培养的,倾向于学术研究,与高职教育的培养目标有明显差异,因此需要进一步探索适合的组织和管理模式。

四、高职院校导师制组织模式建设

从上文的分析可见,不同层次院校的导师制组织模式会有一定的差异,研究生和本科生的导师主要倾向于学术指导,而高职院校更注重与行业和实践领域的对接,同时基于当前高职院校、学生和行业在推行导师制过程中的积极性和参与度,本文借鉴三螺旋理论,构建由高职院校主导的导师制组织结构图(见图1),让高职院校在“学校(校内导师)——学生”“学生——行业(行业导师)”“学校(校内导师)——行业(行业导师)”三条主线互动中起到主要的推动作用。

(一)导师制组织结构图分析

1. 角色定位。

(1)高职院校。高职院校是该机制运转的核心和主要推动力量。通过制定相关的政策,选拔校内导师,聘请行业导师,并进行运行监督、绩效的考评和激励确保导师制的有效实施。

(2)行业(行业导师)的角色定位。高职院校开展导师制与本科和研究生院校最大的不

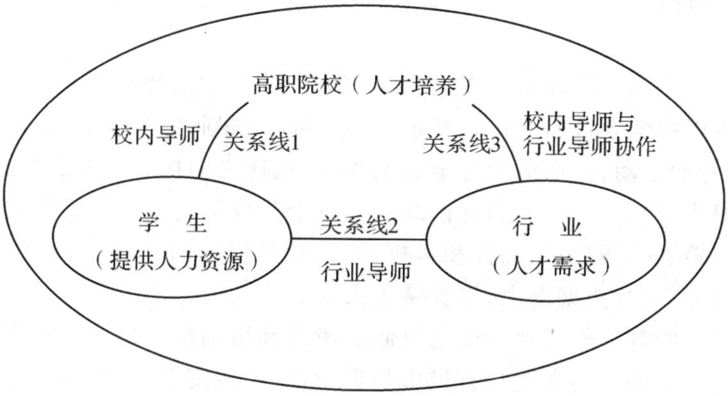

图1　高职院校主导模式下的导师制组织结构图

同在于对实践指导的要求非常高，单靠校内教师往往难以胜任，因此需要引进行业支持，由行业选派一线专家担任行业导师，加强学生个性化实践指导，确保学生实践教学能够与行业零距离对接。

(3)学生的角色定位。培养符合行业需求的、有一定可持续发展能力的高素质应用型人才是行业和高职院校的共同愿望，也是学生的学习目标，因此学生需要配合学校的导师制工作安排，根据自身的特点与校内导师和行业导师积极沟通交流。

(4)校内导师的角色定位。校内教师是导师制运行的核心主体，只有校内教师认真履行职责，全方位对学生进行指导，才能最终达到导师制要求的良好效果。

2.互动关系。

(1)学生和高职院校的互动关系。学生通过校内导师和学院聘请的行业导师引导，使自己成为符合社会和行业需求的人才，可以顺利就业并成长，让人生和职业生涯顺利圆满；同时，优秀的毕业生可以提升学院的美誉度，让今后学院所培养的学生更受行业的欢迎，为未来学生就业提供便利。

(2)学生和行业(行业导师)的互动关系。一方面，行业提前介入学生培养，为学生的校内成长提供专家支持，有利于学生专业素质和实践能力的提升；另一方面，学生在行业导师指导下各方面与行业需求接轨，能够更好地为行业服务，往往具有较高的工作效率和忠诚度，可以为行业创造更高的价值。

(3)行业与高职院校的互动关系。行业与高职院校通过产学合作互利共赢，在完成应用型高素质人才培养的同时，还可以通过行业导师与校内导师这些该领域专家的接触，人才互聘、专家共享，产生溢出效应。

(二)配套机制建设

1.建立校内外相结合的"双导师"选聘机制。校内和校外"双导师"要形成合力，促进学生成才，需要有效的选聘机制。校内可以组织导师和学生的双向互选，在双方信息透明的情况下，尽量尊重学生的自主意愿；校外导师的选择则可以根据学生的专业学习兴趣由校内导师指导选择。值得注意的是，由于对校内教师的指导要求高、范围广，可以组成校内导师团队，如善于教学、科研、思想工作的教师合作，发挥团队中教师各自的比较优势，共同完成学生的指导。

2. 发展三年一贯制的导师制工作机制。导师制最大的优势在于对学生的了解和“个性化”培养，因此可以在学生入学之初就择定校内导师，将职业生涯规划、课程教学、各种实习、毕业设计、课外专业活动、竞赛活动等全部纳入，形成连贯的指导工作内容。

3. 实现一般指导与重点培养的有机统一。每个院校都会有一些精英生、特长生，这些学生可以进行重点培养，定期组织选拔和考核，根据特长组成团队，由具有相关特长的校内外导师团队进行指导，充分挖掘潜力，培养精英人才。

4. 建立完善导师制工作考评和激励机制。考评和激励机制是导师制有效运作的重要保障。由于导师与学生的沟通交流具有较多的灵活性，不能完全定量测评，可以确定大的考评原则，如每学期的定期师生见面次数、完成的基础任务数等，允许导师采用专题讨论、谈心交流、外出调研、甚至电子化手段等各种指导形式，并对优秀的导师制团队定期给予表彰奖励，充分调动导师和学生的积极性。刘长青，孔丽丹(2013)提出的本科生导师指导方法“项目—团队”模式也很适合高职学生，即鼓励学生以团队形式自主申请各类创业创新或者调研项目，由具备专业背景的导师进行指导，从而培养学生的自主学习、实践动手和团队协作能力等。

[参考文献]

[1] 刘长青，孔丽丹. 以项目驱动的双主体教育模式在本科生导师制中的实施[J]. 黑龙江高教研究，2013(7).

[2] 张志霞，潘惠苹，植雅芳. 职业院校中工学结合“双导师制”的探索与建立[J]. 中国科教创新导刊，2013(8).

[3] 王辉，王卓然. 牛津大学导师制发展探究及启示[J]. 黑龙江高教研究，2012(9).

[4] 杜玲令. 以就业为导向，推进高职教育弹性学制和导师制改革[J]. 广西轻工业，2011(5).

[5] 周时梁. 高职院校实施素质教育导师制的探索与实践[J]. 当代教育论坛：教学研究，2011(12).

[6] 周晓芳. 现代中外研究生导师制度比较[J]. 比较教育研究，2010(3).

[7] 段冷昕，叶青海. 基于培养质量的我国硕士研究生导师制度改革[J]. 黑龙江高教研究，2009(9).

[8] 刘安吾. 本科生导师制与研究生导师制的比较研究[J]. 湘南学院学报，2009(4).

[9] 张爱华，王鹏，陈淑范. 高等职业院校建立学业导师制的研究[J]. 中国科教创新导刊，2009(2).

[10] 李建雄. 关于高等职业院校建立学生导师制的思考[J]. 职校论坛，2009(5).

校企文化融合的路径与成效探析
——以浙江金融职业学院为例

郭延安

[摘　要]高等职业院校的院校文化与企业文化融合实现学生快速适应就业岗位的需要，也是学生养成良好职业素养的需要，是建设特色高等职业院校的需要。以浙江金融职业学院为例，分析了高等职业院校的院校文化与企业文化融合的路径，打造深入推进校企文化融合的平台，并分析了校企文化融合的成效。

[关键词]院校文化；企业文化；融合；路径；成效

一、院校文化与企业文化融合的必要性

院校文化，即学校在长期的办学过程中形成的，体现学校办学理念、学校精神的一种群体文化。这种群体文化以学生为主体，以校园为主要空间，以育人为主要导向，以物质文化、精神文化、制度文化和行为文化建设等为主要内容。院校文化是以育人为核心的教育文化。

企业文化，是指企业在长期的实践活动中所形成的，为企业成员普遍认可和遵循的，具有本企业特色的价值取向、群体意识、工作作风、行为规范和思维方式的总和。与院校文化不同的是，企业文化是一种以企业规章制度和物质现象为载体的管理文化和经济文化。

很多高职学生刚毕业后面对全新的与院校文化差异很大的企业文化时，会产生心理准备不足，不适应企业的管理方式，学生角色向企业员工角色转变时间过长等种种问题，甚至因不能适应企业的要求最终离开企业。这种现象产生的主要原因是，两种文化的差异使学生在校学习时的情景与进入企业后的情景形成巨大的反差。因此，高等职业院校在院校文化建设实践中努力实现与企业文化的对接与融合就变得非常必要。

(一)校企文化融合是实现学生快速适应就业岗位的需要

很多毕业生刚走上就业岗位，不能适应企业管理环境或者被企业淘汰，很多时候并不是没有胜任职业岗位的能力，而是由于缺乏适应企业管理和人际关系的职业素质。这就要求学校在院校文化建设中吸收企业文化的优秀成分，从先进企业的文化理念中吸取有价值的元素，逐渐缩小院校文化与企业文化的距离，使学生在校期间就在一定程度上了解、熟悉并认同企业文化。

(二)校企文化融合是学生养成良好职业素质的需要

大多为独生子女的高职学生,往往存在着以自我为中心、意志力薄弱、竞争意识淡薄、抗挫折能力不够等弱点,与企业文化所要求的爱岗敬业、诚实守信以及责任意识、竞争意识、团队精神、奉献精神等反差很大。职业素质的养成是要通过一定的职业文化氛围来陶冶学生,让学生在院校文化生活中逐渐感受和了解,潜移默化地规范自己的思想和行为,并接受这种职业素质要求。

(三)校企文化融合是建设特色高等职业院校的需要

高等职业院校的核心竞争力是办学特色,具体体现在办学理念、专业特色、院校管理等方面,但最主要还是通过院校文化体现出来。对于高等职业院校来说,只有吸收优秀企业文化,在院校文化建设上和企业文化进行有效融合,才能形成具有高等职业特色的院校文化。

二、院校文化与企业文化融合的路径——以浙江金融职业学院为例

(一)浙江金融职业学院文化育人体系

浙江金融职业学院是一所定位于"依托金融行业,面向金融市场,培养实用人才"的国家示范性高职院校。自办学以来,为浙江省乃至全国金融系统输送了大批高素质、高技能人才,为浙江地方经济的发展做出了重要贡献。

学院在办学过程中,不断加强校企合作力度,围绕高职学生成才的内在需求进行院校文化建设,将金融职业特征、金融职业技能、金融职业道德及金融职业所需的人文素质等因素融入院校文化中,以"行业、校友、集团共生态办学模式"为指导,实行开放式办学,将优秀的金融文化引入到院校中,着力推进"诚信文化"与"金融文化"建设。其基本含义是:

第一,诚信文化。诚信文化是公民的基本素质,也是金融从业人员应遵守的基本职业操守。学校不仅设立诚信文化标识和景观,构建诚信文化育人环境,从硬件上渲染诚信文化氛围,更重要的是加强对学生的诚信教育,丰富诚信文化内涵,编撰了中国高职院校中的首部诚信文化读本,并且建有专门进行诚信文化研究的诚信文化研究所。

第二,金融文化。作为金融职业学院,金融文化是院校文化的职业标志和文化主干。无论是社会各界对学院的认同度,还是入学新生对学院专业的选择倾向,"金融"无疑具有代表性的证明力。学生毕业后,绝大多数也都从事金融行业工作。所以,金融文化是浙江金融职业学院院校文化的职业标志,是浙江金融职业学院学生的专业素质的综合显现。

(二)院校文化与企业文化融合的形式和途径

高职院校文化与企业文化融合,是全方位、深层次地推进校企合作的重要举措,是培养企业需要的高素质技能型人才的重要途径。实现院校文化与企业文化的对接,其途径是多

方面的，浙江金融职业学院注重从金融文化的四个层面上实现校企文化的融合，取得了良好的效果。

在物质文化层面，融入金融行业要素，对学生金融企业文化意识进行潜移默化的熏陶。在探索院校文化建设过程中，学院大力宣传和引进金融企业文化元素，展示金融企业文化。新校区落成后，学院委托诚信教育与校园文化研究所对校区的绿化、园林、文化设施进行总体规划，重点突出诚信文化和金融文化氛围；利用顶岗实习、工学交替、校外实训等形式将学生直接带入金融企业，通过实景体验、文化宣传、创业发展史介绍等与金融企业文化进行“零距离”接触。通过环境营造与企业文化接轨的校园文化氛围，对学生的金融企业文化意识进行潜移默化的熏陶，对培养学生的职业精神具有重要意义。

对学生进行职业化教育与管理，实现院校文化与金融文化在制度文化层面的融合。为了使学校培养出来的人才能够更好地满足金融企业的实际需求，学院从2001年开始尝试与金融机构合作进行订单式人才培养，到2007年，订单班级数量已经达到28家，进入订单班学生的比重占毕业生的比例已经超过50%。为进一步强化订单班级学生管理，不断提高订单人才培养水平和质量，学院于2007年成立了独立的二级学院——银领学院。银领学院作为浙江金融职业学院和金融机构共同进行人才培养的平台，实现了人才培养制度上的创新。

注重提升学生的专业知识与技能水平，在智力层面实现院校文化与金融文化融合。浙江金融业的蓬勃发展，要求省内高职院校为其输送大量具备扎实金融知识、过硬金融业务技能和可持续发展能力的高素质、高技能应用型金融人才。为提高学生的知识和技能水平，学校和金融机构共同制定和实施人才培养方案，教学师资以金融机构业务骨干为主。根据不同金融机构的要求，学生在学校和银行间交替进行学习，教学空间延伸到金融机构，形成了一种“大课堂”式教学模式。学院同时非常注重加强实训、实习基地建设，突出培养职业技能和职业习惯的实践教学，让学生在日常技能训练的过程中养成良好严谨的职业习惯，同时深化对职业岗位的感情。通过以上途径，学生不但系统地掌握了岗位业务技能，提高了岗位工作操作能力，同时了解并接受了金融企业文化，从而实现了院校文化与金融文化在智力层面的融合。

加强学生素质教育，逐步实现院校文化与金融文化在精神层面的触合。金融职业的特殊性决定了学校在对学生的教育过程中，不仅要注重专业知识的讲解和专业技能的传授，同时要强化素质教育，培养学生良好的金融职业道德、崇高的金融职业理想、强烈的金融职业责任。学院在工作实际中，将优秀金融企业制度引入高职学生行为规范中，注重汲取优秀企业的管理经验，强化诸如诚实守信、责任意识、团队精神、奉献精神等与金融文化有密切关联的教育内容，注重培养与企业员工相同的行为规范；定期邀请行业专家和业务骨干到学校作专题讲座、报告会等，对全体学生进行金融企业价值理念、品牌文化等相关内容的教育。值得指出的是，浙江金融职业学院在借鉴国内外通识教育的基础上，结合本校实际，成立了浙江金融职业学院明理学院这一素质教育平台，以培养人文知识厚实、能力强、素质高，具有人文精神、创新精神和实践能力的金院学子为目标。以上举措的有力实施，促进了院校文化与金融文化在精神层面融合的实现。

三、打造校企文化融合平台——以浙江金融职业学院为例

浙江金融职业学院通过与省内金融机构合作，共建行业特色鲜明、管理体制全新的银领学院，从而把校企文化融合推向深入。银领学院是浙江金融职业学院独立设置的二级学院，由学校和商业银行共建，对进入到银行“订单”班级的学生实行集中管理，对学生进行职业化教育，学生毕业后到“订单”银行工作。在人才培养方面，学校每年都进行大量的市场调研，了解用人单位的人才需求，根据用人单位的特殊要求“量体裁衣”地开展人才培养工作，使学校教学更加具有针对性，并重视和强化学生的职业素质培养和企业文化的灌输。银领学院的毕业生不但上手快、动手能力强，而且熟悉和认同金融企业文化，真正符合金融企业的需求。这不但增强了学院人才培养的适应性，而且增强了金融企业参与“订单”人才培养的积极性，真正实现了校企合作“两头热”。

在教育教学实践中，银领学院形成了以“订单”培养为特色，金融企业全程参与、校企多元合作的人才培养机制。在这个培养机制中，校企合作既体现在签订“订单”协议、共同确定人才培养方案上，又体现在课程开发、“双师”结构教学团队建设、校内外实习实训基地建设、顶岗实习安排和教学管理等。校企深度融合、合作育人机制贯穿于人才培养的全过程，渗透到人才培养的各个环节。

学生入学后的第一至四学期，学生在校内接受专业教育，学习专业基础知识，这一阶段的教育重点是培养学生的基本职业能力和通用职业技能；在第四学期末，组建各金融机构“订单”学习班，根据各家银行的具体要求，校企共同制定详细的“订单”人才培养方案。

在第五学期，根据“订单”银行与学校共同制定的人才培养方案进行“订单”式教学，对学生进行准员工化教育。在教学方面，师资力量以“订单”企业为主，金融机构选派业务能手和骨干负责专业课程的教学。学生根据不同“订单”银行的要求，在学校和银行之间交替进行学习、实训，实现教、学、做合一。在第六学期，按照“订单”银行统一安排，“订单”班学生进入各自“订单”银行的分支机构营业网点进行顶岗实习，从事具体的银行业务工作。金融企业会为每一位“订单”班的学生安排一位师傅进行业务指导，一般情况下，学生和师傅共享一个工号进行工作，也有一些学生在师傅指导一段时间以后，就有了独立的工号，实现了身份的转换，由一名学生转化为一名准银行职员。

四、院校文化与企业文化融合的成效分析

有利于学生职业技能和素质的培养。金融文化是一种职业型文化，强调“爱岗敬业、诚实守信”的职业精神，高职校园文化则是典型的教育型文化。学院通过引入优秀的金融文化，实现校园文化与金融文化的融合，可以使学生直接融入企业及企业文化，亲身体验企业与企业、人才与人才之间激烈竞争的现实，切身感受到专业知识、专业技能在企业生产经营中发挥的重要作用，树立危机意识和时不我待的紧迫感，激发其学习专业知识的内在动力；

可以逐步培养高职学生作为未来“现代职业人”的团队协作、科学高效的职业能力，爱岗敬业、诚实守信的职业道德；同时能引导学生尝试对不同文化和多元价值观的认识、理解和认同，为学生更快地适应社会需要，更好地服务企业奠定一个良好的基础。

体现了人才培养的针对性、有效性、实用性。银领学院通过融合金融文化实施订单培养，把学生的职业能力培养作为首要和根本的工作任务，使学生在金融企业中较早地接受企业文化的熏陶，帮助学生学到与企业无缝对接的专业知识。上课即上岗，上课即能感受到企业的文化氛围，毕业后即能迅速适应工作岗位，最大限度地消除或缩短了学生在实际工作中的培训、磨合、适应期。同时，实施订单式人才培养，根据用人单位的特殊需求量体裁衣，有针对性地开展人才培养工作，使学校教学更加具有针对性。围绕融合金融文化的以职业能力为本位的人才培养模式使得教学更具有效性，学生的职业素质、动手能力、行业文化适用性得到了明显地提高。学院的教学紧密结合金融企业业务实际，培养出来的学生上手快、动手能力强、业务素质高，人才培养极具实用性，实现了高素质、高技能应用型金融人才培养的针对性、有效性和实用性三者的有机结合和统一。

实现了学校和金融企业的双赢。首先，从学校角度而言，实现了学生零过度就业。高职教育的根本特征决定了就业工作在整个学校教学中的重要地位和作用，在一定程度上可以说就业就是高职院校的立校之本。学院订单班级的学生在毕业以后都在商业银行业务一线工作，毕业生不仅动手能力强、业务素质高，而且能较快适应金融企业文化，造就坚实的发展基础，实现了学生零过度就业。其次，从金融企业的角度而言，可以稳定、有计划地得到自身所需要的人才。刚出校门的大学生在缺乏对企业文化足够理解和认同的背景下，往往难以迅速适应企业化的管理，找不准自己的定位，跳槽频繁。通过融合金融文化的订单式培养，用人单位不仅可以提前向学校就自身的人才需求状况进行量身打造，稳定、有计划地得到自身所需要的人才，而且可以省却岗前对新员工企业文化等方面的教育和培训。

[参考文献]

[1] 周建松. 基于学校个性的高职院校三维文化探索研究——以浙江金融职业学院为例[J]. 武汉职业技术学院学报，2012(2).

[2] 郭福春，郭延安. 融合金融企业文化培养高素质技能型人才[J]. 中国高等教育，2008(24).

[3] 姜进. 校企深度融合培育优质金融“银领”[J]. 中国职业技术教育，2010(11).

[4] 郭福春. 打造校企合作育人平台强化人才培养机制建设——以浙江金融职业学院银领学院为例[J]. 中国大学教育，2011(5).

[5] 陈云涛. 高职院校文化育人模式的创新与实践——浙江金融职业学院“三维文化”育人体系个案分析[J]. 天津职业大学学报，2007，16(4).

[6] 李逸凡，邹宏秋. 职业素质教育的成功探索——浙江金融职业学院的明理学院[J]. 高等工程教育研究，2010(2).

第三篇　专业建设

基于内涵发展的高职院校优势专业建设研究

孔德兰

[摘　要]专业是高职教育重要的标志，优势专业建设则是高职院校深化内涵、提升质量的突破口和着力点，也是高职院校做强做优的逻辑重心。本文从高职院校内涵发展应该以专业建设为基点，就优势专业建设的内容与要求、建设路径进行了探讨，并提出了在优势专业建设过程中需要注意的几个问题。

[关键词]优势专业建设；高职院校；内涵发展

我国高等职业教育经过30余年的大发展，无论在规模和数量上都已占据了高等教育的半壁江山，现在已全面进入内涵发展阶段。高等职业教育作为高等教育的一种新类型，其根本任务是培养生产、建设、管理、服务第一线的应用型人才，因此，高等职业院校的人才培养工作和社会服务工作都必须以专业为基础。专业是高职院校最基本的微观单位，是高职院校生存和发展的基石，对高职院校具有决定性意义。优势专业建设则是高职院校深化内涵、提升质量的突破口和着力点，也是高职院校做强做优的逻辑重心。

一、优势专业建设在高职院校内涵发展中具有决定性作用

通常，学科是普通高等教育的基点，而专业则是高等职业教育的基点。专业是高等职业教育内涵建设的基础、关键和前提。专业建设是高职院校提升内涵和可持续发展的最核心命题，专业建设水平是衡量一所高职院校办学水平与实力的重要标志。专业建设的好坏直接影响到高职院校的学生培养质量、招生与就业，直接关系到高职院校的生存与发展。集中优势资源，打造与培育优势专业，对于提高高职院校总体竞争力，提升高等职业教育社会影响力和社会形象具有非常重要的现实意义，也是高职院校深化教育教学改革，深化内涵建设，提高人才培养质量的重要切入点和落脚点。

第一，优势专业的基础地位决定了它是体现一个学校办学水平的标志性要素。衡量一个学校的办学水平，既有名又有实，名是一种历史积淀，实是一种文化认同。各校都有历史积淀，更有文化影响，而在动态发展着的高等学校教育实践中，人们一般会不断关注学校的水平、实力和影响。作为高等教育新类型的高职教育，由于其主要任务是培养职业化专业人才，因此，人们一般会关注高职院校一个个面向职业岗位、面向行业需求的专业，专业水平反

映了高职教育办学的水平，一定数量的优势专业的存在和发展，奠定了高等职业院校的水平和地位。一个学校如果有5—8个高水平有影响的优势专业，这个学校无疑将成为高水平的学校。

第二，优势专业的竞争力水平反映了一所高职院校办学的实力和水平。因为专业的基础地位，决定了专业水平在划分学校水平方面的重要作用。随着高职院校发展从粗放的规模发展进入相对精细的内涵发展阶段，总量管理必然要被结构和专业管理所替代，一所高职院校既要有综合实力和规模水平，更要有专业水平。高职院校形成一定数量的，有特色、有水平、有竞争力的优势专业，则会成为办学实力的重要标志；形成一批有竞争力的专业，它们在招生、就业、社会服务等领域形成优势和品牌，这会成为高职院校重要的优势和基础，专业竞争力强弱和水平高低，大大影响和决定了学校的地位。因此，加强优势专业建设，提高专业建设水平，成为增强学校竞争力、知名度、美誉度的重要抓手之一。

第三，优势专业是考生和家长及社会选择的重要依据。衡量一所学校水平既有学校的概念因素，也有专业的具体因素。通常，人们把学校比作大门，把专业比成小门；大门要找对，小门要找准。目前高职院校之间普遍存在着专业结构雷同，尤其是一些大众化的热门专业，导致了学校之间虽然区域不同、类型不同、名称不同，但专业结构和系部分布基本雷同。但是，对社会而言，用人单位有一个对某校某专业的认同问题，决定着该专业毕业生能否有顺利入职的机会；对学校而言，考生和家长对某专业的认同，决定了其取舍和选择，从而也会影响专业的生存和发展。因此，高职院校在全面进入内涵建设、微观管理进入精细化阶段，优势专业建设就显得十分重要。

二、高职院校优势专业建设的内容和要求

高职院校的优势专业建设，具有系统的内容和特定的表现形式。主要表现为：

（一）专业地位

专业应该是省级以上特色专业或重点专业，专业发展定位与区域产业（行业）发展对接，主动适应区域产业结构调整升级需要，及时调整专业培养定位。专业所依托的行业企业对专业人才的需求量大，拥有较大的发展潜力和广阔的发展前景。专业有一批知名企业作为紧密型合作伙伴，校企双方共同培养人才，实现学校教育与岗前培训有机结合。专业广受市场欢迎，招生旺，出口畅，并在同类专业中具有明显的特点和影响力。

（二）课程质量

课程是学校重要的基础性内涵，也是教学改革的重点和难点。专业所拥有的精品课程、国家精品资源共享课程、优质课程、国家级规划教材、省重点教材等的数量和水平，是衡量专业课程质量的重要标志。专业课程要对接职业资格标准，以学生综合职业能力养成和职业生涯可持续发展能力获得为导向，以岗位职业素养、岗位核心技能为主线，注重实时引入行业企业的新技术、新标准、新工艺，动态更新教学内容。

(三)毕业生综合素质

毕业生综合素质是衡量一个专业教学质量和专业水平的重要标志。一个专业是否具有优势地位,归根结底是由其毕业生的综合素质及其在用人单位的表现所决定。这既要看毕业生是否适销对路,是否广泛受到用人单位普遍欢迎,能否顺利实现上岗就业进而优质就业;也要看毕业生就业后岗位胜任能力以及未来职业生涯可持续发展情况,能否顺利成长成才。

(四)师资水平

高素质教师队伍是专业实力的综合性体现。优势专业应该具有高素质的专业带头人,拥有一支数量适当、结构合理、师德高尚、素质精良、高水平的"双师结构"的专任教师队伍,并拥有由专任教师、行业实务专家和知名企业业务骨干组成的高水平专兼结合的教学团队。

(五)行业企业影响力

专业带头人或骨干教师是行业、企业标准制定的主要参与者与起草者。专业能够为行业企业提供强大的研发和技术支持,帮助专业所在的行业企业解决生产过程中遇到的难题,改进生产工艺,提高生产效率。优势专业建设经验被相关院校同类专业广泛借鉴,在人才培养模式改革、校企合作体制机制建设、师资队伍建设、教学条件建设、教学管理创新、社会服务能力建设等方面发挥示范和引领作用。

三、高职院校优势专业建设的路径——以浙江省会计优势专业建设为例

浙江金融职业学院会计专业于2012年被评为浙江省财政厅和教育厅联合出台的优势专业建设计划项目。该项目还明确规定每个优势专业布点不超过2个。该项目明确提出财政扶持方法为:采用增加生均拨款的办法,从2012年开始连续投入4年;工科类专业每人年均2500元,经管及其他类专业每人年均2000元。会计优势专业计划经过4年的建设期,建成优势特色的八项标志性成果。即:一套系统化的专业建设理念;一项创新型的校企合作机制;一批较成熟的专业教学资源;一个有特色的实践育人体系;一套高水平的系列创新教材;一批高质量的教研教改成果;一批高适应的优秀财会学子;一个高辐射的全国品牌专业。主要建设路径如下:

(一)深化"三双"高素质技能型会计人才培养模式改革

"三双"高素质技能型会计人才创新培养,是会计专业基于学院金融行业背景与优势,以"把握财会趋势,发挥金融强势,彰显人才优势"为目标,有效解决会计专业人才通用性培养与针对金融行业会计人才的专门性培养问题,系统地设计而成的特色化人才培养模式。"三双"是指"双素、双能、双证"。

“双素”是指双重职业素质教育，渗透会计诚信文化与金融信用文化于学生素质教育活动中，培养学生健全的职业素质和良好的职业道德，促进学生综合职业素质的养成。“双素”是会计专业人才培养的起点，强调会计专业人才具备财会领域与金融领域双重职业素养。

“双能”是指通过职业技能教育，使学生不仅熟练掌握企业会计岗位群的通用职业技能，同时熟练掌握金融行业会计岗位群的专用职业技能，提升学生的职业岗位胜任能力和岗位迁移能力。“双能”是会计专业人才培养的重点，突出强调培养兼具企业会计通用技能与金融行业专用会计技能的专业人才，是会计专业人才培养的特色体现。

“双证”是指学生毕业时必须取得会计从业资格证书和银行从业资格证书，增强学生的就业竞争力。“双证”是会计专业人才培养的落脚点，是对“三双”人才培养效果的验证与评价。

(二)构建以“三双”为核心的课证融合的会计专业课程体系

以学生职业生涯可持续发展能力获得为目标，以职业能力、职业知识与职业素质的养成为重点；突出问题思维与创新意识培养；引入国际通用的高技能型人才职业资格标准。根据企业会计岗位群和金融行业会计岗位群的特点与要求，构建以工作岗位为依据，以能力本位为核心，健全职业人格为导向的会计专业课程体系，实现课证融合。会计专业课程体系包括职业素质课程、职业岗位课程、职业考证课程、订单培养课程和个性化课程。推行“双证书”制度，根据会计从业资格考试、会计职称考试和银行从业资格考试要求设计相关课程内容，实现职业考证内容与课程教学内容的有机融合。与行业企业共同开发体现职业岗位技能要求、促进学生实践操作能力培养的工学结合优质教材，重视优质教学资源与网络信息资源的建设和利用。改革教学方法和手段，深入开展项目教学、现场教学、模拟教学，真正实现“教、学、做、评”合一，让学生在完成具体工作项目的过程中构建会计理论知识，训练会计职业技能，强化会计职业素养，发展会计职业能力。

(三)构建以专业为基点的会计专业群校企合作有机体

以专业群为单元的校企合作有机体作为一种专业层面的校企合作新型组织形式，是一个集人才培养、社会服务、科学研究、文化传承的有机体，也是一个集学生学习与就业、教师挂职锻炼、公司创造经济效益，共同创造社会财富的有机体。会计专业联合浙江众诚资信评估公司及其合作伙伴、浙江信用与会计研究中心及其发起人，共同组建了会计专业群校企合作有机体——浙江众诚会计学院，设立了众诚奖学金与奖教金，冠名了众诚会计教学楼，共同出资建设了近千平方米的实践工场，共同承接科研项目，共同承担公司业务，共同培养专业人才，形成了三方合作、互动有机、相互渗透的会计专业群校企合作有机体，形成了百名教师(含专任教师和公司员工)、千平方米工场(含实训室和工作室)、千名学子(含实习和工学结合)的“百千千”合作局面；实现了实训基地与公司工场、教师队伍与公司员工、教师队伍与研发队伍、专业学生与公司职员、学生实践与毕业就业的有机合一。工场既是学生实习实践和工学结合的场所，又是教师和学生进行会计服务与信用体系研发的平台，也是浙江省会计从业资格考证点和会计人员继续教育基地。

(四)推进"三结合"的会计专业教学团队建设

会计专业全面实施以"教学名师、实践能师、育人高师"为主要内容的专业教学团队建设。专业教学团队集"职业知识传授师、职业技能训练师、职业素质培养师"三项功能为一体,校内专任教师主要承担职业知识传授师和职业素质培养师的角色;行业企业兼职教师主要承担职业技能训练师的角色。始终围绕以教师的职业教育教学能力、实践能力、育人能力提升为中心,以优秀的专业带头人、青年骨干教师、"双师"素质教师培养为重点,建设一支师德高尚、教育观念新、业务精通,具有较高教学水平和较强实践能力,专兼结合的"双师型"教学团队。按照尊重教师个性,发挥教师德才,注重教师发展;制定扶持性措施,鼓励教师成名成家;激励教师关注专业,不断开展专业研究、教育教学研究;在专业、教学、育人、社会服务等领域创立独树一帜的品牌,从整体上带动专业师资队伍建设水平的不断提高。

(五)强化会计专业实践育人体系建设

会计专业以"千日成长工程"为载体,开展"336"实践育人系列成长成才活动,培养高素质技能型的会计创新人才,使学生真正成为合格的会计职业人。"千日成长工程"的主题是"指点千日成长,引领千人成才"。其核心思想是以"品德优化、形象美化、专业深化、能力强化"为目标,为学生在校全面发展和未来可持续发展奠定坚实的基础,丰富学生的职业知识、训练学生的职业技能、提高学生的职业能力、完善学生的职业素质,深化育人内涵,最终实现学生的全面发展和优质就业。"千日成长工程"根据学生年级特点开展"336"系列成长活动体系:"3 项教育",即会计职业道德教育、会计专业礼仪培训、会计职业技能训练;"3 节",即班级文化节、素质拓展节和学子风采节;"3 赛",即会计技能大赛、财会信息化竞赛和"挑战杯"创新创业竞赛;"6 千活动",即千人礼仪班、千人演讲赛、千人技能赛、千人实践团、千人拓展营、千人招聘会。

(六)开展会计专业共享资源建设

汲取国家教学资源库成功的建设经验,以优质数字化资源建设为载体,以课程为主要表现形式,以素材资源为补充,以学生自主学习为主要内容,建设共享型会计专业教学资源库。会计专业教学资源库建设充分吸收行业、企业、其他高职院校参与建设,体现开放性、实用性、职业性原则。共享型会计专业教学资源网络平台将形成学生在线学习、教师教学改革与实践、企业员工在职培训、社会公众普及会计知识等多功能的会计专业综合网络平台。

(七)完善教学质量保障机制建设

以育人全程精细化管理为目标,建立健全教学质量监控机制。完善教学管理制度,建立专兼职教师授课质量评价标准。不仅从课堂教学组织、实践教学安排、课程考核评价、校内外实训基地和顶岗实习管理等方面进行管理规范,还包括师资队伍的配备、专业建设过程的管理、教学保证条件的运行保障等。完善人才培养质量保证体系,吸收行业和企业参与人才培养质量评价,以职业知识、职业技能和职业素养为评价核心,形成过程考核和结果考核相结合的课程考核评价体系;将就业率、就业质量、企业满意度等作为衡量人才培养质量的重要指标，形成学校引导、专业为核心、社会参与的质量评价模式。以专业绩效考核为依托，以专业带头人为责任人，将人才培养工作纳入专业考核重点，建立定期的专业建设状态分析机制。建立毕业生质量跟踪调查制度，全面掌握会计专业毕业生的就业状况与就业质量，及时反馈信息，为专业教育教学改革提供真实、可靠的信息。

（八）提升社会服务能力建设

会计专业以职业教育师资培训基地、会计人员后续教育基地、会计职业技能竞赛基地等三大社会服务基地为抓手，开放专业教学资源，积极开发培训项目，面向行业企业开展高技能和新技术培训，积极承接企业新员工培训、企业员工转岗培训与企业员工新技术培训任务，提升会计优势专业服务能力和社会影响力。建立和完善会计专业教师技术服务社会的制度与政策，充分利用专业优势资源、校企合作建立的研究技术应用中心，引导教师面向行业企业开展技术研究、技术推广，推动行业企业的财务技术的革新与发展，为产业升级服务。

四、高职院校优势专业建设过程中需要注意的几个问题

优势专业建设是一项长期的、系统性的工程。优势专业建设既是深化高等职业教育内涵的重要路径，也是推进高等职业教育改革的重要抓手。为了科学有效推进优势专业建设，切实提高优势专业建设绩效，在优势专业建设过程中，要注意重点把握以下几个问题：

（一）优势专业的选择问题

各个高职院校在优势专业建设过程中，科学合理确定优势专业建设项目是一个事关学校未来可持续健康发展的战略性决策。优势专业应该具有较高水平、较强特色和较大优势。优势专业首先应该是学校在发展历史中占有重要地位和发挥重要作用的专业，代表着学校专业建设的最高水平，人才培养质量在相关院校同类专业中处于领先地位。其次，优势专业应该能够充分体现学校的办学特色和行业特色，在行业企业有着较强影响力，属于人无我有、人有我优的优势特色专业，得到考生和家长及社会的广泛认可。最后，优势专业应该符合区域经济发展对人才质量的需求，注重与区域支柱性产业、战略性新兴产业和优势产业的对接，增强专业与区域产业的契合度，提高专业服务区域经济社会发展的能力。

（二）优势专业建设的目标定位问题

优势专业建设学生优质就业是关键。优势专业地位的形成主要由专业地位、课程质量、师资水平、毕业生综合素质、行业企业影响力等许多要素支撑，但在诸要素中，毕业生综合素质，尤其是毕业生顺利就业、对口就业、优质就业是核心和关键。优势专业建设要在进一步深化专业内涵建设与教育教学改革的基础上，坚持“以生为本”的育人理念，正确把握人才培养工作的整体思路。通过专业建设水平的显著提升、教学水平和育人水平的显著提升、科研能力和社会服务能力的显著提升，最终实现毕业生就业率和专业对口率稳定提高、用人单位对毕业生的满意度稳定提高、毕业生对母校和专业的满意度稳定提高。

(三)优势专业建设绩效的考核问题

构建一个以优势专业建设绩效为重点的考核机制,积极探索专业建设年报和质量发布制度。这对于推进优势专业建设取得实效起着至关重要的作用。主管部门要按照特色办学、分类指导的思想,鼓励学校从实际出发,推进特色化办学、培养特色化人才,尤其是鼓励优势专业做强做大做特,并给予必要政策扶持与倾斜。高职院校要坚决克服和防止平均主义的大锅饭思想,坚持从学校的优势与特点出发,鼓励办好质量优异、特色鲜明的专业,形成一批高水平的特色优势专业,以此来彰显学校的实力和水平;防止低水平、小而全、多专业,以免造成资源的重复和浪费。

[参考文献]

[1] 周建松.高等职业教育的逻辑[M].杭州:浙江大学出版社,2011.
[2] 孔德兰.构建以专业群为单元的校企合作有机体的实践与思考[J].中国高教研究,2011(10).
[3] 孔德兰."三双"模式的高素质技能型会计人才培养[J].中国职业技术教育,2011(29).
[4] 全国高职高专校长联席会议.高等职业教育改革与发展报告:2000—2010年[M].北京:高等教育出版社,2010.

关于高职计算机类专业教材建设的思考
——以《局域网组建与管理》教材为例

陶再平

[摘　要]本文以《局域网组建与管理》教材建设为例，指出了高职教材建设过程中的问题。提出了工学结合教材建设的基本原则，并对教材结构体例及教材内容选择进行了详细分析。强调计算机类专业教材建设中应以学生职业能力培养为目标，坚持“教学做”合一的思想，充分体现以培养学生职业能力为本位的教材开发理念。

[关键词]教材建设；工学结合；能力本位

我国的高等职业教育经过近10年的蓬勃发展，高职院校无论从学校数量、办学规模和招生人数等方面都取得了巨大的进步。教育〔2006〕16号文件将高等职业教育作为高等教育发展中的一个类型，随后启动的国家示范性高职院校建设项目促进了各高职院校由规模扩张到注重内涵建设的转变。各院校纷纷以工学结合作为人才培养模式的切入点和突破口，重构课程体系，调整优化教学内容和教学方法，强化教学过程的实践性、开放性和职业性。在专业建设和课程建设方面投入较多，取得了较好的效果。但我们同时也看到，工学结合教材建设明显滞后于高职教育的发展速度，在一定程度上影响和制约了工学结合人才培养模式改革的实施成效。

一、教材建设问题分析

尽管随着高职教育的发展，高职教材建设取得了较大的进步。各高职院校都出版了大量的高职教材，但也存在一系列的问题，主要表现在：

(一)与职业岗位脱节明显

各高职院校在工学结合人才培养模式改革过程中做了大量的工作，重构基于工作过程系统化的课程体系，大力推进任务驱动、项目导向的课程改革，但与课程改革相适应的教材建设相对滞后。不少高职教材仍然是选用专科或本科教材的压缩饼干，而没有随着人才培养目标、课程体系和课程内容的变化同步调整，教材内容与职业岗位脱节现象较严重。

(二)职业教育特色不鲜明

在教材建设中没有很好适应职业岗位(群)职业能力培养的需要,没有突破本科教材编写的框架,过分强调知识的系统性,忽视了教材建设的职业性和实践性,没有坚持理论与实践一体化的原则。

(三)内容更新滞后

计算机技术发展迅速,高职计算机类专业教材更新明显滞后于信息技术的发展速度。新技术、新规范和新案例没有及时反映到教材中来,这非常不利于学生毕业上岗的零过渡,不利于提高学生的就业竞争力。

(四)体例较单一

教材编写过程中仍然较多采用传统的编写体例,而没有考虑工学结合教材建设新的特点。

二、教材建设的原则

教材是教学的基础资源,是实现人才培养目标的重要载体。也是规定教学内容、设计教学方法和开展教学的重要依据。针对高职计算机专业教材建设存在的问题,在推进教材建设过程中应坚持以下原则:

(一)构建双师结构团队

工学结合教材编写要打破传统以在校老师为编写主体的习惯,而应该组成由专任教师和行业专家共同组成的教材开发团队。教师熟悉教学基本规律,了解学生的认知水平和特点,而行业专家熟悉生产一线工作实际,有丰富的实践经验。专任教师和行业专家可以相互取长补短,有了行业专家的参与可以确保教材内容不至于脱离实际,也有助于将新技术和新方法引入到教材中。双师结构开发团队构建对于计算机类专业教材尤为重要。

(二)提高岗位适应性

教材建设必须从职业岗位(群)需求分析出发,以学生综合职业能力培养为中心,依据岗位对知识与技能的要求来选择和组织内容,使学生学习内容与工作岗位的工作能够紧密结合起来,从而很好地提升学生的岗位适应能力。

(三)强调理论实践一体化

针对高职学生形象思维相对较弱,实际操作能力较强的特点,在教材编写过程中,应打破传统的教材编写框架,强调做中学。以学生掌握实际操作技能为主线,不过分强调知识的系统性,坚持“适度够用实践为主”的指导思想。

(四)确保内容的先进性

教材建设要注重教学内容的更新,不断吸取新技术、新方法和新案例,突出教材内容的先进性和前瞻性。比如我们在《局域网组建与管理》教材建设过程中就引入了很多最新的应用案例和主流网络产品的配置方法,尽可能使教学内容贴近工作实际。

(五)增强教材立体化建设

要充分利用信息技术建设立体化教材,除了多媒体课件之外,应建立相应的教材资源网络平台,使习题集、试题库和案例库等优质教学资源成为教材的有机组成部分。还可以采用 Flash 技术增强教学互动性,增加教学内容的吸引力,提高学生学习的主动性。

除此之外,在教材编写过程中,教材开发团队还应该参考相关职业资格证书的需求,将职业资格证书的知识、技能要求及时反映到教材之中,这也有助于实现课程教材与就业岗位的对接。我们在《局域网组建与管理》教材建设时就充分借鉴和吸收网络工程师证书考试的相关内容。

三、教材内容体系设计

高职工学结合教材必须打破学科逻辑的界限,在教材设计时,应首先对相关职业岗位(群)所需职业能力进行分析。针对职业能力培养目标选择和组织教材内容,以工作实践需要选择理论知识。下面以我院《局域网组建与管理》教材为例介绍我们在教材结构设计与内容选择时的一些思考与实践。

"局域网组建与管理"是高职计算机信息管理专业的一门专业课程,也是一门实践性非常强的课程。它在专业人才培养过程中具有重要的作用。在教材开发之前,我们的专任教师和行业专家共同分析和调研,开发该课程的课程标准。确定通过课程的学习,学生将掌握主要的职业能力包括:(1)能够根据需要规划设计小型局域网络;(2)能够按照规范组建小型局域网;(3)能够安装和配置常见的网络应用;(4)能够进行网络性能分析、故障检测和排除等。为了实现这样的课程教学目标,专任教师和相关行业专家一起精心设计了一系列的项目。在教材建设过程中围绕相应职业能力培养这一目标,打破了传统的教材编写形式,采用基于任务驱动的教材编写体例,理论与实践实现有机的结合。

(一)教材结构设计

在教材结构设计上,打破了传统的先理论后操作的编写模式,而是根据典型项目和工作任务的完成过程来进行编排。每个项目根据其大小和复杂程度可以细分为若干个子任务,每个任务都有明确的教学目标,明确学生通过学习后应掌握的职业能力和相关理论知识。具体的教材结构样例如表 1 所示。

表 1 《局域网组建与管理》教材结构

整　体	项目 1
前言 目录 绪论 项目 1 任务 1 任务 2 任务 3 …… 参考文献	教学目标 工作任务 任务分析 任务实施步骤 相关理论知识 拓展与提高 习题 实践操作

主要内容包括：

1. 教学目标：明确通过教学单元学习后学生应掌握的职业能力和相应的知识。

2. 工作任务：为了实现教学目标，教材精心选择了与岗位（群）相对应的典型工作任务为载体，通过工作任务的完成让学生知道该怎么做。

3. 任务分析：说明工作任务完成的环境和技术条件。

4. 任务实施步骤：详细说明工作任务的完成步骤，学生可以依照步骤说明逐步完成相应的工作任务。这也是教材建设的重要内容。

5. 相关理论知识：主要介绍与任务完成紧密相关的理论知识，在内容选择上应把握必要和够用为度。

6. 拓展与提高：主要介绍一些新知识和新技术，也可以引入综合难度较大的工作任务，从而满足学有余力学生的需要。

7. 习题：主要安排相关理论知识点的练习。

8. 实践与操作：布置与该教学单元相匹配的实践内容作为课后练习或实训项目，便于学生更好地巩固相关的实践操作和理论知识。

（二）教材内容选择

在教材内容选择上，始终围绕岗位（群）典型工作任务设计与选取。以《局域网组建与管理》教材为例，我们精心选择了 SOHO 家居网络组建、小型办公网络组建、无线局域网组建等一系列项目作为载体，以项目为单位分解原来的知识体系，将知识合理地分配到各个项目中。根据项目的大小和复杂程度分解成不同的子任务或模块，以避免支撑的理论知识过多。通过一系列子任务的完成有助于提高学生的学习成就感，也有助于培养学生学习的兴趣和积极性。

为了较好地开展教学，在选择和组织工作任务时，特别要注意任务应由小到大，由浅到难，由简单到复杂。工作任务的实践操作过程是课程的核心内容，是学生获得职业技能的主要途径。因此任务的实践过程必须严格、完整、正确和规范。

另外，为了帮助学生巩固所学实践知识和理论知识，应设计相应的练习和课后实践操作。在课后练习和实践操作设计时，应尽可能贴近工作实际，以适度够用和注重实践为原则，强调理论与实践一体化。

四、小　结

高职教材建设是工学结合人才培养模式改革的重要内容。在教材建设中，应以学生职业能力培养为目标，从岗位职业需求分析入手，以技能训练为主线，相关知识为支撑的编写思路。正确处理好理论教学与实践操作之间的关系，在课程教学和教材建设中坚持"教学做"合一的思想，充分体现以培养学生职业能力为本位的教材开发理念。

[参考文献]

[1] 沈海娟，申毅，孙霖，等.关于高职教材建设的思考[J].教育与职业，2006(36).
[2] 张宪江，方东傅，徐丽珠，等.基于能力本位的高职教材开发[J].职业技术教育，2009(17).
[3] 陆国红.高职工学结合校本教材开发设计[J].科教文汇，2008(7).
[4] 陈桂梅.关于高职工学结合教材建设的思考[J].无锡职业技术学院学报，2008(1).

以就业为导向、以订单为载体的高职院校专业教学改革探索与实践
——以浙江金融职业学院金融专业为例

董瑞丽

[摘　要]浙江金融职业学院金融专业以就业为导向的订单式人才培养，在校企合作层面进行了深入探讨与广泛实践。通过基于商业银行业务工作过程的项目课程体系设计、“双师”结构教学团队构建、校内外实习实训基地建设、开放式教学管理平台搭建等教学安排，实现学生向职业人的蜕变，在专业教学改革方面进行了积极的探索与实践，形成了一定的教学改革成效。

[关键词]金融专业；校企合作；订单式人才培养

一、金融专业教学改革的指导思想与人才培养的目标定位

《国家中长期教育改革与发展规划纲要（2010—2020年）》中明确提出要大力发展职业教育；要把提高质量作为重点；要以服务为宗旨，以就业为导向，推进教育教学改革；要实行工学结合、校企合作、毕业实习的人才培养模式。以此为指引，高职院校在专业人才培养的目标定位与具体的方案制订与实施过程中，必须要以行业企业的人才需求为导向，必须与行业企业深度融合，必须强化专业人才培养的职业性，以促进优质就业。

高职院校的专业教学作为专业人才培养目标实现的具体路径与过程载体，其改革必须以专业人才培养目标定位为前提指引，即专业教学改革必须首先要明确培养什么样的人，其人才培养的岗位定位与职业规格是什么。

区域经济和行业企业发展对高素质技术技能型应用人才的需求，是高等职业教育存在和发展的基础。浙江省金融事业的蓬勃发展，既为金融专业职业教育提供了良好的发展机遇，也在客观上提出了更高的要求。在高素质技术技能型金融应用人才培养方面，浙江金融职业学院金融专业广泛吸取各方有益经验，主动适应区域经济发展需要，通过毕业生问卷调查、面向浙江省各个地区的应用型金融人才培养恳谈会和面向全国本专科院校的应用型金融人才培养研讨会，形成了常规化的人才培养需求调研机制与人才培养工作研讨机制，做到了及时掌握来自行业企业、同类院校（专业）及毕业生的最新反馈信息，深化人才培养模式与教学模式改革，形成了鲜明的人才培养特色。

通过与金融企业的深入沟通、交流和探讨，在认真吸收并采纳业内人士对金融专业人才培养意见与建议基础上，根据业务专家对金融行业业务岗位群职业任务和职业能力的分析归纳，得出这种高素质技术技能型人才应具备“一会、两有、三熟”的专业内涵标准。“一会”是指学生要会宏观经济分析，具有宏观经济分析的能力和水平，重点在于强调学生理论知识的掌握、应用，为学生提升职业竞争力加上重要砝码。“两有”即有较好的职业素养和职业道德、有一定的科技人文知识，这是当前金融企业对员工所提出的更高要求，也是毕业生在适应岗位工作后，进一步推动其职业生涯发展的重要基础。“三熟”即熟练操作、熟知产品、熟悉营销，这是人才培养的基本定位。金融专业在多年的办学过程中，紧密依托金融行业、传承行业优势，为商业银行等金融机构培养出了大量高素质、高技能金融人才。学院毕业生以上岗适应快、动手能力强、综合素质高而深受广大金融机构的欢迎和好评，成了浙江省高素质技术技能型金融人才培养的重要基地。

二、金融专业教学改革的理念与具体实践

专业教学改革在明确了培养什么样的人及其岗位定位与职业规格之后，主要解决的问题就是如何进行培养？具体的实施计划、实施载体与措施手段是什么？

浙江金融职业学院金融专业围绕着专业人才培养的目标定位，以就业为导向，以订单为载体，以校企合作为平台，在专业教学改革方面进行了积极的探索与实践。

（一）以校企合作订单式培养为核心制订专业教学计划

通常而言，高等院校专业教学都是由学校依据专业的人才培养特性，根据教育、教学规律独自地制订教学计划，在专业人才培养过程中按计划予以实施。这样制订出的教学计划与方案实施，可以保证人才培养工作的系统性和科学性。但是由于用人单位实际情况的变化，有时这种人才培养计划和用人单位对人才的实际需求并不完全一致，甚至脱节。金融行业尤其是银行机构的情况更是如此，不同的银行发展定位不同、岗位设置不同、用人标准不同，对人才培养规格的具体需求标准也不尽相同。

订单培养就是指企业根据岗位需求与学校签订用人协议后，由校企双方共同参与选拔学生、组织师资、建设基地、实施教学、考核上岗等一系列教学活动的工学结合人才培养模式。订单式人才培养针对性强，用人单位需要什么样的人才，专业教学就安排什么样的教学内容，同时可以依托用人单位的师资、实习基地、行业标准等，充分对接订单企业的岗位需求，订单学生上手快、动手能力强、业务素质高，人才培养极具实用性。

浙江金融职业学院金融专业依据金融行业企业的特殊性，尝试对专业学生进行校企合作订单式培养，新生入学后的第一至第四学期，以学校专业教育为主，一年级开设校本课程和学生素质类的通识课程，通过基础类课程教学充实一年级；二年级以系部金融专业群为核心开设系列系本课程，同时每个专业开设四至五门体现专业人才培养特点的专业特色课程，丰富二年级教学内容，重点培养专业学生的基本职业能力和职业技能，提升学生的专业素养。到了三年级第五学期则以灵活的、校企深度融合的方式开展形式各异的工学结合教学

活动，这种教学活动的开展主要依托金融机构组建的实体订单班形式进行。在第六学期，将校企合作培养出来的订单班学生，有计划地送到各订单企业分支机构进行毕业实习，由分支网点安排具体岗位的实习指导教师对每一位订单班级的学生进行业务指导，从事具体的银行业务工作。学生毕业实习的单位与就业单位基本一致，由此实现了由一名学生转化成为一名银行柜员的身份角色转换。

(二)以岗位职业能力标准与业务工作过程为核心构建专业课程体系

金融专业根据“一会、两有、三熟”的高素质技术技能型金融人才的目标定位，面向金融机构一线岗位，依据银行业务工作过程，以能从事银行临柜操作岗作为人才培养的基本立足点，以客户经理岗、基层网点管理岗为人才培养的延伸点，通过校内专任教师与来自金融机构业务一线的行业专家、职业教育专家共同进行的银行业务岗位工作过程、工作任务的解剖与分析，根据能力复杂程度与业务流程特色整合典型工作任务，进行行动领域归纳，构建了基于岗位职业能力标准的金融专业课程体系。

在具体学习领域(课程)设置方面，点钞技术、反假货币技术、中文输入、电脑传票输入等学习领域(课程)以银行临柜操作岗位的职业技能训练为主，基础会计、现代金融概论、金融服务礼仪、商业银行综合柜台业务、银行会计实务、银行柜面英语等学习领域(课程)的相关知识学习与能力训练，主要侧重于对银行临柜操作岗位的职业能力与职业素养的培养，满足金融专业学生毕业后对初次就业岗位具有一定冲击力的基本要求。

商业银行授信业务、银行产品、金融服务营销、个人理财、银行网点经营管理等学习领域(课程)教学主要针对银行客户经理、业务管理等岗位人才培养的需要设置，满足高素质技术技能型金融人才培养的能力要求，形成学生转岗具有一定的竞争力，同时后续发展具有一定潜力的人才培养目标。金融专业课程体系设计见图1。

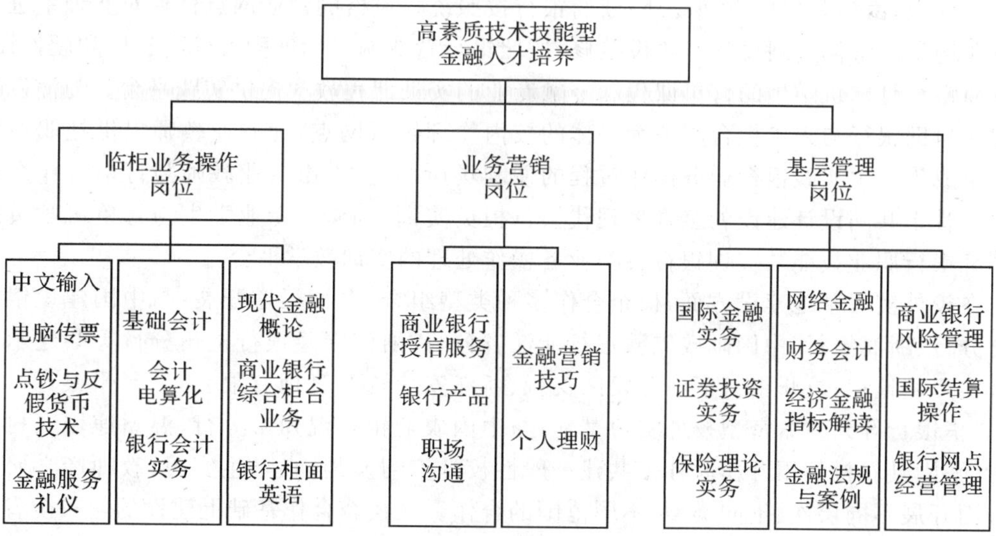

图1　金融专业课程体系设计

(三)以校企深度融合为载体,构建互渗式高素质“双师”结构教学团队

专业教学改革师资队伍建设是关键,金融专业依托深度融合的校企合作平台,共同组建互渗式高素质“双师”结构教学团队。在教学团队的建设过程中,校内专业教师通过行业挂职锻炼与实习的方式,参与行业专题调研,深入行业一线参与业务学习与实务操作,规定每位专职教师每三到五年必须到金融企业实习或挂职锻炼半年,奠定践行教学与实践零距离的专业基础。同时,金融专业与订单企业密切合作,以金融企业分支网点机构领导和一线业务骨干为核心,组成行业兼职教师队伍,将行业兼职教师请进校门,除对专业建设方案的制定与修订提供专业指导、担任专业实践课程、订单课程的教学任务外,还对专业学生专业实习、毕业实习、毕业设计等过程环节进行业务指导,全方位参与专业人才的过程培养。

一支高素质的互渗式“双师结构”教学队伍,兼具行业的实用性特色与专业的教研能力水准,确保了金融专业培养出来的学生业务素质高、岗位适应度高、业务上手快、动手能力强。

(四)以合作办学为特征,与订单合作企业共建校内外实习、实训基地

职业教育的本质是面向具体职业岗位的教育,学生动手能力的培养与综合职业素质的提升是职业教育人才培养的重心所在,作为人才培养重要承载体的校内外实训实习基地建设则是提高高素质技术技能型人才培养的重要条件保障。金融专业在人才培养的实施过程中,紧密依托金融行业,充分发挥校友优势,整合集团资源,通过与订单合作企业的全方位紧密合作,构建校内外实训实习基地,以提升学生职业能力,提高学校教育教学质量水平。

在校内实训基地建设方面,基于财经类高职院校的一般特点,强调真实化职业场景的实训效果,校企共建多种方式结合,多种形式呈现。与浙商银行总行共建浙商银行校内真实场景的实训室,由学院提供空间场地,浙商银行按照统一风格的营业网点格局对实训室进行内部营业场景的整体规划设计与建设装修,按照银行营业网点标准配备各类软件和硬件设施,为浙商银行订单班学生的订单课程和金融专业的实训课程教学提供实践平台。与浦发银行共建融自助银行与人工柜台服务为一体的校内物理银行网点,为专业教师提供挂职锻炼的同时也成为学生实践银行业务操作过程的便利场所。此外,由专业教师与订单合作企业一线业务骨干共同设计建设的全真型现代银行柜员实训中心,为专业学生与订单班学员提供了训练银行职业技能与实训银行各类业务操作处理的实训教学平台。

在校外实习基地建设方面,校企合作多种类型组合、多种渠道开展:与中国建设银行浙江省分行、浙商银行、中国邮政储蓄银行浙江省分行、浙江泰隆银行杭州分行等共建示范性校外实习基地;与杭州银行下沙开发区支行、浙江安信资产管理有限公司、台州银行杭州分行、金华银行等共建紧密型校外实习基地;与中国农业银行温州市分行、温州鹿城农村合作银行、平阳县农村信用合作联社等共建一般性校外实习基地,在学生实习、教师产学研合作等方面开展不同层次、不同类型、不同范围的合作。在校企合作基础上建设的遍布全省各地的校外实习基地,为学生开展专业实习、毕业实习提供了基本教学条件与实践场所保障,为高素质技术技能型金融人才培养奠定了良好基础,为学生毕业后胜任金融机构相关工作岗位打下了坚实的基础,实现了学生毕业与上岗的“零过渡”。

(五)构建开放式的办学管理平台——银领学院,为校企合作订单式培养提供机制与制度保障

职业教育的职业性特质,对专业教学过程的工学结合、岗位实习等内容方式要求较高,而财经类院校由于专业人才培养面向就业岗位的特殊性所致,一般情况下,企业出于相关工作的安全性、机密性、特殊性等风险控制方面的考虑,不愿意接收学生实习,对于特殊行业的商业银行等金融机构而言,这种情况尤为突出,高门槛处处可见。如何破解这一难题,形成稳定的、长效的校企合作机制是职业院校专业人才培养过程中必须克服的一大难题。

校企合作全面达成专业人才培养目标,实现学生向职业人的顺利过渡,必然要求专业的课程体系建设、教学计划安排、毕业实习等教学工作的制度化和可持续发展。金融专业依靠由订单式人才培养内生的校企合作育人机制与融合金融企业文化的教学管理制度,构建了开放式的教学管理平台——银领学院,为订单式人才培养提供制度和机制上的保障。

依托校企共建的银领学院平台,商业银行在每一应届学生的第四学期末统一进校,与学生进行双向选择,签订订单培养协议,签订协议的学生由银领学院和商业银行共同培养,使进入到银领学院的学生成为各家商业银行的"准员工",把实训教学和毕业实习变成了学校和订单银行共同的事情,很好地解决了财经类职业院校实训教学与毕业实习难的难题。参与订单培养的商业银行将学生的实训教学与毕业实习纳入企业自身日常管理规范,对订单班学生实行职业化教育、员工化管理,使工学结合教学管理更加规范化,学生到商业银行工学结合和毕业实习的难题迎刃而解,订单企业的师资、设备、标准等融入了专业教学过程中,形成了有效的校企合作运行机制与制度保障。

三、金融专业教学改革的成效与可持续发展的相关思考

(一)改革成效

1.校企深度融合的订单式人才培养,形成了招生与就业双畅局面。

"一会、两有、三熟"的高素质技术技能型金融人才培养目标的准确定位、校企深度融合订单式人才培养的有效途径、基于银行业务工作过程与岗位职业能力标准的系统化项目课程体系建设、创新体现工学结合内涵的教学内容安排与教学改革模式实施等等,使得金融专业人才培养更加符合用人单位的实际需求,学生培养质量不断提高,毕业生在商业银行各种技能比武活动中屡获各种奖项,荣获岗位能手、劳动模范、首席工人等荣誉称号,毕业生见习期满后,平均年薪高,学生和家长满意度高,学生的社会认可程度亦不断提高。金融专业80%以上的学生提前一年进入银行等各类金融机构订单班学习,就业后在银行业务一线工作,工作环境好。良好的薪金收入和岗位工作环境,吸引了大批学生报考,在自主招生考试环节,报名参加自主招生考试的学生数与专业录取比例已经达到了 40:1 的比例,就业畅、招生旺,以就业为导向、以订单为载体的金融专业教学改革成效明显。

2.订单式人才培养形成"赶集效应",校企深度合作育人机制形成。

高等职业教育不但要使学生具有较高的文化素质,掌握熟练的岗位业务技能,同时还要

实现学生顺利就业、优质就业。大规模、全程式、岗位型是金融专业订单人才培养的突出特点。校企合作组建了作为金融专业人才培养延伸的教学管理平台——银领学院，对订单人才进行大面积、集中式管理。通过学院和银行共同制订教学计划、共同选派师资、共同进行实验实训室建设，面向商业银行业务一线，培养高素质技术技能型金融人才。

在银行订单班组建过程中，各用人单位依据自身业务发展的实际需要提前提供用人需求信息，学生根据订单需求及标准要求进行意向选择，所有同类用人单位在规定的时间统一进校进行双向选择面试，先发优势后来劣势被有效规避，规范化的管理与惯例式的运作方式，将各用人单位的用人竞争前移，在校企合作上形成"赶集"效应，校企合作形成机制化运作与制度化效应。银领学院面向金融机构订单培养的学生规模历经五年，从2006届最初的两个班100多名已经发展到2013届的千余人，参与银领学院订单人才培养的金融机构数量增加到18家。金融"银领"人才培养的专业由金融专业已经扩展到学校所有经管类专业。

3.依托于校企深度融合，产学研领域取得显著成效。

专业教师依托于校企深度融合的产学合作平台，主动服务社会、服务企业、服务政府，产学研合作领域从原先单一的行业实习、行业员工业务培训等社会服务功能拓展到横向课题研究、行业职业资格认证考核等项内容，社会服务领域与服务层次不断提升。专业教师利用自身的专业优势主动为行业、企业和政府机构提供科研服务，承担省政府、省行业协会、各金融机构等委托研究课题；派出年轻骨干教师参与行业协会工作，到各金融机构挂职锻炼，将业务学习与行业服务有机结合；全程参与行业从业人员资格认证考试的考试大纲与教材的编写工作，承担浙江省银行从业人员反假货币上岗资格证书的培训与认证考核工作，是杭州地区银行业从业人员资格认证考试、外汇从业人员资格考试的考点之一；为浙商银行、浙江省邮政储蓄银行、浙江省农村信用联社业务人员提供业务培训；等等。金融专业社会服务功能齐全，成效显著。

与此同时，在专业建设上开展对口支援，对口支援浙江商业职业技术学院金融专业建设成为省级重点专业，为陕西银行学校、山西金融职业学院金融专业进行了为期半年的全程专业建设指导，在专业人才培养方案制定、课程体系建设、实验室建设等方面提供业务指导，还为几十所本科、高职来访院校介绍金融专业建设改革的成功经验。作为教育部金融专业国家级教学资源库牵头建设单位，为全国财经类高职院校金融专业建设提供建设范式，在专业建设方面、优质金融教学资源实现共享方面起到了很好的示范、辐射与引领效应。2012年金融专业获准浙江省优势专业建设立项，在专业内涵建设方面又站到了新的高度起点。

(二)进一步深化专业教学改革的相关思考

金融专业以就业为导向、以订单为载体的专业教学改革定位明确、思路清晰，实施过程方法到位、措施得力，成效明显。在下一步专业建设过程中，应该关注一些必须引起我们重视的问题，如在校企深度融合方面、在可持续发展方面、在学生个性化培养的深化方面。

1.要关注企业全程式参与与深度参与，积极寻求可持续性发展。

金融企业全程、全方位参与的订单式人才培养，使校企合作不断拓展与深化；订单式人才培养内生的企业用人竞争的"赶集"效应和融合金融企业文化的教学管理制度为订单式人才培养提供了机制和制度上的保障，从而实现校企合作的可持续发展。

金融专业教学改革的具体实践深化和拓展了订单式人才培养模式的内涵,使校企合作的育人机制贯穿于人才培养的全过程。我们把这种各个教学要素和环节都有企业参与的订单式人才培养模式称之为全程式订单式人才培养系统模式。

全程式订单式人才培养系统模式是一种成功和有效的人才培养模式,也是推进校企深度合作的有效载体。以订单式人才培养系统为核心,可以充分调动企业寻找优质员工的用人积极性,从而稳固校企合作的基础,建立可持续的校企合作机制。为有效实现高职人才培养的目标,校企合作应该深化和实现可持续发展,要把校企合作渗透到课程开发、教材建设、师资队伍建设、校内外实习实训基地建设和教学管理等专业建设等各个要素之中。校企合作的深化和可持续发展不但是巩固订单式人才培养模式所取得成绩的关键,还是有效解决融合企业文化的重要抓手。

2.关注普遍性培养的同时,积极寻求个性化培养的路径方法。

在专业建设深化过程中,在关注专业学生普遍性培养的同时,应与订单企业合作,努力探索订单班学生个性化培养的有效方案。针对每个学生的特长和个性特征因人而异地选择设计培养方案,使其在具备过硬专业技能的同时具备良好的后续发展能力,以利于其毕业后在单位的转型和提高。对于客户经理等营销岗位,则重点选择外向型的学生进行培养,培养内容侧重于人际沟通能力的提升与营销技巧的掌握;而对于综合素质高、在校期间有一定管理实践、各方面条件均比较突出的学生,主要针对商业银行基层网点经营管理方面进行重点培养,培养内容以基本管理能力提升与风险防范意识提高为主。

此外,高素质技术技能型金融人才培养模式的特点是以订单式人才培养系统为载体大规模全程式展开,因此我们重点关注的是如何提高进入订单班学生的职业素养与职业能力,而极少数没有进入订单班学生的职业化管理和培养方式也有待于深入探讨与研究,宽口径的专业基础和多样化就业方向备选模块采用、虚拟订单班的组建,可以是一种模式尝试。

[参考文献]

[1] 国家中长期教育改革和发展规划纲要(2010—2020 年)[EB/OL].[2010-03-01]. http://www.china.com.cn/policy/txt/2010-03/01/content_19492625_3.htm.

[2] 周建松,郭福春.高职院校订单人才培养的理论与实证分析[J].高等工程教育研究,2009(6):114—119.

[3] 郭福春.校企深度融合 打造"五位一体"专业教学团队[J].中国高等教育,2010(1):58—59.

[4] 陈解放.合作教育的理论与在中国的实践[M].上海:上海交通大学出版社,2006.

[5] 周建松,郭福春.寻求高职学历教育与岗前培训的最佳契合点[J].浙江金融,2008(3):12—14.

[6] 周建松,郭福春.高素质高技能应用型金融人才培养的市场调研报告[J].浙江金融,2008(3):17—18.

着眼教学实效　探索高职思政课与专业教育融合新路径

邹宏秋

高校思想政治理论课(以下简称“思政课”)担负了对大学生进行世界观、人生观、价值观、道德观和法治观教育的重任,是大学生思想政治教育的主渠道,对于大学生能否成长为中国特色社会主义事业的合格建设者和可靠接班人,具有十分重要的作用。但是,由于思政课课程内容具有较强的理论性、课堂教学容易产生的枯燥性、青年学生思维的活跃性、社会现实情况的复杂性和形势政策发展的超前性等因素的影响,思政课教学效果不够理想的局面仍然存在,课程的功能和作用没有得到充分的发挥。增强思政课教学实效性,就成为教育工作者多年来一直致力于思考和研究的课题。

一、高职思政课与专业教育相融合是增强教学实效的必由之路

思政课教学要富有实效,教学内容必须贴近实际、贴近生活、贴近学生,使理论充满鲜活的生命力,使学生获得分析和解决问题的能力。高职思政课与专业教育相融合,能够很好地做到教学的“三贴近”,解决教学中的三大问题,是增强教学实效的必由之路。

(一)贴近实际,关注和释疑高职学生的“三大困惑”

国际上,经济全球化、政治多极化、文化多元化、信息网络化趋势日益增强,地区和民族间的文化冲突与融合,西方敌对势力在意识形态领域对我国人民特别是青少年进行“西化”和“分化”的种种图谋,都对青年学生产生了不容忽视的冲击和影响。当代中国,改革已经进入关键时期,伴随着改革开放而产生的种种发展问题和社会矛盾,如权力腐败现象、经济犯罪现象,以及缺乏公平正义的现象如“替民做主”式决策、居民收入差距过大等,使得许多青年学生迷惘于理想和现实的反差之中、迷惘于道义与私利的矛盾之中、迷惘于德能与钻营的无奈之中,他们面临着理想和信仰的困境、伦理和道德的困境、生存和发展的困境。

而高校专业设置、专业招生规模、专业就业形势、专业领域竞争态势和发展空间等,都与国际国内形势和经济社会发展密切相关,专业的建设与发展总是直接而及时地反映出行业企业的发展变革,反映出我国改革开放和现代化建设的发展方向,反映出国际国内局势变化和时代的发展要求。高职思政课与专业教育相融合,能够授学生以了解社会、把握时局、分析问题和解决问题的能力,予学生以个人成才、社会发展、民族振兴的希望,激励和引导青年

学生自觉将个人的成长和发展与祖国的前途命运联系在一起，从而充分发挥思政课作为大学生思想政治教育的主渠道作用。

(二)贴近生活，改变课堂教学照本宣科的空泛说教

高校思想政治理论课教材作为基于实践的理论成果，其内容的高度概括性和规律性自不必赘言，然而也总是难免存在两个缺点：一是与瞬时即变、不断发展的现实相比较具有滞后性，二是理论本身是形而上的东西，具有深度的抽象性。如果思政课教学仅仅照本宣科、泛泛空谈，思政课就将沦为鸡肋，食之无味，弃之可惜。思政课与专业教育相融合，能够将抽象的理论还原为活生生的现实，教学内容与时俱进，打破学生不爱上课、不愿听课、不想思考的尴尬局面。

(三)贴近学生，转变高职学生重技能轻理论的固有观念

与普通高等教育相比较而言，高等职业教育具有鲜明的职业属性，校园文化和教学环境中处处渗透和展现出企业文化和岗位特征，高职学生的职业取向和就业岗位往往更为明晰。他们重视职业素质提升和职业技能训练，对于政治、哲学等思想理论往往不够重视，也缺乏兴趣。思政课与专业教育相融合，在教学内容上就贴近了学生的所思所需，使学生认识到思政课教学与自身成长成才和未来发展就业密切相关，认识到所学理论具有指导生活实践的重要作用，能够调动学生学习的积极性，逐渐转变学习态度。

二、实现高职思政课与专业教育有机融合的路径与理念

高职思政课与专业教育相融合，是指思政课教学内容的组织和选取上，要在遵循思政课教学大纲基础上贴近学生所学专业，自主、适当、生动地融入专业知识、专业技能、专业实训，顺乎自然地联系专业所对应的产业、行业和企业，增进学生对所学专业的认知，对相关产业、行业和企业的发展趋势、伦理规范、职业能力要求等的认知，在释疑解惑中唤起学生学习的积极性和主动性，促进学生自主学习、自我教育、自我管理，使学生以科学的态度对待思政课，以积极的态度获得专业发展。

(一)思政课与专业教育相融合的实现路径

1. 理论教学个性化。思政课与专业教育相融合，重点是教学内容上要与专业以及专业所对应的产业、行业、企业实际相结合，而不同专业的教学内容选取要有所区别，形成特定专业或专业群的个性化理论教学。较有普遍意义的实施路径有：(1)选用与专业或专业群密切相关的典型案例教学。帮助学生提高专业领域的记忆力、注意力、观察力、思维力等智力因素，增强专业领域的发展动机、兴趣、情感、意志和性格等人格因素；既要为学生专业知识和能力发展增添学识才干，又要增进身心健康。通过案例教学加强社会主义民主法制教育，加强人文素质和科学精神教育，加强集体主义和团结合作精神教育，引导大学生在增长科学文化知识的过程中提升思想政治和职业素养，知行合一，德才并进。(2)关于《思想道德修养与

法律基础》课教学，绪论部分“珍惜大学生活 开拓新的境界”始业教育中，融入专业人才培养方案内容和专业课程设置情况内容。在理想信念教育中融入职业理想教育，在进行正确的世界观、人生观、价值观教育中融入职业观教育。使大学生正确认识社会发展规律，正确认识国家的前途命运，正确认识自己的社会责任，教育广大大学生自觉把自己的人生追求同祖国的前途命运联系起来，树立为祖国繁荣富强贡献青春力量的远大志向。在道德修养教育中融入职业道德修养教育，引导学生磨炼意志、砥砺品格，树立用诚实劳动创造美好生活的思想和精神，从小事做起，从一点一滴做起，诚实守信，服务人民。形成良好的职业道德情操和道德修养，能够自觉遵守职业道德规范、进行职业道德自律。积极开展职业道德实践活动，把职业道德实践活动融入大学生学习生活之中，引导大学生自觉遵守爱岗敬业、诚实守信、办事公道、服务群众、奉献社会的基本职业道德规范。在加强法制教育和诚信教育中融入专业法律法规内容，增强大学生的职业法律意识和守信意识，提高大学生守法守规的自觉性，认识诚实守信的品德是立身之本、做人之道，树立守信为荣、失信可耻的道德观念。(3)关于《毛泽东思想和中国特色社会主义理论体系概论》课教学，在改革开放理论、中国特色社会主义政治建设、经济建设、文化建设、社会建设等理论教育中，在中国特色社会主义建设的依靠力量和领导核心等理论教育中，都能够紧密联系专业所对应的行业、企业和产业，通过对社会现实发展变化的观察和了解，对社会现实问题的深入思考和剖析，增强学生对理论内容的认同和理解。(4)关于《形势与政策》课教学，浙江金融职业学院在开展基本国情和形势政策教育中融入专业形势和政策教育，设立行业政策分析专题。

2.实践教学一体化。(1)教学实践基地建设。在专业所指向的行业、企业及其业务活动的城市社区、农村乡镇等地建立相对稳定的思想政治理论课教学实践基地。(2)建立与专业学习、服务社会、勤工助学、择业就业、创新创业相结合的社会实践机制。(3)将思想政治理论课教学内容设定为学生务必实训的练习和考核的主要内容。(4)思政课实践教学与专业实习相结合。浙江金融职业学院在专业人才培养中，一年级学生开展认知实习，二年级学生开展专业实习(工学交替)，三年级学生开展顶岗实习。思政课实践教学与学生的认知实习、专业实习和顶岗实习相结合，是我院思政课实践教学的一个重要途径。思政课教师首先将思想政治理论课实践目的、实践主题和实践要求向学生说明，指导学生在认知实习、专业实习和顶岗实习过程中自主开展思想政治理论课社会实践和社会调研，或者由思政课教师直接引导和带领学生到专业所属行业企业开展参观、调研、实习等社会实践活动。

3.师生关系人本化。思政课教师要关心学生专业发展，关心学生职业生涯设计，关心学生就业和创业，帮助学生解决思想问题和实际问题，既讲道理又办实事，既以理服人又以情感人，增强思想政治教育的实际效果。大学生处在思想成长阶段，他们的思想不仅容易受到社会环境中各种因素的影响，也容易受到个人遇到的具体困难和问题的影响，特别是专业学习、专业技能训练、专业发展困惑等问题的影响。思想政治理论课教师要能够认真分析对待学生的具体思想问题，一方面通过提高学生思想认识来解决，另一方面要通过帮助学生解决他们所遇到的一些具体困难和问题来解决。要热心、耐心、细心帮助大学生处理好成长过程中学习成才、择业交友、健康生活等方面的具体问题。

4.教育体系网络化。高职思政课与专业教育相融合，就形成了以思政课教师为主体，以辅导员和班主任、专业主任和专业教师为辅助的学校思想政治教育网络体系，使得思政课教学管理能够与学生所在专业、系部的专业教育和教学管理有机结合，将更有利于规范大学生的学习、生活和行为，促使学生养成自觉遵守学校和社会各项规章制度、遵守社会公德的良好行为习惯。

(二)思政课与专业教育相融合的工作理念

1.教改意义要明确。要深刻认识到二者有机融合对提高思政课教学效果以及专业人才培养都具有重要的意义。认清思想政治理论课既是大学生思想政治教育的主渠道，也是大学生专业理论学习、技能培养以及提高专业核心能力与素养的思想辅导课。二者有机融合有利于引导学生结合所学与所长思考自身面对的思想道德和法律问题、国家方针政策以及与专业相关的“形势与政策”，使学生在思政课学习中获得更多教益。

2.内容选取要科学。思政课教学内容丰富，涵盖面广。在教学内容的选取上应区分为两个层次。一个是基础性、普遍性和强调基础素质(思想素质、道德素质、法律素质、政治素质等)的教学内容层次，如理想信念、爱国主义、社会公德、基本法律修养、对国家大政方针的认同意识等；另一个是需要且适合紧密结合不同专业特色开展教学的内容层次，如职业道德教育、经济形势教育、国家大政方针教育、法律规范教育等。两个层次的区分也是思想政治教育共性与个性原则的落实和体现。

3.专业特点要鲜明。思政课与专业教育相融合，要求思政课教学中坚持原则性与灵活性的统一，在坚持教学大纲基本要求的前提下，针对不同的专业特色和特点来设计不同的教学方案与教学侧重点。如进行职业道德教育时，会计专业、金融专业或计算机专业的职业道德规范都不相同，教学重点也应当有所区别；同样地，法律基础部分、中国特色社会主义理论体系部分、形势与政策课部分的专题设计均应遵循这一思路。

4.教师素质要提升。思政课与专业教育相融合对教师素质提出了更高的要求。思政课教师不仅要了解和学习不同专业的人才培养方案、专业能力要求、专业课程体系等，还要求教师更加紧密地联系学生。以往那种一部教案和课件通行于各专业学生课堂的情形将难以为继。

三、高职思政课与专业教育相融合的人才培养联动效应

实施高职思政课与专业教育相融合的教学新路径，会引发教育者、学习者、教育成效三方面的联动效应，对提高高职人才培养质量具有直接的促进作用。

(一)拓宽思政课教师的信息渠道和知识视野

思政课与专业教育相融合，首先对思政课教师的综合素质提出了更高的要求。目前高职思政课教师的学历和学位都较高，但在社会其他领域的实践经历和社会阅历方面比较欠缺，许多高校思政课教师都是从学校毕业即到学校从事教学工作，对社会政治、经济、文化、环境等现实状况和现实问题的了解大多是源于教学资料和新闻、影视、网络及道听途说等途径。如果始终囿于单一的校园环境，对社会生活和行业发展缺乏切实的亲身感悟，就难以影

响和感染学生。思政课与专业教育相融合，要求思政课教师立足于学生所学专业，了解专业，把握专业特点和发展态势；并以专业为切入点深入行业企业进行社会实践，把握专业对应的具体行业、企业和相关产业状况及发展等，直接探寻社会变革背景、社会发展需求、社会问题表象与根由。融合专业，为思政课教师深入生活、了解社会提供了一个指向明确而又关联广泛的窗口，能够有效弥补思政课教师社会阅历不足的弱点，做到教学的“三贴近”。

(二)增强高职学生的自主学习意识和职业素质

思政课教师教学观念的转变，思政课教学内容和教学路径的创新，对高职学生的学习态度和素质提高影响重大。高职学生动手能力较强，但文化基础相对薄弱；自我意识增强，但自控能力仍相对较低。他们在以公共基础课程、通识课程为主的学校一年级课程学习过程中，往往陷于专业认知盲区，表现为对自己所在专业不了解，对专业课程设置及为什么这样设置不了解，对于未来的职业环境和职业发展更加不了解。思政课与专业教育相融合，就担负起相关的专业认知引导和专业教育工作，形成有利的专业学习导向和职业教育氛围；同时，也转变部分学生认为思政课只是泛泛空谈的偏见，端正思政课学习态度，变“要我学”为“我要学”，增强了学生的自主学习意识，自觉提高政治理论素质和思想道德修养，也强化了学生的职业意识，增强了学生的职业素质。

(三)促进高职学生的顺利就业和成就事业

我国就业形势中存在着“人找岗位”和“岗位找人”现象。思政课与专业教育相融合，教学实效性增强，有利于学生认清当前就业形势，树立起正确的择业和就业观念，以优势的岗位适应能力，遵循就业市场规则，更好地进行自主择业和主动创业；有利于避免发生因学生自身职业技能、素质、择业观念与经济结构调整或生产技术转变带来的难以适应就业岗位造成的结构性失业。

思政课与专业教育相融合，有助于高职教育在适应特定岗位需求的同时，增强学生持续发展的能力，促使高职学生成长为德才兼备、全面发展的人，从而使学生在成就自我中成就事业。这是因为，富有实效的高职思政课学习和实践，使学生具有正确运用马克思主义基本原理、立场、观点和方法，能够分析和评价社会中的各种现象；具有较好的理论思维能力和一定的政治关注意识、政治参与意识和政治敏锐力，拥有关注民生、关心社会、热爱祖国、面向未来的胸怀和抱负，具有强烈的历史使命感和责任感。思政课教学还培养高职学生具有爱岗敬业、诚实守信、服务群众、遵纪守法等基本职业操守和修养，具有合作能力、创新能力、解决矛盾的能力和心理承受能力等能力素质。高职学生能够以良好的综合素质积极投入到经济社会发展中，完善人生，奉献社会，在实现人生的自我价值中实现社会价值。

电子商务专业特色化建设探索

陈月波

[摘　要]本文认为，发展和壮大电子商务专业人才培养力度，符合我省区域经济发展和产业转型升级的需求，并从电子商务专业办学定位与岗位能力要求出发，提出了构建五位一体的"工学结合"特色化人才培养模式，阐述了创新创业型电子商务专业个性化人才的培养思路。

[关键词]电子商务；特色化建设；岗位能力；创新创业

一、发展和壮大电子商务专业人才培养力度，符合我省区域经济发展和产业转型升级的需求

据预测，2010 年全球电子商务交易额将达到一万亿美元，全球将有 1/3 的国际贸易将以电子商务的形式来完成。从全球范围来看，电子商务是未来 25 年内世界经济发展的最重要的驱动力之一，世界各国都十分重视信息产业和电子商务的发展。

我省的杭州"筑巢引凤"欲吸引全国电子商务企业安家落户。2008 年，杭州被正式授予"中国电子商务之都"的称号，杭州的电子商务网站总数占到全国的 1/5 以上，网盛生意宝、阿里巴巴、淘宝网、支付宝，都是闻名全国的"杭州制造"。2009 年，杭州仅面向个人的电子商务零售额就占社会经济零售总额的 5%—6%之间，而全国平均这个数为 1.8%，约是全国的 3 倍。目前，杭州在现有"中国电子商务之都"基础上，正计划全力打造"全球电子商务之都"与"互联网经济强市"，并将通过六大措施来推进传统产业"电子商务化"，大力推进电子商务普及应用、提升电子商务服务水平，并已遥遥走在了全国前列。我省的宁波也积极利用电子商务助推产业转型升级。在长三角地区，宁波市率先与中国国际电子商务中心在电子商务、投资促进、贸易便利化、服务外包、人才培训等方面进行深入合作。

如图 1、图 2 所示为电子商务服务企业直接从业和带动就业的人员增长情况。可以看出，随着电子商务应用普及，相关的网络推广、网络营销、互联网硬件维护、软件开发等电子商务服务企业对人才的需求（包括显性的和隐性的）呈指数性增长。

调查分析显示，电子商务人才所涉及的业务领域及分布状况如下：商业占 43%，IT 业占 15%，金融业占 13%，建筑业占 3%，旅游业占 3%，其他占 23%。

被调查对象的业务性质分布状况：服务业占 29%，贸易业占 29%，制造业占 27%，流通

业占 7%,其他占 8%。

被调查对象的企业性质及分布状况:民企占 45%,三资企业占 19%,国企占 16%,个体企业占 14%,股份制企业占 6%。

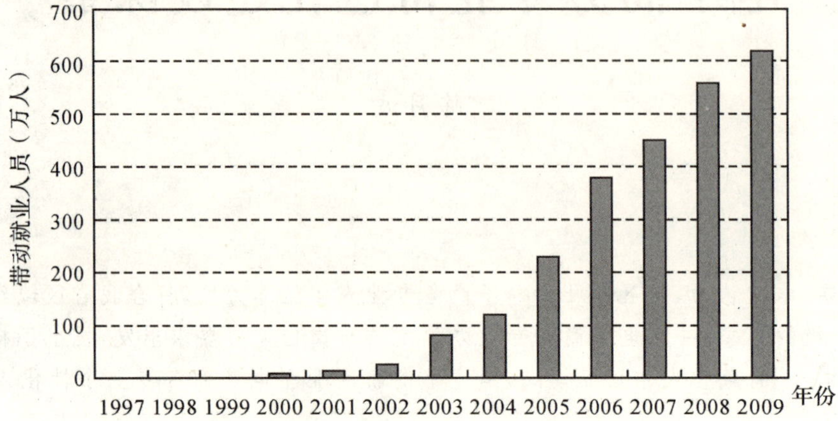

图 1　1997—2009 电子商务服务企业带动就业人员增长图

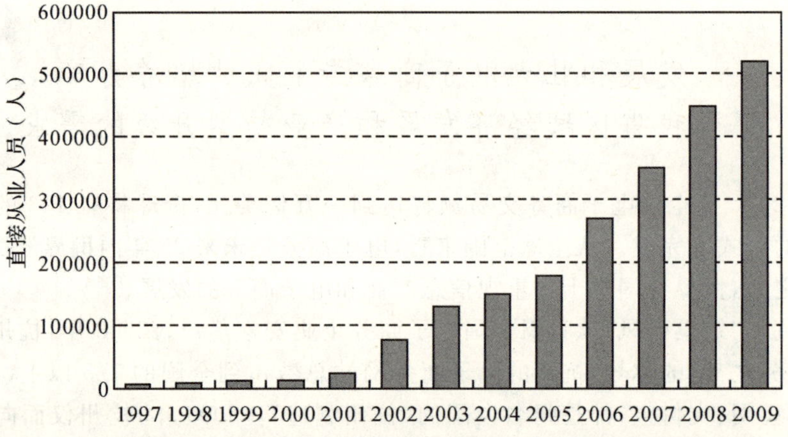

图 2　1997—2009 电子商务服务企业直接从业人员增长图

因此,发展和壮大电子商务专业人才培养力度,符合我省区域经济发展和产业转型升级的需求,做强做大我省的电子商务专业符合时代发展的需要,也符合地方经济发展需要。

二、电子商务专业办学定位与岗位能力要求

(一)电子商务专业办学定位与核心能力

高职电子商务专业的人才培养目标是:面向中小企业、IT 行业、金融行业、外贸企业、信息服务机构等电子商务一线岗位;具备营销、计算机、管理、会计、经济、法律、金融等基本知

识与能力；熟练掌握电子商务、企业管理、网络营销、物流管理、网页设计、网站维护等核心知识与能力；能胜任网络市场调研、网站运营维护、网站策划、编辑、网站推广、网络营销、网页制作、外贸电子商务等工作岗位；并具有良好职业道德素养、较强的沟通与团队合作能力的高素质技能型电子商务专门人才。

走“特色化”的专业建设之路。根据我院的情况，依托金融背景，注重网络营销，强调商务电子化技能训练，探索具有金融特色的电子商务专业。建设符合地方经济发展需要的电子商务专业人才培养体系，创建具有一流水准的高职的电子商务专业。笔者认为，我院电子商务专业人才应该具备的核心能力应该包括网络营销能力、网络交易能力、网页设计能力、网站维护能力（如图 3 所示）。

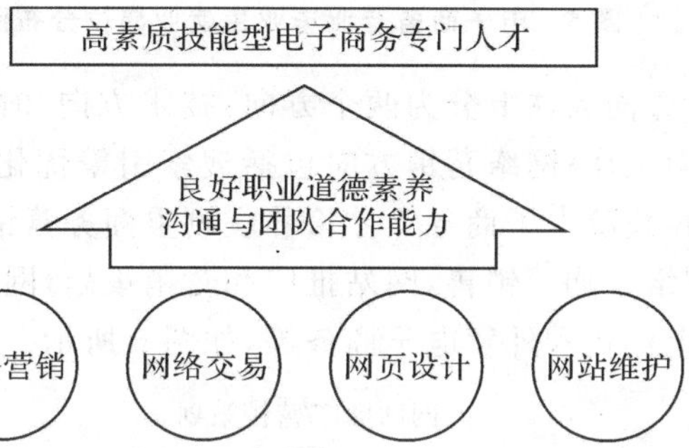

图 3　高素质技能型电子商务专门人才核心能力

（二）电子商务的人才需求与面向岗位

电子商务的人才需求层次是由实务层，实施层，策划决策层组成，是一个从简单到复杂的金字塔形，人才数量越往上越少。实务层是指一个电子商务项目运营中的实务操作层次，涉及各类商务支持人员，如客户服务，市场、贸易、物流和销售等诸多方面。实施层是指电子商务项目的实施过程，在这个层次中，要求具备项目实施能力，即能够参与或者领导项目的某一项工作，比如流程策划、界面设计、内容架构等。策划、决策层，是指能够根据环境和企业的具体条件策划其电子商务规划，辅助论证、决策重大项目问题。根据有关方面调查，企业所需要的电子商务人才可分为“技术型人才”“商务型人才”“综合管理型人才”三类。如图 4 所示，可看出企业对于商务营销型电子商务人才的需求量大。图 5 为电子商务专业毕业生就业岗位分布图。

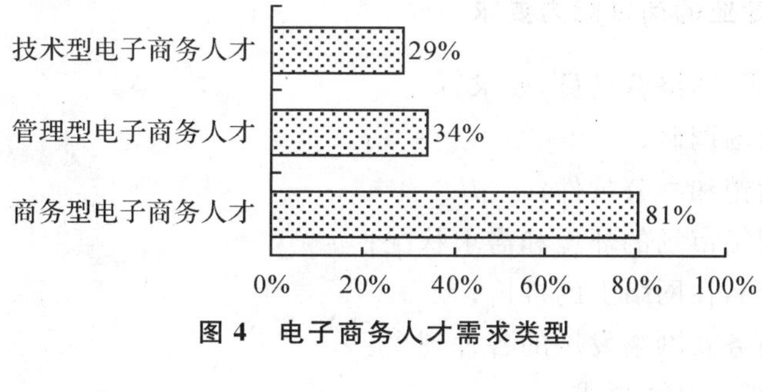

图 4　电子商务人才需求类型

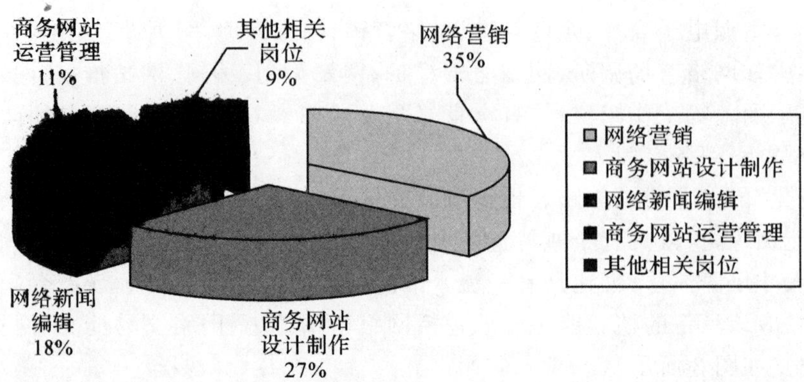

图 5　电子商务专业毕业生就业岗位分布图

电子商务专业就业方向大体上分为两个方向：技术方向和网络营销方向。技术方向主要是从事网站、美工方面工作；网络营销方向包括搜索引擎优化、网站编辑、网站策划、网站推广等工作。笔者认为，我院电子商务人才培养应侧重商务营销方向，其面向的工作岗位主要有网络市场调研和网络采购—销售，网站推广和营销策划，网页设计和网站策划、编辑，网站运营与维护，自主网上创业和外贸电子商务等，如图 6 所示。

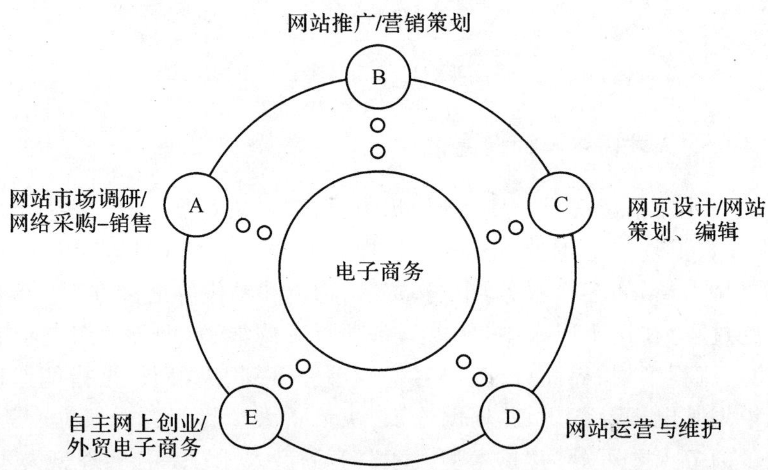

图 6　主要面向岗位

（三）电子商务专业的岗位能力要求

1. 网络市场调研、网络营销员，要求：

（1）熟悉网络市场调研；

（2）掌握网络营销和办公软件；

（3）负责了解网络市场的环境和需求状况；

（4）负责公司产品在网络上的推广；

（5）掌握电子商务及网络发展的各种理念。

2. 网站运营经理/主管，要求：

(1)熟悉网络营销常用方法,具有电子商务全程运营管理的经验;
(2)能够制订网站短、中、长期发展计划,执行与监督;
(3)负责整体网站及频道的运营、市场推广、广告与增值产品的经营与销售;
(4)负责网站运营团队的建设和管理,实现网站战略目标、流量提升与盈利。
3.网站策划、编辑,要求:
(1)熟悉网站策划、实施、运营、宣传等业务流程;
(2)熟悉电子商务运营与操作流程,能够洞悉电子商务的发展方向;
(3)熟悉企业网站的功能要求;
(4)有较强的中文功底和文字处理能力,具有一定的网站栏目策划、运营管理知识;
(5)具有较强的选题、策划、采编、归纳能力;
(6)熟悉电脑操作,掌握基本网络知识。
4.网站推广和宣传策划,要求:
(1)负责网站内容/网站网页设计/网站企划/网站营销企划;
(2)掌握网站社区的相关服务、内容规划及经营;
(3)会员维护及管理工作;
(4)能够独立做市场宣传策划及文案的撰写;
(5)能够熟练运用各种宣传媒介进行宣传推广工作。
5.网站开发人员,要求:
(1)负责网站 WEB 页面的开发与后台的技术支持;
(2)精通 ASP/PHP/CGI 等开发工具中的一种,能够独立开发后台;
(3)精通 SQL Server, Access,能够独立完成数据库的开发;
(4)能读懂常用 JSP 的代码,并且能够编写基本的 JSP 程序;
(5)精通 HTML 语言,能手写 HTML 代码;
(6)掌握 ASP,ASP. Net,JAVA,JavaScript,SQL Server 等技术;
(7)掌握 Windows 2000/2003,Linux/Unix 其中一种操作系统;
(8)熟悉 Oracle 数据库管理系统;
(9)熟悉网站的管理、设计规划、前台制作、后台程序制作与数据库管理流程与技术。
6.网站设计,要求:
(1)能应用 Flash,Dreamweaver,Photoshop,CSS+DIV,XML+XSL 等编辑网页;
(2)精通平面设计,熟悉 FrontPage,DreamWeaver,Flash 等网页制作工具,能够承担大型商业网站制作;
(3)熟悉 Photoshop,Coreldraw 等图形设计、制作软件,熟悉 HTML,ASP 语言;
(4)具备一定的视觉传达设计功底,擅长广告创意、设计在网络广告、传统媒体广告上的应用;
(5)对网站建设、VI 的设计及应用有一定的经验,具有沟通、合作精神,有创造力;
(6)熟悉 JavaScript,能够了解 JSP,Servlet 或 PHP,能独立完成动态网页;
(7)掌握 HTML,JavaScript,了解网站程序实现原理。

三、构建五位一体的"工学结合"人才培养模式

"工学结合"的专业建设思路，是通过校内实训、校外实训、学科竞赛、社团活动、自主创业等组成五位一体的工学结合模式（图 7）。实践环节由校内实验体系和校外实训体系组成，校内实验体系通过课程实验、专业实验、毕业设计环节组成，校外实训体系通过认知实习、专业实习、顶岗实习等环节组成。

在课程体系安排和建设上，充分体现我院的特色，一年级金院学子、二年级系部学友、三年级企业学徒，如图 8 所示。课程设置上由商务方向和技术方向两部分组成，具体的课程设置如图 9 所示。

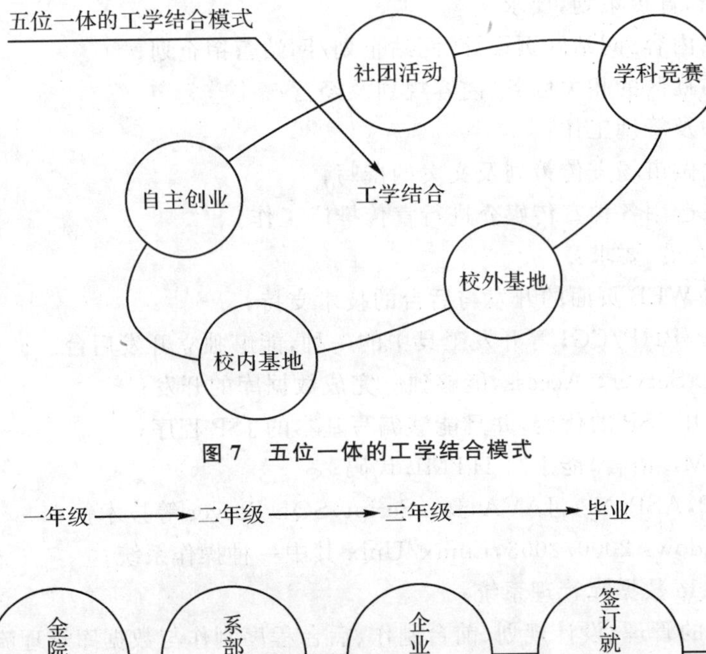

图 7　五位一体的工学结合模式

图 8　特色化课程体系设置

专业设置的课程，根据市场变化不断进行调整。如随着 3G 时代到来，电子商务即将进入移动电子商务时代，就必须开设相关方面的课程。通过课程特色化、产学合作特色化、教学方法特色化、教材建设特色化等方面取得建设性成果。

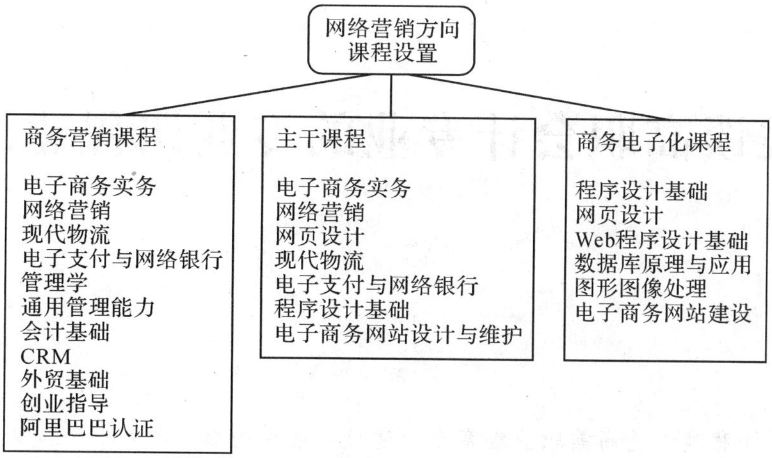

图9 特色化课程设置

四、探索创新创业型电子商务专业个性化人才的培养

我院电子商务专业经过几年的教学实践与摸索，通过建立个性化网络教学平台、开发了个性化自主学习系统、逐步形成了个性化课证融合体系，对开展创新创业型电子商务专业个性化人才的培养提供了有益的探索。

同时，积极培育电子商务专业的学生社团建设，着力营造以学生为中心的教学教育校园氛围。下一步希望通过建立电子商务创新创业实验室，开展创业与创新教学，在创业素养、创业内容、创业方法，创业模式上进行尝试。特别是开展学生在淘宝网上创业的训练，倡导电子商务专业学生网上创业理念。

[参考资料]

[1] 新竞争力. http://www.jingzhengli.cn/Blog/dj/74.html.
[2] 电子商务江湖. http://www.eczn.com/.
[3] 电子银行证书. http://baike.baidu.com/view/2079986.html.
[4] http://zhidao.baidu.com/question/4390954.html.

[参考文献]

[1] 陈月波. 高职电子商务专业课程体系与专业定位研究[J]. 绍兴文理学院学报，2008(12).
[2] 项义军. 电子商务专业人才培养研究[J]. 森林工程，2003(2).

浅谈高职会计专业的专业课程建设

伊　娜

[摘　要]课程建设是高等职业教育专业建设与改革的核心和基石。本文结合专业教师的实际教学经验，对高职会计专业的专业课程的建设提出自身见解，以期提高教学效果和学生实践能力、动手能力和创新能力。

[关键词]高职教学改革；会计专业；课程建设

近年来，高职院校不断深化教学改革、课程改革，但是受传统教育理念的影响，现在的高职会计教育或多或少仍存有这样那样的问题，没有完全体现出应有的职业教育特色。要使高职会计教育真正向培养高级应用型人才方向转变，必须对会计专业的专业课程进行整合，构建适应市场需求的高职会计专业的专业课程体系。

一、高职会计专业课程建设现状及存在的问题

(一)注重现代教育教学手段，但与专业关联度不够

在网络环境下，除了要求会计人员要熟练掌握会计专业知识和具备熟练的计算机操作技能外，还要求会计人员必须具备网络知识、数据库管理等相关知识。同时作为会计人员还应该能主动将各类信息技术较深入地应用于实践中，充分利用好财务软件，使会计电算化发挥最大优势。然而，目前各高职院校会计专业现代教育教学手段运用不足，一般只设置一些计算机应用基础和会计电算化等课程，这些课程只讲授简单的计算机操作技术，与专业关联度不够，学生一旦在工作中遇到计算机系统故障就束手无策，而对于计算机网络问题、数据库管理问题学生更是无从解决。

(二)课程课堂教学内容充分，但对学生拓展能力的培养不足

高职会计专业的课程设置最初是在本科课程设置的基础上调整而形成的，经过长时间的课程设置改革后，在原来的基础上结合社会的需要增加了一些新课程，对老课程也进行了调整。但课程体系使得学生的知识面越来越窄，不重视与其他专业的横向联系，将学生的思维人为地割裂开来，使学生对所学知识无法拓展。在教学内容上，没有做到根据“理论适度、

注重应用"这一原则进行,教师在课程教学安排中,理论教学比重偏高,实践教学比重偏低,且不同课程内容交叉重复,使学生学习负担加重,实际应用能力降低,教学效果欠佳。

(三)已注重与资格证书知识衔接,但学生的动手能力不强

各种职业资格证书已经成为用人单位对人才评价及需求的重要指标,会计从业资格证书、会计电算化证书、助理会计师证书、中级会计师证书等都是会计专业学生就业的"敲门砖"。因此,教学时应考虑以"双证书"的形式组织教学。把职业资格证书的标准融入会计课程内容,使教学内容与职业资格和就业岗位需求联系起来,这样在教学中不仅提高了学生的会计职业技能,而且还让每个高职会计毕业生轻松获得会计从业资格证、会计电算化证、助理会计师证等。但同时这样也使得学生过于注重会计知识的学习,由于课时有限,学生的实践时间就被挤占,动手能力的训练被忽视,往往是证书一本本,但走上就业岗位却一头雾水。

(四)课程教学模式的改革滞后,不利于对学生的学习成果进行评价

课程教学模式应包括教学方法、教学手段及考核方式等方面。教学方法、教学手段滞后,教师主讲的传统知识灌输型模式未能根本改变;多媒体、情景模拟教学、远程教学等现代化的教学手段尚未充分运用;评价学生的学习情况的手段比较单一,往往都是在学习结束后以一张试卷来定论,不重视学生在整个学习过程中的表现。而高职院校培养的学生是应用型的技术人才,他们除了应会考试外,更应懂得实际操作。因此,单一的考评方式影响了培养目标的实现,也会造成学生的学习主动性和创造性不足。

(五)已建立各种模拟实训实验室,但缺乏真正有效的利用

高职院校一向重视实训实验室的建设,应用各种会计核算软件将现实企业的实际业务在实训环境下进行模拟,使学生理解和掌握在计算机和网络环境中会计核算职能是如何实现的,使学生了解企业供、产、销过程中会计数据是如何被收集、加工存储和传输的。同时,还要培养学生以信息技术发展的角度去理解会计,能够适应信息化对企业管理模式、工作流程等带来的变革,学会利用现代信息技术优化会计工作流程、工作方式和方法。目前大部分高职院校将大量的经费投入会计信息化模拟实验室的软硬件建设,却没有好好地、真正地加以利用,致使学生对所学知识无法融会贯通,所学信息技术无法应用到会计中来,更不用说利用企业的内、外部网络实现信息共享了。

二、高职会计专业的专业课程建设的几点建议

高职会计专业课程建设应根据会计专业培养目标,结合就业市场变化,实现理论教学与实践能力有效结合,重点培养学生的应用能力,从而构建起适应社会发展需求的知识技能体系。为此,在高职会计专业课程设置上,应充分考虑知识和能力之间的联系,突出职业能力的培养,按照"知能兼备,德业双馨"的会计人才培养要求,以学生能力培养为目标,在专业课

程设置上，应注重会计实务教学，以“够用”“适用”为原则，在教学内容的选择上，应以就业岗位要求为出发点，以满足社会需要，提高会计教学的教学质量。

（一）将信息技术的教育融入会计专业的教学中来

高职会计教育一直加强信息技术教育，学生具备相当熟练的计算机操作技能，但学生的会计信息化信息系统的设计、使用和维护技能，以及利用电算化会计信息系统建立各种分析模型等一系列新的技能却远远不够。这就要求高职院校会计专业将相关计算机课程（如数据库技术与应用课程、网络课程、信息管理课程等）作为一种技术手段，而将会计专业的业务作为一种需求，再提供合适的会计教学软件和配备相应的计算机实验室，培养学生应用信息技术的真正能力，从而达到利用技术完成会计工作任务的目标。

（二）紧密结合市场及经济环境的需求，开拓学生的思维方式

在现代经济环境下，要求把会计问题放在一个更为宏观的经济管理的视野下加以审视，这就要求我们高职会计专业的课程要注重学生思维方式的拓展，而不能仅重视专业性知识的培养。在课程设置及教学方法上，应当紧密结合社会需求，树立以能力为本位的原则，邀请企业家、专业技术人员等参与到课程设置和课程建设中来。在对各个会计相关岗位所应具备的能力、素质和应掌握的知识进行调研的基础上，合理设置课程体系。如随着新的经济业务的产生和发展，企业涉及的新型业务的增加，将要求会计人员能对企业的金融衍生工具进行分析和判断并进行相应的核算，能看懂英文函件与凭证并编制英文会计报表等，因此应进行相关基础技能的培养，对拓宽学生知识面乃至专业知识结构的重整起到积极作用，使学生能更好地适应社会需求。

（三）课程教学应始终将提高学生的动手能力为目标

会计的理论知识与其他专业有所不同，它与实际工作是密切相连的，因此不能将考证作为终极目标，考证也是让学生掌握相关知识和能力的一种手段。因此要重视实训教学环节。过去高职院校的实训是安排在课程理论教学完成后进行的，但是到实训课时，学生的理论知识已经忘掉了大半，严重影响了教学效果。因此应在教学的过程当中，随时穿插安排实训，让学生在学中练、练中学，这样既达到了理论知识与实践的融会贯通，又能提高学生的应用能力。在所有专业课程学完后应安排会计综合实训，实训课程应分岗位进行，按会计工作的流程设置岗位，并让学生定期进行岗位轮换，使学生清楚各会计程序之间的相互联系，将所学的各种会计知识进行融会贯通。经过不断的会计实训，使学生真正熟练掌握会计工作的程序。还应在学生毕业前安排到企业进行校外轮岗实习，为其毕业后更好地胜任会计工作奠定坚实基础。

（四）课程模式需要改革，加强学生的教学参与性

教学过程中应本着“学生为主体的”的教学理念，在教学方法上实施项目化教学法，以项目为主线、教师为主导、学生为主体，在师生共同实施一个完整的“项目”工作而进行教学活动。在项目教学中，学生在教师的指导下，每一个人都参与到学习过程中，在探求结果的过程中理解和把握课程的知识和技能，最终让学生自己寻找到学习结果。在项目教学过程中，学生不仅体验到了寻找新知的艰辛与乐趣，而且还在这个过程中得到了锻炼，提高了分析问题和解决问题的能力。教师在项目教学法中是学生学习过程中的引导者、指导者和监督者，避免了传统教学中单纯的知识灌输，因此，极大地激发了学生的学习兴趣。在教学手段上，信息技术为会计教学手段的改进和创新提供了技术支持。把信息技术与会计学科教学有机地融合在一起，充分利用多媒体、网络技术进行开放式的教学。利用多媒体的图形、图像、声音让学生在轻松的环境下学习知识；利用强大的网络功能让学生查阅所需资料；利用电子邮件方式，可以解决习题作业批改和答疑。使学生接收到更多、更新的知识，丰富和扩大学生的专业知识面，建立合理的专业知识结构；在课程考核方式上，应以过程考核为主，考试考核为辅，考核的重点是强调学生能做什么，而不是强调学生应知道什么。

(五)充分利用实验室功能真正有效地开展会计信息化的模拟实验

开展会计信息化的模拟实验，会计专业学生可开设 ERP 实验教学，企业资源规划(ERP)是信息技术与先进的管理思想、管理方法、管理流程相融合产生的新型管理工具。它扩展了企业的管理范围，将供应商和企业内部的采购、生产、销售等业务密切联系起来，实现对供需链的所有环节的有效管理。它还实行企业业务与财务一体化，将企业供需链与资金链相对接，实现对企业的动态控制和各种资源的集成和优化，进而提升企业的管理水平。通过 ERP 实验教学，使学生掌握如何在企业内部实现信息共享，又如何与外部进行信息交流。使学生对所学理论专业知识有更深刻的理解，提高教学效果，而且还可以培养学生的思维能力、动手能力、独立工作能力和创造能力等。

综上所述，高职院校会计教育应依据会计职业特点，坚持以市场需求为导向，结合学生就业情况，积极开展高职会计专业课程建设与改革，进一步提高教学质量与效果，缩短高职会计教学与实际工作之间的差距，培养出适应社会发展和市场需求的应用型会计人才，使高职会计教育能真正培育出符合企业需求和希望的会计人才。

[参考文献]

[1] 孙孝江.中职会计专业“岗位”人才就业保障的探讨[J].现代阅读：教育版，2011(19).
[2] 马骏.谈新形势下会计教学的改革[J].西北职教，2010(5).
[3] 刘莹.对财会专业现状进行的思考[J].成功(教育)，2011(4).
[4] 潘炎建.关于中职会计专业优化调整的探索[J].职业教育研究，2011(6).
[5] 任少波.高职会计专业课程开发研究[D].杭州：浙江工业大学，2007.

高职院校会计专业素质教育有效实施的探究

施金影

[摘　要]素质教育作为一种先进的教育思想和教育观念，具有普遍性、前瞻性、针对性与层次性等特征。会计专业素质教育效果的优劣将直接关系到会计专业教学培养目标能否顺利实现，能否为社会输送高质量应用型的会计人才。结合浙江金融职业学院办学十周年经验，本文认为：高职院校如何有效实施专业素质教育、完善会计专业教育体系、改革教学方法与手段、培养高素质的会计专业人才、迎接新经济的挑战，已成为会计教育教学改革与全面素质培养面临的新课题。

[关键词]会计专业；素质教育；教学体系

一、会计专业素质教育状况分析

(一)西方国家素质教育的借鉴

20世纪80年代以来，经济全球化、高新技术发展和大公司经济权力空前集中等环境对会计人才培养提出新的挑战，会计教育不能与时俱进，加深了与会计实务的裂沟。美国的会计教育改革始于80年代末。80年代末到90年代初，美国学习会计专业的学生逐渐减少。究其原因，主要是因为大学会计专业培养出来的毕业生难以适应社会需求，从而导致毕业生的就业机会减少，致使会计专业对学生的吸引力大大减弱。美国Albrecht教授和Aack教授在美国管理会计师协会、美国注册会计师协会、美国会计学会和当时的“五大”国际会计公司联合资助下，从投入、产出和过程三个方面系统地描述了会计教育脱离会计实务的症状。与此同时，美国会计教育改革委员会(AECC)就应用型会计人才的培养提出专业能力素质和品质能力素质的要求。AECC认为，专业能力素质包括获取应用性专业知识的能力、应用性专业知识的掌握程度和应用性专业知识的运用等；品质能力素质包括文字和语言表达能力，人际交往和商业公共关系能力，组织领导能力，价值观、敬业精神和公民责任，职业道德责任和团结协作精神等。

近年来，西方发达国家在人才培养目标上更加注重对学生能力、个性和素质的教育，强调学生学习能力的增强与社会贡献相结合，强调职业道德和人格教育；同时对高等学校会计专业学生的教育更注重与就业的联系，培养目标强调满足社会的需要，能够胜任将来的工作或提高求职时的竞争力。借鉴发达国家关于素质教育的思想,结合浙江金融职业学院办学十周年的经验,本文认为,会计教育的目标模式应定位在素质教育上。以素质教育作为会计教育目标模式的质量特征,既包括了会计职业技能和职业道德问题,又涵盖了会计人员相关管理知识、综合技能的培养、综合素质的提高。

(二)我国实施会计专业素质教育的概况

我国会计教育起步于20世纪80年代,整个教育体系参照美国当时的体系建立起来。目前我国会计教育与美国会计教育危机面临着同样的问题,即会计教育脱离会计实务。传统会计教育模式偏重于会计专业知识与基本理论基础技能的教育。传统的会计教学模式是以教师为中心,以教科书为依据。在这种模式下,教授按部就班地讲授课本知识,学生也不一定能够形成对该门课程的一个总体认识,很难实现分析问题、解决问题能力的提高。从高等教育自身角度来说,目前我国高等教育由精英阶段迈入了大众化阶段,并逐渐向普及化进军,高等教育的培养目标、培养方式、质量观、价值观等都发生了一定的变化。变革人才培养模式,也是适应大众化高等教育发展的要求。在高等教育大众化背景下,高等教育既要培养大批在某个领域具有开发、领导、调控能力的社会精英,还要培养更多的具有较强迁移能力、一定实际技能和相当理论基础的一线劳动者。因此,人才培养观应增加实习、实训、实践环节,将教学目标与教学过程寓于活动课程中,有助于学生培养适应能力、冒险精神、合作意识以及实践、创新能力。

21世纪的会计教育,应当在培养专业意识的基础上,拓宽知识口径,扩展学生基础知识范围,使其具备较为扎实的经济学、管理学的基础和较为宽广的考察社会经济现象的视野,真正构建起金字塔式的定量分析与定性描述相结合的知识结构,同时注重发现问题、分析问题和解决问题能力的提高,以适应未来日趋复杂的会计工作需要。从市场需求导向看,实际用人单位对会计专业毕业生有较高的知识结构和能力结构需求,他们需要学校能培养出具有未来能够成为高级会计师应有的身心素质、思想道德素质、会计人文素质和专业素质的人才。从应具备的知识结构来说,除应有扎实的专业知识外,还需要自然科学、社会科学、科学技术、人文科学、法律知识以及与本专业有关的相关专业知识。从会计人才的能力结构来看,应包括记忆能力、观察能力、想象能力、思维能力、应变能力、创新能力、动手能力、自制能力、自学并不断优化知识结构的能力、语言文字表达能力、人际交往能力、团队协作能力。

二、高职院校会计专业素质的内涵

素质教育的内涵在于运用各种教育手段对受教育者进行各方面的教育,使之具有正确的世界观、人生观和价值观,能够适应各种环境变化,具有创新能力、实践能力、科学精神,成为对国家、对社会、对人类有责任感、有作为的有用之才。按照素质结构分层说的理论,会计素质结构首先可从宏观上划分出一级素质结构。一级素质结构比较抽象和概括地把握教育者必备的共性素质要素,主要包括身体素质、心理素质、智能素质、道德素质、审美素质等;其次,在一级素质结构的基础上,从会计素质要求的特殊性出发,分析其内容结构,组成二级素质结构。这些素质主要包括记忆能力、思考能力、实际操作能力、判断鉴别能力、表达陈述能力、交往协调能力、决策能力及创新能力等。本文认为，高职院校会计专业素质主要包括职业道德素质、会计业务素质、会计综合素质等。

(一)会计职业道德素质

会计职业道德是指从事会计工作的人员在履行其职责活动中应具备的道德品质，是调整会计人员与国家、不同利益群体以及会计人员相互之间的社会关系及社会道德关系的总和。它是一般社会公德在会计工作中的具体体现，是会计工作中要遵守的行为规范和行动准则。爱岗敬业、熟悉法规、诚实守信、客观公正、实事求是地处理各种会计事务是会计职业道德及基本要求。会计人员具备较高的职业道德修养是由会计职业本身的特点决定的，这是因为会计人员是会计秩序和市场经济秩序的重要维护者，会计的职业道德在某种程度上决定着会计工作的质量。

(二)会计业务素质

会计业务素质是指高职院校通过对会计专业学生的教育所传授的会计专业技术相关知识内化所形成的素质。它要求会计人员具有较高的会计职业判断能力，面对复杂的社会经济环境中出现的各种业务问题，能够运用相关的知识、技能和经验，做出符合职业道德规范和会计准则的分析、判断和处理。这就要求会计人员熟悉国家有关方针、政策、准则及法规等，具有良好的业务能力，即会计核算能力、财务管理能力、计算机运用能力、执法监督能力及审计查账能力等。只要具备扎实的理论知识，才能从专业的角度把握会计工作的基本规律，解决各种实际问题。此外，会计人员除了要掌握会计基本理论知识之外，还需要有相关知识的配合。这些相关知识包括各类企业、组织方面的知识，审计知识，经济学、管理学知识，不同宗教、文化知识，信息技术知识等。

(三)会计综合素质

会计综合素质是指人的适应能力、生存能力、社交能力以及为人处事、逻辑思维、开拓创新等方面的素质。高素质会计人员要从过去单纯记账核算向经营管理过渡，对企业的资金运动及其成果进行预测、决策、计划、控制、检查、考核和分析，提升自身的职业管理能力；会计人员不仅要会核算经济业务，还要善于与政府机关、职能部门、客户及企业内部处室打交道，提高个人社交协调的能力；在管理思想方面，会计人员要树立新观念、新思路、新理论等；在管理手段方面，要有新方法、新秩序、新措施等。此外，作为企业管理团队中一分子，会计人员必须具备自愿合作、协同努力的团队合作精神，这样才能和其他员工一起形成强大的凝聚力，高效、快捷地完成会计工作。

三、高职院校会计专业素质教育体系的探索

高职院校会计专业素质教育体系由人才培养目标体系、理论教学体系、实践教学体系和

基础保障体系构成。人才培养的目标体系是核心，它既在一定程度上决定着会计专业素质教育的教学体系和基础保障体系的结构，同时又取决于这些体系的功能水平，在整个体系中起驱动作用。会计专业素质教育教学体系是指各个会计专业素质教育环节通过合理配置，呈现出来的具体的教学内容，它是外在的，是会计专业素质教育目标体系的具体体现。基础保障体系在专业素质教育实施过程中起着强有力的后盾作用。

(一)会计专业素质教育人才培养的目标体系

会计专业素质教育的目标是指学生通过会计专业素质教育系列活动后，在职业素质养成、技术应用能力和职业技能上应达到的水平或标准。在确定会计专业素质教育目标体系时，要把人才培养目标的基本要求按类别、分层次、划阶段地剖析成具体的个别目标。会计专业素质教育目标的制定，既应有行业、企业用人单位或部门的专家与教育部门研究人员参与，也要有学校教学管理人员和任课教师参加，前者提供专业相应的技术应用能力标准、职业素质结构与职业技能的要求，后者既是制定目标的参与者，又是目标的实施者。会计专业素质教育的目标体系应该以培养应用人才为主旋律，注重学生的专业素质教育，关注职业技能的获取，实现综合素质、理论知识和职业技能有机结合。

(二)会计专业素质教育的理论教学体系

会计理论教学模式应根据课程特点、教学内容特点，选择适合的教学模式。各教学模块要强调学术理论知识和职业技能两方面的平衡，既重视培养学生的专业知识，又重视培养学生的通用能力；改变以教师为中心的课堂教学模式，建立以学生为中心，重视学生个性发展，鼓励学生个人潜能开发的课堂教学模式；制订以学生为中心的教学大纲，明确各教学模块的培养目标和实现途径，保证各模块培养目标的实现。通过开设大学生体育、心理学等身心修养类课程，培养自然人身心素质；通过开设毛泽东思想、邓小平理论、马克思主义基本原理等政治修养类课程；通过开设大学语文、大学英语、公共关系学、管理学等课程，培养社会人综合素质；通过开设思想道德修养与法律基础、会计职业道德等课程，培养职业人道德素质；通过开设基础会计、财务会计、审计实务等核心专业课程，培养会计专业人专业素质。

(三)会计专业素质教育的实践教学体系

多元化的会计专业素质教育体系是会计素质教育成功与否的关键。高职院校应以培养学生的创新精神和实践能力、综合运用能力为目标，从会计专业素质教育体系设计、会计实验教材建设及会计实践性教学环境优化等方面，不断探索新的会计专业素质教育模式。首先，运用建构主义学习理论建立新的教学理念，将学生作为实践性教学主体，在实践性教学过程中主动建构知识。其次，应明确“实践性教学助科研，科研为实践服务”的教学指导思想，采取带领学生做课题、带领学生去现场实地教学调研等新颖的会计专业素质教育方式，达到师生互赢的教学目的。此外，为了体现会计专业素质教育项目的多样性、教学方案的自主性、教学过程的自助性，学院从会计的专业基础课程起步，设置与理论同步的专业实训课程，尽早地使会计理论与会计实践实现“零距离”接触；在原有的手工模拟实习和单机环境下模拟实习的基础上，强调网络环境下专业课程实训和综合模拟实习的重要性。通过构建以多主体（企业、学校、学生）、多平台（校外实习基地、校内实训中心、社会实践场所、竞赛、课堂）、多目标（社会实践能力和专业实践能力的提高）、多形式（军事训练、感知实训、企业实训、文献检索、调研实训、毕业设计、专业实习）为特色的会计专业素质教育体系，培养学生的创新能力、实践能力和创业精神。

（四）会计专业素质教育的保障体系

会计专业素质教育的保障体系主要包括教学队伍、教学基地、技术设备设施、教学管理和教学评价制度等。支撑保障体系的建设已成为会计专业素质教育效果的重要因素，其成功与否决定着会计专业素质教育的成败。健全的保障体系是人才培养模式顺利实施的关键所在。会计专业素质教育保障体系要求有熟悉经营、管理、服务第一线，掌握过硬技术的双师型专兼职教师，较完备、先进的技术设备实施，仿真性的会计专业素质教育环境以及良好的学习环境等三个重要条件。培养高质量的人才离不开一支优秀的教师队伍、良好的教学条件、规范的运行管理体系和具有有效激励功能的政策。这是一个系统工程，需要全方位的改革和全员的配合，任何一个要素得不到保障，都会影响人才培养目标的最终实现。

从市场需求导向看，高职院校为适应会计专业“厚基础、宽口径、强能力、高素质”的人才培养目标的要求，应以提高会计专业学生的核心竞争力为根本，以综合素质和应用能力培养为主线，将会计教育的着眼点由专业知识教育转向素质教育上来，全面培养会计专业学生的自然人身心素质、社会人综合素质、职业人道德素质、会计人专业素质，进一步提高会计专业学生的创新能力、实践能力和创业精神，构建高素质应用型会计人才的培养模式。

［参考文献］

［1］邹连兴．创新教学是提升教学质量的永恒动力［J］．中国高等教育，2004(22)．

［2］秦桂莲．高职会计专业构建“需求——能力”型模块式课程体系问题研究［D］．大连：辽宁师范大学，2004．

［3］潘煜双．会计学专业实验课的“点线面”教学法［J］．黑龙江高教研究，2006(10)．

［4］吉文丽．高职会计与审计专业人才培养模式改革的研究与实践［J］．中国职业技术教育，2006(12)．

［5］江锋．高职会计专业实践教学“三位一体”模式探索［J］．财会月刊：综合版，2006(7)．

浙金院会计专业实施中高职一体化的体系构建

张惠君

[摘　要]探索中高职一体化教学模式是促进中高职教育良好发展的通道，是改善中职教育现状和提高高职教育生源数量和质量的有效途径。文章通过对浙金院会计专业中高职一体化教学现状及存在的问题进行分析，构建了浙金院会计专业中高职一体化的专业标准、课程标准、课程体系、教学进程等体系。为我院发展中高职一体化提供了思路及对策。

[关键词]会计专业；中高职一体化；模式；构建

近年来，随着我国高等教育大众化进程的推进，高等职业教育也迎来了大扩招和大发展，在招生人数、在校生人数、高职院校数等方面都获得了一定的增长。据教育部年报统计，2012 年全国具有高考招生资格的高职专科院校共有 1288 所。在校生人数已达 1000 万，伴随着高职院校的不断发展和壮大，其在校学生规模已经成为高校学生总人数的重要组成部分。而同时随着社会经济的发展，我国高职院校扩招步伐的前进及终身教育思潮的影响，劳动者对于终身不断学习发展的需求日益增长，中职毕业生也不再满足仅仅获取中等职业学校毕业证书和中等职业资格证书。中职升入高职院校继续深造的人数持续不断地增长，浙江省更是率先提出到 2015 年，中职生的升学比例要达到 30%这一目标。中高职衔接无疑已成为培养高技能人才的重要途径。

一、浙江金融职业学院会计专业中高职一体化发展现状

中高职的衔接发展绝不是中职与高职两个系统的简单链接，而是两个系统在多种特征上兼容性的繁杂适配。经过多年的摸索与实践，我国在中高职衔接方面的研究已取得了一定的进展，在实际工作中也总结出了很多有效的衔接模式。主要有一贯制模式、对口升学模式和直通制模式三种。

对于中职和我校的衔接，我校在现实当中曾经实施过两种模式：

一是一贯制模式，即我校与几个中职学校形成的衔接模式，通常叫五年一贯制，具体可分为“3＋2”和“2＋3”两种形式，即学生在受完中等职业教育 3 年的基础上再接收到我校接受 2 年高职教育，毕业后发给相应的中职和高职文凭。

二是对口升学模式，即中职与高职各自根据自己的学制年限进行教育，部分中职毕业生(中专、技校、职高毕业生)完成3年中职学习，通过升学考试进入我校接受3年的高职教育模式。中职毕业生自由选择报考高职院校，中职学校和我校没有合作关系。

二、一贯制模式和对口升学模式在发展中存在的问题

(一)培养目标不衔接

各层次职业教育培养目标的准确定位是实现完善的职业教育课程体系和教学标准的前提条件。目前，我国同类专业的中、高职教育专业培养目标之间没有依存性。高职教育高端技能型专门人才的培养与中职技能型人才的培养相对独立，没能建立其技能型人才和高端技能型人才培养的衔接。中职教育偏重于对学生操作技能和就业能力的培养，存在着轻基础、重专业，轻理论、重实践，轻理解、重操作的现象，使学生很难适应高职教育更广、更深的理论学习，达不到高端技能型人才培养的基本要求。

(二)课程设置不衔接

根据对会计系三校生的调研发现，在课程设置上，中高职衔接存在以下问题：

1.文化基础课存在脱节现象。中职毕业生升入高职学习，在文化基础课学习上比较困难，而且主要集中在数学和外语两门课程上。但是，中职毕业生在高职学习专业课方面普遍较为理想，有的甚至感到轻松。因此，中职学生在高职院校学习文化基础课困难的问题，一方面确实反映了中职要加强文化基础课教育，重视打好可持续发展的基础问题，另一方面也说明目前的中、高职教育，在文化基础课教学内容和要求上存在着一定的脱节现象。这种脱节现象的存在反映了中、高职课程结构设计的思想和原则的差异。中职教育按其性质、任务和培养目标的要求，以职业素质、能力为根本组织课程内容体系，文化基础课的安排遵循了“必要、够用”的原则；高职教育则从高等教育的要求出发，在普通高专的思维惯性作用下，文化基础课以普通高中为参照系。

表1　中职阶段开设的基础课程情况

课程	语文	数学	英语	思教	音乐	体育	历史	地理	其他
人数	149	149	149	114	61	143	17	17	38
比例	100%	100%	100%	76.51%	40.94%	95.97%	11.41%	11.41%	25.50%

2.专业理论课程重复。专业理论课程还可分为专业基础课和专业课两类。这两类课程在中、高职课程设置中均有较多的重复现象。这是因为中职教育有较明确的职业定向，毕业生一般只能按专业对口的要求报考高职；同时由于中职教材建设的滞后，大多采用高教和中专的专业课教材，因此在目前中、高职沟通不充分的情况下，专业理论课程重复现象是不可避免的，而且达到了较为严重的地步。

表 2　中职阶段开设的专业课程情况

课程	人数	比例
基础会计	149	100.00%
企业财务会计	147	98.66%
企业财务管理	149	100.00%
税法	52	34.90%
法律基础	34	22.82%
成本会计	45	30.20%
会计电算化	115	77.18%
证券	4	2.68%
保险	17	11.41%
统计	74	49.66%
其他	10	6.71%

3.技能训练重复。在实习训练与专业技能培养方面，高职与中职理应体现出层次内涵上的差异，然而在实际情况中，高职院校技能训练定位低，中职学生升入高职后，有些实践训练项目与中职相差不多，存在重复训练的现象。

表 3　中职阶段开设的技能课程情况

课程	人数	比例
珠算	108	72.48%
点钞	83	55.70%
中文输入	54	36.24%
电脑传票	21	14.09%
手工翻打传票	21	14.09%
其他	13	8.72%

4.其他课程的衔接不对称。除上述三类课程内容外，中职在近几年为了全面提高学生的基本素质，开设了不少校本课程，如美育、环保、人口、资源、法制和创业指导等。因此，中职课程结构在一般形式的基础上，各地各校又各具特点。尤其是探索推行“宽基础、活模块”的地方和学校，往往根据当地经济建设和社会发展的实际需要，相对于中职的这种多样化的特点显得单一，呈现衔接的不对称性。特别像浙江金融职业学院是采用独立性学制结构的高职院校，学生来源广、差异大，这种现象更为突出。并且各区域的生源又来源于不同的中职，其中教学的差异性更大。比如杭州区域的 46 个生源分别来源于 8 所不同的学校，这些学校开设的其他课程各具特色，具有很大差异。

(三)教学模式不衔接

我院基本上都采取了教学做一体化的教学模式,而通过调查分析发现,三校生在中职阶段只有59.12%的学生接受了工学结合的教学模式,75.47%的学生接受的还是讲授为主的传统教学模式。在教学模式上存在不衔接的情况。

表4 中职阶段授课方式

中职阶段授课方式	人数	比例
讲授为主,辅以相关配套练习	120	75.47%
以实务操作为主,辅以相关的知识讲解	47	29.56%
"教学做"一体化	94	59.12%
其他	4	2.52%

(四)高职考试与中职实习时间有冲突

中职学生毕业实习与高职招生考试复习迎考时间上的冲突,影响了考试成绩。无论职高或中专,第三学年第二学期多数进行毕业实习,而高职招生考试也恰恰安排在这一学期。实习时许多用人单位把学生当整劳力使用,实习时的表现,又直接关系到毕业时是否被录用。因此,准备参加高职升学考试的学生,一方面要参加毕业实习,另一方面又要复习迎考,精力和时间难以兼顾,这也是影响考试成绩以及部分学生虽报考但最终放弃继续升学的因素。

三、会计专业中高职一体化体系的构建

(一)制定中高职一体化的专业标准

1.专业标准制定的原则。

(1)构建整体职业教育人才培养体系。设计中高职一体化课程结构的前提,是根据社会需要和职业岗位的要求,按照职业分类和职业标准,确定技能型人才从初级到高级的职业能力标准和层次结构,构建一个整体职业教育人才培养体系,明确中职培养技能型人才和高职培养高技能人才的目标及其标准,避免中职、高职培养目标出现职业能力水平和教育层次的重复和错位。

(2)实施中高职一体化教学计划。要使中高职衔接达到最佳效果,关键是实现真正的专业对口衔接实施一体化教学计划。应由教育主管部门组织高职院校、中职学校、行业专家和职业教育专家,根据企业相关职业岗位的工作分析,按照相关国家(行业)职业标准和职业鉴定考核要求,制定相应的职业能力标准,设计并实施一体化教学计划,制定中职与高职的专业教学标准。

(3)制定中高职衔接的接口标准。要确保中高职课程的高效衔接,关键是在一体化教学计划的设计中,必须统一制定相应的专业接口标准。根据目前实际情况,接口标准可分为专业、文化基础两部分。专业部分接口标准,可按照相关国家职业标准四级(中级工)和相应的职业鉴定考核要求制定;文化基础部分接口标准,与高职招收中职毕业生的考试要求一致。

(4)构建整体性的课程结构体系。要培养适应企业需要的人才,专业课程设置和教学内容必须与企业的岗位要求相结合。应根据企业职业活动,以工作过程为主线,按照工作任务和职业能力要求来设置课程和教学内容,以职业能力为核心构建整体课程结构体系。这样不仅能避免中、高职课程内容的简单重复,提高教学效果,而且能突出职业教育的特色,有利于造就高技能人才。

2. 专业标准的基本框架。

(1)人才培养方案设计思路。

(2)专业分析:包括招生对象与修业年限、培养目标、职业范围、人才培养规格、职业能力分析等内容。

(3)教学运行与实施体系。

教学运行包括:人才培养方案开发、专业课程结构、课程标准开发、专业核心课程、教学进程表、学期周数分配表等内容。

质量保障体系则包括:专业管理体系、校内外实习实训基地、顶岗实习管理、教材、校内实验室、校外实习基地等内容。

(二)中高职知识理论延续的课程标准基本框架

课程结构是课程内部各部分、各要素之间的内在联系和相互结合,具有一定功能的组织形式。中高职衔接一体化课程体系宏观上采用"工"字形结构,分为专门化方向课程、专业核心技术课程、大类专业基础课程和公共基础课程四个层次(见图1)。下层以大类专业为基础,学生的专业基础知识涵盖多个专业,专业基础面宽,适应性强;中间层以专业核心技术为支撑,专业稳定性好;上层以企业的职业活动为基础,每个专业对应若干职业岗位,针对性强。这样的课程设置和教学内容,不仅能够符合企业要求,也有利于学生的就业和未来发展。

1. 专门化方向课程。即按照专业相关职业岗位的工作要求,根据工作任务和职业能力设置的课程。通常一个专业对应若干个职业岗位,针对每个职业岗位要求设置专门化课程。课程教学内容注重与企业实践相结合,并涵盖相应的国家(行业)职业标准和职业技能鉴定考核的要求,与职业资格证书接轨。课程开发应以企业的职业岗位工作分析为基础,采用"项目任务分析"法,以工作过程为主线,按照工作规范、工作内容和性质确定工作项目、任务;然后分析完成每项任务所需的职业能力;根据工作任务、职业能力,按照工作性质、逻辑关系和相关性,遵循教学规律,设置课程和确定教学内容。专门化方向课程作为限选课程,学生可以根据市场需要,结合自己特点选择其中1—2门。此类课程可采用项目教学,根据企业的工作项目和职业技能鉴定考核要求设计项目,每个项目作为相对独立的单元,具有特定的教学目标和功能。

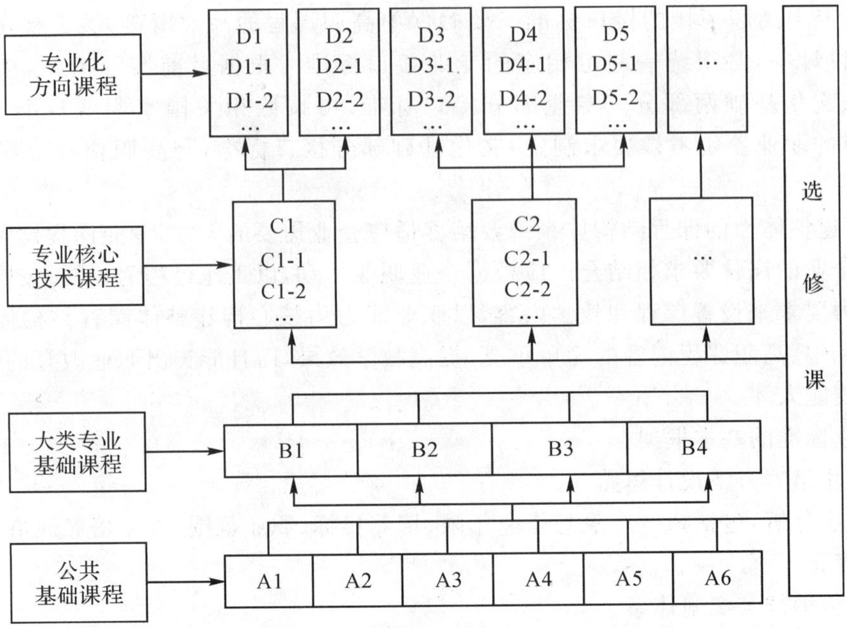

图 1　课程结构基本框架

2. 专业核心技术课程。根据各专门化方向之间具有共同的职业能力，提炼能反映专业特性的技术，以此为基础构建专业核心技术课程。学校职业教育与岗位培训的不同，在于不仅要考虑当前企业的需求和学生的就业问题，也要考虑学生和专业未来的发展。根据技术发展的生命周期理论研究，一般技术的生命周期较长，可达几十年，而产品的生命周期较短，因此以技术为基础构建专业课程，专业的生命周期就比较长。而按照企业的工作任务设置的任务引领型课程，由于教学内容紧密结合企业实践，有利于提高学生的实际操作技能，但若所有专业课程都按照工作任务设置也会存在弊端：一是有些专业覆盖面广，涉及的职业岗位多，相应的工作任务难以穷尽；二是由于技术进步和产业结构调整等，岗位变化大，毕业生实际就业岗位可能与所学不一致；三是各项工作任务分散独立，难以形成有机的整体，不利于学生形成系统的职业能力。因此，有必要设置专业核心技术课程，培养学生掌握本专业的基本技术和方法，提高综合职业能力。

3. 大类专业基础课程。大类专业是根据专业分类将相关的若干专业按照技术内涵划分的专业群。根据教育部颁布的专业目录，总体上可归纳为建筑、制造技术、机电（一体化）技术、信息技术、商贸、财经、医药卫生、外语、美术、管理等各大类，比如将机电应用技术、机电设备安装与维修、电气设备安装、船舶机械装置等专业归为机电技术大类。

大类专业基础课程也可称为职业基础课，是以大类专业共同的知识和技能为基础构建的课程。大类专业基础课与学科性专业基础课不同，主要教学内容是相关职业领域的基础知识和技能，注重实用性，如企业生产或服务的工作流程、基本的技术和方法等。教学中可通过教学录像，安排基本技能实训，将相关知识和技能整合为综合课程。设置大类专业基础课程可以拓展学生的知识面，提高适应能力，有利于学生正确选择专业和个性发展。由于中高职衔接学习周期长达 5 年，而学生入学时年龄较小且对专业知之甚少，选择专业存在一定盲目性。故第一阶段学习可不分专业，待学完大类专业基础课后再分流，有助于他们选择适合自己的专业学习。此外，根据现代心理学理论研究，学生原有认知结构对新的学习会产生影响，通过大类专业基础课程学习，可拓宽学生掌握的知识、技能覆盖面，增强适应能力，有利于将来就业、转岗学习新技术和终身学习。

4.公共基础课程。按照国家教育主管部门的规定要求，各专业一般都应设置包括德育、体育、文化基础课等在内的公共基础课。但目前关于中职文化基础课的设置存在较大争议：是否一定要作为必修课，是否要制定统一课程标准，如何确定标准，等等。我们认为，为提高学生的基本素质和学习能力，并为专业学习打下基础，有必要制定统一的文化基础课程标准。具体可供采用的方案，一是由教育主管部门制定统一课程标准，分为两个层次，"标准1"作为中职各专业必须达到的最低标准，"标准2"作为中职升高职的接口标准，各专业在最低标准的基础上，根据专业要求制定相应的文化基础课程标准；二是考虑到目前的实际情况，中职生源的文化基础普遍较差，因此可以只制定中职升高职的接口标准，而不制定统一的最低标准，具体教学内容和要求根据各专业需要而定；三是对于文化基础较差而不能通过最低标准的学生，允许其选修专业课来补偿文化基础课的学分。此外，建议初中毕业生实行学业水平考试，达不到初中毕业要求的学生应补习文化基础课或直接进入劳动预备制培训。

(三)课程体系的设计

1.衔接层次结构。根据技能型人才培养目标的衔接，基本上可分为三种模式：一是纵向延伸，即学生在职业教育各阶段都能获得相同或相近工作领域的职业资格，高职获得职业资格的层次高于中职；二是横向扩展，即学生在各阶段获得不同工作领域的职业资格，但高职获得职业资格的层次并不一定高于中职，主要适用培养复合型人才；三是纵横拓展，即学生在各阶段获得层次和工作领域不同的职业资格，如机电一体化技术人才培养。我们认为，根据我国目前情况，比较适合采用纵向延伸和纵横延伸扩展模式。而依据职业标准确定专业课程衔接的接口标准，是解决中高职衔接最有效的方法。因为职业标准是国家对行业从业人员工作能力水平的规范性要求，是用人单位招聘录用人员的重要依据。我国职业教育要大力推行职业资格证书制度，就应以职业标准为人才培养的重要依据。比如数控技术应用专业，中职的培养目标为中级工(国家职业资格四级)，高职的培养目标为高级工(国家职业资格三级)，这样中级工要求的相应技能和知识，就可以定为中高职专业课程衔接的接口标准。

2.各类课程的比例结构。不同的专业具体要求不同，专业技能训练的时间也可能有所不同。一般在"3+2"模式的课程衔接中(见图2)，"公共基础课1"800—1000学时，"公共基础课2"400—600学时，"公共基础课3"400—500学时；"大类专业基础课"200—400学时，"专业核心技术课1"300—400学时，"专业核心技术课2"400—500学时；"专门化方向课1"400—700学时，"专门化方向课2"400—600学时；企业实习为18—20周。中高职的接口标准为学生学完公共基础课1—2、大类专业基础课、专门化方向课1，达到规定的要求，合计2600—3000学时。

3.分层递进、分层教学。分层有两层含义。在宏观课程结构上，按专业的进程分为大类

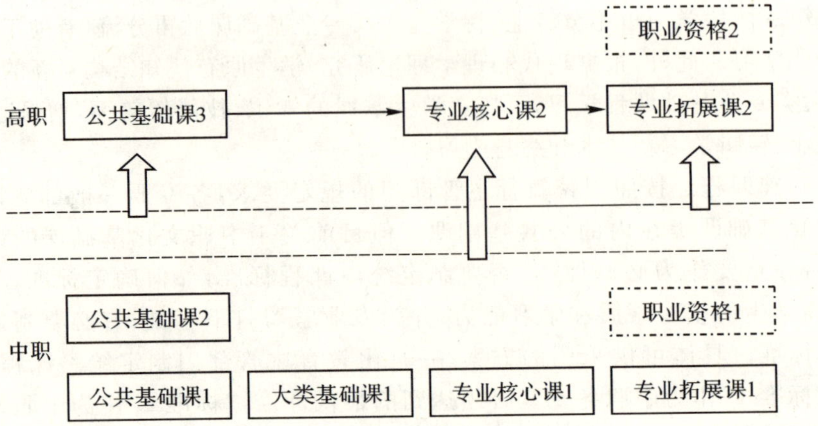

图 2　中高职课程衔接层次结构

专业基础课程、专业核心课程、专门化方向课程三层次，分层递进，专业知识和技能逐步深化，有利于学生的学习。在微观课程结构上，有些课程根据教学目标和要求，也可分为基础、提高两个不同的层次，适用于不同基础和有不同需求的学生。至于层次的划分标准，专门化方向课、专业核心技术课、大类专业基础课可参照国家职业标准和职业技能鉴定规范考核要求中相应的要求确定，例如初级要求对应基础层次，中级要求对应提高层次等；公共基础课则可由各省市教育部门根据实际情况规定基础层次，即适用于所有专业学生的最低要求，提高层次的教学内容则应达到升学考试的要求。需要说明的是，分层主要是从课程结构上分析，具体各阶段的课程安排在时间上是可以相互交叉的。

4. 课程综合化、模块化、学分制。根据教学内容的有机融合，实现课程的综合化，不仅可以避免教学内容重叠，提高教学效益，而且有利于学生提高综合能力。而课程的模块化和学分制的实行，则使学生能够根据需要选择不同的模块组合课程，实现不同的教学目标。比如，若以中职毕业就业为目标，就可选择文化基础课的基础模块，以及专业核心技术课程、专门化方向课程的提高模块，从而达到中级工考核要求；若以升学为目标，则可选择专业核心课程的基础模块以达到初级工要求，同时选择文化基础课的提高模块以达到高职的入学要求；若要获得两个职业资格证书，也可以在专门化方向课程、专业拓展课程中选择两个不同职业标准的相关课程。

（四）教学进程的设计

1. 教学进程设计基本原则。教学进程的设计既要避免中、高职课程内容的重复，又要拓宽和加深课程内容，真正实现课程内容衔接的连续性、逻辑性和整合性。文化基础课程注意中、高职层次知识点的有机融合，以适应其渐进性学习和终身教育的需要，中职阶段注重基础素质教育；高职阶段注重学生知识、技能和职业素养全面培养，提高学生可持续发展能力。

2. 教学进程表基本结构。如表 5。

表5 教学进程表设计

课程类别		课程编号	课程(项目)名称	计划学时	学分	学期分配及周课时数					
						一	二	三	四	五	六
公共课程	通识课程										
	小　计										
	专业核心课程										
		小　计									
	专业拓展课程										
		小　计									
	小　计										
订单课程											
		小　计		255	17						
社会实践、实习与毕业设计		C33708	明理实践	(40)	2						
		C31412	认知实习	(40)	2						
		C31413	专业实习	(90)	5						
		C31410	顶岗实习	570	18						
		C31411	毕业设计								
		小　计									
合　计											

[参考文献]

[1] 杨雪梅.构建内江、资阳、自贡地区中高职衔接的职教集团研究[J].教育与职业,2009(30).

[2] 张惠君.会计专业中高职一体化课程衔接问题的思考[J].价值工程，2013(5).

[3] 王玲,周志刚.中、高职教育衔接问题探讨[J].职业技术教育,2001(25).

[4] 袁贵仁.把提高质量作为高等教育改革发展的核心任务[J].中国高等教育,2010(11).

[5] 钱丽欣.北京市中高等职业教育衔接问题的分析[J].教育科学研究,2002(9).

[6] 柳燕君.北京市中高职教育衔接模式的研究[J].中国职业技术教育,2010(16).

[7] 段素群,张艺.浅析高等教育中教学、科研和管理的关系[J].中国科教创新导刊,2011(1).

[8] 杨志红.谈谈中高职数学课教学衔接问题[J].新课程:教育学术版,2009(12).

第四篇　课程建设

纳入项目教学方式　抓好高职心理课程

张鹏超　叶　星

面对来自社会和生活竞争的压力，当代高职学生的个体心理负荷加大，心理矛盾冲突增多，心理疾患呈上升趋势。提升高职学生心理健康水平，不仅是其在大学学习生活的现实需要，也是其将来步入社会个体发展的需要，更是我国经济建设和社会发展的需要。

心理健康教育课程是提升学生心理健康水平的主渠道。纳入项目教学的心理健康教育课程改革有利于我们转换视角、改变思路提高教学改革效果，有利于我们提高课堂教学效果、提升学生的心理健康水平。

一、高职院校心理课程普遍存在的现实问题

2011 年 2 月和 5 月，教育部分别发布了《教育部办公厅关于印发〈普通高等学校学生心理健康教育工作基本建设标准（试行）〉的通知》（教思政厅〔2011〕1 号，以下简称《建设标准》）和《教育部办公厅关于印发〈普通高等学校学生心理健康教育课程教学基本要求〉的通知》（教思政厅〔2011〕5 号，以下简称《基本要求》）进一步明确新时期心理健康教育工作建设标准和工作重点。

这两个文件的发布至今已有两年时间，各地相继出台了适应区域特色的心理健康教育工作建设标准和心理课程建设方案，认真贯彻落实文件精神，成效可见一斑，但不容忽视的现实问题是，高职院校的心理健康教育和本科院校相比有其特殊性，而且心理健康教育课程不同于其他专业类课程，有着课程需要实现为高校学生思想政治教育和理想信念引导服务的作用，目前高职院校心理课程普遍存在的问题是：

（一）教学师资严重匮乏

《建设标准》中明确指出："高校应建设一支以专职教师为骨干，专兼结合、相对稳定、素质较高的大学生心理健康教育和心理咨询工作队伍。高校应按学生数的一定比例配备专职从事大学生心理健康教育的教师，每校配备专职教师的人数不得少于 2 名，同时可根据学校的实际情况配备兼职教师。"实际情况是，不少高职院校在绝对人数上无法满足两名专职教师的要求，而且有的高职院校学生人数众多，就算专职教师数量达到了 2 名，也依然无法满足开设全校性学生心理健康教育课程的需要。

(二)教学课时严重不足

《建设标准》中指出要进行“大学生心理健康教育教学体系建设”,《基本要求》进一步明确:“开设一门‘大学生心理健康教育’公共必修课程,覆盖全体学生。”“要把高校学生心理健康教育课程纳入教学计划和培养方案。主干教育课程作为公共必修课设置 2 个学分,32—36 个学时。”而实际情况是,和本科院校相比,高职院校因学生在校时间短,而需要开设的基础课程和专业课程课时量大,开设新课或者增设课时十分困难,部分高职院校未能达到《基本要求》中提出的心理必修课时数。

(三)教学方式过于单一

《基本要求》中规定“课程要采用理论与体验教学相结合、讲授与训练相结合的教学方法,如课堂讲授、案例分析、小组讨论、心理测试、团体训练、情景表演、角色扮演、体验活动等。”但目前大部分高职院校的心理健康教育课程依然沿袭了原有的讲授为主的课堂教学方式,在有限的教学时间中主要由教师进行理论讲解,未能调动学生参与教学的主动性和积极性,忽视了学生创新意识、创新精神的培养。

(四)教学实效有待考量

《基本要求》提出:“高校学生心理健康教育课程既有心理知识的传授,心理活动的体验,还有心理调适技能的训练等,是集知识、体验和训练为一体的综合课程。课程要注重理论联系实际,注重培养学生实际应用能力。”心理课程的教学目标不仅是让学生掌握心理健康的知识理论,更重要的是,要影响他们的认知、情感、态度,进而改变他们的行为更好地适应生活。如何有效缩短心理课堂和学生实际生活之间的距离是需要我们认真思考的问题。

二、高职院校心理课程引入项目教学的特殊意义

项目教学,又称专题研究、项目学习、基于项目的学习,香港和台湾地区称作专题研习、专题导向学习、专案式学习等,英文为 Project based learning,简称 PBL。项目教学方法萌芽于欧洲的劳动教育思想,最早的雏形是 18 世纪欧洲的工读教育和 19 世纪美国的合作教育,经过发展,到 20 世纪中后期逐渐趋于完善,并成为一种重要的理论思潮,是一种以培养实用型人才为直接目的的人才培养模式。将项目教学引入高职院校心理健康教育课程的课堂教学过程中,具有十分重要的现实意义和较高的应用价值。

(一)符合高职院校开设心理健康教育课程的目标

高职院校开设全校性心理健康教育类课程的目标,旨在面向全体学生,针对共性问题,进行以发展和预防为主的教育,提高全体学生的心理素质,促进学生身心全面健康发展。因此,心理健康教育课程的教学目标不仅是让学生掌握心理健康的知识理论,更重要的是要影

响他们的认知、情感和态度,进而改变他们的行为以更好地适应生活。而无论是学生思维、智慧的发展,还是情感、态度、价值观的形成,都必须经过学生主体自觉参与、亲身感受的教学活动才能实现。我国教育家陶行知先生提倡“在学中做,在做中学”。教学项目的主体内容就是学生自主参加的教学活动,学生在参与为教学目标服务的活动项目过程中就实现了发展可能性向发展确定性的转变。

(二)顺应高职院校学生心理特点和发展变化需要

现在高校面向的学生大部分是1990年以后出生的。“90后”的高职学生不仅有一般“90后”大学生的普遍特点,也有高职学生的独特性,主要表现在他们思想早熟、个性独立、价值观多样化、更加注重实际。因此对于高职心理健康教育课程的教学框架、教学内容、技能传授、考核评价提出了新的要求,单纯说教、形而上学、信条灌输的教学范式容易遭到学生反感,而内容活泼、形式多样、具备实际应用价值的课堂教学范式会比较受高职学生欢迎。有调查显示,很多高职学生对心理健康教育理论课不感兴趣,认为该课程理论内容偏多,过于抽象、主观,而项目教学正好有利于打破这种尴尬的教学现状,在尊重心理学原理和知识的前提下,根据高职学生的心理特点和发展变化规律,围绕心理学理论知识,创造性进行教学项目设计,可以有效建立心理课堂与生活实际联系,提供行为训练的最佳途径和手段。

(三)有效解决高职院校心理课程课时不足的问题

笔者对某高职院校2012级3019名学生入校心理普查《大学生人格问卷(UPI)》进行了详尽的数据分析,得到的主要情况是:97%的学生认为人际关系非常重要,自我感觉身体健康状况良好的学生达到了96%,认为应该对个人的性行为负责任的同学达到了95%,回答心情开朗的也有88%,感觉自己人际关系良好,受大家欢迎的有63%,认为自己总是朝气蓬勃的有55%,认为恋爱的目的是为了婚姻的有49%,从这些数据上看,学生总体的身体状况和精神面貌还是不错的。但同时不容忽视的是,53%的学生对任何事情不反复确认就不放心,52%的学生对脏很在乎,51%的学生在乎别人视线,这些数据说明存在心理冲突的学生仍然不少。在辅助题的回答中,经常失眠的高达255人,认为自己的过去和家庭是不幸的有239人,对任何事情都没兴趣的有159人,其中还有42人有自杀意念。这部分学生比例不高,但却是心理健康教育的重点对象,需要引起我们的高度重视,采取预防性措施,避免心理危机发生。如何在十分有限的课堂教学时段中有效引导学生认识自我,认识自己和他人、家庭、社会之间的关系,学习解决学习、工作、生活中实际遇到的问题,具有十分重要的现实意义。

项目教学强调学生为主体、教师为引导,由教师从课程教学内容和学生的实际需要出发,选择具有典型性、针对性、可操作性的教学项目,设置情景,模拟应对,组织学生真实地参加教学项目的设计、实施和评估,并在不断解决疑难问题中完成对知识的掌握和运用。项目教学注重完成项目的过程而不是最终的结果,目的就是把理论与实践有机地结合起来,充分挖掘学生潜能,提高解决实际问题的综合能力。这种教学方式能有效提高心理课堂的教学效率,真正实现心理课堂和实际生活的零对接。

三、高职院校心理课程中项目教学模块的构建

在高职院校心理健康教育课程中实施项目教学，需要重新明确教学目标，需要调整梳理有利于学生参与教学活动、有利于学生更好地适应生活的教学内容，需要重新调整师生关系，重新构建以项目为主线的新型教学模式。

(一)教学项目构建的目标

高职院校的心理健康教育课程并不以学习心理学理论知识为主要任务，也不是为今后系统深入学习心理学知识奠定基础，所以讲授心理学的概念、理论和原理并不是构建教学项目的主要目标。因此在构建心理课堂中的教学项目时要有三个明确的目标：

1. 教学项目要有益于学生心理健康发展。教学项目应为教学目标和教学内容服务，而不能为了单纯的项目化操作，仅仅满足于学生娱乐的需要，忽略了课堂教学的需要。因此，在项目活动开始前要设计合理的心理知识引入，项目活动结束后要进行恰当的心理知识和技能的总结，以便学生学习和巩固项目活动中学到的知识和技能，自然地在参加项目活动和听取教师讲授之间转换。

2. 教学项目设计要科学合理、符合实际。每一个项目的选择都要充分考虑到学生的学习、生活和未来工作的实际，项目操作和结果评价都要紧扣教学目标，运用科学的态度和方法，采用量化评价和质性评价相结合，尊重学生的自主选择权。

3. 教学项目要充分调动学生参与的积极性。要把握好学生在课堂教学过程中的主体性角色和地位，充分理解学生的精神世界和心灵体验，对学生在参与项目活动过程中的态度、认知、情感和行为有敏感的觉察，尽可能调动各层次学生参与项目活动的积极性，以使课堂效用最大化。

(二)心理教学项目的内容

马克思认为，活动是人存在和发展的方式，人类通过活动改造自然，同时也就改造了自身，即所谓“主体客体化”和“客体主体化”的双向对象化。自觉能动地进行活动是人类的特征，也是人区别于动物的主要标志。心理健康教育课堂中的教学项目内容的选择要遵循学生心理发展规律，能够调动学生学习知识、探索真理、实践行动的主动性，既丰富科学的思维方法，促成积极的行动力量，又培养良好的心理素质。

为了更好地将心理健康教学内容与学生的学习实际和成长阶段有机结合，笔者认为，可将教学内容分成十个专题，分别在不同的年级进行讲授，这样就把心理健康教育贯穿于学生在校学习生活的全部过程，使全体学生在系统了解心理健康基础知识的同时，能够联系本人实际，解决不同阶段可能遇到的心理问题。具体设计如下：

刚入学的大一新生经常碰到的问题是理想与现实的反差带来的失落感，对大学学习生活不适应造成的紧张焦虑情绪，人际交往不良导致的孤独和迷茫等。因此，一年级学生学习的四个心理专题分别为：第一讲：认识自我 适应环境；第二讲：坦诚相待 善于交往；第三讲：

学会学习 发展能力;第四讲:调节情绪 远离忧虑。

二年级学生容易出现的问题主要是人际关系不和谐引起的悲观甚至敌对情绪,大学英语等级考试不通过、技能考试不合格等导致焦虑、抑郁、强迫症状加剧等。因此,二年级学生学习的四个心理专题是:第五讲:了解个性 完善人格;第六讲:心理测量 能力倾向;第七讲:心理障碍 自我咨询;第八讲:心理卫生 不可忽视。

三年级到了高职的最后一年,面临就业还是专升本的现实问题,有恋爱冲突、毕业分离等困扰。因此,教学内容重点放在就业指导、角色承担和缓解压力上,主要讲两个专题,分别为:第九讲:不畏挫折 合理应对;第十讲:择业就业 心理准备。

这样针对不同年级学生身心发展特点和实际生活需要,开设有针对性的心理健康教育,使学生不仅学习了心理健康理论,更增强了心理调适能力,健全个性品质,提高综合素质。

为了更好地探索心理健康教育课程系列教学内容的设计与教学过程的实施,还可以开设心理公选课"心理素质拓展",以这门选修课作为实践探索的平台,对心理健康教育必修课教学模式进行改革,可以设计四个自我成长的教学模块,分别为:模块一——了解自我、模块二——发展自我、模块三——实现自我、模块四——关爱生命。每个模块都有相应的专题,比如模块一内设的专题是:专题一:健康之路,从心开始!——人生成功的基石。专题二:我是谁?——人贵有自知之明。专题三:人格魅影——遗传与环境之争。每个专题围绕相应的教学项目展开,专题一的主体教学项目是"生命线",专题二的主体教学项目是"我的自画像",专题三的主体教学项目是"画树"。

这样的课程设计就完全转变了高校长期以来的以理论为根本的心理课堂教学范式,转而以项目为主、理论为辅,让学生主动参与到丰富多样的项目活动中,在项目活动中动眼、动手、动脑、动口、动心,在技能塑造的同时,丰富心理学知识,发展和提高学生整体素质。

(三)实施项目教学的方法

项目教学法最显著的特点就是"以项目为主线、教师为主导、学生为主体",改变了过去"教师讲学生听"的被动教学模式,是一种"学生积极主动参与、自主协作探究创新"的新型的教学模式,具有课程周期短、效果可预见、教学可控性高、理论与实践紧密结合等优点。教师要灵活运用各种教学方法,因势利导、融会贯通,做到"一'法'为主,多'法'渗透",根据时间、场合、学生、内容的不同,灵活运用多种教学方法。尤其在多媒体教学和网络资源丰富的条件下,可以把无形的精神产品转化为有形的角色扮演、问题评析、模拟咨询等形式,引导学生主动参与、亲身体验,变被动接受知识为主动参与体悟,增强课程的教学实效性和感染力,从而提高学生主体的接受效果。

在项目教学活动过程中,教师对于学生的行为、感受及发言均应予以充分的理解和尊重。只有这样,他们才会消除重重顾虑,在平等、尊重、理解的活动氛围中感到安全和放松,才能够真实、充分地表达自己的感受。尤其在情感类心理健康教育课程中,只有真实地表达和接受,才能达到清晰的认知和自我完善的目的。只有悦纳学生的教师,才能教出自我悦纳的学生,真正达到心理健康教育课程设置的初衷。

基于创新型中小企业人才需求视角的高职院校订单课程开发
——以“金融仓储概论”为例

吴金旺

[摘　要]本文以创新型中小企业人才需求为出发点，以高职教育内涵提升和教学改革为背景，剖析创新型中小企业人才需求与高职教育人才培养的有效结合点，即订单合作培养创新型高技能人才。进一步以订单课程开发为对象，研究当前订单课程开发的重要性和一般原则，最后结合“金融仓储”订单班核心课程“金融仓储概论”，探讨订单课程开发的具体思路和方式、方法。

[关键词]创新型中小企业；高职教育；订单培养；课程开发

一、引　言

创新是经济增长的原动力，在美国，20世纪80年代后的技术创新成果约70%来自中小企业，在我国，创新型中小企业是创业富民的主体，是推动经济转型升级的主力军。创新型中小企业具有发展起步晚、初期风险高、规模小等特点，对人才需求量大、要求层次高，特别需要大量使用现代生产工具、运用先进生产技术的高素质、高技能技术人员队伍。高职院校承担着向社会输送面向生产、建设、服务和管理第一线的高技能人才的责任和义务，为地方经济转型升级提供人才支持是高职教育人才培养的方向，有助于扩大就业渠道，有利于学生获得新的更加广阔的发展空间。2004年，教育部要求高职院校积极开展订单式培养，近年来高职院校改革与创新并举，尝试与创新型中小企业开展订单人才培养，当前对这类订单人才的质量引起社会广泛关注和高度重视，正成为高职院校展现魅力的一个窗口，也是新时期高职院校内涵提升的突出体现。课程作为集中体现和反映教育思想、教育理念、教学内容、教学活动的载体，则是订单人才培养模式成功的关键点、重点和难点[1]。广义的课程是指学校为实现人才培养目标而选择的教育内容和其进程的总和，包括各门学科和各种教育活动，狭义的课程是指某一专门学科，即教育专业开设的课程，本文从微观角度研究狭义的课程。

二、创新型高技能订单人才培养模式下课程的重要性

(一)创新型中小企业人才需求与高职院校人才培养

中小企业是指职工人数2000人以下,或销售额3亿元以下,或资产总额4亿元以下的企业,我国99%以上的企业都是中小企业。创新型中小企业一般拥有自主知识产权的核心技术或技术改造能力、知名品牌,有新产品、新工艺、新流程等开发、推广和应用能力,有新商业模式创造和实施能力,具有良好的创新管理和企业文化,整体技术水平在同行业居于领先地位,在市场竞争中处于优势地位和持续发展能力的中小企业。员工的创新能力是中小企业创新的源泉,因此创新型中小企业人才队伍的建设和发展是首要任务。随着中小企业对技术创新依赖性的增加和职业教育在现代教育中的作用日益凸显,培养学生的创新能力特别是技术创新能力已不再是传统大学的专利,占高等教育半壁江山的高职院校同样发挥着不可替代的独特作用,高职院校贴近地方产业,了解地方市场,与行业、企业有效合作,以订单为平台,以工学结合为手段,学生定位准确,大部分进入中小企业,与本科院校展开错位竞争,这样高职教育与创新型中小企业可以有效衔接,成为培养中小企业创新型高技能人才的重要摇篮。

(二)高职院校订单课程的作用

开展具体订单课程教学活动,有以下三方面作用:一是适应中小企业各种层次人才结构的需要,中、高级技能型人才对创新型中小企业来讲储备严重不足,而由于实力和前景未明,吸引人才也很难,订单培养模式可以有效解决这一问题,企业有什么具体技术需求,经过校企双方的课程融合就可满足这种需求[2];二是提高员工对企业忠诚度,对创新型中小企业而言,吸引人才、留住人才是难点,人才流动过快将增加企业负担,需要员工对企业忠诚和对企业文化的认同,校企双方在课程设计中,在对企业的发展史、经营理念、企业行为规范等内容上,多让学生了解、融入、感受,这样在未正式工作时就已经有了双向选择,确保留下来的学生认同企业经营管理理念,避免人员流动对企业的冲击;三是实践证明订单人才培养模式是高职院校人才培养的成功模式之一,体现了"以生为本,以就业为导向"的办学思想,顺应了时代发展对高职院校的要求,订单人才培养模式使学生学历与岗位培训有机融合,使学生尽快成为创新型中小企业的骨干力量和中坚力量。

三、高职院校创新型人才培养目标下订单课程开发原则

(一)以社会、学校、企业、学生"四赢"为原则

当前,由于高职教育在学历上还是专科,社会认同度有待提高,整个社会应该看到高职

教育在解决农村青年入学、就业方面以及动手能力强等优势，认识到创新型技能人才在推动中小企业发展、推进技术进步中的积极作用，肯定和重视高职教育的意义和作用。中央政府和地方政府要为职业院校发展提供良好的环境和资金支持，支持课程改革创新，提高职业教育社会地位，解决职业教育学历瓶颈，试点推广四年制高职教育。对于学校，通过订单培养人才，解决学生就业难题，为顶岗实习、工学结合等实践教学环节提供便利，也是职业院校服务社会的直接体现，而且通过与企业订单合作，进一步引进奖学金、奖教金等支持学院发展。企业的目标是利润，利润需要人来创造。对于创新型企业来说，订单培养的创新型技能人才为公司注入新的血液，节省了公司人才培养成本，提高了人才使用效率。学生的目标是就业，是发展，成为创新型高技能人才可以使自己在职业发展的道路上成为香饽饽，而且通过订单培养，可以节省找寻工作的时间，将有限的时间用在学习知识和技能上[3]。通过微观课程可以将“社会、企业、学校、学生”有效衔接起来，社会为课程开发提供资金支持，企业为课程开发指明方向，学校将课程开发落到实处并有序推进，学生是课程开发的参与者和受益者，最终达到“四方共赢”。

（二）以校企合作开发课程为原则

在创新型高技能人才培养目标下，创新型中小企业由于人力、财力、物力限制，参与课程开发的积极性并不高，很多是“拿来主义”和“实用至上”，即使有一些企业参与到课程开发中来，也由于企业开发人员缺乏相应的理论水平和研究能力，在课程开发中不能起到相应的作用，所以这个重担就落到了订单院校的身上。创新型高技能人才订单培养要求教师除具备原有专业知识和技能外，还要熟悉订单企业特有的创新理念、专业技能、操作技能以及企业用人标准和能力需求，在教学过程中引导学生树立正确的工作情感和工作态度。一般而言，学校原有专业教师基本不能全部满足这个要求，直接导致企业岗位需要的课程开发不出来，很多还是依照原有旧课程，理论内容过多且有的内容已陈旧，缺乏实用性、迁移性和实践性[4]。所以，在课程开发中，应坚持以校企合作开发课程为原则，由学校一线教师和企业经验丰富的技术人员组成课程组，共同参与课程开发，高职院校教师与行业或企业能工巧匠交流，争取难易适中，提高学生在工作或实践中被认可的程度，使学校人才培养与企业人才使用的“无缝”对接成为可能。

（三）以职业定位与拓展性平衡为原则

创新型订单人才培养模式下，人才培养目标的最大特点就是要按照企业的要求“量身定做”，这类企业工作具有一定的独创性和特殊性，体现在人才培养标准要能够满足企业当前和近期的需要，学生职业能力要以目前的具体职业岗位标准为准，对专业课程的设置只能以现有生产技术需要为准，保证毕业生掌握订单企业专门的知识与技能，成为合格的职业人。但是从教育规律来说，高职院校各专业教育具有普适性，特别是财经类职业院校各专业往往是相通的，而且现在的趋势是大专业平台，比如大金融专业平台就可以包括金融管理与实务、农村金融、国际金融、投资理财、保险等专业，这些人才在本专业所涵盖的知识领域要有一定的适应性，具备转岗能力和终身择业能力，而不能一味迎合订单企业需求，要使学生具有知识内化、迁移和继续学习的基本能力，以适应未来职位不断提升和职业不断变化的专业要求。这就需要找到一个平衡点，既要充分考虑创新型中小企业的实际要求，也要适当考虑学生在企业的发展性。在课程建设和开发时，不能把订单式职业教育办成某个企业人才培训班，要有长远眼光，尽量考虑到行业共性和产业发展趋势，将未来职业岗位相关的新知识、新技术、新方法、新理念、新工艺等融入课程，应该着眼于蕴含在动态体系中的隐性实践知识的生成和构建。同时，本着为企业和社会服务的宗旨，课程内容最好兼顾到订单企业其他社会招聘新员工和现有职工的后续培训提升环节，在课程开发过程中，一部分内容为企业职工再学习、再提升预留空间。

(四)协调处理学术内容与职业技术的关系为原则

我国高等职业教育正走向强调质量、提升内涵的发展之路，课程改革是内涵提升的重要一环，尽管国家、地方政府和学校为此投入了大量的人力、物力和财力，比如国家和省级示范院校建设、新世纪教改项目、高等职业教育教学资源库建设、精品视频和资源共享课建设等。但从企业需求角度来看，往往企业急需的人培养不上来，关键在于课程改革的效果并不尽如人意，特别是一些文科类的课程改革，很难落实实践操作环节，或者教学实践内容是滞后的，学习内容与职业实践的关系是间接的，甚至是脱节的。另外，随着中职院校的发展，其更加强调技能，普通本科院校应用型人才培养也日益注重技能，注重为地方经济服务，高职院校可以说在夹缝中求生，一定要办出特点，注意优化学术内容和职业技术的关系。一方面，应将更多学术内容整合到职业课程中，提高学生发现问题、分析问题和解决问题的能力；另一方面，必须在职业课程中充分体现本专业最基本原则，提升学生专业水平[5]。

四、“金融仓储”订单班的成立、发展及课程体系设置

(一)“金融仓储”订单班的成立与发展

金融仓储是指专业服务于金融业，为银行信贷提供第三方动产抵质押管理的专业仓储服务，负责对特定动产的动态监督、控制、管理，是银行和中小企业借贷的桥梁，可以解决银行“想贷不敢贷”和中小企业“想借借不到”的资金供需矛盾，是金融与仓储的交叉创新，是一项全新的商业模式。浙江涌金仓储股份有限公司成立于2008年3月，专业提供金融仓储服务，致力于打造中国金融仓储第一品牌。近年来公司业务快速拓展，分支机构不断增加，社会影响力逐渐增大，知名度日益提升，金融仓储业也呈现产业化发展势头，逐渐获得媒体、专家、学者、政府、银行和企业的关注、支持和认同。

随着业务的不断发展，公司对人才的需求越来越迫切，特别需要熟悉产品、具备营销能力的基层复合型人才。从2010年开始，浙江涌金仓储股份有限公司和浙江金融职业学院合作成立“金融仓储”订单班。采取“2＋1”人才培养模式，新生入学后的第一至第四学期，以学校专业教育为主；第五学期，根据公司和学校共同制定的人才培养方案进行教学；第六学期，学生全部进入公司顶岗实习。合作已有三年，两届已经毕业，每届订单班学生大概30人。从学生入职情况看，第六学期实习后再次双向选择，愿意留在公司的比例是80％，与学校银

行类订单班95%左右的入职率相比稍低，但是在涌金工作第二年就能走向部门负责人的比例约占20%，而在银行可能要5—10年，工作岗位面向公司各种类型的基层岗位，比如营销岗、财务岗、风险管理岗等。前两届学生理论基本功扎实、动手能力强、适应性好、团队协作意识高、有创新意识、能吃苦耐劳，深受单位欢迎，陆续成为各部门的业务骨干。

（二）“金融仓储”订单班课程设置

金融仓储是一项全新创新，目前国内尚未开设与之相关的专业或课程，在教学目标、教学内容、教学手段等方面都是一项全新的探索。经双方协商，在现有条件下，人才培养方案如表1。

表1　浙江涌金仓储股份有限公司“金融仓储班”人才培养方案简表

模块类别	序号	课程(项目)名称	周学时数	总学时数	学分	教学任务承担单位
专业基础模块	01	市场调研	3	45	3	学院
	02	消费者行为分析与推销技巧	3	45	3	学院
	03	商务礼仪	2	30	2	学院
	04	客户开发与管理	2	30	2	学院
	05	经济法	3	45	3	学院
	06	金融法规与案例	2	30	2	学院
	07	职业生涯规划	2	30	2	学院
	08	经济金融指标解读	1	15	1	学院
	小计		18	270	18	
职业素质养成模块	09	职业素质养成教育	0.5	10	1	学院、涌金
	小计		0.5	10	1	
银行知识	10	商业银行信贷业务	3	45	3	学院
	11	银行会计实务	3	45	3	学院
	12	商业银行风险管理	2	30	2	学院
	小计		8	120	8	
金融仓储业务培养模块	13	金融仓储概论	3	45	3	学院、涌金
	14	业务操作流程	2	6	1	涌金
	15	营销技巧	2	6	1	涌金
	16	企业文化	2	6	1	涌金
	小计		9	63	6	
合计			35.5	463	33	

从现有课程设置来看，通用课程偏多，企业专有课程课时较少，课程师资力量以学校为主，涌金仓储选派业务能手和业务骨干负责部分专业课程的教学，另外，学校教师还负责学

生学习组织和课后辅导等工作。从整个人才培养方案来看,“金融仓储概论”是学生了解公司的基础课程,也是学习后续企业专有课程的前提,课程的核心地位很明显,也是公司高度重视并积极推进的一门课程。

五、“金融仓储概论”课程开发的实践与思考

(一)明确课程开发指导思想

作为一门基础课程,需要兼顾公司不同岗位要求,在设立时就确定了指导思想:以技能基础和创新基础为双翼,夯实创新型高技能人才成长的双基础。课程的开发同时考虑经济发展、科技进步以及学生可持续发展的要求,使学习领域所涵盖的知识、技能和素质要求具有前瞻性,最终达到订单人才在层次上的“高”、类型上的“职”、素质上的“优”、技能上的“强”的目标,使培养的人才成为优秀的职业人,不仅仅完全适应订单企业的用人标准,也适应更多企业的用人要求,在管理能力、职位提升、职业发展等方面都能得到很好的原始积累。

(二)本校教师为主,行业教师协助

由学校优秀教师和企业、行业专家共同组建中国金融仓储研究所,专门研究金融仓储,为课程教学提供知识指引。要求本校授课教师一定要有企业实践经历,将企业最新的理念及业务引入到课堂,要求企业委派业务骨干、行业专家、技术能手参与教学计划制订、教材和教案编写、单元设计等具体教学环节,建立以本校教师为主,行业教师协助的专兼职队伍。要建立良好的协作沟通机制,以具体教学计划为例,学校首先根据高职人才培养目标、要求以及教育教学规律,关注企业需求变化,确定培养规模,初步设计教学计划;企业选派有丰富经验的管理人员和工程技术人员,通过对企业需求岗位的分析,然后对学校制订的教学计划提出合理的修改意见和建议,不断动态地修订和完善教学计划。

(三)依托现代教学技术

职业教育应努力满足不同对象的学习、不同时间的学习、不同地点的学习、不同方式的学习、不同进度的学习、不同目标的学习。现代信息技术的发展,网络平台、网络课程的普及,基本上实现了上述要求。“金融仓储概论”依托浙江金融职业学院先进网络技术,搭建了自己独特的网络教学平台,整合优化各种网络素材,与订单企业网站有效整合,可以作为现有学生授课的平台,也可以作为毕业生再回炉以及网上交流平台,构建一个持续的新生、老生、行业专家、教师交流学习以及资源共享平台。

(四)融入企业文化和规章制度

企业发展“三年看领导,十年看制度,百年看文化”,浙江涌金仓储股份有限公司已经进入到完善规章制度和打造一流企业文化的阶段。在“金融仓储概论”课程开发过程中,注重提高学生人文素质水平,将企业文化有机融入,增加学生对企业文化认同度、实践度和归属

感，带着主人翁的心态进入到职业中去，减少订单人才流失。通过课程让学生了解企业各项规章制度，为学生顶岗实习、工学交替树立良好的第一印象提供保障，在学校就以职业规范制度要求自己，切实有效提高职业能力。

（五）设计教学内容

在订单课程中，将理论与实际结合，既要强调理论知识，也要强调实用技能，强调职业性，借助公司在学院内建设的“金融仓储实训基地”，以专业技术应用能力为中心，进行全面的基本技能操作训练、专业技能训练。理论教学内容要以“适度够用”为原则，考虑到浙江涌金仓储股份有限公司是中小企业，毕业生分散进入各部门，作为一门订单基础课程，“金融仓储概论”必须兼顾到大部分工作岗位。授课时要坚持以知识为载体，以创新为主线，以技能为目标，提高学生综合素质和职业能力，培养企业所需的创新型高技能人才。

（六）创新教学方法

课堂教学仍然是我们教学的主要形式，课堂上使用类比教学法、启发式教学法、开放讨论式教学、案例教学法等方法[6]。教师要以创造性的思维组织教学内容，讲解时多引出问题，启发和引导学生去思考，帮助和带领学生进行深入分析、探究，理清思路，寻求最优解决方案，逐步由教师为主导转换为学生为主导的合作式学习方式，时时刻刻培养学生的创新意识和创新精神，为促进学生就业创造一个良好的教育环境，使学生真正学会参与市场竞争的能力，学会生存能力。

[参考文献]

[1] 王廷臣．基于“订单”培养模式的高职课程改革与实践[J]．交通职业教育，2010(3).

[2] 杜红文．面向中小企业高技能型创新人才培养的探索与实践——以浙江机电职业技术学院数控高技能型创新人才培养为例[J]．中国高教研究，2010(3).

[3] 周建松，郭福春．寻求高职学历教育与岗前培训的最佳契合点——浙江金融职业学院订单式人才培养探索与实践[J]．浙江金融，2008(3).

[4] 张智，张美欧．“订单式”人才培养模式下的课程开发策略[J]．内蒙古师范大学学报：教育科学版，2009(9).

[5] 方华．论订单培养模式下的高职课程改革与建设[J]．中国高教研究，2006(5).

[6] 王冬丽．订单培养模式下的专业课程建设[J]．药学教育，2010(1).

“会计基础”课程教法的实践与探索

姚军胜

[摘　要]结合多年“会计基础”课程的课堂授课经验及授课效果，对本课程在教学过程中的一些重点问题进行总结提炼，主要包括了课程主线的组建与教学体系的重构、会计行业的初始认知、会计对象、会计假设、会计方法、会计报表等重难点教学内容的教法与学法。

[关键词]会计对象；会计报表；记账方法；教学内容；教学方法

“会计基础”或“基础会计”“会计学原理”等课程是高校经管类专业的一门专业基础课程，也是纯财会专业的一门入门课程，该门课程的学习与掌握程度如何，对后续各专业深化课程的学习起着极为重要的影响。因为是一门入门课程，该课程在专业相关的学科渗透领域的宏观导向性作用非常明显。出于多年的观察，不断丰富的专业知识对专业应用的理解，发现一方面，我们现有对本门课程的教法还停留在单一的就专业讲课程的层面，广度与深度都不尽如人意；另一方面，在教法上还有待于更好地加以突破。本文主要是结合自己本门课程多年教学总结出的一些教法与经验，希望能对本门课程后续的建设与发展起到更好的作用。

一、关于课程主线的组建与教学体系的重构

(一)课程主线

“会计基础”课程的主线非常明确，即经济业务事项—原始凭证—记账凭证—账簿—会计报表，换句话说，既是会计工作的大流程，又是会计账务处理的程序。本门课程在学习过程中，诸多学生往往感觉本课程学习起来过于抽象，大量专业术语、原始性概念的讲解是本门课绕不过的弯，必须要学，但学起来或学后又不清楚学习的意义在哪里，什么时候要用到这些内容。这就要求，教师在教学过程中首先要建立起一个整体的思维，任何一门课程都有一个目标定位，这个必须要在授课之前说清楚讲清楚，而且要在每一个分段落的讲解中反复加以强调、印证，方能不断加强学生的印象而不至于造成学习目标的中断。

(二)教学体系

明确本门课程的教学主线以后,下一步的重点先要放在教学体系的设计与重构。所谓的体系即明确课程目标基础上的整体性思维与局部性布局的建立。本课程教学主线的各大部分之间虽然错落有致,但前后衔接关系异常紧密。因此,我认为教学体系设计时我们首先要明确每一分部的内容,其次在巩固掌握分部的内容以后再衔接彼此之间的关系。问题在于,但凡我们用过的教材,看过的相关书籍,无不将两者时而糅到一起,时而加以拆散,颠三倒四之后学生的学习兴趣早已被打压至无形。我认为本课程的教学体系应当遵循下图的基本思路进行展开。

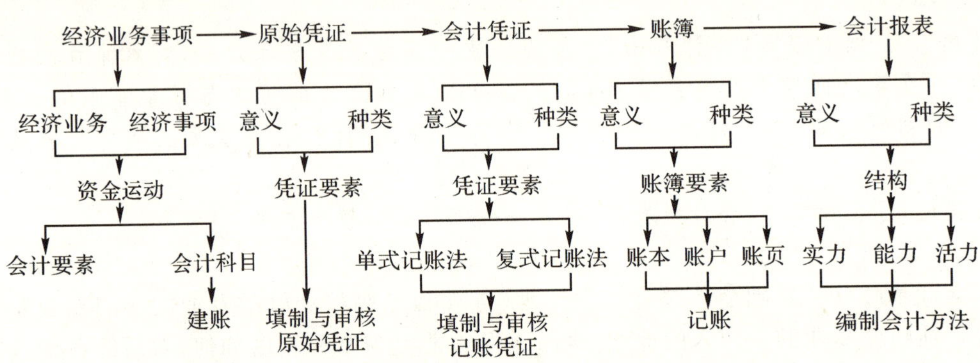

图 1 "会计基础"课程教学体系图

以上图中的粗线为界,大致分为三个层次,第一层次为会计基础的主线,需要在每一分部内容中加以不断强调;中间第二层次为具体教学内容的安排,当然不仅仅局限于图中的内容,包含与之相关的更多的细节;最下一层次为会计的方法,是在了解内容基础上的技能训练层次。

二、会计行业、岗位、人员的初识

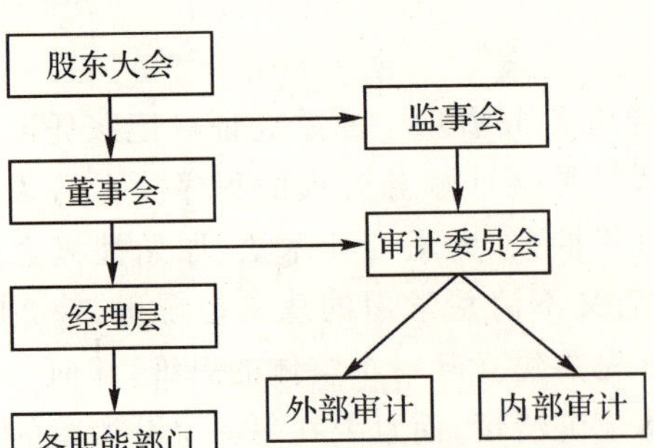

图 2 我国公司治理结构图

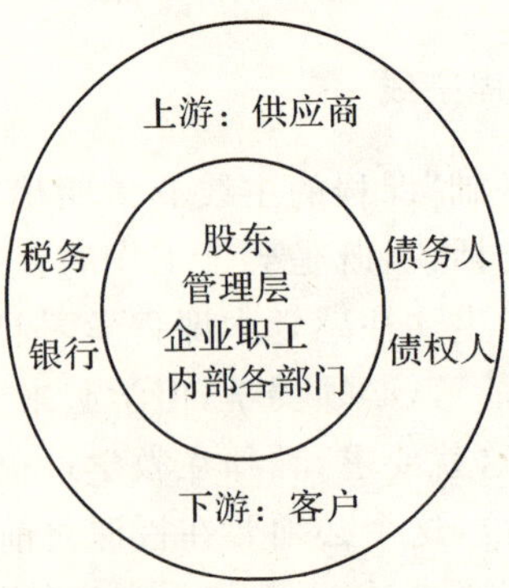

图 3 公司利益群体图

这是属于会计原理课的开篇内容,也是概况性地认识会计的起点。从教材的编写角度来看,几乎所有的教材起篇即是会计的起源与发展。当然,不排除这种安排的合理性,但从高职培养的角度或者从现代会计的角度,我认为这种安排对于课程的重点内容来讲无足轻重。所以我认为会计原理的开篇应重点围绕现代企业的角度关注现代企业会计对于企业、社会的重要意义,即围绕会计的目标展开。而修订后的《会计法》的第四条对于会计的目标做出了最好的定位。基于此,我认为对于会计初学者来讲,应从以下两个方面来引导学生步入会计学的殿堂:其一是公司治理结构,重点是两权分离下的会计功能定位;其二是信息使用者的角度。实际上正是这样的两个角度能较好地体现了现代会计的两大分支:财务会计与管理会计。

三、关于会计对象

会计对象是会计专业一个很专业的术语,对于这个术语的认知程度如何直接决定了对于会计行业及会计职业的一种人生态度,也是贯穿会计或是洞悉会计规律,深入挖掘会计信息背后潜在价值的一个关键点。综观各类教材对于会计对象内容的安排,会计对象包括了抽象的资金运动、报表层面的六大会计要素及账务处理层面的会计科目三块内容,但是关于三者之间的关系未尽到更有效的说明,比如六大要素站在什么样的层面,而会计科目又站在怎样的层面等。所以,我觉得对于会计对象的几个层面的教学安排更应注重三者所立足的角度。

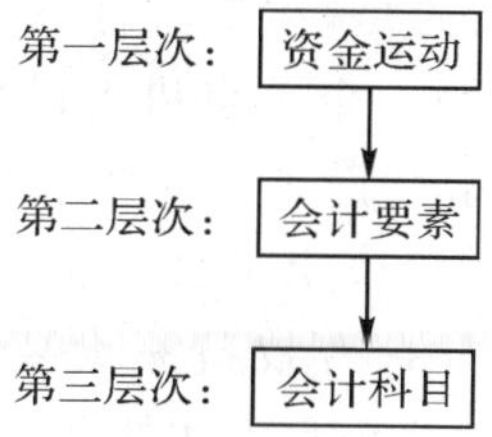

图4　会计对象的三个层次

其中,第一层次侧重于会计信息的本质,应该站在数据特征的角度;第二层次侧重于会计报表传递信息的需求特征,应该站在数据分析的角度;第三层次侧重于账务记载会计信息的需求特征,应该站在内部数据挖掘或是企业管理的角度。

四、关于会计假设

会计假设是在会计实践中长期奉行,无须证明便为人们接受,也是从事会计工作、研究会计问题的前提。实际上学生在学习的过程中,大多数都会发现会计假设是较为抽象的概念,其实际意义不大。但值得注意的是,会计假设的存在及抽象概念的提取是我们认识会计行业、会计工作很多既定惯例的重要前提，也是大家在生活中时常遇到的一些基本常识的有效总结。典型常识比如说：为什么张三借李四 100 元钱，我们会说张三的债是 100；为什么会计人员工作强度会在每月月末要比平时更大一些；等等。详细来讲，我认为关于会计假设的每一个点都包含了太多太多的内容，需要在授课过程中做到更加全面到位的把握。

首先，关于会计主体，强调的是一个完整会计账务体系的角度，但基于企业组织的复杂性，会计主体在不同的企业框架中表现出的含义是复杂的，最极其有用的，但不能一概而论。通常包含的点应该至少包括法人、法人财产、总分公司、母子公司、民商法、民事诉讼法等相关的内容。其次，关于持续经营，强调了一个正常企业应有的正常经营状态存续下去所要传递的会计信息的作用，是符合大多数常理的一种会计数据印象，所以我们应该立足于正常企业、清算企业信息的不同特征。再次，关于会计分期，强调了站在信息使用者的角度对于获知信息的有效需要所要满足的基本条件，因此重点应关注每一位信息使用者自我对信息感知的角度。最后，关于货币计量，强调了会计信息是以何种量化的方式向信息使用者进行传递，以哪种方式提供出的会计信息更能抓住信息使用者的需求，当然能理解至此，也就必然能更加了解会计信息背后是否还有我们需要进一步挖掘的更重要的信息，也就能较好地奠定后续相关课程的基础。

五、关于六大会计要素

六大会计要素是会计学的主体骨架，也是理解会计信息特别是会计报表的重要内容，关于会计要素的学习，在此要特别强调的是，主要关注的重点在于两个方面：第一个要特别强调的是六大要素的概念一定要作为一个重点讲解的内容，因为从目前的六大要素的概念的界定来讲，一字一语的描述实际上直接针对报表框架整体理解程度的把握；第二个要强调的是六大要素之间的关系，直接决定了会计报表之间关系的建立。我认为在讲解反映企业财务状况的资产、负债与所有者权益三大要素时，重点应从资源规模、来源规模、投资结构、资本结构、经营结构等几个角度去把握；在讲解反映企业经营成果的收入、费用与利润三大要素时，重点应从价值评价、实现过程、实现结果、支出结构等几个角度去把握；再者讲解关于六大要素之间的关系时，重点应从资源运用与资源消耗角度去把握，六大要素关系图如下：

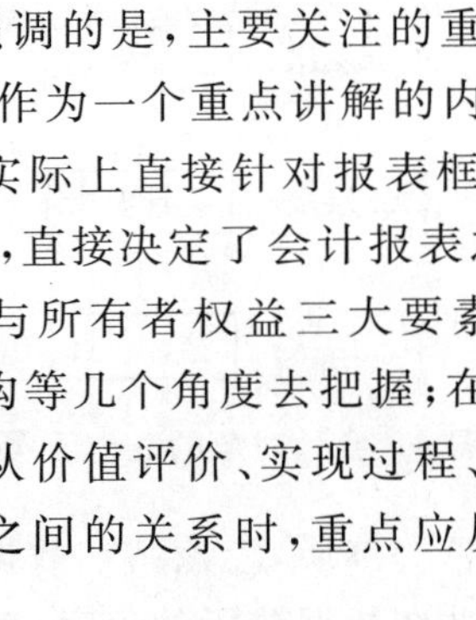

图 5　六大要素关系图

六、关于记账方法

记账方法是会计领域创设出来的一种组织信息以何种方式呈现的专用方法，主要包括单式记账法与复式记账法，从目前的教学过程来讲，我们时常会忽略单式记账法的讲解或应用，但综观各行各业，单式记账法也有很广的适用范围。实际上对于单式记账法与复式记账法的理解，需要站在整个会计宏观的信息系统上，那么，需要怎样的一种合理的方法去表现呢？我认为在讲解两种记账方法时，应站在学生的立场从一些简单的生活常识去理解，比如学生们都会经历的班费开支情况表、资金使用情况明细、财产物资使用情况明细等，让学生从亲身角度感受哪种方式提供的信息更能满足他们的要求以及怎样的信息表达公式会存在着重大的信息遗漏等。

七、关于会计报表

会计报表是企业资金变动情况最终面向外部信息使用者的重要载体，一定意义上来讲，也可以说是会计工作的终点。四个报表之间的紧密关联，系统完整全方位地传递了一个企业经营与财务的信息。我认为关于会计报表的讲解有两个重要的点要注意：其一是每张会计报表的编制方法，它重点强调从会计的角度我们会不会出这几张表；其二是四张报表之间的关系，它重点强调了为什么我们会以这样的体系与方式设计这几张报表以及这样架构的报表体系将从何种角度反映了一个企业的哪些信息。

通常来讲，首先，我们要确立四张报表之间的重要性程度，而其中关于资产负债表为什么是一个企业最重要的会计报表，我们要建立在企业实力与企业经营基础即底子的角度；其次，对于利润表，我们要建立在企业经营能力与经营效果即面子的角度上，而且一定要重点阐明利润表是对资产负债表利润项目的展开说明，这一点非常重要；再次，对于现金流量表，我们要建立在企业经营活力和企业过日子的角度上，而且也一定要重点说明现金流量表是对资产负债表货币资金项目的进一步展开说明；最后，对于股东权益变动表，我们要建立在所有者权益项目的资金变动所展开的角度上，重点强调了企业最终责任负担方的结构与对企业的动态保障问题。

云计算视阈下"财经法规与会计职业道德"课程改革探索

刘 丽

[摘　要]云计算技术的发展，大数据时代的到来，对现代教育体系与课堂教学提出了前所未有的调整。"财经法规与会计职业道德"作为高职会计专业的必修课程，也是会计从业资格考试的必考科目，在教育信息技术大发展与会计从业考试制度改革的双重冲击下，传统教学方法明显"力不从心"，无法顺应新形势的要求，进行教学模式改革已经势在必行。本文将以"交互式"教学理念为指导，以ISAS教学方法为主，融合多种教学方法，探索"财经法规与会计职业道德"课程教学模式的改革路径。

[关键词]云计算；"交互式"教学理念；ISAS教学法；教学模式改革

一、教学模式改革的现实背景与意义

云计算、大数据、人机交互等技术的发展与普及，使得整个世界在缩小。伴随这些技术的发展，人们渴望通过在线平台舒适地学习与互动。当前计算机网络正在冲破教室、教学楼、学校的限制，将知识传播到更广泛的人群中，对教育形式与学习方式提出了变革要求，对传统的教育思想、观念、模式、内容和方法产生了巨大冲击。该项工程强调通过数字化、网络化、智能化和多媒化的平台应用，实现丰富教学资源可共享、活动时空限制少、师生合作容易，能够做到教学行为人性化、人机通信自然化、繁杂任务代理化，从根本上改变了传统的教学模式。基于此背景，"财经法规与会计职业道德"课程作为高职会计专业的一门必修课，也是取得会计从业资格证书必考科目，改革已是必然。与此同时，该课程具有较强的延展性，在学习过程中学习好、把握好，将对专业课程的学习起到积极的润滑作用，不仅可以加深对于"基础会计"课程的理解，与此同时，为后续课程"财务会计""中国税制""经济法基础"等的学习开展起到了良好的铺垫作用(如图1所示)。

对"财经法规与会计职业道德"进行教学模式改革顺应了当前教育信息化的发展诉求，同时对于提高学生的综合素质和能力具有实际的意义。教学方式现代化改变传统的以老师为主的单向教学方式，形成以学生为主体，老师为主导的双主教学方式。通过实行交互式教学，学生可以通过网上教学平台随时点播和下载网上教学资源，利用网上交互功能与教师或其他学生进行交流，通过双向视频等系统共享优秀教师的远程讲授及辅导，充分利用网络的

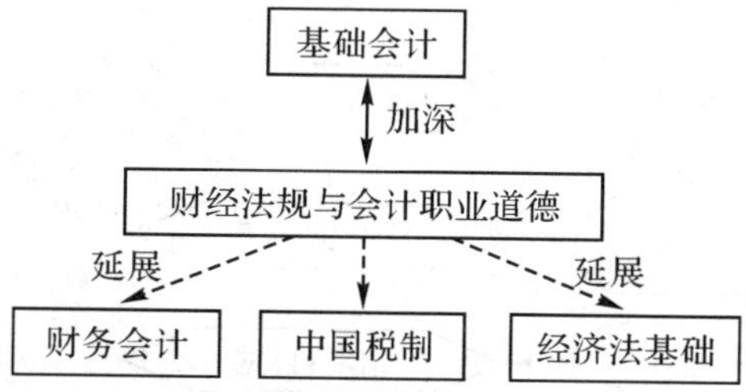

图 1 “财经法规与会计职业道德”课程作用

互动优势开展学习活动。每一个学生都能自由地发挥创造力和想象力，进而成长为具有探索求新能力的新型人才。

二、教学模式改革的思想支点：以 ISAS 教学法为主导，多元化教学推进

（一）ISAS 教学方法概述

ISAS(Information Search and Analysis Skills，信息检索与分析技能)，有别于传统的教学模式，以学生为主体、教师为辅助，采用具体的项目任务来驱动教学，使学生在学习—分析—总结—提高的过程中发挥其主动性和创造性，提高综合素质和能力。

ISAS 教学法的特点在于以项目单元分割教学任务，并对应团队的形式来完成学习任务，整个过程强调学生个体的团队协作精神与参与积极度；并且该方法提倡情境教学，鼓励对于现代教学设备：计算机与 Internet 网络的应用，重视学生对于网络信息的搜索能力、选择能力与总结呈现能力。

（二）ISAS 教学法与其他教学方法的对接点分析

在社会经济的转型发展影响下，社会人才的需求呈现出多样化、复合化的特点，高职教育积极顺应市场变化，通过教学方法的转变以期调整人才培养的模效果来满足市场需求，因此各有所长、特色突出的教学方法应运而生，如案例教学法、任务驱动教学法、情境教学法、合作教学法等在教学过程中均有积极的表现。案例教学法的实施步骤为“教师讲授—布置案例—个人分析—小组讨论—课堂提问—教师总结”，其主要优点是培养学生的创造能力与实际解决问题的能力，传授一种知识，获得一种能力，有助于学生素质的拓展与表达、沟通能力的提升。任务驱动教学法主要通过“提出任务—分析任务—完成任务—总结”四重奏，注重培养学生分析、解决问题的能力，不仅“授之以鱼”，更强调“授之以渔”。情境教学法依托特设的生动场景，以引起学生的态度体验，帮助学生理解教材，发展心理机能。合作教学法则更加强调学生与教师之间的协作与互动，通过团队构建开展相关的教学项目。ISAS 教学法在一定程度上集合了上述几种方法的优点，融会贯通可以发挥更大的效用（如图 2 所示）。

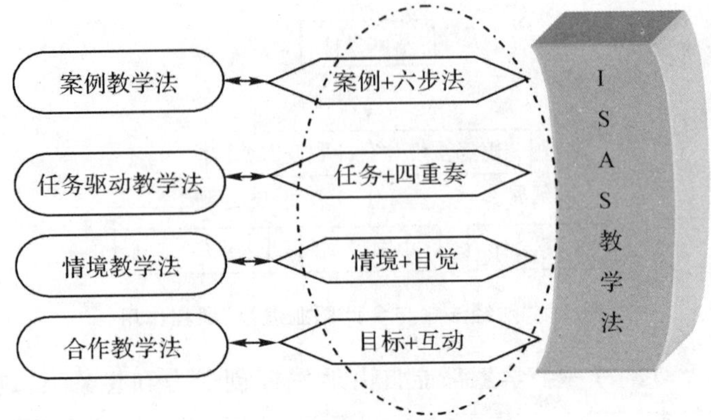

图 2　ISAS 教学法与其他教学法的对接

(三)多种教学法融合在“财经法规与会计职业道德”中的综合实效

“财经法规与会计职业道德”是一门理论性强、知识点多、涵盖内容广的课程，在会计专业学习过程中具有承上启下的作用；与此同时，它也是全国会计从业资格考试的必考科目，然而目前该课程在专业人才培养计划中通常设置在第一学期，周课时量为每周 1 课时。因此该课程学习过程的学生的学习效果不容忽视，对学生发展至关重要。那么如何在有限的时间里达到知识、能力与考试等多项目标？本文将从多种教学方法的融合为切入点，以 ISAS 教学法为主导，吸收各种方式的积极元素；具体地秉持 ISAS 的总体教学原则，引入经典案例将课程的主体教学内容实现项目化单元切分，融合具有生活元素的情境，并切入明确的任务驱动学习，将合作与互动贯穿于整个教学实施过程中，从而提升“财经法规与会计职业道德”课程的教学效果。基于 ISAS 教学法一条主线，融合吸纳案例教学法、合作教学法等多种方法的优势，不仅可以积极有效地推进学生对课程知识架构的掌握程度，加深对知识的记忆与理解，促进考试水平；而且可以在平等、互动、开放的教学模式中提升综合能力。

三、教学模式改革的微观路径：精细化、模块化、多元化

在教育信息化与经济社会发展对人才的多样化需求的双重冲击下，“财经法规与会计职业道德”课程改革已无可回避，并且已经明确了实施教学模式改革的思想支点与行之有效的教学方法；而关键在于将改革付诸实践的微观路径如何布局。本文拟从三个层面引水开渠：教学设计的精细化、教学内容的模块化、教学手段的多元化。

(一)教学设计精细化

在课程的教学设计上要做到精细，从课程的定位、教学的目标、对专业课程体系的影响、学生的发展与现实诉求、教学可行性等多个方面均应纳入考虑范围，保障每一单元教学活动的实施均应围绕该目标展开。选择在第一学期开设该课程，在配合“基础会计”教学开展的

同时，方便了学生考证的需要，同时也为后续专业课程“经济法基础”“财务管理”等的学习做必要的铺垫，因此在教学设计中要以课程定位为中心，充分挖掘该课程与其他专业课程的关联，体现其在专业课程体系中承上启下的连接作用，结合学生未来职业生涯的可持续发展与就业持证上岗的现实诉求，充分利用 16 个课时，将课程教学的全部任务有机分解配置于 16 个课时单元中，合理把握授课节奏，高效利用 16 课时 720 分钟的有限教学时间，以精细制胜。

（二）教学内容模块化

通过实际教学的信息反馈，“财经法规与会计职业道德”课程的教学内容相对枯燥，法律层面的平铺直叙占教材主导。因此有必要结合当前该课程在专业课程体系中的地位以及对于学生法制的现实意义对教学内容进行有效的模块化整合；主要着力于知识模块、能力模块、素质模块、考试模式四大模块。针对四大教学模块，叠加各种教学方法，挖掘模块之间深层关联，启动多种教学，不同的模块实施整体协调、相对鲜明的教学方法，针对考试模式要设计知识脉络分析、重点提要、难点剖析、考点预测、模拟测试，并辅之以口诀记忆、列表归纳等多种教学非常规技巧。

（三）教学手段多元化

借助信息化所带来的先进的信息扩展与传播渠道，充分丰富课堂，在有限的 40 分钟时间内有效延展，扩展课堂的维度，一堂课可以是一个小的纪录片、一个图文影像数字融合的节目、一段情景剧、一场辩论赛、一次现场观摩、一次现场直播式的实时作业，给课堂无限可能，为学生留更多空间。在模块化教学内容的基础上，继续做加法，实现延展，加强知识的可视性、可学性、可考性以及可参性；从而实现四个层面的提升：财经法规知识、职业判断能力、营销应变的素质、考证通过率（如图 3 所示）。

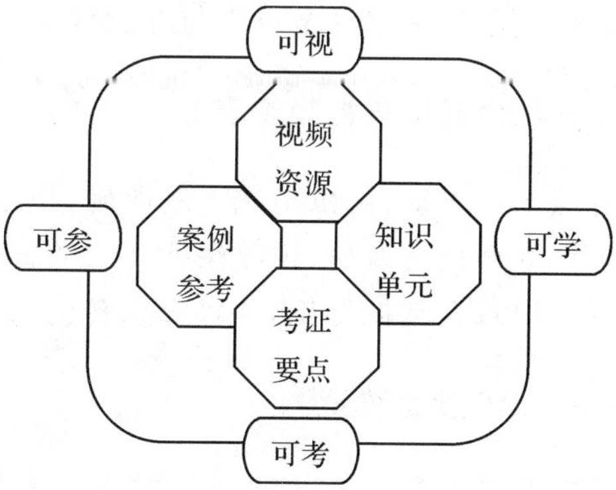

图 3　课堂教学的空间维度发散与延展

通过最新的时事新闻与视频记录等教学资料的视觉刺激，激发学生对于相关知识探究学习的兴趣，并适时地引入需要掌握的知识单元，优化课堂教学，引导学生全程参与；并以习题或者小分析题的形式引入考证要点，最后配合案例情境教学的模式，加强记忆；与此同时，唤起学生的独立与自主学习的能力。

四、基于课堂教学开展的典型单元设计

交互式教学理念注重学生的主体地位，强调师生之间的互动与合作，与 ISAS 教学法不谋而合，应用于“财经法规与会计职业道德”的课堂实施，将产生积极的效果，可从根本上改变长期以来的惯性思维：这是一门以记忆为主的课程。基于该课程五个教学项目的内容特点，进行丰富多样化的典型性教学设计。

（一）“会计法律制度构成”——教学情景剧导入

基于该章教学内容的特点，采用教学情景剧的方式完成学习任务，根据教师事先编好的剧本，有演员、有导演，还有观众，分角色进行课前实施与课堂互动。从知识层面：一方面加强了学生的主动思考，提高了知识理解深度；另一方面，也增加了课堂的生动性与趣味性，让学生在自觉状态下吸收掌握学习内容。素质层面训练了学生的团队合作精神与表达语言能力。如“会计机构与会计人员”单元可以通过国企招聘会计岗位的情景，嵌入“会计机构的设置要求、会计机构负责人的任职资格、会计人员回避制度”等知识点，设置正确与不正确的双重情景，然后让学生展开课堂表演与讨论，最好再由教师总结。

（二）“支付结算法律制度”——社会实践先行

支付结算法律制度的教学内容在日常经济社会运行中容易让学生实践，可以通过体验式、现场观摩、分组对抗等多种形式完成实践。体验式实践通过在超市连锁店当暑期实习生、到银行办理支付业务的体验式学习；现场观摩式实践则由教师提前安排：模拟银行，或实际业务的展示，在银行情境下完成；分组对抗则由教师虚拟一项会计结算业务，然后各组到模拟银行独立选择支付方式完成业务并记录全过程与课堂展示。

（三）“税收法律制度”——社会调研与视频规模

关于税收主题的动漫资源十分丰富，可以精选主题明确、生动有趣的视频资源供学生观看学习。与此同时，走向社会，融合社会调研、税收法律知识的宣传活动，增强学生的主动思考能力与意识。在实践中，学习知识、掌握知识，并将知识转化为技能。

（四）“财政法规制度”——ERP 沙盘模拟

由于财政法律制度是学习最难理解与实践到的一部分内容，但该章节涉及程序化的内容较多，因此可以借助沙盘，在教师讲解的过程中，学生对应着沙盘上提前设置好的程序完成同步学习与操作。

（五）“会计职业道德”——现身说法

会计职业道德是该课程的核心内容，关系到准会计人员今后的职业生涯的发展空间。

但内容相对枯燥，通过案例讨论、主题辩论将学生置身于会计职业岗位，推进教学实施。例如就会计职业道德与会计法律制度的关系可以开展一场辩论赛。

[参考文献]

[1] 刘玉梅. 谈高职学生自主学习能力的培养[J]. 辽宁高职学报，2009(11).
[2] 周文君. 学好《财经法规与会计职业道德》的基本方法探讨[J]. 科技信息，2008(25).
[3] 孔焱. 高职会计专业课堂教学方法改革初探[J]. 湖南财经高等专科学校学报，2010(6).

“微机组装与维护”课程微课程教学实践与思考

吕侃徽

［摘　要］本文以“微机组装与维护”精品课程微课程教学改革与实施为基础，将项目活动载体单元以微课程设计形式进行有效整合，完成了“微机组装实训室”“计算机组装理实一体化教室”和“PC120 电脑救援中心”相融合的建设任务，并出版了基于工作任务的项目化教材，形成了较为完善的以强化学生实践动手能力为目标，理论与实践相结合的教学平台，构建计算机维修“微操作”任务式视频资源库，并对其进行教学试点，融合微课程、短操作视频指引学生操作技能养成，使其能有效提升学生电脑设备安装与维修职业能力，为课程教学改革开拓了新思路。

［关键词］计算机组装与维护；微课程教学；课程建设

《教育部关于全面提高高等职业教育教学质量的若干意见》(教高〔2006〕16 号)中，对高职课程教学手段、方法、效果提出了更高的要求。我校计算机信息管理专业经过了近 7 年国家示范性建设及专业内涵建设，在专业课程体系构建、基于工作任务系统化的项目课程改革与实践方面积累了许多宝贵经验。本文就“微机组装与维护”课程微课程教学的设计与实施做一总结。

一、课程教学改革实践成效分析

经过近 8 年的“微机组装与维护”课程建设，课程已经完成了传统教学到项目化教学的转型，从课程教学资源角度看，课程标准、项目(活动)载体设计、教案、项目化教材建设、师资队伍建设、课程网络化建设和工学结合教学平台建设等要素均已健全。2008 年 9 月在高等教育出版社正式出版《微机组装与维护》项目化教材；课程围绕理实一体化教学改革申报并立项课题，有浙江省教育教学规划课题 1 项，院级课题 3 项；2011 年 9 月在电子工业出版社正式出版浙江省重点教材《计算机组装与维护教程》(基于工作过程系统化的项目教材)，2012—2013 年课程进行的理实一体化教学改革，稳步完成任务式“微操作”视频资源库建设，已建立的校内工学结合教学实践平台可供学生全方位进行实践锻炼，为微课程教学改革实践为开展奠定了扎实基础。2012 年《微机组装与维护》专业核心课程成为院级精品开放课程。

二、课程教学改革与工学结合实践平台相结合

课程教学改革与工学结合实践平台相结合为微课程教学改革与实践提供了丰富的经验积累和要素保障。

在项目课程建设中，准确的岗位能力分析与明确课程建设目标是课程建设成功的关键，为课程的定位及课程内容组织提供了重要依据。在2007年3月计算机信息管理专业教学标准开发会议上，经过行业专家和教育专家的论证，梳理明确了高职计算机专业毕业生在计算机系统维护岗位的工作任务和能力需求，确定课程项目教学涵盖的职业能力目标：

1. 能根据用户具体需求制订电脑配置单；
2. 能独立完成微机硬件组装，正确安装、配置常用外部设备；
3. 能独立完成常用操作系统的安装与调试；
4. 能进行常用软件的安装与设置；
5. 能进行常见软硬件故障的诊断与排除；
6. 能进行计算机系统的基本维护。

课程基于工作过程系统化的项目课程改革与理实一体化的教学平台建设密不可分，在课程教学中穿插工学结合环节，半工半学，采用理实一体化的教学手段将有利于贯彻“能力为本位，就业为导向”的职业教育新理念，创新专业人才培养模式改革，推进职业教育的新发展。微课程是集中针对某一主题设计与实施的小规模短时课程。课程进行微课程教学的改革思想更符合教学实际。

微机组装与维护课程重在学生的实践操作能力提升，并同时提高学生对计算机软硬件体系的认识，因此该课程在理实一体化教学平台的构建上，注重促进学生在课程中所学的理论知识与操作技能结合，提升学生动手实操能力。通过“微机组装实训室”“计算机组装理实一体化教室”“信息技术系电脑维修工作室”和“PC120电脑救援中心”四维结合的实践教学平台锻炼，将项目课程教学、实训操作基本技巧与社会服务有机结合，促进学生计算机系统安装与维护应用的基本技能养成，锻炼适应岗位需要的、能解决台式机电脑和部分型号笔记本电脑的操作能手。而微课程教学中通过多个短视频操作分别讲解对应操作要点及知识点更加符合学生的学习实际，通过课程网络化教学试点，我们发现学生对短视频、短操作的学习兴趣和对知识点的理解能力要远远高于之前的项目化、以任务为中心的教学方式。

通过微课程教学设计，课程教学无处不在，我们将课程教学融入学生的学习、生活以及社会实践等各方面领域。课程组将单一的专业课程教学领域扩展至“课堂、实训室、服务工作室”更宽口径的综合教学平台，贯穿课程对应一个社团，关联一本职业资格证书、面向一项竞赛的思想，结合计算机应用的特征，把握更多的学生实践机会，将解决实际应用中的问题作为锻炼学生能力的环境与载体，既强化了专业的社会服务能力，又增进了学生的操作技能。

作为计算机相关专业的高职学生，计算机组装与维护能力是重要的职业能力组成。通过对2007—2012届连续6届毕业生跟踪调查，对相关用人单位的座谈交流，具有良好的计

算机组装与维护应用能力，尤其是计算机设备日常维护能力的毕业生企业十分欢迎。因而，针对专业课程基于工作过程系统化的项目教学基础上，规划设计更易促进学生学习积极性、半工半学的工学结合环节对学生职业素养的提升是十分有必要的。

工学结合教学的经验积累为课程进行新教学方式的尝试和改革提供了丰富的经验积累，使课程微课程教学改革设计，短操作模块化等实践成为可能。以“PC120 电脑救援中心”为例，2008 年课程组建基于学生社团的工学结合教学平台“PC120 电脑救援中心”，秉承以就业为导向，以实践技能为核心，倡导以学生为主体、以能力为本位的教育培训理念，通过综合性和案例性的实践活动，帮助学生积累实际工作经验，全面提高学生的实践能力和素养。中心管理按照公司模式运作，配备实践导师、一级维修员、二级维修员、三级维修员等四个职员角色，针对不同的维护员，设计不同的业务服务范围，各级维护员在对外服务时必须通过救援中心的技能鉴定；实践导师中，64%的导师来自企业一线，对计算机软硬件安装与维修具有丰富的实践经验，实践导师主要为各级维护员做技能上的指导与培训。截至 2013 年 6 月，中心已经对外服务近 16000 次，有效地强化了学生的专业能力和实践能力。

三、课程微课程教学环节设计与考核

“微机组装与维护”课程开设 17 周，3 学时/周，在课程授课计划中，设计 4—5 周时间为工学交替环节，经过课程基本操作技能指导及考核后，开课班级学生将被列为三级维修员参加半工半学的教学，服务对象是学院师生。在课程教学中将计算机硬件认识、硬件组装与调试、BIOS 设置与操作系统安装、软件系统安全设置、数据安全应用、计算机保养与维护等 6 个教学模块进行拆分，形成每个模块通过 15—20 分钟不等的短操作视频对对应任务进行教学组织，在 15—20 分钟时间内，通过集中对某一主题设计与实施来做教学设计，能够在短时间内将学生的注意力集中在某个单一的主题上，可集中学生的学习注意力，让学习者在短时间内掌握知识、技能，给学习者带来极大的满足感和成就感。由于重点突出、时长适中、利于理解和记忆，大大提高课程教学的吸引力和教学效果。这个对于“微机组装与维护”课程来说，在本身的教学元素组织方面较为匹配，作为微课程教学改革成效显著。以计算机硬件组装为例，计算机硬件组装单元的学习，包括了计算机主要部件的认识、各部件安装方式和技巧认识、各部件操作练习、计算机整机硬件组装操作、联机检测、试机等一系列操作，整个学习过程需要 9—12 课时。几周的学习计算机硬件组装过程中，教学组织比较拖沓，学生学习的积极性会受到影响，进行微课程教学设计，通过短操作视频方式进行教学组织就可以避免这种情况。如各部件安装方式和技巧认识，我们在教学中可以将计算机每个主要部件都作为一个单一主题来进行教学设计，将每个主题都作为完整的小课堂，突出重点，易于学习掌握对应技能。

从 2013 年上半年所开展的微课程教学试点中我们发现，微课程教学与课程工学交替教学进行结合，对学生的操作技能养成十分有利。工学结合教学由专业指导教师、PC120 电脑救援中心、校外企业三方给学生指导，在指导过程中我们发现，学生校内实践、企业实践中，专业指导教师在对学生指导多数主题鲜明，指导的环节都侧重于解决某一个具体问题或某个知识点。工学结合环节可以有效地提升学生职业技能。

在课程微课程教学改革试点中，课程考核改革方案的制订是十分重要一环，课程组根据多年来教学经验，制订了围绕课程教学特征、贴切工学结合实践平台的考核方案。专业技能与实践课程过程性考核成绩占课程考核总评成绩的60%以上。目前，课程考核评价分3部分：项目操作过程性考核40分，电脑维护及记录单30分，课程实训及考勤30分。可以看出，课程考评中项目化的过程性考核分数占总分的70%，可以较为客观地反映学生在做操作及社会服务时所能具备的职业素养。

四、小结

“微机组装与维护”课程微课程教学改革在提升学生基本职业技能养成方面积累了经验，微课程以短为特色，虽然它在广度、深度和复杂度方面还存在不足，但是它能够满足学生对不同学科知识点的按需选择学习、个性化学习和微型移动学习的需求，既可查漏补缺又能强化巩固知识。在2008—2013年(总计9个学期)教学试点中为学院师生做电脑安装、维修服务，取得了较好效益。在高职课程教学改革中，应进一步完善实践教学方法，形成理论教学与实践教学相结合的良好格局，使实践教学改革与高职教育的体制改革和教学改革相适应，并在实践中不断完善，从整体上提高教学质量。

[参考资料]

[1] 中国微课. http://www.cnweike.cn.

[参考文献]

[1] 关中客. 微课程[J]. 中国信息技术教育，2011(17).
[2] 胡铁生. “微课”：区域教育信息资源发展的新趋势[J]. 电化教育研究，2011(10).
[3] 黄建军. 论微课程的设计与开发[J]. 现代教育技术，2013(5).

浙金院税收课程开设情况的分析及改进建议

杨智勇

[摘　要]目前浙金院开设的有关税收方面的课程存在课程设置单一、开设随意、课程名称及课程内容不合理等缺陷。对非会计类专业和会计类专业，应有区别地设置有关税收课程；在具体教学内容的安排上，各专业应各有侧重；同时根据不同专业教学目标和教学重点采用不同的教学方法。

[关键词]税收；课程；分析；改革

长期以来，我校在经济类专业中开设有关税收的课程，大致说来有“中国税制”“企业纳税实务”“税务会计”“税收筹划”等。这些课程的开设有利于开阔学生的视野，扩大学生的知识面，有利于学生学习相关学科的知识，在诸多方面起到了很好的作用。但是，也存在课程设置单一、开设随意、课程名称及课程内容不合理等缺陷。

一、税收课程设置中存在的问题分析

(一)税收课程设置随意

我校一些专业曾先后开设过“中国税制”“企业纳税实务”“税收筹划”等税收课程，但是，这些课程的开设，具有很大的随意性，往往根据课时安排有无多余时间，时而开设，时而不开设，在课程设置上具有很大的随意性；时而用这一课程名，时而使用别的课程名称，使教学内容也经常发生变化；课时安排也随时变动，使教学安排经常需要调整。

(二)课程设置不合理，不符合专业需要

一些非会计专业开设“企业纳税实务”“税收筹划”等课程，这些课程内容明显不是专业岗位需要的知识和技能，同时，学生也不具备相应的知识(例如会计知识和税收制度知识)去理解和掌握本课程的知识和技能，造成教与学都十分困难的局面。

(三)“企业纳税实务”开课时间的不合理

“企业纳税实务”课程是会计专业的专业必修课，是会计专业学生必须掌握的专业技能，

这一课程的前提课程是“财务会计”，就目前的设置情况来看，有时候，将两门课程开设在同一个学期进行，或者将两门课程安排在前后间隔比较大的时间里开设，这都不利于教学，不利于学生对知识和技能的掌握。

(四)“企业纳税实务”课时安排的不合理

“企业纳税实务”课程涉及对税制的介绍(因为一般情况下不会单独安排“中国税制”课程)，同时涉及企业纳税的具体操作方法的介绍和技能练习，特别是涉及具体的纳税实务操作演练，这都需要比较多的课时量做保证。目前，“企业纳税实务”课程一般设计课时为54课时，要在这么短的时间内完成上述一系列教学任务，确实非常困难。

二、税收课程的改进意见及建议

(一)对非会计专业税收课程改革的意见和建议

1.课程设置。

对非会计专业的学生来说，例如金融专业、营销专业、投资理财专业，其以后对应的工作岗位不需要进行具体的纳税操作，故没有必要具备对具体纳税事务的处理方法和技能，但在实际工作中可能涉及有关税收的知识，而经济类非会计专业学生了解和掌握我国目前的税收制度还是很有必要的。因此，建议对经济类非会计专业学生开设“中国税制”课程。课程内容以介绍税收基本理论和我国目前税收制度为主要内容，基本不涉及税收具体缴纳操作实际。建议课时54课时。

2.“中国税制”课程内容的确定。

如前所述，“中国税制”课程主要针对非会计的经济类专业，这些专业就业岗位要求学生掌握基本的税收理论和制度，因此，课程内容应重点放在对税收制度介绍上，建议将“中国税制”课程的内容体系细分为三部分：

(1)第一部分介绍一般的税收理论，以够用为原则；

(2)第二部分分别介绍主要税种的概要、计算，应详细介绍；

(3)第三部分介绍税收征收和管理。

3.教学方法改革。

“中国税制”宜采用知识讲授与案例教学相结合的教学法。

“中国税制”课程教学的主要目的是扩大学生的知识面，开阔学生的视野，为学生学习专业知识、为以后的工作奠定基础，教学重点在于对我国目前税收制度的介绍。制度的介绍，没有具体的项目任务，因而，我们就没有“赶”项目教学这个“时髦”的必要和可能了。为了使学生很好地掌握我国目前的税收制度，理解相关的知识，建议采用知识讲授与案例教学相结合的方法。知识讲授可以系统地介绍我国目前的税收制度规定，案例教学可以促使学生理解和把握相关制度精神。传统的知识讲授方法和案例教学方法，有利于学生掌握我国现行的税收制度。

(二)对会计专业税收课程改革的意见和建议

1.课程设置。

会计专业学生毕业以后对应的工作岗位中有一重要的岗位——税务会计工作岗位,这一岗位要求从业人员具体进行纳税实际操作,同时还需要进行简单的税收筹划。岗位工作任务为课程设置提出了要求,要求学生必须比较全面地了解税收基本知识,掌握我国目前的税收制度,同时还必须比较熟练地进行具体的纳税业务操作,进行简单的纳税筹划;因此,课程设置必须涵盖这些知识和技能,并且,有必要设置"中国税制""企业纳税实务"和"税收筹划"课程。但是,基于高职学制的限制,也基于对高职的知识深度要求,开设太多的税收课程不太现实,因此,建议将"中国税制""企业纳税实务"和"税收筹划"课程的内容进行整合,把相关内容一起纳入"企业纳税实务"之中。"企业纳税实务"主要介绍税收理论、我国现行税收制度、企业纳税事务的会计处理程序和方法、税收筹划基础知识。

2."企业纳税实务"课程内容的确定。

如前所述,"企业纳税实务"课程主要针对会计专业,该专业就业岗位要求学生既了解我国目前的税收制度,同时,能对纳税人涉税业务进行具体的操作,掌握税收制度是基础,掌握纳税技能是目的;因此,课程内容应在税收制度介绍和纳税技能方法介绍两个方面并重,建议将"企业纳税实务"课程的内容体系细分为三部分:

(1)第一部分介绍税务会计总论以及凭证发票的使用与管理;

(2)第二部分分别介绍主要税种的概要、计算与核算;

(3)第三部分介绍税收筹划的基本思路和方法。

其中第一部分是一个企业处理涉税问题的基础知识,第二部分是企业依法纳税、正确进行税务处理的关键环节,第三部分是属于能力提升部分。

3.教学方法改革。

"企业纳税实务"宜采用项目教学法。

"企业纳税实务"的教学重点在于对具体涉税事务的具体操作上,重点在于提高学生对具体纳税事务的操作能力。而企业要完纳税款,就有具体的项目任务。这为项目教学法创造了条件。通过项目教学,学生可以在完成具体的项目任务过程中,掌握纳税方法和技巧,提高纳税实际操作能力。

具体从课程的教学组织角度来说,第一部分,主要是基本理论知识的介绍,在教学中,应采取项目教学与知识介绍相结合的教学方法。对税收制度要素、税收主体的权利与义务等教学内容,采用知识介绍教学方法;对如税务登记制度这样很枯燥的、有很多条条框框的、学生很难有深刻认识的教学内容,则采取项目教学法。一方面在讲述这一部分内容的时候,为学生模拟实际企业场景,让学生站在企业的立场去办理税务登记手续,便于学生掌握税务登记的程序和税务登记所需要的资料;另一方面,要求学生完成具体的税务登记项目任务,使学生在具体的操作中,进一步掌握税务登记方法和技巧。第二部分,是本门课程的核心内容,主要介绍增值税、消费税、营业税、关税、企业所得税、个人所得税和其他一些小税种的基本情况、计算和核算。这部分内容是本课程的核心内容,是纳税人涉税业务的主体部分,可以通过项目教学法进行教学。设计项目任务,通过教师和学生一起完成项目任务的方式,引导学生掌握有关税金的计算方法、涉税业务的会计处理方法、纳税申报方法和税款缴纳方法;通过学生独立完成项目任务的方式,进一步促使学生加深对教学内容的理解和把握,进一步提高学生对涉税业务的处理技巧和能力。第三部分,介绍税收筹划的基本思路和方法,主要采取案例教学、启发式教学和项目教学相结合的教学方法,以案例教学法讲解税收筹划的方法,以启发式教学法引导学生综合运用所学的知识,以项目教学方法提高学生税收筹划的能力,合理合法地为企业减少税收支出。

[参考文献]

[1] 大连职业技术学院管理系.《纳税实务》课程内容改革的实践[EB/OL]. http://gsgl.dlvtc.edu.cn/jxky/nsgg.htm 2011-08.

[2] 济宁财政学校.《国家税收》教学改革方案[EB/OL]. http://www.jncx.cn/2012-09.

会计职业判断在中级会计实务教学中的应用

杨 艾

[摘 要]会计职业判断能力是会计改革和制度变迁的需要，是会计人员必须具备的基本素质，是会计专业学生应具备的基本能力。如何培养出具备较强的职业判断能力的会计人才，是会计教学中面临的重要任务，更是中级会计实务这门课程的突出特点和需要强化的内容。要培养学生的会计职业判断能力，中级会计实务课程教学必须改变传统的教学思维和教学方式，教师需要转变思路，在授课过程中培养学生会计职业判断意识，加强会计职业道德教育，改进教学方法与手段，加强实践教学环节。

[关键词]会计职业判断；中级会计实务；会计教学

随着社会经济的发展，会计环境也显得复杂多变，不确定性的经济事项日益增多。而新企业会计准则的颁布实施，更加增大了会计处理的选择空间。新准则在会计计量模式、会计处理方法、会计政策、会计估计的选择等许多方面，都需要也允许会计人员运用专业理论知识和实践经验进行判断。因此，正确运用会计职业判断，保证会计信息质量，是会计界亟待解决的问题。

一、会计职业判断

会计职业判断是指会计人员根据会计法律法规、会计原理和会计原则等会计标准，充分考虑企业现实与未来的理财环境和经营特点，以及对经济业务性质的精确分析，运用自身专业知识，通过分析、比较、计算等方法，对日常会计事项的处理和财务报表的编制应采取的原则、方法、程序等方面进行判断与选择的过程。它具有如下主要特点。

（一）主观性

会计准则允许企业会计人员选用不同的方法对会计资料进行加工处理，而不同的方法会得出不同的结果，但哪一种方法能使结果更接近客观实际，有时很难有一个客观标准，只能依据会计人员的职业判断来确定。这无疑在一定程度上掺杂着会计人员的主观臆断性。

(二)受制约性

会计职业判断是在有限制和要求下的相对主观,它受制约的因素是多方面的:受制于社会的外在约束机制,如法规、政策、目标、国情和技术水平等;受制于会计的某些自身特征、原则及相应的理论框架;受到会计人员自身的业务技能与职业道德水准的制约。

(三)权衡性

会计人员运用职业判断选择会计政策和进行会计估计过程中,始终面临着多个方案的比较、优选,面临着可靠性与相关性、一贯性与适用性、利益驱动和公允公正等观念和立场的矛盾与权衡选择。会计职业判断的过程可以说就是一种比较、权衡、取舍的过程。

二、会计职业判断在中级会计实务中的体现

(一)会计职业判断在会计政策选择中的应用

会计政策的选择是会计职业判断的重点,也为会计职业判断提供了运用的空间,会计政策的选择,涉及的范围很广,既有会计核算方法的选择,也有相关的经济、财务事项的政策确认,都要会计人员在处理会计实务中做出正确的判断。如存货计价方法,是采用先进先出法,还是采用加权平均法或其他制度允许的方法;长期股权投资是采用成本法,还是采用权益法;长期债权投资折溢价的摊销方法是采用直线法,还是采用实际利率法;固定资产的折旧方法,是采用年限平均法、工作量法,还是采用加速折旧方法;投资性房地产的后续计量选择成本模式还是公允价值模式;非货币性资产交换中判断交换是否具有商业实质,从而选择以公允价值还是以账面价值为基础的计量方法;外币折算政策是采用现行汇率法,还是采用时态法或其他方法;母公司与子公司的会计年度不一致的合并报表处理原则以及确定合并范围的原则;收入确认原则和方法;因或有事项而产生的义务是现实义务,还是潜在义务,如果是现实义务是确认还是不确认;因或有事项而产生的资产是披露还是不披露等;怎样根据形式和实质来判断关联方关系,关联方关系与交易又怎样根据重要性原则在报表的附注中加以披露。

(二)会计职业判断在会计估计中的应用

会计估计是指企业在已掌握的信息基础上对结果不确定的交易或事项做出的判断。实际工作中,会计人员要经常利用掌握的外部信息和实践经验,对本单位发生的不确定性交易或事项做出判断,对未来事项是否发生及影响予以估计入账。如坏账准备的计提,需要根据应收款项的可收回性,合理地确定计提比例;存货可变现净值的确认,需要根据生产和市场状况对存货后续生产成本和销售情况进行估计;固定资产使用年限和净残值的确定,不仅需要考虑固定资产的有形损耗,而且还要考虑无形损耗;无形资产、长期待摊费用摊销年限也完全取决于会计人员的职业判断;确认资产减值准备,需要对资产是否发生减值迹象进行判

断，并合理估计“可收回金额”；或有负债最佳估计数的金额，需要根据可能发生额及其发生概率来计算确定。

三、在中级会计实务课程中加强高职会计学生会计职业判断能力的必要性

从观念上讲。我国属于大陆法系国家，习惯于遵循有关法典明文规定的法律制度。受传统观念的制约，会计职业判断在会计人员中一时还难以接受。在会计工作中，长期以来所遵循的都是国家统一的会计制度。在这些制度中，既有详细的操作规范，更有具体的比例、数据等处理标准。会计人员只需寻章摘句，照章执行即可，根本用不着进行职业判断。因此新准则中会计职业判断内容的实施，必然会受到传统观念的制约和影响，需要一个慢慢接受的渐进过程。

从高职学生特点上讲。高职会计专业将会计学生定位于面向中小企业的高素质技能型、应用型人才。作为具备专业素质的会计专业人才，职业判断能力将是一个会计人员综合素质的全面体现，它不仅需要会计人员对会计理论知识和会计方法的全面理解与准确把握，也需要会计人员对企业客观经济环境与经营管理目标进行透彻了解，同时还应具备良好的职业道德。要提高会计职业判断的总体水平，必须加强会计教学中对学生的职业判断能力的培养，要求会计教育应该更新观念，改变传统的教学模式和教学方法，培养出具备扎实的会计知识、相关的专业知识和较强的职业判断能力、具有可持续发展能力的创新会计人才。

从中级会计实务课程性质上讲。与初级会计实务课程相比，中级会计实务不再是按照会计要素顺序讲解常规会计核算业务，而是增加了很多非常规的会计业务和事项。而这些特殊会计业务和事项对会计职业判断的要求尤其突出，往往在业务处理上面临着方法的选择、前提的判断、计量属性的确定、未来现金流量的预测等问题。如果在课程讲授过程中仍然像初级会计实务一样，主要讲业务操作规范，而忽略对学生职业判断能力的训练，将严重影响学生的职业能力和职业后续发展潜能。

四、如何通过中级会计实务课程提高高职会计学生的会计职业判断能力

会计教学的目的不仅在于成为一个专业人员，更重要的是帮助会计人员提高综合素质，具备会计职业判断水平，中级会计实务课程教学过程中应该从多方面、多渠道提高教学水平，更好地培养学生职业判断能力。

（一）培养学生会计职业判断意识

职业判断能力的强弱是会计人员综合素质的反映。为了适应经济发展的需要和准则变迁的要求，需要更新教育观念，应当把学生会计职业判断能力的培养渗透到中级会计实务教

学的各个环节。在教学中，教师应在思想上重视对学生会计职业判断意识的培养，并将这样的意识传达给学生。例如讲解资产减值，列举案例时，不要直接指明某项资产已出现减值迹象，而是将当前的市场环境进行具体描述，让学生首先判断这样的状态是否是减值的迹象。再比如讲解非货币性资产交换，不要直接将这种交换是否具有商业实质作为已知条件，而是通过对现实状况的描述，让学生首先判断这样的交换是否具有商业实质。通过这样的训练，让学生认识到，会计工作并不仅仅是照章办事、按部就班，其中包含的管理意识、全局观念、职业判断在某些情况下比做账更重要，这样培养学生会计职业判断的意识，时时养成会计职业判断的思维习惯。

（二）加强会计职业道德教育

会计工作是一种特殊的职业，它是一种技术方法和理念并重的职业。会计职业判断始终面临着客观性与相关性、稳定性与适用性、利益驱动和公允揭示等观念和立场的矛盾与斗争，始终伴随着道德因素。会计人员只有严格遵守职业道德规范，讲求职业道德，合理地确认和计量会计要素，审慎地选择会计政策和会计估计，才能真实、准确地提供有用的会计信息。鉴于中级会计实务课程中涉及业务的复杂性、政策选择的多样性，教师在课堂上讲授知识的同时，应重视对学生开展会计职业道德教育，对学生的人生观、价值观产生潜移默化的影响，促进学生高尚道德观念的形成。教师可以利用近年来发生的各种经济案例，作为反面教材对学生进行职业道德的教育；还可以邀请企业界成功人士进行演讲，介绍他们的亲身经历和真实感受，鼓励学生做有道德的职业人，为今后的职业判断打下坚实的思想道德基础。

（三）改进教学方法与手段

培养学生的职业判断能力，不仅要合理安排好教学内容，而且需要适宜的教学方法与之配合。传统的以教师为中心的、填鸭式的教学方式，课堂难以激发学生的兴趣，也无法培养他们的创造性思维能力，学生上课时只是被动、机械地接受，而不积极思考。因此，要改变传统的单向传输式教学方法，运用启发式、讨论式、问题式、实务演示、案例分析、角色扮演等多种教学方法来激发学生的学习兴趣，提高学生的学习积极性。以学生为主体、教师为主导，将学习的主动权交给学生。教师引导学生独立思索、自主学习，为学生提供充分自由的表达、质疑、探究、相互研讨的一种教学方式。教师主要起启发思路、讲解要领、解释重点与难点的作用。这种教学方法变学生被动听课的过程为积极参与为主，调动了学生学习的积极性、主动性和创造性，激发了学生的学习热情。在教学手段上要摒弃传统，采用实物、模型、图表、音像、投影等各种直观教具和现代教学媒体，使学生获得直接经验和感性认识，增强其对知识的认知和理解，提高职业判断力。

另外，改变会计教学中孤立地编制会计分录示例的形式，借助案例教学，以会计案例情节为线索，使学生自觉地进入会计与理财工作的“现场”，充当其中的“角色”，灵活运用所学的知识去分析问题、解决问题，从而增强学生的独立思考和独立决策能力，提高职业判断能力。

(四)加强实践教学环节

职业判断能力的形成不仅需要扎实的理论知识，更需要丰富的实践经验。会计本身就是一门实践性很强的学科，通过实践不仅可以验证所学的专业知识，而且可以获得书本以外的职业经验。只有这样才能在增强综合素质的基础上进一步增强职业判断能力。中级会计实务课程中，应该为学生构筑一个合理的培养职业判断能力的实践体系，并从整体上策划每个实践教学环节。实践教学的形式是多样化的，一方面通过校内实验室培养学生职业判断能力。另一方面应加强与各社会团体、企事业单位的联系，多方位、多渠道、多层次地参与社会实践。故要尽量取得实务界的支持和配合，给学生上岗实习的机会，在实践中锻炼学生的动手能力、分析能力和决策能力，进而提高学生的职业判断能力。

[参考文献]

[1] 陈洪. 影响会计职业判断的因素及提高会计职业判断能力的途径[J]. 东莞理工学院学报，2005(8).

[2] 朱星文. 会计职业判断与提高会计信息质量[J]. 当代财经，2002(11).

[3] 郑秀芳，黄俊超，方舟. 改革会计教学培养学生会计职业判断能力[J]. 经济研究导刊，2011(1).

“中小企业管理”课程整体教学设计探讨

董仕华

［摘　要］体验式教学法具有互动性好、情景逼真等特点，运用于管理类实践性教学能有效地提高实践教学的效果。本文针对“中小企业管理”课程实践性环节的教学实际，探讨了运用体验式教学法的具体思路，并结合项目式教学方法，以任务为导向提出了“中小企业管理”课程整体教学的改革思路。

［关键词］企业管理；体验式教学；项目式教学

一、管理类学生能力的要求

（一）社会对管理类学生能力的要求

我国的企业管理正处在一个多元化、多层次的快速发展阶段，中国的企业正在走向国际化，所需要的管理人才也是多层次的和快速成长的。他们所具有的共性有如下几点。

1. 创新精神和创新能力。企业管理的核心在于创新，因此企业管理教学工作的核心在于培养具有创新能力的学生。这里的创新可以是应对市场的变化，重新整合企业资源的行为，也可以是你用另一个模式、另一种途径办了一个与别人一样的企业。总之，这里的创新是广义的并且是持续的。

2. 学习能力。这里的学习不仅仅是指在学校里学习、在书本上学习，更是指在实践中学习、在市场中学习，并且这种学习能力最终应转化为创新能力。

（二）“中小企业管理”课程学生能力目标

通过本课程的学习，学生应该能够运用各种方法调查了解市场状况，并结合自身的资源优势选择识别创业商机；同时能够撰写出完整的创业计划书，并能顺利完成工商企业登记手续；此外，还要能够对公司的内部管理问题如组织结构设计、人力资源管理、财务管理、市场营销等进行设计。

二、"中小企业管理"教学方法的改革

根据社会及用人单位对管理人才的能力需求共性,"中小企业管理"的课堂教学改革方略便很清晰了,我认为体验式教学方法的全面应用有助于培养出这样的人才。

体验式教学具有以下特征:(1)以"在体验中发展"为指导思想,促进学生主体全面发展是教学的出发点和归宿。教学的关键是创造条件和机会,让学生作为主体去体验,在体验中完成学习对象与自我的双向建构,最终实现主体的主动发展。(2)把体验作为主要途径。借助体验来真正确立学生在教学过程中的主体性,使学生享有更充分的思想和行为的自由以及发展、选择的机会,最大限度地获得身体和心灵的解放,使学习主体化、主动化。(3)关注教学的过程及情感体验。体验的价值不在于体验过程中获得某种有形的知识,而是体现在容易被人忽视的过程中。体验式教学将教学目的蕴含于过程之中,关注体验过程本身对于学生态度与行为方式的价值。(4)师生关系是合作的关系。师生通过教学中的交往、对话、理解达成合作关系,在模拟操作活动中共同享有已有的经验,共同体验着新知的形成,感悟着生命的意义与价值。体验式教学恰恰帮助我们解决了管理场景难以完全拷贝的难题,只要将学生置身于企业真实环境,让学生体验,指导学生体验,让学生在体验中领悟管理的技能。

不同的课程所采用的体验式教学方法可以有较大差别。针对"中小企业管理"课程的特点,在教学活动中应采用媒体借用、案例讨论、直观感受、角色扮演、拓展训练、创业模拟、课外项目等方法,让学生在活动中主动体验。

(一)媒体借用法

可以充分利用多媒体等现代化教学手段,以多媒体教室为载体,变黑板教学为课件教学。它不仅能在短时间内向学生传达大量信息,使课堂活动更加有序紧凑,提高教学的容量与效率,而且可通过直观的媒体资料,更好地渲染必要的气氛,激发学生兴趣。可先收集和整理国内外有关创业故事的影音资料,在讲授相关课程内容时,可通过生动活泼的画面和创业故事情节的展现,使课堂教学变得生动形象、易于接受,激发学生的学习兴趣,达到画龙点睛的作用。

如在讲授企业家精神时展示《首席执行官》中张瑞敏的创业故事;讲授创业动机时利用《世纪大讲堂》专题片中的罗伯特·T.清崎(《富爸爸、穷爸爸》的作者)的"金钱未必使您富裕"的演讲影像资料,对其观点进行讨论,收到很好效果。

(二)案例讨论法

此方法可提高学生解决实际问题的能力,并促进学生积极思维,使其主动参与到教师的教学过程中,尤其是对于创业教育过程中理论部分的理解。单纯的理论十分枯燥,但结合适量的案例会使教学内容丰富且生动,案例教学可以帮助学生加深对所学理论知识的理解掌握,激发学习热情;同时,案例教学有利于培养学生分析、表达、争辩及理论联系实际的能力,

在群体讨论活动中可以极大地锻炼学生多方面的能力。此外，案例教学将教学方式由单向转变为双向，有利于活跃课堂气氛，充分调动学生思考问题的积极性和学习的主动性。

（三）直观感受法

学生对现实世界的直接感受和体验，对其意识和行为会产生深刻而持久的影响。在教学过程中，教师可通过如下几种具体的做法，让学生更多地了解企业和创业者：①教学参观。组织学生多参观，实地感受企业运行过程，了解企业经营和市场各种变化。②专家讲座。为帮助和指导学生对小企业创办和小企业主能力需求的一些专业问题或热点问题，邀请业内专业人士做专题报告，介绍在经营企业的过程中适应市场的能力和经营理念。还可聘请工商、财政、税务、银行、法律等部门有关工作人员，来讲述办理营业执照、税务登记、资金注册、银行贷款、法律法规等实际操作问题。③创业论坛。邀请一些成功创业的本校毕业生或者是有一定影响力的企业家，让他们以自己创业过程的亲身经历为例，通过现身说法，谈创业过程中的成功和失败的种种经历、体验和感悟，在实际创业和管理中应注意的关键问题，以及现在可为未来创业活动在哪些方面早做准备等，以拓宽学生的视野，坚定他们未来自主创业的信心，并尽早有意识地锻炼自我。④现实参与。可考虑邀请一些目前企业经营过程中有困难和问题的小企业主，与学生交流并共同寻找解决问题的办法。这种做法难度较大，但效果最好。

（四）角色扮演法

角色扮演法强调以学生为教学主体，重视学生综合运用知识的能力，通过与教学内容相关的并有一定应用价值的情景，将某一教学内容的理论知识和实际技能结合起来，让学生在一定的时间范围内自行组织、安排自己的学习行为，并有能力去克服和解决在完成该学习过程中所遇到的困难和问题。教师根据教学目的设计创业过程中可能遇到的各方面的问题作为背景，在情景设置中给出需要扮演者来解决的问题。扮演者并不是以客观的、局外人的立场，而是以主观的、当事人的角色考虑问题，身临其境地体会总经理或人力资源、财务、生产和市场等职能部门经理考虑问题的角度和方式。这样可以使学生从模拟情景中去认知岗位职责、工作任务、决策过程，既要求独立动脑思考寻找决策依据、制定决策过程，又要求彼此配合、相互协商。

（五）拓展训练法

通过设计独特的富有思想性、挑战性和趣味性的户外活动和游戏活动，培养学生积极进取的人生态度和团队合作精神。创业课程教学过程中，可以通过在室内和户外精心设置一系列新颖、刺激的情景，让学生主动去解决团队合作中可能存在的问题。在参与、体验的过程中，学生心理受到挑战、思想得到启发，然后通过共同讨论总结进行经验分享，感悟完成共同目标任务中团队合作精神的重要性，而这些精神也是创业者所必须具备的。

（六）创业模拟法

创业模拟的主要内容就是撰写创业计划书。创业计划书是创业教育课程体系中的内容，是创业课程综合学习的考核依据。学生是针对一项经营业务或考虑成立一个小型企业撰写创业计划书，提出创业者的想法和思路。它是对新企业的蓝图、战略、资源和人的需求等的构想。通过学生的社会调查，选择创业项目，进行多种创业途径分析，形成创业思维。学生以自由组合的方式形成5—6人的创业团队，各人根据兴趣爱好，开动脑筋，提出各自的创业构思并在团队范围内进行交流和讨论，选出较为理想和可行的创业构思。创业团队以此来构思创业计划书的设计，最后进行课堂汇报。在创业计划书的撰写过程中，学生不仅要主动学习和综合应用创业计划书所涉及的各方面的知识，调查现实中相关的企业和市场，而且还要在完成任务中进行团队合作和分工，获得创业的感性认识和实践经验。

（七）课外项目法

主要的目标是接触企业、了解企业、了解市场，尽可能创造条件进行实战演练，增强实战能力。课堂上理论的讲解、案例分析、角色扮演都无法使学生获得实战的能力，原因在于课堂上毕竟没有真实的环境和对象。因此应该多让学生在真实的情景中检验解决问题的过程，从而获得解决问题的能力。例如，可以撰写小企业运营调研报告；帮助企业做市场调查；向社会或学校有组织地提供劳务；参加学校各种社团活动；在不影响学习的情况下进行短时间的“练摊”活动；有条件的学生可以试办“小企业”。通过这些活动，学生可以多方面锻炼自己的沟通能力、分析事物的能力等，与他人和社会建立和保持更多的联系。

三、“中小企业管理”课程教学的整体设计

根据项目教学的要求，结合体验式教学方法，现将“中小企业管理”课程设计如下。

（一）“中小企业管理”课程内容的模块划分

根据课程内容，现将“中小企业管理”课程内容划分为企业的创立、中小企业的组织与管理以及中小企业的市场营销三大模块。如图1所示。

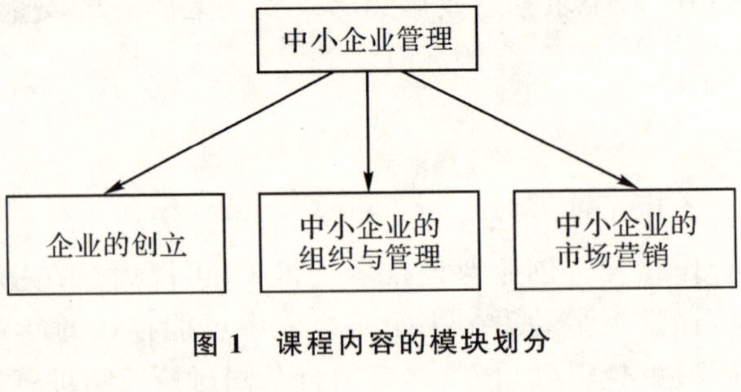

图1　课程内容的模块划分

（二）课程章节内容的教学设计

根据任务导向的教学改革要求，对各章节的教学内容进行了相关的任务设计，使课堂的教学以学生动手、参与操作为主，教师起到引导与辅导作用，如下表所示。

表 1　课程章节内容的教学设计

课程	模块	章节内容	能力目标	项目设计	能力训练方法
中小企业管理	企业的创立	创业者的素质	能根据创业者素质能力的要求，找到自身能力、素质差距	通过职业能力、人格测试等，让学生了解自身性格以及较适合的工作岗位；学生根据自身能力、素质现状，制订自身能力提升计划	观看企业家访谈节目；参与职业能力测试；制订自身能力提升计划
		寻找创业机会	能根据外部环境发现商业机会，并根据自身资源优、劣势评估选择合适的创业机会	学生以自由组合的方式形成 5—6 人的创业团队，各人根据兴趣爱好，提出各自的创业构思；通过宏观政策、行业环境的信息收集以及社会调查，选出较为可行的创业构思	实地调查，撰写调查报告；模拟创业
		制订商业计划书	能制订完整的创业计划书	根据创业团队选出的创业构思，编写创业计划书	模拟创业
		选择企业创建的方式	能根据各种创业方式的优缺点，并结合自身资源及所选择的创业项目，判断选择合适的创业方式	根据小组自身的财力、物力、人力资源，结合所选择的创业项目的特点，选择合适的企业创立方式	模拟创业
		企业登记注册	能根据要求准备完整的登记注册材料，并完成企业登记注册手续	利用企业沙盘模拟经营软件，各学生根据小组的创业项目，准备好全套登记注册材料，并在软件上模拟完成企业登记注册的各项手续	利用实验室模拟经营软件模拟注册
	中小企业的组织与管理	组织结构设计	能根据中小企业的特点合理设计组织结构	根据创业计划，设计符合其特点的组织结构	案例分析；模拟创业
		战略管理	能根据企业所在行业进行战略环境分析和选择相应的战略	按照创业计划，分析企业的创业环境，明确企业的愿景规划，选择实施企业的战略管理	案例分析；模拟创业
		人力资源管理	能根据中小企业人力资源管理现状和特点，合理制订企业人力资源招聘与选拔计划，组织面试和培训，设计薪酬制度和绩效考核体系	按照创业计划，制订企业招聘计划与培训计划；模拟企业人力资源招聘与选拔、面试，设计薪酬制度和绩效考核体系	角色扮演；拓展训练；策划方案撰写
		组织文化建设	能根据中小企业特点，开展符合其特点的企业文化建设	根据创业计划，设计企业文化，包括企业价值观、服务理念、企业口号等	带学生参观企业；模拟创业；案例讨论
		财务管理	能根据中小企业财务特点，制订中小企业融资计划，合理选择融资渠道，进行简单的税收筹划	根据创业计划，制订企业的融资计划，选择相应的融资渠道，合理测算现金流	利用实验室模拟经营软件；模拟创业

续表

课程	模块	章节内容	能力目标	项目设计	能力训练方法
中小企业管理	中小企业的组织与管理	风险管理	能根据中小企业风险类型和特点，合理制订企业风险管理的程序和方法，组织企业投保	根据创业计划，制订企业风险管理计划，选择相应的企业保险类别	模拟创业
	中小企业的市场营销	4PS策略	能根据中小企业的营销特点，合理策划企业的产品、价格、渠道和促销策略，能制订企业的营销计划	根据创业计划，制订产品、价格、渠道和促销等方面的营销策略，并编写出完整的企业营销计划书	课外项目实施；实地调查；模拟创业
		品牌管理	能根据中小企业特点，进行简单的品牌管理	根据创业计划，设计公司的品牌经营策略	参观企业；模拟创业
		CIS设计	能根据中小企业特点，针对性地设计企业整体的CIS	根据创业计划，设计公司的CIS形象和整体宣传推广	观看多媒体资料；模拟创业
		顾客忠诚管理	能根据中小企业消费者特点，合理开发和组织企业的顾客忠诚管理	按照创业计划，分析公司目标客户的类型和特点，设计公司的顾客关系管理计划	运用实验室模拟经营软件；模拟创业
		公共关系管理	能根据中小企业的环境，组织实施企业的公共关系管理	根据创业计划，分析公司的外部环境，合理进行公共关系管理设计	角色扮演；模拟创业

(三)三模块项目设计的联系

课程内容的三大模块中设计了不同的项目训练，这些项目训练既是对企业管理中某项技能的独立训练，同时项目间也存在着相互补充、相互联系的关系。这种联系可概括为：一条主线，九个补充。

一条主线：以小组模拟创业为主线，以创业计划书的编写为载体。

九个补充：创业环境调查报告、创业方式选择、组织结构设计、企业战略选择、企业人力资源计划制订、企业愿景与组织文化设计、企业财务预测、企业风险管理计划、企业营销计划书等九个项目的成果作为创业计划书内容的补充，使得创业计划书的结构及内容更完善。如图2所示。

为了保证以上各种措施有效地实施，教师应不断地更新自身的教育理念和知识结构，提升自己的教学艺术水平，掌握现代的教学技术和方法。这样，才能将教学改革的措施落在实处，见到成效。

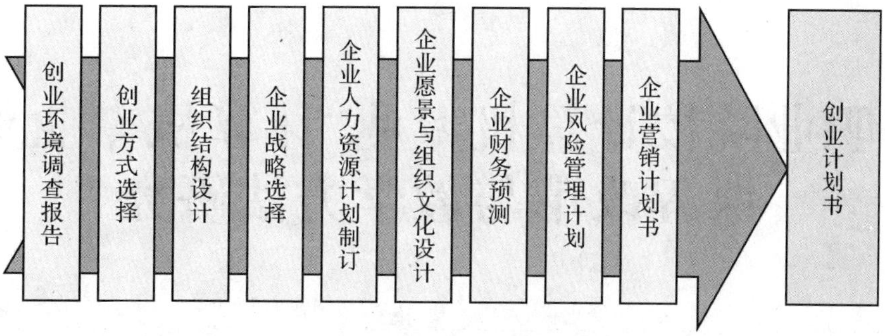

图 2　项目间的联系

［参考文献］

［1］王彤彦. 企业管理专业教学方法改革探讨[J]. 经济师，2004(3)：97—98.

［2］陈倩. 改进教学方法培养创新人才[J]. 东北财经大学学报，2004(5)：91—92.

高等职业院校计算机专业"计算机专业英语"课程改革与教学方法研究

吴禀雅

[摘　要]"计算机专业英语"是高等职业学院计算机相关专业的专业必修课程。通过"计算机专业英语"课程的学习,要求学生能够熟练掌握一些最基本的计算机英语的专业词汇;了解并掌握计算机屏幕上出现的一些常见英文提示信息;并能阅读一些计算机专业的简单英文文献。在"计算机专业英语"课程的教学中,不仅要讲授计算机英语的专业词汇和专业文献,还应增加计算机专业知识与计算机专业英语学习技巧的教学内容。本文对计算机信息管理专业的"计算机专业英语"课程的教学内容进行了研究,调整、更新、补充了课程的教学内容。另外,探讨了该课程的教学方法,力求寻找合适、高效的教学方法,增强课堂教学的吸引力,提高该课程的教学效果和教学质量。

[关键词]计算机专业英语;教学内容;教学方法;改革与创新

一、引　言

"计算机专业英语"是高等职业学院计算机信息管理专业的专业必修课程。是在"大学英语"课程之后开设的,属于专业英语的范畴。

通过"计算机专业英语"课程的学习,要求学生能够熟练掌握一些最基本的计算机英语的专业词汇;了解并掌握计算机屏幕上出现的一些常见英文提示信息;并能阅读一些计算机专业的简单英文文献。

通过"计算机专业英语"课程的学习,可以锻炼学生查阅计算机英文资料的能力,提高学生的专业知识水平;可以让学生熟悉计算机专业词汇的表达方式,从而理解计算机屏幕上输出的英文提示信息,使其作为计算机用户能更好地与计算机进行人机交流。

作为一门英语课程,"计算机专业英语"课程的教学内容具有其稳定性;但同时作为一门专业英语课程,"计算机专业英语"又有其教学内容需要不断更新的特点。

计算机是一门发展非常迅速的学科,从1946年第一台电子数字积分计算机ENIAC在美国诞生以来,计算机发展到今天——短短60几年的时间——其发展速度可以用"日新月异"来形容。集成电路工艺的不断提高、新技术的不断涌现、新产品的不断开发,带来计算机软、硬件方面的不断更新和变化。

而“计算机专业英语”作为计算机专业的专业英语课程，其教学内容必定与计算机专业知识密切联系。随着计算机专业知识的变化和更新，计算机专业英语的技术词汇和表达方式也不断更新和增多。因而“计算机专业英语”的教学内容也要求不断更新。

“计算机专业英语”作为一门专业英语课程，其重点还是在于增加学生的专业词汇量和培养学生阅读理解专业文献的能力上。因而在“计算机专业英语”课程的教学中，不能光讲授计算机英语的专业词汇和专业文献，还应增加有关计算机专业知识与计算机专业英语学习技巧的教学内容。比如，计算机专业英语的阅读与翻译技巧等。这样，有助于学生更好地掌握计算机专业英语的专业词汇，提高学生阅读理解专业文献的能力。

英语课程作为一门基础课程，其教学过程不可避免还是有些枯燥的。同样，计算机专业英语课程的教学内容也很容易过于枯燥。为了使课堂气氛生动，使学生的学习热情高涨，在“计算机专业英语”的教学过程中，应尽量尝试一些新的教学方法，增强课堂教学的吸引力，提高教学质量。

二、“计算机专业英语”课程教学内容的改革

(一)计算机专业英语文献阅读

“计算机专业英语”课程主要要求高职学生掌握三方面的教学内容：有关计算机硬件方面的专业英语词汇、表达方式、相关文章等；有关计算机软件方面的专业英语词汇、表达方式、相关文章等；有关专业领域的最新发展情况和新产品、新技术的专业英语词汇、表达方式、相关文章等。

1. 有关计算机软、硬件的基本教学内容部分。

一般来说，前两方面的教学内容，即计算机软、硬件方面的教学内容，相对来说比较稳定，而且这也是计算机专业英语的基础部分，是要求学生必须掌握的，比如计算机的基础知识(Introduction of Computer)、计算机的产生和发展简史(The Evolution of Computers)、计算机硬件(Computer Hardware)、微机的配置及选购(Selecting a Personal Computer System)、计算机软件(Computer Software)、操作系统(Operating System)、Windows 系列(Introduction of Windows)、数据库技术(Database Technologies)、计算机网络(Computer Network)、多媒体计算机(Multimedia Personal Computer)等。

2. 需根据实际情况不断进行调整和补充的教学内容部分。

在《计算机专业英语》的教学内容中，有关新产品、新技术、最新发展趋势等方面的内容，则需要根据实际情况不断地进行调整。

在教学内容中，还应该加入一些比较新的、紧跟当前形势的热点内容。比如现在 Internet 普及速度非常快，人们已经广泛认识到网络的重要性和优越性，在授课内容中，就应该加入这方面的相关内容。

教师在实际授课过程中，要根据当时的具体情况，选择相关的文章，对最新知识进行介绍。

(二)计算机专业英语的专业知识与技巧

在“计算机专业英语”课程的大多数公开出版的教材中,都只涉及了计算机专业的英文文献,也即都仅列出了本文前部分的计算机专业英文文献的阅读,纯粹是词汇(Words)、表达方式(Phrases and Expressions)及文章(Text)的集合。但其实在《计算机专业英语》课程的授课过程中,除了要介绍计算机专业方面的英文专用词汇、表达方式和相关文章,还应该增加相关专业知识和学习技巧的介绍,比如计算机专业英语的专用术语与命令,计算机的屏幕提示信息,计算机专业英语的词汇学习方法、阅读与翻译技巧,计算机专业英语文章的检索、常用的翻译工具等。

这是因为计算机专业英语课程其实并不能仅仅当作一门语言类课程来上,它的专业性极强。计算机是在美国诞生的,可以说它的“母语”是英语,计算机内的许多提示信息原来都是以英文表达的,我们所看到的许多中文操作系统及中文应用软件都是在此基础上进行了汉化的。而学生在实际学习和上机实践过程中,就会碰到许多未经过汉化的英文提示信息,比如在做 FDISK(硬盘分区)时,就会碰到全是英文信息的界面;在利用 BIOS(基本输入输出系统)设置程序对 CMOS(互补金属氧化物半导体)参数进行设置时,碰到的也全部都是英文的提示信息。这些英文信息有其特点和固有的表达方式,“计算机专业英语”的授课教师可以在授课过程中,将此作为教学内容,给学生做介绍,这非常实用,对学生也有极大的帮助。

此外,“计算机专业英语”也是一门注重学习方法的课程。拿专业英语词汇来说,虽然“计算机专业英语”课程中的许多单词并不难,而且许多词组和表达方式都是固定的搭配,但是对于学生来说,记忆这么多的单词和词组还是一件比较困难的事情,因而让学生掌握词汇的学习方法就是一件很有意义的事情了。这样,在“计算机专业英语”课程教学过程中,应加入有关学习方法的教学内容,如阅读、翻译、检索技巧等,可以让学生掌握学习方法,起到举一反三、事半功倍的效果。

建议在“计算机专业英语”课程的教学内容中,添加以下部分。

1. 计算机专业英语的特点说明。

计算机专业英语与普通公共英语相比较,有其自身的特点:普通英语注重学习语法和句型结构,注重精读;而计算机专业英语具有较强的专业性,具有大量的专业术语,在说明书和手册中广泛地使用祈使句,更注重泛读。

计算机专业英语的语法特点是客观(Objectivity)、准确(Accuracy)和精练(Conciseness)。计算机专业英语中常用被动语态和一般现在时,以表示客观。在计算机专业英语中一般句子较长,用词要求准确。此外,计算机专业英语还要求用尽可能少的单词来清晰地表达原意,因而在计算机专业英语中大量地使用了非限定动词、名词化单词、词组及其简化形式。

2. 计算机专业英语的专用术语与命令。

在计算机专业英语中,有许多专用术语与词组,包括:

△专用软件名称,如 Access(关系型数据库软件)、FoxPro(数据库管理系统)、Java(网络编程语言)、Delphi(视窗系统开发工具)、Netware(网络操作系统)等。

△专业计算机厂商及商标名，如 Compaq，DELL，Epson，Intel，Microsoft 等。

△计算机专用命令和指令，这通常是缩写，而且一般是该操作的功能的英文单词缩写，此时要了解缩写的含义，才能理解操作的含义。如在 DOS 命令中的 CD 命令，指更改当前目录 Change Directory；RD 指删除目录 Remove Directory。

△网络操作专用缩写术语，如在 Internet 上，一般用 CU 表示 See you later（再见），用 FAQ 表示 Frequency asked question（常见问题）等，而且还有一些非常有趣的情绪符号，如：表示笑脸等。

3. 计算机专业英语的屏幕提示信息。

在日常使用过程中，计算机屏幕上将会不时地出现大量英语提示；在网络应用、浏览主页时，也可能出现大量的专业英文提示；在使用英文版软件的过程中，要先阅读各帮助信息文档等。这时要求用户能理解这些屏幕提示信息，否则操作将遇到困难，甚至造成用户的误操作。

计算机专业英语的屏幕提示信息主要包括：

△屏幕上的菜单信息 Menu。

△引导用户按一定步骤进行某些操作的提示信息，通常是一些祈使句，如：

Insert new diskette for drive A: and strike any key when ready.

（在 A 驱中插入一张新磁盘，准备好后按任意键。）

△要求用户回答某一个问题，通常用 Yes/NO 型疑问句，如：

Do you want to make another copy? [Y/N]

（您想再复制一份吗？）

△报告错误信息或其他提示信息，通常用短语或简单句，如：

An unexpected error occurred, please restart.

（发生错误，请重启。）

△在程序调试过程中出现的出错信息，如：

Syntax error.

（语法错误。）

在教学中，应给学生介绍一些常用的屏幕信息。如：

◇系统开机时出现的提示信息。一开机，系统主板上的 BIOS 程序执行过程中将必要的系统信息显示在屏幕上，非常重要，用户可以据此了解主机启动时的运行状态。

◇CMOS 参数设置信息。CMOS，Complementary Metal-Oxide-Semiconductor Tansistor，即互补金属氧化物半导体，是主板上一块可读写的 RAM 芯片，保存着当前系统的硬件配置和用户的设定。CMOS 中有些参数设定了硬件的时序或设备工作模式，不适当的改变可能导致系统错误、死机，甚至无法开机。通过让学生学习 CMOS 中英文提示信息，可以让学生正确地了解和设置 CMOS 参数。

◇利用 FDISK 命令进行硬盘分区时的界面。

◇在进行网络操作时常见的提示信息，如 IE 浏览器中出现的错误提示信息等。

4. 计算机专业英语的词汇学习。

计算机专业英语的词汇主要有技术词汇（Technical Words）、次技术词汇（Sub-technical

Words)、特用词(Big Words)和功能词(Function Words)等。

技术词的专业性强,出现的频率低,一般拼写较长,词义狭窄、单一。次技术词汇在不同的专业中具有不同的含义,出现的频率较高。如 bus 在普通英语中指公共汽车,在计算机专业英语中指总线。

在专业英语中,为了表达准确、正式、严谨、不引起歧义,常用一些较长的特用词,而避免使用短小的单词、词组。

计算机专业英语中的功能词包括介词、连词、冠词、代词等,它们出现的频率极高,非常重要。在专业英语中出现频率最高的十个词是(由使用频率从高到低排列):a,the,of,in,and,to,is,for,are,be。

5.计算机专业英语的阅读与翻译技巧。

阅读的目的是理解,将阅读与理解合二为一,即 Reading Comprehension。当然,只有有效阅读才能正确理解。

阅读计算机专业英语文章需要一定的词汇基础和专业知识基础。即应掌握基本的词汇和一定数量的专业词汇;另外,还要具有本专业的基本知识。这也要靠在学习的过程中逐步了解、掌握和积累,阅读得越多,词汇掌握得越多,阅读理解也就越自然、容易。

在计算机专业英语的翻译中,准确是第一要素,如果为了追求译文的流畅或文笔而牺牲用词的准确性,可能会引起误解。特别是碰到次技术词汇时,要考虑其技术语境,不能简单翻译为一般意义。

三、"计算机专业英语"的教学方法探讨

"计算机专业英语"作为一门专业英语课程,其教学内容不可避免是比较枯燥的,采用适当、高效的教学方法,将使教学质量大大提高。

(一)设法引起学生的学习兴趣

虽然"计算机专业英语"的教学内容相对来说较为枯燥,但由于其间夹杂了大量的专业知识内容,同时又可能是比较吸引学生的。因而提高学生的学习兴趣是非常重要的。在教学中,可以在第一次授课时,设法引起学生的学习兴趣,此时要先强调学习计算机专业英语的必要性和重要性。

在计算机等电子类专业中,有85%以上的专业资料是以英文形式出现的。英语又是我国科技工作中的首选外语。在计算机发展的过程中,计算机专业新词汇、术语不断涌现;在用户的操作过程中将面临大量的英文提示信息;在当前流行的 Internet 上,也出现大量英文信息;还有许多应用软件、操作系统是英文版的;许多计算机中的操作命令、语句也是英语。

为了能正确理解计算机上的英文提示信息,更好地进行操作,并能通过阅读最新计算机专业英文文献,从而随时掌握最新的计算机领域的新技术和发展趋势,提醒学生要学好计算机专业英语。

(二)要设法使学生打好专业词汇的基础,增加专业词汇量

专业词汇是学好计算机专业英语的基础。大部分计算机英语专业词汇来自希腊语和拉丁语,据统计,有46%的词源于拉丁语,有72%的词源于希腊语。

要先让学生掌握计算机专业英语的构词法(Word Building),从而使其更好地进行词汇的学习、掌握和记忆。

当然,最好的词汇记忆方法是实践。

(三)让学生掌握正确的阅读方法

计算机专业英语的学习中,阅读是非常重要的,要让学生正确掌握阅读的方法。

一般普通英语注重精读和泛读,而专业英语的阅读方法注重快读、慢读和选读。

快读,也称略读Skimming,指尽可能快地进行阅读,着重于了解文章的大意和主旨。通过快读,对文章的结构和内容在头脑中得到一个大概的印象。快读时不读细节,不过分拘泥于语法分析,碰到个别生词还可略过。比如,重点浏览文章的题目、段落标题、黑体标题、文章摘要、简介等。

慢读,Reading for full understanding,即阅读文章的细节,类似于精读。慢读常用于在阅读数学公式、科学理论、论文描述等专业性极强的地方,这时需要逐字逐句地分析,才能得出正确的结论。

选读,也称查读Scanning,指读重点,找出文章中某些特定的信息。可以根据要寻找的专业内容和专业词汇,有意识地在文章中去寻找有关句段,进行选读。这在阅读时间有限或进行科技摘录工作时是非常有用的。

(四)大力培养学生提高阅读理解的能力

要培养学生的阅读理解能力,首先要求学生打好语言基本功,扩大计算机专业英语词汇量,最起码要求学生掌握一定数量的计算机专业词汇。

可以让学生在阅读实践的过程中提高阅读能力。这就要求学生大量阅读,培养学生的语感。同时在大量阅读中,还能巩固计算机专业知识,了解到计算机专业的最新发展趋势,对跟踪计算机技术的发展非常有利。

(五)要求学生掌握专业英语翻译的基本方法

要进行专业英语的翻译,就要让学生掌握计算机专业英语翻译的基本方法。

首先,要了解原文包含的专业技术内容,如果对专业技术内容一无所知,那肯定是无法翻译出正确的译文的。其次,在翻译过程中,要注意词义的选择与引申,注意计算机专业英语中许多词义与普通英语中不同的现象,注意一词多义、一词多性的情况等。

(六)理论联系实际

在计算机专业英语的教学过程中,要求学生理论联系实际。避免学生仅学习到理论知识,而不能进行实际运用。

比如在介绍微机的选购时，要求学生自己去配置一款主流的微机硬件，然后写成简单的英文短文，列出主要微机硬件配置的清单，包括各部件的英文名称、厂家、型号、价格等，并简单地进行性能的综述，即配置的性能特点、优缺点等。这样让学生既了解了当时的微机市场的主流配置情况，同时也提高了学生计算机专业英语的应用能力。

(七)尝试将CAI引入计算机专业英语教学

将计算机辅助教育CAI引入计算机专业英语教学，是新的教学手段和教学方法的一种尝试。

通过CAI进行计算机专业英语的教学，可以大大提高课堂的信息量。让学生参与到教学过程中，大大提高他们的学习主动性和积极性。CAI可以针对每个学生自身的特点，进行教学内容、进度的调整，使每个学生都得到适合自己的课堂教学。另外，通过计算机专业英语CAI，还可以锻炼学生的计算机应用能力，在学习专业英语知识的同时，提高计算机专业技能。

(八)锻炼学生的专业英语表达和应用能力

在授课过程中，尝试锻炼学生的专业英语的表达和应用能力。

在每次授课时，利用前五分钟时间，轮流让每位学生上台做一个演讲。内容涉及计算机专业的小常识、小幽默、最新微机硬件行情、最新发展情况、新产品介绍、自己学习计算机的心得或体会等。例如有的学生会讲到Intel最新发布的CPU芯片情况介绍、计算机专业领域的一些新动向、最新数码产品介绍等。这样既锻炼了学生的专业英语表达能力，培养计算机专业的专业兴趣，也锻炼了学生的胆量和演讲能力。

[参考文献]

[1] 张燕. 计算机专业英语[M]. 西安：西安电子科技大学出版社，2006.
[2] 卜艳萍，周伟. 计算机专业英语[M]. 北京：人民邮电出版社，2012.
[3] 王小刚. 计算机专业英语[M]. 北京：机械工业出版社，2011.
[4] 宋亚坤. 浅谈大学专业外语CAI教学[J]. 中国高等教育，2001(19).

探析 ERP 沙盘模拟标准化量化考核模型

黄道利

[摘　要]ERP 沙盘模拟对抗课程互动式的教学方式融角色扮演、案例分析和专家诊断于一体，充分体现“学生学为主，教师教为辅”的全新教学方式，它符合现代教育技术的方法和理念，对高校教学是一个极大的创新。本文从实践教学出发，样本采用 2010—2013 年会计系财务管理专业三年四次 ERP 沙盘模拟对抗考核数据，构建 ERP 沙盘模拟标准化量化考核模型，以便为今后的课程教育提供有益的借鉴。

[关键词]ERP 沙盘；标准化；考核模型

ERP 沙盘又名企业经营实战演练，该课程起源于瑞典，并于 1978 年推出后立即迅速风靡全球。ERP 沙盘，是企业资源规划沙盘的简称，也就是利用实物沙盘直观、形象地展示企业的内部资源和外部资源。通过 ERP 沙盘可以展示企业的主要物质资源，包括厂房、设备、仓库、订单、合同等各种内部资源；还可以展示包括企业上下游的供应商、客户和其他合作组织，甚至为企业提供各种服务的政府管理部门和社会服务部门等外部资源。

一、ERP 教学沙盘的模拟体系

ERP 教学沙盘的模拟体系，是让学生置身于模拟现实的复杂环境之中，模拟企业的经营管理工作，并突出重点。包括整体战略、产品研发、设备投资改造、生产能力规划、物料需求计划、资金需求计划、市场与销售、财务经济指标分析、团队沟通与建设等都能在沙盘模拟系统中体现出来。学生进行经营活动，通过团队合作，努力使企业在竞争中获得成功。并根据以下特色来进行项目的实施。

1. 科学的定位。重点突出实践教学，增强学生的实际操作能力，实现符合市场和就业需要、科学发展的教学目的和培养目标。

2. 科学的结构设计。重点突出经营活动的关键环节。以现代化实验室设备、软件及其实践环境为背景条件，运用现代的 ERP 运营理论，突出实验、实践教学。

3. 完善的教学体系设计。首先，从实践教学准备开始，介绍沙盘实训课程的基础理论，明确学习目的；其次，以实践报告作为综合训练和总结。

二、ERP 沙盘模拟标准化量化考核模型

评比公式:得分=(结束年)权益×(1+A/100)

其中:A 为以下分数之和

大厂房	+15
小厂房	+10
手工生产线	+5/条
半自动生产线	+10/条
全自动/柔性线	+15/条
区域市场开发	+10
国内市场开发	+15
亚洲市场开发	+20
国际市场开发	+25
ISO9000	+10
ISO14000	+15
P2 产品开发	+5
P3 产品开发	+10
P4 产品开发	+15
结束年本地市场第一	+20
结束年区域市场第一	+20
结束年国内市场第一	+20
结束年亚洲市场第一	+20
结束年国际市场第一	+20
高利贷扣减	−3/次
延期交报表扣减	−3/次
报表不平、错误扣减	−5/次
不按任务清单顺序操作	−20/次
未借高利贷	+20
未贴现	+20
追加股东投资	−100

三、ERP沙盘模拟对抗的具体规则和安排

(一)分组

每组成员组成:5名参赛队员+1名监督员。

CEO(总裁)、CFO(财务总监)、生产总监、销售总监、采购总监。

(二)企业发展问题

项目	具体内容	规则要求
1. 企业机遇 (有四个市场)	本地市场:不需要开发 区域市场:需要开发1年 国内市场:需要开发2年 亚洲市场:需要开发3年 国际市场:需要开发4年	● 每年投入1M,允许中断或终止,不许超前投资 ● 已经付出的钱不能收回 ● 不同区域的市场可以同时开发 ● 不需要市场维护费
2. 产品研发	P1产品情况 现有的P1产品可以在本地市场销售,是公司现在的拳头产品,目前公司可以拿到稳定的订单,但以后不好说了,因为有竞争对手的进入,所以明年是否还会有如此多的订单,可能是个未知数 P2、P3、P4产品研发投资 P2、P3、P4产品研发时间最少6Q(季度); 研发投资每季度不同: P2: 1M/Q P3: 2M/Q P4: 3M/Q	● P2、P3、P4产品都需要研发至少一年半,但各自的研发费用不同,不同产品可以同时研发 ● 开发投入分期进行,每季度进行一次,投入1M、2M、3M不等,开发中可以随时中断和延续,不允许超前或集中投入 ● 投资不能回收。开发过程中,不能生产(但可以为该产品提前备料) ● 已经付出的钱不能收回
3. 无形资产	无形资产的获得包括 ISO 9000和ISO 14000的认证 ISO 9000需要2年完成,ISO 14000需要至少3年完成	● 分期投入,每年一次,每次1M ● 可以中断投资,但不允许集中或超前投资 ● 已经付出的钱不能收回

续表

<table>
<tr><th>项目</th><th>具体内容</th><th>规则要求</th></tr>
<tr><td rowspan="5">4. 有形资产（有形资产包括厂房和机器设备）</td><td>厂房
厂房可以随时使用，年底才来决定是否购买所用的厂房
<table><tr><th></th><th>大厂房</th><th>小厂房</th></tr><tr><td>价值</td><td>40M</td><td>30M</td></tr><tr><td>租金/年</td><td>5M</td><td>3M</td></tr><tr><td>生产线</td><td>6 条</td><td>4 条</td></tr></table></td><td>● 如果决定购买，则支付相应的现金放入厂房价值区；如果决定不购买，则必须支付租金
● 支付的租金不考虑厂房开始使用的时间，只要在年底时不购买厂房，则必须支付全年的租金
● 厂房不计提折旧，可以随时出售，出售价值计入 4Q 的应收账款</td></tr>
<tr><td>关于购买新生产线
手工：5M/无周期；生产周期：3Q；残值：1M
半自动：8M/2Q；生产周期：2Q；残值：2M
全自动：16M/4Q；生产周期：1Q；残值：4M
柔性线：24M/4Q；生产周期：1 Q；残值：6M</td><td>● 投资生产线的支付不一定需要持续，你可以在支付过程中停顿
● 生产线投资完成后，到下一季才允许投入使用
● 企业间不允许相互购买生产线
● 生产线变卖，到设备供应商按生产线残值收取现金，（净值—残值）部分计入综合费用中的“其他”</td></tr>
<tr><td>关于转产费用与转产周期
手　工：无周期和费用
半自动：1M　1 季度
自　动：4M　2 季度
柔　性：无周期和费用</td><td>● 所有生产线可以生产所有的产品，只是需要变更周期和费用</td></tr>
<tr><td>关于生产线加工费
手工线：1M/P1；1M/P2；1M/P3；1M/P4
半自动：1M/P1；1M/P2；1M/P3；1M/P4
全自动：1M/P1；1M/P2；1M/P3；1M/P4
柔性线：1M/P1；1M/P2；1M/P3；1M/P4</td><td>● 各种产品的生产成本应按 BOM 表和加工费用来计算</td></tr>
<tr><td>生产线维护费
在年底，只要安装完工的生产线（不论使用时间长短）就必须支付维修费。（如：全自动生产线安装周期为 4Q，若在第一季度开始投资，则在第四季度投资完成，但仍属于在建工程，不需要交维护费，维护费应从第二年末开始交纳）</td><td>● 生产线维护费的交纳以实际安装完成（盘面翻过来）的生产线交纳
● 转产的生产线也需要交纳维护费
● 凡出售的生产线不交纳维护费</td></tr>
</table>

(三)融资问题:企业间不允许私自融资

项目	具体内容	规则要求
贷款	贷款规范: 每组借入长期贷款时,需要每组的监督员写一张条,上面注明:组名、上年权益总计、已贷款额度、需要贷款额度、本组监督员签字 贷款利息: 长贷利息:10%(年限为5年) 短贷利息:5%,到期一次还本付息 贷款时间: 长贷:每年年末 短贷:每季度初	● 长期和短期贷款信用额度:各自为上年权益总计的2倍 ● 长、短期贷款必须按20的整数倍借贷 ● 要求长期贷款每年归还利息,到期还本,再贷款。不能以旧贷换新贷 ● 长期贷款年限为5年,长期贷款只要权益足够,无论第几年都可以申请贷款 ● 长期贷款只要权益允许,到结束年可以不归还
贴现	贷款额度:视应收账款 贷款时间:任何时间	● 按6:1提取贴现费用,即从任意账期的应收账款中取7M:6M进现金,1M进贴现费用(只能贴7的倍数) ● 只要有应收账款,可以随时贴现
高利贷	贷款利息:20% 贷款额度:银行协商 贷款时间:每季度初	● 20%利息/年,每年最多贷一次,一次为20M,最长期限为1年 ● 到期一次还本付息 ● 凡借入高利贷的企业均按3分/次扣减总分

(四)费用问题

项目	具体内容	规则要求
综合费用	广告费:为每年拿订单时的广告投入	● 在年初竞单时交广告费
	生产线维护费:1M/条	● 只要建成就需要支付维护费 ● 转产改造的生产线也需要支付维护费 ● 在建工程不计
	新产品研发费用	● 按当年投入的实际费用计算
	市场开发费用	● 按当年投入的实际费用计算
	行政管理费:每季度1M	● 每季度支付
利息	长期贷款每年付一次利息:2M/20M贷款 短期贷款到期一次还本付息:1M/20M贷款 高利贷还本时付息:4M/20M贷款	
折旧	计提方法: 采用余额加速折旧,按手册中的上年设备价值总值除以3取整提取折旧。(向上取整) 按设备分开提折旧	● 每次按固定资产净值的1/3取整折旧,少于3M时,每次折旧1M ● 当年新建成的生产线不提折旧 ● 厂房不提折旧 ● 凡属在建工程均不提折旧

(五)关于企业运行流程

必须按照学员手册中的任务清单进行操作，各业务的流程顺序不得改变，否则发现一次扣 20 分。分三个阶段完成。

<table>
<tr><th>阶　段</th><th>名　称</th><th>具体内容</th><th>说　明</th></tr>
<tr><td rowspan="3">第一阶段</td><td rowspan="3">年初阶段</td><td>支付所得税金</td><td rowspan="10">● 按顺序进行
● 关账在规定时间外扣除 3 分。报表不平、错误每次扣 5 分
● 对于报表不能查明原因的调账，将调减现金或调增成本</td></tr>
<tr><td>准备好新的一年</td></tr>
<tr><td>准备好与客户见面(拿订单)</td></tr>
<tr><td>第二阶段</td><td>本年运行阶段</td><td>按季度重复进行</td></tr>
<tr><td rowspan="6">第三阶段</td><td rowspan="6">年末阶段</td><td>付利息、更新长期贷款</td></tr>
<tr><td>支付设备维护费</td></tr>
<tr><td>支付租金/购买建筑</td></tr>
<tr><td>折旧</td></tr>
<tr><td>新市场开发/ISO 认证</td></tr>
<tr><td>关账</td></tr>
</table>

(六)关于市场订单问题

1. 市场预测。由著名的咨询公司做出的市场预测作为参考，可以根据市场的预测安排经营战略。

2. 获得订单的广告费用。1M/1 单，另加一单每单 2M，如 7M 即表示有拿 4 张订单的机会，但不一定能拿到 4 张订单。

3. 竞单流程。

● 请将广告费投在相应的产品栏中；

● 按可能拿单的数量投放广告费；

● 要保持市场准入时，最少每市场投放 1M 广告；

● 如果要拿取 ISO 标准的订单，首先要开发完成 ISO 认证，然后在每次的竞单中，要在市场板的 ISO 位置投放 1M 的广告。

4. 选单原则。

(1)第一年以投入广告费用的多少产生选单顺序；每年竞单完成后，根据总的订单销售额评出下年的市场老大，下年可以优先选单；其余的公司，按投在该产品上的多少来确定选单顺序；

(2)如果该产品投入一样，按本次市场的总投入量(包括 ISO 的投入)确定选单顺序；

(3)如果市场广告总投入量一样，按上年的名次排列选单顺序。

5. 选单流程。

(1)市场、分产品分别按下列流程选单；

(2)按选单顺序先选第一轮，一轮只能选 1 张订单/公司；

(3)第二轮按需要的先后顺序再选;如老大只投了1张单,1轮选后,则由投2张单的最靠前的1家选单;

(4)选完所有产品的订单后,分公司统计该市场所有订单销售额,销售额最大的1家,为下年该市场老大(老大按市场分,不按产品分);

(5)加急订单:第一季度必须交货(年初库存和第一季度生产的);

(6)ISO9000要求具有9000资格,并且在市场广告上专门说明具有9000,可以拿单。

6.关于违约问题。

除特殊订单外,所有订单要求在本年度完成(按订单上的产品数量交货)。如果订单没有完成,按下列条款加以处罚:

(1)下年市场地位下降一级(如果是市场第一的,则该市场第一空缺,当年该市场没有市场老大);

(2)当年违约在年末扣除订单额25%的违约金,如订单总额为20M,则扣除5M的违约金,若为市场老大则老大地位取消;

(3)下年必须先交上违约的订单的货后,才允许交下年正常订单的货,收入按订单销售额计入。

四、ERP沙盘模拟标准化量化考核模型实证检验

本检验样本采用2010—2013年会计系财务管理专业三年四次ERP沙盘模拟对抗考核数据,具体考核成绩见下列分布图(图1)。ERP沙盘模拟标准化量化考核按照小组进行,根据实验条件和学生人数,每次分成五个小组,每个小组需要在规定的五年时间里开展市场调查,进行产品研发,市场拓展,采购原材料、生产设备组织生产;并根据企业财务状况不断地筹措资金扩大再生产。最终比赛结果:从实际销售及广告费用比较来看,第一、三组占据比较明显的优势,也就是说,第一组的广告投放相对比较合理、科学;从生产能力角度看,第一组占据比较明显的优势,说明第一组在厂房设备等相关资源的利用上比较科学、合理;从利润获取的两个方面,即市场占有率和销售毛利率来看,第一组占据比较明显的优势,说明其在产品和市场的选择上占据比较科学合理,当然第二、三组也相对较为合理。而相反第四组,无论从广告、利息还是市场占有率和销售毛利率角度来看,失误相对较多。这次的模拟实战训练达到了预期的效果,学生的动手能力和协调能力得到了很大的提升,为今后的课堂教学改革和提升提供了很好的借鉴。

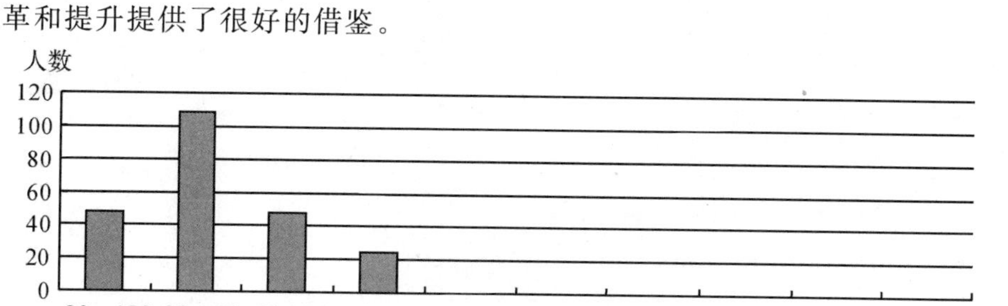

图1 考试(考查)成绩分布图

[参考文献]

[1] 兰亦青. ERP沙盘模拟对抗实训课程教学创新探讨[J]. 科技信息,2007(18).

[2] 李丽. 对高职教育特点和高职学生特点的再认识[J]. 湖北函授大学学报,2008 (3).

[3] 朱宗乾,王彦,魏云霞. ERP实施过程沙盘模拟系统在实验教学中的应用[J]. 实验室研究与探索,2007,6(6).

[4] 刘显铭,田新. 高校ERP沙盘模拟课程教学问题探讨[J]. 黄石理工学院学报:人文社会科学版,2010,8(4).

[5] 魏祥健. ERP环境下会计信息一体化教学体系改革研究[J]. 中国管理信息化:综合版,2009(13).

[6] 邓郁,杨小波,郑英美,等. 会计电算化专业ERP沙盘教学方式的探索与实践[J]. 河北农业大学学报:农林教育版,2010,6(2).

第五篇　实践教学

高校专业实践育人体系构建研究

陶永诚　陆妙燕

［摘　要］对“行（实践）”的认可与重视说明实践育人理念由来已久，但在实际运行中却往往更侧重于课堂知识的传递而难以实行。这有实践育人难以深入开展的客观制约因素存在，尤其对于文科类专业，但我们认为仍可尝试通过专业实践来构建实践育人体系。针对当前高校专业实践育人的难点，我们以浙江金融职业学院投资与理财专业为例，构建全面、立体的实践育人体系，从顶层设计中贯彻实践主导的人才培养教育理念，完善课程体系，构建专业实践自主平台，发展新型师生关系，建立长效的运行机制和保障机制。

［关键词］实践育人；专业实践；人才培养方案；运行机制

自2012年初教育部等部门出台《关于进一步加强高校实践育人工作的若干意见》（以下简称《意见》）以来，实践育人成为高校人才培养工作的一大热点。高校实践育人的核心是专业实践育人，通过专业实践，让学生们都参与到专业活动之中，激发学生的专业兴趣，提升专业活动能力。因此，全方位构建专业实践育人体系是高校人才培养的重要内容之一。

一、实践育人问题的由来

“实践”一词最早源于希腊文 Πρακτικη，它是指最为广义的有生命的东西的行为方式。亚里士多德将其发展为“正确的行为，一个完全圆满地完成自身构成目的的活动”。费希特则提出“实践知识学”，认为行动是自由得以实现的关键。马克思主义哲学对于实践的理解有二，一是人们改变客观的活动，二是人类自我完善的创造性活动。可见，实践的理念贯穿文化的发展。而哈佛大学查德·莱特教授在其历经十年的调研中也发现，所有对学生产生深远影响的重要实践，有80%是发生在课堂外，发生在课堂内的只有20%。

在我国，实践育人的思想理念其实也由来已久，最早可追溯至先秦《左传》：“非知之实难，将在行之。”这说明当时已认识到“行”较之于“知”的难度与重要性。作为“万世师表”的孔子认为“子以四教：文、行、忠、信”，即在孔子的教育中，包括了书面知识（文）、社会实践（行）和道德修养（忠、信）；而荀子也明确有言：“不闻不若闻之，闻之不若见之，见之不若知之，知之不若行之。”可见“行”比仅仅听闻、知晓更为重要。因此，在中国古代的教育思想之中就融汇了“文”“知”与“行”相结合。隋朝王通和南宋朱熹将“知”与“行”的重要性加以排序,王通认为“知之者不如行之者”;朱熹则指出“致知力行,论其前后,固当以致知为先,先知后行。然论其轻重,则当以力行为重”,即虽然认为“知先于行”,但就重要性而言,“行”先于“知”。将两者合一的观点由明朝王阳明提出,“知之真切笃实处即是行,行之明觉精察处即是知。知行功夫本不可离”。以上文籍资料中,所谓知,即为知识;所谓行,就是将所学知识实践出来。这可以说是实践育人的雏形。

在当前教育中,有一种倾向是将知识与实践划分,乃至对立。即便将两者结合,也是做不同的阶段划分,即把两个独立的教育形式在时间上进行简单的组合。这也导致了在一个较长时期中,我们把实践教育放在课堂之外、知识之外、学校之外。因此,实践育人本身作为人才培养中不可分的一部分,在当今作为一个重要的任务在高校人才培养工作中应强调和推进。

二、专业实践是实践育人的核心

实践育人的内涵有多种、多重界定。秦川(2009)将实践育人分解为两个层次,一是将课堂上的理论知识与实践相结合,培养学生的理论应用能力;二是实践育人把不能通过语言、文字或符号进行逻辑说明的、只可意会不可言传的实践性知识,以非正规形式加以传递,使得知识的拥有者和使用者在实践中清晰获知、接收、反思、创新与传承。吴亚玲(2010)认为实践育人是兼顾理论教育与实践教育,兼顾校内与校外两种实践教育。杨宏志(2012)定义实践育人为“通过引导学生参加与自身健康成长、成才密切相关的各种应用性、综合性、创造性实践活动,促使他们形成高尚的道德、健全的人格、勇于创新的精神与实践能力,以实现属人的全面完整发展的教育活动”。可见,实践育人的内涵并无统一的界定,但实践育人的理念基本一致。而这些思想理念部分传承于20世纪80年代提出的素质教育,相对于应试教育而言,更为强调学生能力的培养。归纳实践育人的现有文献,大致上可以分为三大类,一是思想道德方面的实践育人,强调素质层面的社会育人;二是专业课程的实践教学,特别是实验教学与校内外实践基地活动;三是实践育人的机制建设,如人才培养方案设计、场所与基地建设、师资建设、质量控制等。

教育管理部门及学校都对实践育人进行了翔实规定,各学校中的各专业之间在课时设计、场所建设、师资配备等方面大多符合相应要求。但实际上,不同学校、不同专业之间的实践育人效果差别是巨大的。究其原因,主要在于专业实践育人因素上。实践育人的目的是提高专业人才培养水平,许多学校或专业有较丰富的实践活动,但与专业联系性较弱,没有激发学生的专业兴趣,并未提高学生的专业水平;或者有较多的专业实践活动,但没有形成完善的体系,找不到适当的平台,没有良好的运行机制保障。

在教育部等部门出台的《意见》中指出,实践育人有三种形式:实践教学、军事训练和社会实践活动。这三者之中,军事训练一般由学校统一安排,并无专业之分;社会实践活动主要包括了专业社会实践活动,以及公益、社会体验等与专业教学没有直接关系的非专业的社会实践活动。我们可将实践教学与专业社会实践活动统称为专业实践,《意见》中还指出,实践育人要结合专业特点和人才培养要求。

专业实践既然包括了实践教学与专业社会实践活动，即是在课堂教学和社会活动中融合了实践，更在实践活动中将专业知识和技能加以融会贯通，实现学生整体能力与素养的提升。因此，专业实践以专业为载体开展一系列的实践，能充分发挥专业特色，因此它最能体现实践育人的特色与成效；专业实践也围绕专业特色形成系列教学与活动，能实现学生专业兴趣的培养；专业实践使得专业教学不仅仅停留于课堂知识教学，而是对专业教学的深化。可以说，专业实践能有效地实现学生毕业与上岗的零过渡。

三、当前高校专业实践育人的难点

专业实践育人依托专业平台而进行，不同专业之间在推进专业实践育人有不同的模式，其工作的难点也不尽相同。一般来说，文科类专业相对理工科类专业有更大的难度，需要有更多的创新模式。总体而言，高校在推进专业实践育人工作中主要存在以下难点。

（一）缺乏“实践育人导向”的专业人才培养顶层设计

实践育人在高校中不仅仅体现在部分人才培养方案的调整，如在原有的基础上，简单地增加实践课时数，增加认识实习、专业实习、毕业实习的时间、内容和要求。这本质上并未将专业实践部分有机地融入人才培养方案中。特别是在文科类专业中较为普遍，专业实践只体现在“实训室里教学＋实习”，后者包括的认知实习、专业实习和毕业实习，往往是老师布置任务，学生在假期（毕业实习在最后一学期）自行完成，没有形成课程教学与专业实践之间的紧密联系。这一问题就根本而言，是没有在顶层设计上坚持以“实践育人导向”，没有将专业教学与实践活动融合、课内课外结合、校内校外交叉在一起。

（二）缺乏学生自主开展专业实践的平台

目前各高校落实专业实践的平台主要是校内、校外实训基地，这些基地都有产学合作协议，且在数量上也不少。但在实际工作中，校外实训基地的使用往往是专业层面统一协调、安排，或是课程教学中集中开展部分项目实训，学生难以自主参与实践活动，使用率低。

（三）缺乏行业、企业深度参与专业实践活动的长效机制

高校的专业教育是为相关的行业、企业或岗位培养有用的职业人才，因此专业人才培养需要行业、企业的深度参与。但目前行业、企业参与人才培养的主要途径是：一是参与人才培养方案的论证，二是参与部分专业课程（主要是部分内容）的教学。这些是不够的，需要建立行业、企业深度参与专业实践的常规工作机制，发布产业、行业发展动态，共同开展专业技能竞赛，交流专业实践经验等。

（四）缺乏教师深度参与并指导学生专业实践的工作机制

高等教育大众化后，教师与学生在专业教学中的关系趋向淡化。专业教师除课程教学、安排指导实习与毕业论文（设计）外，难以形成相对稳定的专业实践指导与被指导关系。教

师与学生之间没有构建起紧密的师生关系，也没有形成一种稳定的、能对学生的专业实践活动提供连贯性指导的、配有相应考核机制的专业实践导师关系。

(五)缺乏学生参与并检验实践成果的活动机制

在当前许多专业实践中，特别是文科类专业实践中，学生专业实践成果主要体现为课程作业、实验报告、实习报告与毕业论文(设计)等，成果检验基本上为纸质材料，缺乏以产品、作品、竞赛成果等形式立体、生动地展现。另外，当前高校专业实践检验一般是合格性检验，缺乏有层次的专业能力检验体系，也缺乏培养优秀或卓越学生的专业活动机制与考核机制。

四、立体式构建专业实践育人体系：一个案例

专业实践育人是一项系统工程，需要从顶层设计中贯彻实践主导的人才培养教育理念，完善课程体系，构建专业实践自主平台，发展新型师生关系，建立长效的运行机制和保障机制。浙江金融职业学院是首批国家示范性高等职业院校，其投资与理财专业列入国家“提升专业服务产业发展能力项目”，该专业不断深化实践主导型人才培养模式改革，构建起完善的专业实践育人体系，对相关专业的人才培养起到较好的示范作用。

(一)在人才培养顶层设计上坚持“实践育人导向”的理念，形成实践主导型人才培养模式

实践育人导向是指在人才培养上坚持实践育人为根本路径，通过第一、二、三课堂相结合，校内外实践基地相协调，方案(人才培养方案，下同)内与方案外相补充，形成以“学生自主、实践先行、理实相融”为特征的实践主导型人才培养模式。

首先，本专业将激发学生的专业学习兴趣、提升学生的自主学习能力作为人才培养的核心目的之一。通过在方案内外、课堂内外、校内外的综合规划，在顶层设计立足让学生动手起来，让学生讨论(说)起来，最好是让学生能“玩”起来，使学生能自主参与专业实践活动，自主学习专业知识和技术。

其次，在课程体系中开展“技能先导”的改革，体现“先实践后理论、边实践边理论”的制度设计。专门开设“投资理财技能”先导课程，每周1课时，1—5学期均开设，分别是股票投资、基金投资、黄金投资、外汇投资和期货投资。“投资理财技能”在时间安排上先于一般的专业课程，也即：在学生第二学期学习“证券投资实务”之前，在第一学期先让学生动手操作“股票投资”，以此类推。“投资理财技能”是纯粹的实践操作课程，老师与学生一起看盘、一起买卖、一起简单分析，目的就是让学生产生疑问：为什么？激发学生专业学习兴趣，然后下一学期的专业课程将全面帮助学生解答这些疑问。

最后，开设《专业实践活动》课程，创新“实践贯穿”路径。一般的专业人才培养方案中设计了认知实习、专业实习、毕业实习和毕业设计(论文)，以及课程中的实践教学部分，但存在的问题是实习不具连续性，也难以与课程中的实践教学相结合。本专业开设《专业实践活动》课程，每学期的周课时数均为1，由导师指导学生循序渐进地进行行业、企业调研和业务

实践，实现专业实践活动的课程支撑。通过该课程的设置，将学生在校期间连贯性的专业实践列入人才培养方案之中。

(二)理念引领：让行业引导专业实践

专业实践并不是简单地把学生放在社会、企业、岗位上，让学生动手、观察。专业实践需要氛围营造与理念引领，通过相对固定的平台，让学生了解行业、企业的市场环境、发展变化等，为学生参与专业实践打好基础。投资与理财专业考虑到其服务的金融理财大环境的快速变化特征，建立"理财大讲堂"，每月有计划地邀请理财行业中的专家和一线行家，面向学生开展行业前沿、业务创新、岗位发展等内容的讲座，有助于学生开阔视野，在专业实践活动中明确方向和找准问题。

(三)专业社团：学生自主开展专业实践的基础平台

如何让学生能自主地、有组织地参加专业实践活动，是实践育人是否成功的关键。课堂教学及其他教学任务安排的专业实践，是专业人才培养中最基本的专业实践，本专业的每个学生都要求完成，但难以体现出不同学生之间的个体兴趣特征和专业实践的多样化，特别是难以体现学生在专业实践中的自主性。

学生社团是学生的自发性组织，是与本专业背景紧密相关的学生专业社团，是学生自主开展专业实践的良好平台。投资与理财专业从行业背景与岗位能力要求出发，引导学生组建了证券投资协会、期货投资、创投协会、理财协会、职业技能协会等五个专业社团，聘请专业教师及相关行业专家担任指导老师。专业社团将相同兴趣的学生组织起来，有计划地开展专业实践活动，其常规专业社会活动为"三个一"，即举办一个沙龙、联系校外一片(社团或学生)、承办一项(或以上)竞赛。每个社团都有自己的品牌沙龙，定期举办并经常邀请行业、企业专家共同参与；每个社团都能走出去，与其他学校的相类似社团共同开展实践活动；每个社团都能代表系或学校开展一项以上的专业竞赛，证券投资协会、理财协会还协助老师承办浙江省大学生投资理财技能大赛。

学生专业社团能否自主地组织开展专业实践活动，一是离不开专业社团的良好活动机制，二是离不开教师的良好指导，三是离不开二级学院(系)、专业的宣传与引导。浙江金融职业学院投资与理财专业的各专业社团有以沙龙、专业竞赛等为主体的活动形式与机制；成立"808"投资理财工作室，作为教师指导学生专业社团和开展社会服务的平台；管理层面积极宣传与推进学生专业社团建设，形成学生人人参加专业社团(至少1个)，人人在社团活动中获得快乐的良好氛围。

(四)导师制：教师深度参与学生专业实践的制度保障

在高等教育的本科、专科层次上，师生关系是一大难题，特别是教育大众化后，师生关系有淡化的趋势。当前，师生关系不再仅仅满足于班主任、辅导员管理、服务、关心好学生，专业教师上好课的状态。要构建新型的师生关系，让专业教师与学生之间形成稳定的师生情感。

投资与理财专业全面实施导师制，先由学生根据自己的兴趣选择自己的专业实践活动领域，选择相同领域的5名左右学生组成团队；再由全体专业教师与学生团队双向选择建立师生关系。同时，导师在相关行业领域中选择一名有经验、高水平的实务工作者（主要是校外兼职教师）担任副导师，形成校内外双导师团队。导师在学生三年学习生涯中，对团队学生的专业学习、专业实践、毕业设计、就业选择等进行全程指导，并实施“专业实践活动”课程，实现“实践贯穿”。几年的工作经验表明，导师制在推进学生自主、连贯的专业实践活动，帮助学生参加专业竞赛，提高学生的专业水平和促进就业等，都发挥了良好的作用。

（五）专业竞赛：专业实践的项目导向与重点检验

专业实践活动需要专业竞赛的引导和促进，一方面，应积极鼓励学生参加现有的专业竞赛，利用专业竞赛来发现专业兴趣和专业特长；另一方面，高校各专业也应主动创新专业竞赛项目与内容，主动开发与专业人才培养紧密关联的专业竞赛项目，以专业竞赛来引导学生的专业实践，检验学生的专业水平。

投资与理财专业长期重视专业竞赛，自主开发股票投资大赛、债券投资大赛、基金投资大赛、期货投资大赛、外汇投资大赛、黄金投资大赛、理财规划大赛、创业投资项目设计大赛等，形成完善的竞赛工作机制。目前，以股票投资、基金投资和理财规划为核心内容的“投资理财技能大赛”已列入浙江省高校科技竞赛项目中。专业教师的平台“808”投资理财工作室是专业竞赛的负责方，学生专业社团协助完成相对应的专业竞赛的组织工作。导师是学生参与专业竞赛的指导者，学生团队是否参与专业竞赛，也是考核导师的一项主要内容。

（六）卓越理财：实践育人的亮点呈现

专业实践活动的开展，离不开对优秀人才的重点培养，并通过其对专业实践活动发挥出示范带头作用。因此，需要考核建立单独的工作机制，来选拔和培养优秀专业人才。

投资与理财专业建立名为“卓越理财”的优秀人才培养机制，将专业实践活动中的优秀人才，组成一个个独立的、面向不同领域的小团队，由“808”投资理财工作室指定专业老师作为团队导师。团队的成员是开放的，依据一定的选拔条件，优秀人才可随时进入团队，也会有成员随时退出团队。各个团队的使命不同，有些是为了参加省级以上专业竞赛，有些是为了参加高水平技能竞赛，也有些是为了提供社会服务等。通过“卓越理财”人才培养，专业实践育人的亮点得以呈现。

（七）作品＋晚会：实践育人成果的综合展示与检验

除了参加专业竞赛并获得奖项外，专业实践还有其他更多的展示平台，特别是要向学生提供展示其自发创新、形式多样的专业实践成果的平台。投资与理财专业依托其所在的二级管理单位，构建“作品＋晚会”的实践育人成果展示平台。其中，“作品”是指专业实践育人作品展，经评选后的优秀作品进驻“专业实践育人优秀作品墙”。“晚会”是指“天生我才”专业主题晚会，以文艺的形成，演绎专业的内容，既是检验专业实践育人综合成果的舞台，又是毕业生告别文艺晚会。将专业“玩”专业，是对专业的最深刻的理解。

五、结　论

实践育人对于教育的重要性自古以来就得到认可，但在实际运行中却一再被忽视，这有较为深层次的理念原因——我们传统教育中侧重于课堂知识的传递。要改变这一格局并不容易，尤其是对于文科类专业，往往受专业知识特征、实践要素、产学合作机制因素的制约。浙江金融职业学院投资与理财专业深刻分析专业所服务行业、产业的大背景，领会岗位人才特点，坚持“实践育人导向”，形成以“技能先导”和“实践贯穿”为核心内容的人才培养方案，构建实践主导型人才培养模式，形成完善的专业实践育人体系。

人才培养首先是一种理念，什么样的理念，将形成什么样的人才培养模式。遵循“实践育人导向”，就能在顶层设计中构建起全新的人才培养方案。实践育人不是简单地增加实践内容、课时或渠道，而是一项复杂的系统工程。在这个工程中，核心在于四个方面的因素：学生主动、教师全导、内容充实、激励有效。即学生能自主积极地参加专业实践，能激发专业学习的兴趣；教师能全程参加并指导学生的专业实践活动；专业实践有丰富的内容，特别是能跟课程教学、社会调研、专业竞赛等活动相结合；专业实践有优秀展示的平台，有表现活力的舞台，能对学生产生强大的吸引力，来引发专业实践的激情。实践育人的模式与内容是多样的，浙江金融职业学院投资与理财专业仅提供一个参考的案例。总之，坚持实践育人导向，充分围绕上述四个因素来解决专业实践问题，相信都能形成适应专业、区域、行业特色的人才培养模式。

[参考文献]

[1] 徐丽曼. 高校思想政治教育实践育人模式研究[D]. 大连：辽宁师范大学，2009.

[2] 沈时杰. 高等职业教育实践性教学体系的构建[J]. 职业技术教育，2000(19).

[3] 黄仁贵，李国彬. 高职经济管理类专业实践性教学存在的问题与思考[J]. 中国电力教育，2007(11).

[4] 秦川. 对高校大学生实践育人机制的反思与重构[D]. 长春：吉林大学，2009.

[5] 吴亚玲. 实践育人理念的哲学分析[J]. 现代大学教育，2010(1)：13—17.

[6] 杨宏志. 实践育人的理念与时间[J]. 国家教育行政学院学报，2012(2)：3—7.

[7] 林丹. 实践导引：教育基本理论的存在价值[J]. 教育研究，2013(2)：41—43.

[8] 潘海涵，汤智. 大学实践教学体系的再设计[J]. 中国高教研究，2012(2)：104—106.

[9] 刘德华，付荣. 教育理论与教育实践关联之基点[J]. 教育发展研究，2012(9)：6—10.

[10] 黄蓉生，孙楚杭. 构建高校实践育人长效机制的思考[J]. 中国高等教育，2012(2)：36—38.

[11] 王向红，田启明. 服务于产业发展能力提升的实践育人教学体系[J]. 高等工程教育研究，2013(2)：152—156.

[12] 徐薇薇，吴建成，蒋必彪，等. 高校教师教学质量评价体系的研究与实践[J]. 高等教育研究，2011(1)：100—103.

高职经管类专业“前校后店”实践育人模式的探索和思考

殷世波

[摘　要]随着我国高等职业教育的大发展，高职教育目前已从数量扩张的阶段进入以内涵建设为主的阶段。很多高职院校都将深化工学结合、加强实践教学环节作为内涵建设的突破口。借鉴国内外的经验、结合我校房地产专业建设的实际，提出“前校后店”实践育人模式，形成课堂、实训中心、门店三位一体的综合性实践教学模式。在此基础上，对“前校后店”实践育人模式的运行机制和特色进行了分析。

[关键词]前校后店；实践育人模式；运行机制

一、“前店后校”实践育人模式的提出及内涵

(一)“前店后校”实践育人模式的提出

1.目前的实践教学模式还很不成熟。进入21世纪以来，高职教育得到了迅猛发展，取得了令人瞩目的成绩。但仍然存在一些不足。实践教学一直是制约高职教育进一步发展的瓶颈。2012年1月10日，教育部、宣传部、财政部、文化部等七部委《关于进一步加强高校实践育人工作的若干意见(教思政〔2012〕1号)》文件明确指出：进入21世纪以来，高校实践育人工作得到进一步重视，内容不断丰富，形式不断拓展，取得了很大成绩，积累了宝贵经验，但是实践育人特别是实践教学依然是高校人才培养中的薄弱环节，与培养拔尖创新人才的要求还有差距。各高校要努力建设教学与科研紧密结合、学校与社会密切合作的实践教学基地，有条件的高校要强化现场教学环节。基地建设可采取校所合作、校企联合、学校引进等方式。

2.如何加强实践教学提高学生实践能力呢？国外经验的借鉴和实践证明，校企合作、工学结合是高职教育发展的必由之路。新加坡南洋理工学院“教学工厂”模式就是一个成功的典范。该模式是将工厂环境引入学校，在校内建起技术先进、设备完善、环境逼真的教学工厂，将学校和工厂合二为一，统一领导，统一组织，对外承接实际业务，并按统一的教学计划进行运作，更加突出地把技能教育摆在重要位置，有利于与实践的有机结合。提供学习者与企业相似的经验学习及培训环境，将现代工厂的管理经营理念引入学院是教学工厂最大创

新之处。按工厂模式办学校，通过教学和工厂紧密结合，一进入企业学生就能独当一面，使学生能在近乎真实的环境中学习各种知识和能力。在工作的第一个星期内，学生就要为雇主创造效益，这就是新加坡职业教育训练目标，因此雇主满意度为95%。作为高职教育后起的国家，我们应借鉴世界上先进的教学模式，如德国的“双元制”模式、新加坡南洋理工学院的“教学工厂”模式、欧美大学的学习工厂(Learning Factory)模式、我国香港理工大学的工业工程中心(Industrial Centre，简称IC)模式。其中新加坡南洋理工学院的“教学工厂”模式在文化传统、办学层次和企业的情况等方面与我国的情况更加相似，学习的效果可能会更好。

3.“前校后店”的内涵。“前校后店”是一种将真实的企业环境(门店或分公司)与先进的经营模式引入学校并通过企业经营与学校教学有效融合，使学生通过工学结合在价值创造中学习，从而有效提高学生的实践能力，形成课堂、实训中心、门店三位一体的综合性实践教学模式。“前校”即校内教学系统，指校内教学资源，包括教学团队、实践教学体系和理论教学体系及相关教学条件的校内训练营。“后店”泛指学校引进的公司连锁门店、营业部、事务所、分部、分公司、学生在校内创建的实体公司及网店等，将专业对口的企业引入校园。“后店”的特点是由校企合营真实运作，共同为公司创造价值，学生在价值创造中学习。它是以学院为本位，在现有教学系统(包括理论课、辅导课、实验课和项目安排)的基础上引进公司门店，全方位营造公司门店真实实践环境的教学模式，校企共同创造价值，使学生能通过工学结合在价值创造中学习。“前校”和“后店”是紧密相连的，学校提供场地和人力资源，企业提供管理和技术及设备支持，两者通过项目承接、订单式人才培养紧密地联系起来。“前校后店”可以实现教学、经营、社会服务等功能的融合，实现校企合作双方利益有机结合，成为利益共生体。形成互惠互利、资源共享、共同发展，学生、学校和企业三赢的局面。

当前，网上办公系统的普及及电子商务的发展为“前校后店”教学模式的发展提供了有利的技术支撑。使得更多业务通过门店的办公系统就可以完成，特别是连锁服务门店的作用将越来越大。当前，以服务外包、技术研发环节转移为主要特征的新一轮世界产业结构调整正在兴起，中央也把发展现代服务业和产业结构转型升级上升为国家战略。这一切都为“前校后店”教学模式的发展提供了有利的机遇和环境。为此要加快和加深高校与企业的合作力度，使“前店后校”模式形成规模化。

二、“前校后店”模式的运行机制

(一)构建与“前校”专业联系紧密的“后店”

要根据学校现有的专业引进与专业对口的企业门店。这一点非常关键，否则专业实习的意义将非常有限。通过在校内建立专业对口的特许加盟店，即“后店”，对外承接相关业务，为公司创造价值。通过组建订单班，在企业人员和教师的指导下，订单班学生开展不间断、全流程经营性专业实训和顶岗实习。建立校内的连锁加盟店，既让学生学习门店的经营管理，又可迅速熟悉总部商品采购、物流配送等业务，同时还能学到先进的管理理念。低年级学生首先通过在"前校"，即校内教学工厂的学习和训练，成为门店预备员工，然后分批进入"后店"，即门店顶岗实习。

(二)"前校后店"的时间安排

可以分为两个阶段，第一阶段是在"前校"依托校内实训基地进行实训，是以"学"为主的模拟，是偏重于"学"的工作，其目的是为"后店"顶岗实习打好基础；第二阶段是门店顶岗实习，是以有效指导下的"做"为主的实战，偏重于通过工作创造价值，使学生在价值创造中学习。

门店入驻校园后，使"半工半读"的教学方式变得切实可行，使学生有机会在校内就开始参与生产性实训，有效地实现了"实训与生产对接、实习与顶岗相融、学生与员工互动"。

(三)通过合作项目使"前校"和"后店"有机融合起来

项目教学通过与企业合作开展项目开发与研究，使教学与项目相融合。企业职业经理与教师、学生合作研究项目为教师提供与企业沟通的机会，为学生提供参与企业项目开发的机会。项目教学有利于教师及时了解企业前沿技术，积极超前地进行专业开发准备，在最短时间内迅速进行新专业与新课程的开发；可使学生体验项目开发的全过程，使学生得到真实工作环境的锻炼，从而培养学生的实践能力、工作意识与创业精神。

(四)通过课程开发和改革实施该教学模式

与企业接轨课程体系及教学模式可以说是"前校后店"的灵魂。没有与市场相衔接的课程，"前校后店"将无法运转。"后店"的建立和实践教学体系的深化，对课程体系和教学内容的改革形成倒逼机制。基于企业真实的生产环境和职业氛围，使构建基于工作过程的课程体系变得切实可行。通过与企业合作开发一批职业特色鲜明的以任务引领、项目主导的核心课程和实训教材，构建以岗位职业能力分析和工作过程为导向的课程体系。这些课程体系以企业真实生产活动和岗位职业能力分析为基础，以培养学生的职业能力、职业道德及可持续发展能力为出发点，把岗位职业能力标准作为教学核心内容。

"前校后店"是一种可行的模式，也是发展的趋势，它拉近了学校和企业之间的关系，使双方的合作更加紧密。

三、"前校后店"模式的特色

(一)校企形成利益共同体

传统的校企合作特别是经管类校内实训基地，主要是通过布置一个模拟环境加上几个软件的形式完成的。或者是企业为学校提供几个设备，派几个人上几次课，办一个订单班，校内的整个实训是通过模拟完成的。学校和企业之间联系不紧密，没有可持续性，没有形成利益共同体。而"前校后店"模式强调要有"门店"这个经济实体的存在。企业与学校通过签订签约，企业向学校提供管理、设备等，学校提供场地和人力资源等，双方共同经营门店，企业派出店长，与学生及校内指导老师共同完成生产性实训任务，形成利益分享的共同体。需要强调的是，这里的门店不仅是一般意义上可以创造经济价值的门店，而且是一个源源不断输出实用人才和标准及新思维的“旗舰店”。

（二）学生在价值创造中学习

“前校后店”模式的经营运作需要产生经济利益，能够不断地创造价值，学生在价值创造中学习。学校培养人才，然后在厂（店）实习就业，学生是经济利益主体，通过店长对学生的“传帮带”形成较为紧密的合作关系，所以比较稳定。

（三）“门店”与课堂相结合

通过建立校内的特许加盟店，建立自己的“门店”。让学生在企业人员和教师的指导下，开展不间断、全流程经营性专业实训。这种设在校内以学生训练为主，同时由企业经营创造价值，且紧跟现代社会科技、服务、管理发展前沿的门店与课堂相结合的模式非常符合高职经管类教育发展的特点。这种将课堂与门店进行有机结合的方式，有利于提升学生对专业学习的主动性和积极性，提高教学效果。

［参考文献］

[1] 周建松，郭福春. 开展订单式培养 实现学生毕业与上岗“零过渡”[J]. 中国高等教育，2005(19).

[2] 郭长华，刘建铭. 对高职高专教育“订单培养”的理性探讨[J]. 中国高等教育，2005(8).

[3] 李占军.“工学结合”的高职教育实训教学模式探索[J]. 职教论坛，2006(18).

[4] 殷世波.“在价值创造中学习”工学结合人才培养模式变革的探索[J]. 中国成人教育，2010(10).

[5] 刘海容. 南洋理工学院“教学工厂”模式与启示[J]. 哈尔滨金融学院学报，2011(10).

高职生顶岗实习期职业适应问题及管理对策研究
——基于顶岗实习周记的分析

徐　烨

[摘　要]高职教育的根本立足点在于学生职业适应能力的提升，而顶岗实习是实现这一结果的特殊学习过程。为做好高职生职业适应初期的衔接和延伸工作，切实落实顶岗实习教育管理的职责，本研究对高职生顶岗实习期职业适应问题进行了深入的探索。结合扎根理论和半结构访谈的方法，本研究构建了高职生顶岗实习期职业适应的模型，并提出通过延伸顶岗实习教育管理的时间、丰富顶岗实习的教育管理形式、利用多方资源充实顶岗实习教育管理队伍等方法，为高职生顺利实现角色转变打好基础，有效提升学生的职业适应能力。

[关键词]顶岗实习；职业适应；扎根理论

一、问题的提出

职业适应是高职生就业竞争力的核心内容，是当前高等职业教育、心理学等所共同关注的主题。在经济产业结构调整和升级的社会背景中，增强高职生的职业适应力，不仅有助于学生个体一生的职业发展，有利于提升企业的人职匹配度，更有利于我国劳动就业市场的稳定。所谓职业适应是指个体在面对新的职业环境和岗位要求时，通过调整自我的心理发展水平，实现个体与职业环境的良性互动。每个个体在不同的职业生涯阶段都会遇到职业适应问题。因而，职业适应是一个动态的概念，具有发展性和成长性的特点。

目前有关职业适应的研究方兴未艾，但有关高职生职业适应的研究才刚刚起步。对高职学生而言，顶岗实习期是培养职业适应力的特殊阶段，但由于当前已有的研究对顶岗实习阶段的职业适应问题缺少深入分析和研究，高职院校在顶岗实习的教育管理过程中较少从提高学生职业意识、职业能力的角度对学生在顶岗实习中普遍遇到的职业适应问题给予有针对性的、有步骤的辅导，从而实现学生职业生涯的协调发展。

为帮助高职生顺利完成从学生到职业人的角色过渡，做好职业生涯初期的衔接，切实提升学生的职业适应力，本研究通过扎根理论研究法对浙江金融职业学院2012届学生的顶岗实习周记进行了深入分析，以此了解学生顶岗实习期职业适应的内容，探寻影响职业适应的相关因素，探索在顶岗实习期提升职业适应力的方法，以提高顶岗实习期间职业辅导的针对性、有效性，切实落实以生为本的理念。

二、研究方法和数据来源

(一)研究方法

因国内当前高职生顶岗实习期的职业适应能力尚没有成熟的理论和研究,且量化研究的方法不足以了解学生在顶岗实习期间职业适应的过程及阶段,所以本研究采用扎根理论方法开展探索性分析。

扎根理论是社会科学领域中一种系统的质性研究方法,由社会学家 Glaser 和 Strauss 于 1967 年提出。该方法特别强调从原始资料中提升理论,认为只有通过对资料的深入分析,才能形成一定的理论框架,这是一个自下而上的归纳过程,也只有这样的理论才具有生命力,对人们的生活实践具有指导意义。扎根理论的资料分析过程强调比较,并贯穿于研究的全过程。即在资料与资料之间、理论与理论之间不断进行对比。扎根理论研究一般包括四个程序:(1)对资料进行编码,将编码后的资料在相同和不同的概念中进行比较,而后进行逐级登录。(2)根据概念的属性、类别,将其进行整合与比较。(3)初步描绘所呈现的理论,将其与现有理论进行比较,使之更为优化,并将理论应用到现实情景中进行验证。(4)理论概述,即根据原始资料,描述理论的类别属性、概念之间的关系等,并进行系统编码。

(二)数据来源

本研究数据资料来源于两个部分。第一部分来自浙江金融职业学院 2012 届学生在网络平台上提交的顶岗实习周记;第二部分为按照分析框架和概念发展的需要,与 10 位刚结束顶岗实习的学生进行的半结构访谈。访谈对象中,男性 3 人,女性 7 人,专业覆盖金融、经管、保险、会计、计算机等。正式访谈前,研究者会向访谈对象告知本次研究的目的,并保证会对访谈内容予以保密。主要的访谈提纲为以下方面。(1)请介绍一下你顶岗实习期间的主要实习内容。(2)顶岗实习期间,你遇到了哪些困难,你是如何克服的?(3)顶岗实习期间,给你留下深刻印象的事件是什么?为什么?(4)你对自己的实习有什么目标?(5)你觉得是什么原因让你愿意/不愿意从事这份实习工作?(6)你比较看重实习的哪些方面?(7)请结合顶岗实习的过程,评价自己的职业适应能力。

(三)研究步骤

本研究共分为三个环节,各部分研究目的及相关情况如表 1 所示。

表 1　顶岗实习期职业适应数据收集的各阶段情况

阶段	译码	目的	参与者情况
1	开放性译码	在原始资料中确定代码供后续分析	浙江金融职业学院 2012 届学生的顶岗实习周记

续表

阶段	译码	目的	参与者情况
2	主轴译码	分析代码,根据其内在关联构建主题	访谈 6 人
3	选择性译码	构建模型,讨论主题与模式的关系	访谈 4 人

在阶段 1 中,本研究选取 2012 届学生的顶岗实习周记为第一手研究资料。

在阶段 2 中,根据阶段 1 初步形成的分析框架和概念框架,结合半结构化个别访谈内容,研究者进行深度分析,围绕这一类属寻找相关关系。例如在对影响职业适应的相关因素进行深度分析时,将所有主题归为两个类属:自身因素和环境因素,把个体自信心、工作胜任感、抗挫折能力与水平、职业兴趣与实习工作的匹配程度、实习工作与自身职业规划的吻合程度等归入自身因素,将生活成本、工作劳动强度、家人的鼓励、师傅的榜样作用、师傅和同事的指点、公司的发展前景、同学和同事的出色表现、学历因素、面对陌生的环境归入环境因素。

阶段 3 中,将类属之间建立彼此关联,建构高职生顶岗实习期职业适应的特征模型。本阶段继续采用阶段 2 中的半结构化访谈采访 4 人,让被访者讨论模型中类属之间的关联方式,即对初步构建的高职生顶岗实习期职业适应模型相关路径进行阐释和描述。

表 2　阶段 3 的类属、亚类属、主题

类属	亚类属		主题
职业适应内容	个体适应心理	自我价值	1. 发现自己的优势;2. 正确看待自己的学历;3. 理解自己所从事工作的价值
		工作动机	1. 良好实习表现关乎个人形象及学校声誉;2. 危机意识:通过不断的学习,争取在行业立足;3. 工作能给自己带来愉悦感
		职业心态	1. 工作要积极主动;2. 要不断地学习;3. 要有耐心,准备做琐碎重复的工作;4. 要正确对待在校期间取得的荣誉;5. 准备受挫折、受打击
		职业综合能力	1. 沟通能力;2. 信息处理能力;3. 任务执行能力;4. 理解他人意图的能力;5. 把大目标转换成具体的工作步骤
	外在环境适应	单位文化	1. 遵守规章制度;2. 严格按照工作流程和规范执行;3. 按照组织语言来言行
		工作内容	1. 学习营销的方法;2. 学会与人沟通;3. 挖掘潜在客户;4. 接打电话;5. 熟悉工作流程;6. 掌握最新的财经资讯;7. 打扫办公室卫生;8. 复印、传真、端茶倒水;9. 关注行业新闻
影响职业适应的因素	自身因素		1. 个体自信心;2. 工作胜任感;3. 抗挫折能力与水平;4. 职业兴趣与实习工作的匹配程度;5. 实习工作与自身职业规划的吻合程度
	环境因素	家庭因素	1. 生活成本与家庭日常收支;2. 工作劳动强度与家人的预期
		社会支持	1. 家人的鼓励;2. 师傅的榜样作用;3. 师傅和同事的指点
		压力因素	1. 公司的发展前景;2. 同学、同事的出色表现;3. 学历因素;4. 陌生的环境

续表

类属	亚类属	主题
职业适应的表现	积极适应	1.感受到动力;2.只要努力,就会成功;3.会继续在这里工作,与公司一起成长;4.有很多收获;5.会直面问题,不再逃避
	消极适应	1.很多职业发展问题还没想清楚;2.还没有明确的职业目标
调控策略	情感策略	1.自我和他人的鼓励;2.学会应对压力;3.克服焦虑;4.调整情绪
	(元)认知策略	1.正确认识顶岗实习与未来职业间的关联性;2.明确顶岗实习的目标,增强学习的广泛性;3.关注自身完成工作任务的速度和质量;4.提升自我调控能力

三、结果与分析

(一)高职生顶岗实习期职业适应模型

根据上述过程,本研究得到高职生顶岗实习期职业适应模型,如图1所示。其中,职业适应的内容涵盖个体适应心理和外在环境适应,在受到自身因素(自信心等)及环境因素(社会支持、压力、家庭)影响的同时,根据自身的调控策略与能力,从而呈现出积极或消极的职业适应结果。

1.职业适应的内容。通过对顶岗实习周记的分析和对学生的深度访谈,我们发现,高职生职业适应内容包含个体适应心理和外在环境适应两大部分。

个体适应心理由自我价值、工作动机、职业心态、工作技能四大因素组成。多数呈现积极职业适应结果的学生,有较高的自我价值感,他们能积极地悦纳自我,理性地看待自身的长处和弱点,并不会因为学历、外貌、家庭背景等因素而忽略自我的优点。他们也更擅长从平凡的实习工作中体会并认同这份职业背后所传递的职业理念,发现自己在工作中所创造的价值。同时,相比较于消极适应的学生,积极的职业适应者往往有较强的工作动机,他们能在实习中能获得愉悦感受。十分关注自己为人处事方式给他人留下的印象,不希望自己落在其他同学的后面,因而他们表现得更具有观察力,并善于从同事们的工作细节中发现学习的内容。职业心态对职业适应有显著的调节作用。受访者表示,高职生在校期间的被动心态会给实习带来不少阻碍。只有积极主动的实习生才更容易受到单位的重视,从而获得宝贵的入职机会。大多数受访者报告说,在顶岗实习前需从以下几方面调整好职业心态:第一,要做好准备从事单一、重复性的劳动。实习生活远非学生在校期间想象的那么富有激情,相反,实习生需要有充分的耐心来完成琐碎的工作。第二,及时将自己"清零"。在校期间所获荣誉只是入职的敲门砖,要谦虚对待工作,避免眼高手低。第三,要学会经受住客户、领导的批评。能将每天实习工作中的得失及时进行反思的学生会更快适应职场生活。职业综合能力是个人在从事各类职业活动中所需具有的综合执业能力的体现,包含"信息处理能力、任务执行能力、沟通能力、理解他人意图的能力、把大目标转换成具体的工作步骤"等内

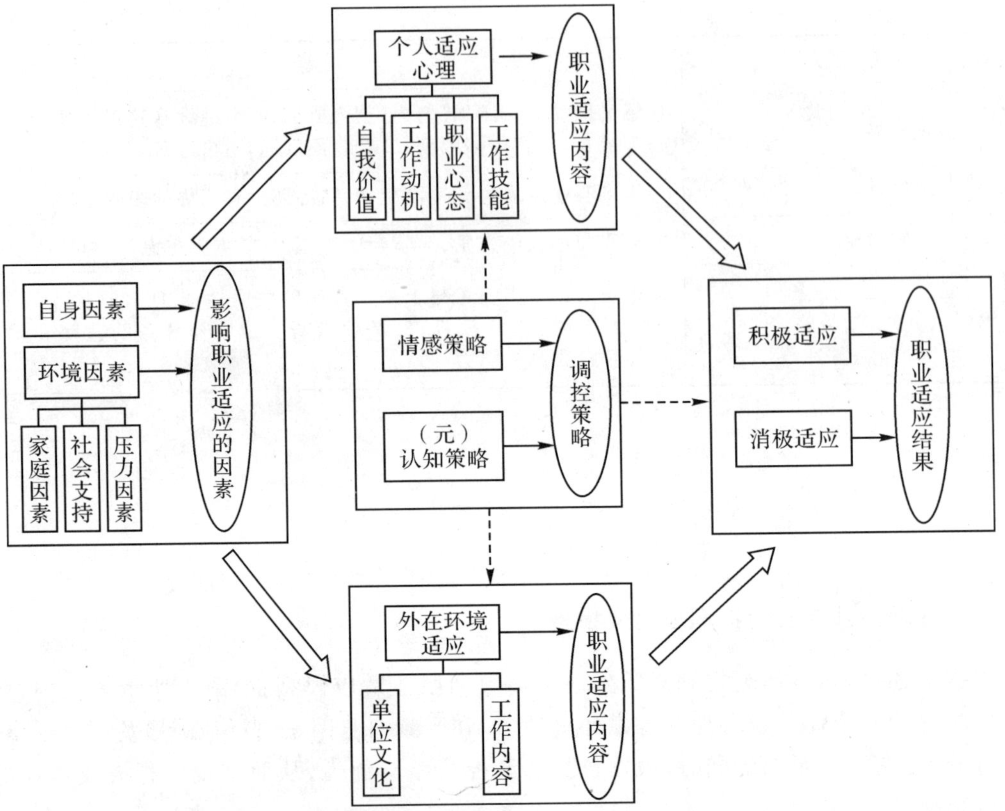

图 1　高职生顶岗实习期职业适应模型

容。所有受访者报告说，在学校课堂上所学习的是各项职业能力的分解训练。顶岗实习的工作中，往往需要综合运用多项能力，才能应对。由于综合性职业岗位训练不足，不少被访者感觉顶岗实习时准备不足。我们在访谈中发现，担任学生干部的经历对个人综合职业能力的高低有显著的调节作用。有 2 年以上学生干部经历的个人在面对陌生的综合性职业环境时会显得更有自信。

职业适应的另一部分是外在环境的适应。包括企业文化、工作内容两个方面。由于学生初次进入职业环境，学生们顺利融入企业最直观表现是严格遵守企业工作规范和工作流程来说话办事。所有被访者均表示，如果能提前了解相关职业岗位的实际工作内容和工作要求，就可以有针对性地进行准备。从顶岗实习周记的分析来看，实习生常见的工作任务包括“向客户营销产品、与客户沟通、挖掘潜在客户、接打电话、熟悉工作流程、掌握最新的财经资讯、打扫办公室卫生、复印、传真、端茶倒水、做一些重复性的工作”。不少受访者表示，很多不曾被学生重视的习惯与能力在岗位实际工作中非常重要。如不少高职生不关心各类时事，不了解行业最新资讯，新闻敏感度不高。知识面的狭窄直接影响高职生的与人沟通及产品推广。

2. 影响职业适应的因素包括自身因素和环境因素。从自身因素来看，当学生个体对自我的认识较为充分，对职业兴趣、职业规划有过思考的学生更容易在顶岗实习中适应岗位。这些学生往往在校期间就参加了不同形式的社会实践活动，在一次次的实践中逐渐明晰自我的职业兴趣，提升工作胜任感和自信心。但我们也发现，不少被访者报告说自己选择实习单位时，非常盲目。大二下半学期选择订单班时会出于“没进银行订单班就是没能力”的不良心态。同时也会由于从众心理，跟风式地选择进入银行订单班，并未充分思考银行的岗位工作特性与自我职业兴趣的匹配程度。这些因素都直接影响学生职业适应过程。

环境因素主要指家庭因素、社会支持和压力因素等。家长对子女求职就业的期望和要求对其职业适应的影响较为复杂。若孩子对父母较为依赖，则容易出现意志力差，缺乏吃苦耐劳的精神，从而影响其职业适应性。所有被访者均表示，顶岗实习期间，来自于师傅、同事的鼓励和帮助会直接影响实习生适应岗位工作的速度和完成工作任务的质量。不少被访者表示，在面对陌生的环境和岗位工作时，良好的社会支持能帮助实习生在短时间内克服紧张和焦虑，尽快投入工作状态。高职学生在实习期间不可避免地会遇到学历压力、工作业绩压力，从而表现出较强的失落感。

3.影响职业适应的调控策略。包括情感策略和元认知策略。在职业适应的过程中，高职生的情感策略和元认知策略直接对其个体的心理适应和对外在环境的适应过程产生隐性的影响。部分被访者表示，在职场中必须要学会调整自己的情绪，要学会区分个人心态和职场心态，在工作中不能抱着个人心态来处理职场问题。同时，自我安慰也是必不可少的方式，有助于缓解焦虑。实习生难免在顶岗实习中遭遇换岗、工作难度大、工作规范流程不熟等困难，自我鼓励和单位同事的鼓励对顺利完成职业角色的转换必不可少。在面临实习工作压力时，掌握应对压力的方法对于学生提升职业适应能力十分重要。

元认知策略的使用主要表现为：能正确认识顶岗实习与未来职业间的关联性；明确顶岗实习的目标，增强学习的广泛性；关注自身完成工作任务的速度和质量；提升自我调控能力等。

4.职业适应的结果。职业适应的结果分为积极适应和消极适应两种。积极适应表现为学生在实习过程中感受到鼓励和支持，因而他们会有更强大的动力继续前进，这也激发了学习的动力。部分学生希望继续留在实习单位工作，也愿意向师弟师妹推荐自己的单位。消极适应的结果表现为学生在短时间内频繁地更换实习单位，或者表现为在实习受挫后，会放弃继续寻找工作的意愿，采取逃避的方式对待求职过程。究其原因，在于他们的职业目标和规划十分模糊，同时自我调控能力不强，没有获得社会支持，因而使自己处于焦虑、内疚、矛盾的情感状态中。

（二）提升高职生顶岗实习期职业适应的管理对策

根据高职生职业适应模式，本研究提出“提升高职生顶岗实习期职业适应的管理对策”（如图 2 所示）。高职院校要根据高等教育规律和人才成长规律，在顶岗实习的教育管理中渗透职业领域对于人才知识与能力的要求，为学生顺利实现角色转变打好基础，提高学生对未来工作的适应程度。

第一，延伸顶岗实习教育管理的时间，充分关注学生在校期间的职业适应力发展进程。高职院校可将顶岗实习教育管理的时间重心前移，从学生迈入大学校门之时起，就开始有计划、有步骤地推进学生职业适应力提升工程，开发学生的心理资源。例如，个体适应心理能力是提升职业适应性的重要因素。该能力的培养并非一朝一夕间就能完成，高职院校教师可制作学生职业适应力任务清单，明确大一至大三各阶段的发展内容（如表 3 所示）。在每学期期末，由学生和教师共同参与评价学生个体在职业适应力各方面的发展情况，由此完整记录学生的适应力成长过程，并及时进行评价和干预。

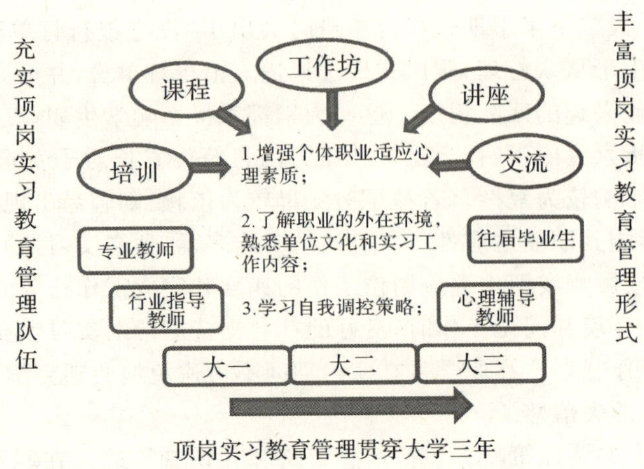

图 2　提升高职生顶岗实习期职业适应的管理对策

表 3　职业适应力发展任务清单

年级	发展任务		发展情况及建议
大一	学习专业性职业技能	认识自我、发展人际沟通能力、学习肯定自我价值	
大二		掌握情绪调整的方法、学习压力应对、了解未来职业岗位群的相关信息	
大三		调整职业心态、明确工作动机、学习自我调控策略	

第二，丰富顶岗实习的教育管理形式，寻找发展学生职业适应力的有效路径。结合本研究提出的高职生顶岗实习期职业适应模型，我们认为可通过讲座、交流、工作坊、课程等多种形式来开展顶岗实习的教育管理，以此增强学生的参与意识。例如，可以在顶岗实习管理中运用"朋辈教育"模式：由学校邀请已工作的往届校友，通过讲座或交流的形式向在校生介绍各行业单位的文化、规章制度、工作流程和工作内容，让学生能提前了解未来职业岗位的相关情况，从而做好各项职业准备。同时，教师可通过有针对性的职业指导，为学生职业适应力提升提供有力支持。其一，教师要把学生未来职业发展的需要与职业岗位的各项要求转化为课程资源；其二，教师在授课过程中要将课程内容与职业岗位之间的关联性进行说明，并让学生在课堂实践中进行操练；其三，教师要设置综合实践项目让学生有机会将多项分解式职业能力进行综合练习。

第三，利用多方资源充实顶岗实习教育管理队伍，满足学生在职业适应过程中的多方面需要。高职院校可积极吸纳在各行业工作的往届毕业生、实习单位的指导教师、心理辅导教师等吸纳到顶岗实习教育队伍中，与专业教师、班主任一同携手，做好课程与职业对接、能力与岗位对接、学生与员工对接，切实落实以生为本理念，健全完善人才共育机制。

[参考文献]

[1] 陈向明. 质的研究方法和社会科学研究[M]. 北京：教育科学出版社，2000.

[2] 田霖. 扎根理论评述及其实际应用[J]. 经济研究导刊，2012(10)：224—231.

高职财经类专业生产性实训基地建设的探索和实践

何惠珍

[摘　要]高职院校生产性实训基地的建立是在多年实践教学探索经验下提出的一个新举措,它具有独特的教育性。实现生产性实训基地建设的可持续发展更是高职院校推动"工学结合"人才培养改革、彰显办学特色和提高教学质量的关键所在。根据教育部《关于全面提高高等职业教育教学质量的若干意见》的要求,浙江金融职业学院保险实务专业积极探索,与保险公司合作在校内建立了生产性实训基地,从而突破了高职财经类专业生产性实训的难题和瓶颈。同样,财经类专业生产性实训基地的建立、完善、规范和可持续发展,不仅需要教育理论的支持,更需要对探索实践的认真总结和思考。

[关键词]高职教育;财经类专业;生产性实训基地;可持续发展;感悟与反思

教育部《关于全面提高高等职业教育教学质量的若干意见》中首次提出"生产性实训",但是没有明确的阐释,从此生产性实训引入职业教育研究领域。

一、对高职生产性实训基地建设的理论探索

生产性实训基地是在顶岗实习、工学结合的实践探索基础上产生的,所以对它的研究不能仅仅拘泥于本身,应从不同角度来借鉴经验,而国内学者的不同视角为生产性实训基地的建设提供借鉴。

(一)研究现状综述

李黎明对生产性实训基地做了较详细的介绍,内容包括概念的界定和功能定位等。丁金昌谈到了生产性实训基地的模式、功能和未来发展的方向等。丁建洪认为生产性实训基地的形式是学校独资型、校企组合型,应从学校、企业、校企共同管理三个方面入手。石令明、傅昌德浦则探索生产性实训的基本内涵、外延、实施基础及基本模式。何应林(2007)、张萍(2007)、刘家枢、徐涵(2008)则把焦点聚集在校内进行的实践教学上。

(二)关于内涵界定

2007 年教育部高教司司长张尧学在"国家示范性高等职业院校建设计划"院校建设方

案研讨会强调生产性实训的含义。《2007年度国家示范性高等职业院校建设推荐预审标准(试行)》明确指出,校内生产性实训是指一种"实践教学模式"。社会上对生产性实训有不同的观点。本文认为,从内涵上来看,生产性实训基地必然是生产功能与实训基地的结合,即"实训与生产合一",强调实训的生产性。从外延来看,生产性实训基地是学校实训基地功能的延伸,是对学生动手能力的高层次培养,即具备校外顶岗实习能力、创新能力和独立解决职场中实际问题的应变力。

(三)关于特征分析

生产性实训基地主要具有真实性、生产性和持续性的特征。其中,真实性主要体现在环境的真实性和教学项目的真实,要求教学与生产同步、要求生产真实的产品,学生是一个"准员工"或"员工",教学内容通过真实的生产项目来体现。生产性是生产性实训基地得以存在的必要条件,是指向社会提供真实的产品,教学过程具有生产性或服务性,并产生社会效益。持续性主要指校内生产性实训基地可以充分利用各种优势,实现可持续发展。高职院校的师资力量能够利用自身的专业知识和研发能力为企业提供技术和管理支持,企业所具备的雄厚资金可以弥补学校实训基地投入的不足等。

(四)关于功能定位

相对于其他类型的实训基地而言,生产性实训基地的功能更加丰富,既实现了产品的生产功能,又锻炼了实践技能水平,同时还可以承担社会培训、技能鉴定和技术研发的功能。

第一,校内生产性实训基地的建设必须以人才培养为落脚点,其最主要的功能是教学实训。第二,生产经营功能。校内生产性实训基地对外是企业,对内是学生实训场所。第三,科研服务功能。生产性实训基地应该能够为企业(或行业)提供技术创新和技术服务并加速科技成果产品化、产业化和市场化的进程。第四,师资培养功能。教师可以近距离接受行业专家和骨干的指导,锻炼实际动手能力,同时兼顾所担任的教学工作,能够有效地提高教师的工作积极性和专业教学水平。第五,校企合作功能。企业可以通过基地完成工作任务,学校可以通过基地实现高技能人才培养和创收。

(五)关于运行模式

生产性实训基地的运行模式可以按照空间、投资主体或运行形式来划分。基于高职院校目前的基本建设情况,可以把生产性实训基地分成校内、校外和区域共享三大类。其中,校内生产性实训基地大概可以分为学校主导、企业主导和校企共建三种模式,而校企共建模式是校内生产性实训基地中最常见的一种模式。区域共享型实训基地既是实训教学和生产实践融合的一个很好的载体,又是学校人才培养与企业所需人才对接的契合点。因此,各高职院校应当根据相关专业的性质,科学地安排、合理地选择生产性实训基地的运行方式。

(六)关于运行机制

生产性实训基地的运行机制是指在基地的实际运行过程中,影响生产性实训的资金、设备等因素，以及影响这些因素发挥的作用过程。具体主要可以从教学管理机制、教学监督机制和财务管理机制三个方面加以理解。

二、高职财经类专业生产性实训基地建设的实践成效 ——以我院保险实务专业为例

由于照搬工科类专业的生产性实训模式与方法，无法满足财经类专业高职学生提升职业技能的需要，我院保险实务专业认真解读生产性实训的内涵，自2006年起先后建设了4个设施先进、实训技术含量高、职业氛围强、工学结合紧密的校内现代化生产性实训基地并取得了较好的成效，值得总结和推广。

（一）采用校企共建生产性实训基地的运行模式

保险实务专业采用与对口企业共建共享的校内生产性实训基地模式。与中国人民财产保险股份有限公司杭州分公司建立了杭州下沙大学城营销部、与中国人寿保险股份有限公司杭州分公司建立杭州下沙大学城营销部（以下简称产、寿险营销部）、与信泰人寿保险股份有限公司建立信泰人寿电销中心，以这三个实训基地作为保险业务的前台；同时，建立一个保险综合技能实训中心作为后援中心，配置了保险公司与保险中介机构模拟经营的基本软硬件设备。即学校完成基础设施，企业增添设备与技术支持；学校负责运行管理，企业组织实训教学；既是学校教学的工作场景，又是企业员工培训的教育场所。

（二）充分发挥校内生产性实训基地的主要功能

1.理论和实践一体化教学功能。保险综合技能实训中心和产、寿险营销部是融教学、职业技能培训鉴定和创新开发功能于一体的生产性实训基地，实现了学生在校学习与实际工作、学习内容与工作内容的一致性和课堂与实习地点一体化，能够满足工学交替、任务驱动、项目导向等行动导向的教学模式的实现。

2.生产服务功能。为了更好地突出生产性实训的功能，采用“技能＋项目”的实训运作模式，保险实务专业积极拓展保险业务，为学生提供一定的工作任务，完成实际项目，使技能学习与实际工作有机结合。如组织学生参与学平险等保险产品的销售工作，让学生介入学平险的简单理赔等业务。而营销部本身兼具生产性实训与企业员工培训的双重功能，即既是教学场所，也是社会服务基地；专兼职教师共同开发的项目课程既可以供学生学习，也可以供员工培训。

3.实现了校企合作多赢。校内生产性实训基地是教学效益与社会、经济效益的统一体。依托生产性实训基地，保险实务专业以订单培养的形式，达成了包括学生、企业、学校三方在内的契约关系。学校在整合政府、行业资源的基础上，根据不同校内生产性实训基地的条件、实力的差异，分层次、有计划地拓展技能考证、员工培训、技术研发、成果展示等功能；同时，为引入的保险企业组织技术攻关，特别是为保险产品的研发提供更多服务，为企业开拓

经营领域提供帮助。因此，三个生产性实训基地不仅取得了出色的教学效果，而且取得了良好的社会效益。

4.示范辐射功能。保险实务专业充分发挥了生产性实训基地的资源共享、科技研发、社会服务及学生职业素质训导与岗位模拟等多重功能，从而实现了带动保险行业、企业和学校共同发展的功能。具体包括：锤炼“双师型”教师队伍、开展职业培训、职业资格鉴定、产品开发和资源共享等。在营销部里，学生既是学习者，也是准员工，能获得相应报酬；教师主要是来自保险公司的业务骨干，他们既是行业兼职教师又是公司的项目经理，负责讲授实务课程与指导学生开展业务；课程的主要内容由行业教师偕同专任教师共同开发。

(三)“三维·合作”育人的保险高职人才培养初显成效

1.基地建设主动融入保险企业文化。在3个生产性实训基地和1个保险综合技能实训中心的建设和运作过程中，特别注重运用优秀的保险企业文化来充分调动学生即“准员工”的积极性，增强企业凝聚力，从而充分发挥了保险企业文化对生产性实训基地发展战略目标的支持和推动作用。如建立科学、规范的保险企业制度文化，导入ES(Employee Satisfaction，即“以员工满意为核心”)战略，树立“以人为本”的管理思想，为学生寻求能充分发挥自身聪明才智和职业生涯的最佳位置；导入CS(Customer Satisfaction，即为“客户满意”)战略，为学生树立“以市场为导向、以客户为中心”的经营理念；导入CIS战略(即企业识别系统，也称形象战略)，塑造良好的基地形象，使企业文化达成共识并成为持续的激发“准员工”工作动力的潜在。

2.人才培养模式改革有了实质性突破。保险实务专业始终以就业为导向，以职业岗位能力为主线，探索和实践了基于生产性实训的社会、基地和课堂相结合的保险“三维·合作”育人的人才培养模式改革，充分开展行业授课、生产性实训、顶岗实习、学生参与实战型经营，实现教学过程的开放性，突出学生职业能力的培养。学生在一年级学完基础课程以后，二、三年级根据保险行业和社会需要，以专题培训为主，不设固定教室，让学生真正掌握终身受用的学习方法。在校内通过着力建设4个融工学结合、生产性实训、行业培训、顶岗实习、毕业就业、双师结构师资队伍的打造和教育教学改革等为一体的生产性实训基地和实训中心，把工学结合的教学模式真正落到实处，从根本上切实提高学生的实际动手能力和就业素质，真正实现“毕业与上岗的零过渡”。

3.形成稳定长效的校企合作机制。依托生产性实训基地，按照保险业务经营流程，保险实务专业系统设计并实行了“工学交替、灵活多样”的订单人才培养，使保险机构能全方位、全过程地参与人才培养，从而形成了稳定、长效的校企合作机制。在内容上，通过制定符合保险职业标准的训练内容，充分开展行业授课、学生参与实战型经营的生产性实训和顶岗实习，实现教学过程的开放性，突出保险职业意识、职业道德和职业能力的培养。在形式上，根据不同保险企业对高素质、高技能人才结构和数量需求的实际状况，开展全程、中途和最后一年或半年订单培养等灵活的实体和虚拟“订单培养”模式。如“33”模式，即前3个学期的专业教学和后3个学期的企业培训。通过订单培养，真正实现了学生学习和就业的“无缝对接”。

4.“三维·合作”：现代保险职业人培育的绩效分析。保险业是我国的“朝阳行业”。自

2007年起，我院保险实务专业先后与中国人寿浙江省分公司、信泰人寿保险股份有限公司、中国人民人寿保险股份有限公司浙江省分公司和天安保险股份有限公司浙江省分公司等开展订单人才培养，成效显著。以与中国人寿杭州分公司开展的订单人才培养为例，主要采取“33”订单模式在二年级学生中设立了“朝阳班”，尝试共同培育保险职业人并取得较大的成功。

首先，较好地实现了学校和保险行业资源的共享。学院主要提供场地、设备、提供优秀的管理人员和可供挑选的生源等，保险公司则提供优秀的培训讲师、培训资料和工作岗位等资源。教学上通过融入“成己为人，成人达己”等保险企业文化，明显提升了学生的保险职业意识。管理方式灵活规范，引入中国人寿保险公司的日常运作机制与员工考核机制，同时引入早会、夕会等会报管理和活动量管理，真正做到校企共管、双方各司其职。

其次，深化了课程教学改革。着力推进“项目和双证制”等教育教学改革，根据工学结合和订单培养的需要重构课程建设内容和课程考核评价体系。在课程设置上突出职业化，突出专业化，强调“做中学”，确保学生市场实做。教学方法手段打破常规，在行业兼职教师通过“灿烂一分钟”“激情三分钟”“20分钟情景模拟”“45分钟的早会经营”等职业化、高强度的项目训练下，学生迅速成长为名副其实的“保险公司员工”。

再次，让学生能终身受益。朝阳班自开班授课以来，采取了保险公司新人培训的训练方法，从各个方面对学生进行职业人的塑造，使学生的保险意识明显加强，并坚定了从业的信念。特别是在市场实做过程中，学生领会到了价值创造的快乐，学生的职业性明显提升，学生的职业技能有了新的拓展。朝阳班的学生100%获得了保险代理人等职业资格证书，在校期间就完全可以持证上岗。通过组训老师的综合能力强化训练，学生的交流沟通和组织协调能力有了很大提高。通过早会经营、销售等实战演练，也增强了学生走出课堂、走进市场的信心与能力。朝阳班的学生毕业后全部顺利优质就业。

最后，锤炼了一支高素质的“双师型”结构教学团队。“双师型”教师队伍的建设完全靠教师主动到保险企业去长期锻炼显然并不现实，因为即使到了保险公司，由于商业保密等原因，教师也不可能接触到最新技术。而在校内生产性实训基地，教师可以完全根据自己的需求，在兼顾学校教学工作的同时参与保险业务的全过程。

总之，在基于生产性实训的保险职业人培养过程中，保险实务专业真正实现了校企深度融合，共同制订人才培养方案、共同开发专业教学标准和课程标准发、共同编写项目教材、共同授课、共同指导学生顶岗实习、毕业设计和优质就业等人才培养的全过程，从而切实保证学生顺利完成了由准职业人到职业人的真正转变。

三、财经类高职生产性实训基地建设实现可持续发展的感悟与反思

不可否认，由于经济环境、行业背景等各种因素的不同，高职院校的生产性实训基地在建设和运行过程中还存在诸如生产性与教育性、企业利益和学校教学效果之间等问题值得我们思考。

(一)必须用发展的眼光来对待校内生产性实训基地的内涵建设

近年来,我国的高职教育得到了快速发展,但与此同时,我们也必须清醒地认识到,高职院校自身的发展空间和发展能力并不是无限度的。所以,在建设校内生产性实训基地时我们首先要保持更清醒的头脑,未雨绸缪,科学谋划,遵循高职教育发展的规律,在"需要"与"可能""必须"和"够用"之间找到最合适的平衡点。其次,坚持跨越式发展的思想,努力提高自身发展能力和扩张力。以建设一流高职院校为目标,通过生产性实训基地建设,培养出大批动手能力强、为社会所欢迎的毕业生。同时,要通过"内培外引"的方式建设一支能够胜任新型教学模式的优秀教师队伍,努力提高教育质量和管理水平。最后,加强学科建设,优化生产性实训基地的结构,贴近社会需求,为社会提供优质的培训及其他服务,坚持走内涵发展的道路,并尽量做好人无我有、人有我新,体现先进性。

(二)建章立制,实现生产性实训基地建设的不断优化和提升

校内生产性实训基地的最主要功能是教学实训,必须以人才培养为落脚点,明确校企双方对人才培养所承担的权利和义务。同时,应建立、健全基地内部的管理和运行机制、校企双方管理人员的交流沟通机制,落实机构和人员,明确职责,保证基地教学实训功能的实现。

建立校内生产性实训基地建设的考核和预警机制,通过不断地更新,实现基地建设的不断优化和提升。

(三)校企合作效益最大化是实现生产性实训基地可持续健康发展的基础

校内生产性实训基地是教学、社会与经济效益的统一体。学校应整合政府、行业的资源,既要分层次、有计划地拓展技能考证、员工培训、技术研发、成果展示等功能,同时,应为企业产品开发、技术攻关和开拓经营领域提供更多服务。只有不断扩展校企互利共赢的结合点,实现基地效益最大化,才能实现校内生产性实训基地的可持续发展。

(四)创新运行模式是财经类高职实现生产性实训基地可持续发展的关键

高水准并具备实用性和共享功能的区域共享型生产性实训基地可以作为财经类专业生产性实训运行模式的主要发展方向。因为以某一地区共享型生产实训基地建设为依托,充分发挥基地辐射作用,提高设备利用率,可以与周边地区职业学校及企业进行资源共享,避免浪费。但是,只有通过政府统一的协调和管理。校企共建高起点、高标准的区域共享型生产性实训基地,必须遵循市场性、产学研结合、效益性、规范性、先进性等原则。

(五)增强软实力、提升管理水平是实现生产性实训基地建设可持续发展的保证

加大培训力度,提升教师和企业师傅的自身素质和指导水平。学校要通过鼓励年轻教师下企业锻炼、骨干教师利用专长服务社会等方式提升教师个体的实践技能,通过教育理论的培训提升兼职教师的个体教学技能,通过专兼一体化管理的教学团队建设提升师资整体实力。不断积累,提高统筹基地生产性与实训性、经济效益与人才培养之间互利共赢的能力。拓宽思路,开发软件。

[参考文献]

[1] 石伟平，徐国庆. 职业教育课程开发技术[M]. 上海：上海教育出版社，2006.
[2] 陈解放. 合作教育的理论及其在中国的实践[M]. 上海：上海交通大学出版社，2006.
[3] 俞仲文. 高等职业技术教育实践教学研究[M]. 北京：清华大学出版社，2004.
[4] 匡瑛. 比较高等职业教育：发展与变革[M]. 上海：上海教育出版社，2006.
[5] 徐国庆. 实践导向职业教育课程研究[M]. 上海：上海教育出版社，2005.
[6] 丁建洪，徐洁，兰杏芳. 高职院校生产性实训基地建设探讨[J]. 浙江交通职业技术学院学报，2007(12).
[7] 丁金昌. 校内生产性实训基地建设的探索[J]. 中国高教研究，2008(2).
[8] 刘旭慧. 我国高职院校生产性实训基地建设的研究[D]. 上海：华东师范大学，2009.
[9] 张杰，吴作斌，赵文君. 高职高专院校实习实训教学基地建设研究[J]. 哈尔滨金融高等专科学报，2007(3).
[10] 腾金芳. 高职教育实训基地的建设与功能实现[J]. 中国成人教育，2007(3).
[11] 李黎明. 论高职院校生产性实训基地建设[J]. 山东青年管理干部学院学报，2007(5).
[12] 何应林，郭志强. 高职校内生产型实训基地建设的实践与探索[J]. 职教论坛，2007(11).
[13] 张萍，许强. 校内生产性实训基地建设的探索与实践[J]. 长沙铁道学院学报，2007(12).
[14] 黄荣春. 高等职业教育实训基地建设研究[D]. 福州：福建师范大学，2007.

项目导向型工学结合培养模式探讨与实践

傅　玳

[摘　要]本专业积极探讨工学结合培养模式，经过3年多的不断探索与实践，形成了符合本专业特点的项目导向型工学结合培养模式。目前，本专业已与浙江恒基房地产土地资产评估有限公司、汉嘉房地产咨询公司、浙江裕兴不动产经纪有限公司等企业达成合作意向，并取得了较为显著的成效。

[关键词]项目导向；工学结合；模式

2006年教育部出台的《关于全面提高高等职业教育教学质量的若干意见》（教高〔2006〕16号）中明确提出，要积极推行与生产劳动和社会实践相结合的教学模式，把工学结合作为高等职业教育人才培养模式改革的重要切入点。我院作为首批国家示范性高职院校，积极推进工学结合培养模式，不断完善管理办法，提供政策支持，为推进校企合作、工学结合提供制度和条件保障。在学院的积极推进下，房地产经营与估价专业经过3年多的不断探索与实践，结合本专业的特点形成了项目导向型工学结合培养模式。

一、项目导向型工学结合培养模式的探索

工学结合的人才培养模式，是指一种将学习与工作相结合的教育模式，体现职业性，以就业为导向，以职业能力培养为主要目的。工学结合形式多种多样，有"半工半读""工学交替""任务驱动""项目导向""顶岗实习"等，但无论是哪种形式，其共同点是学生在校期间不仅要学习更要工作，是一个理论学习与实践工作相结合的过程。这里的工作不是模拟的工作，而是与普通职业人一样的有报酬的工作。从目前实施情况来看，大多院校的工学结合主要是通过学生最后一年或一学期到企业进行"顶岗实习"。这种模式是在学完全部课程后，为使学生走向社会，接触实际所开展的工学结合方式。但除了顶岗实习以外，在学生学习专业课程期间，也应该让学生经过几轮"工学交替"，最后再安排学生"顶岗实习"，直到学生顺利毕业。"工学交替"模式使学生在实践认知的基础上再进行学习，形成"以工促学、以学促工"的良性循环，进而使其学习的目的性更加明确，主动性更加强烈，学习的效果也将大大提高。但"工学交替"模式较难开展，主要原因是这种模式对企业来说难度较大，企业一方面担心学生无法胜任岗位工作；另一方面担心学生短期实习期期满，回学校学习后，岗位由谁来

顶替。因此很多专业迫于无奈只是带学生参观企业或者只是参与一些与专业毫不相干的简单工作，这对学生来说并没有起到工学结合的真正作用。那么如何才能在不增加企业负担的同时又能增强学生的工作实践能力呢？

在此背景下，本专业积极探索新途径。经过3年多的不断探索与实践，针对专业的特点和结合浙江地区企业的实际情况采用了项目导向型工学结合培养模式。这种方式并不等同于项目式教学。项目式教学是教师在教学过程中以项目为主线贯穿始终，将一门或多门课程中的知识点融入项目中，学生以完成项目为主要目的，教师以学生完成项目的质量来评定学生的学习效果。这是一种全新教学模式，但不属于工学结合培养模式，因为这种教学模式的主体仍然是学生和教师，学生完成的模拟项目并不能给企业带来效益，因而也不能获得相应报酬。而本专业采用的项目导向型工学结合，是以企业项目为载体，和企业共同合作开展项目。学生在项目实施过程中承担一定的任务，完成项目后企业给予相应报酬。这种模式具有较强的针对性和操作性，因为它是以项目为中心而开展工作的，一切工作都是为项目服务。大多校企项目可以利用校内实训基地完成，不占用企业办公资源，既解决了企业安排学生实习难的问题，又能使学生参与真实的项目，并得到企业相应的培训和指导。

二、项目导向型工学结合培养模式的运行机制

（一）采用项目教学法是前提

本专业要求教师采用项目教学法。项目教学法作为一种教学方法，是师生通过共同实施一个完整的项目而进行的教学活动。在教学活动中，教师根据教学需要将问题或需要完成的任务以项目的形式交给学生。在教师的指导下，以个人或小组方式，由学生按照项目的完成程序，制订项目计划，共同或分工完成项目。由于项目来源于实践或就是实际工作岗位的项目，因此通过这种教学方式可以让学生将实践与理论知识紧密联系起来，知道所学的知识应该用在什么场合，应该采取什么方式才能达到最佳效果，积累项目工作经验。因而在校企合作中，学生能较好地完成企业项目，最终取得双赢甚至是多赢的结果。

（二）加强校内、外实训基地建设是基础

1. 与企业共建集教学、生产、科研、服务等功能于一体的具有岗位情景和职业氛围的校内实训基地。本专业已经建设了一批具有仿真职业氛围、设备先进的校内实习实训室——房地产综合实训中心。在和企业合作开展项目时，企业可以利用校内实训基地对学生进行培训和指导。

2. 积极寻求与企业合作，选择一批与专业对接、企业规模大、生产管理规范、技术先进的企业作为本专业校外实训基地。与企业建立长期项目合作意向，为学生参与企业项目奠定基础。本专业已经与浙江恒基房地产土地资产评估有限公司、汉嘉房地产咨询公司、浙江裕兴不动产经纪有限公司等企业达成合作意向。

(三)建立相应的管理体制是保障

要使工学结合运作规范、有序、高效、持久,必须有相应的制度作保障。因此在合作协议中要明确校企双方的权利、义务和责任。双方安排稳定的管理人员,共同担当起合作项目实施中的内容、形式、场地、纪律、安全、权益、考核、评价等管理职能。并要确保项目的内容、形式和管理方式等有利于学生的身心健康,有利于培养学生良好的职业道德,有利于学生综合职业能力和就业能力的提高。

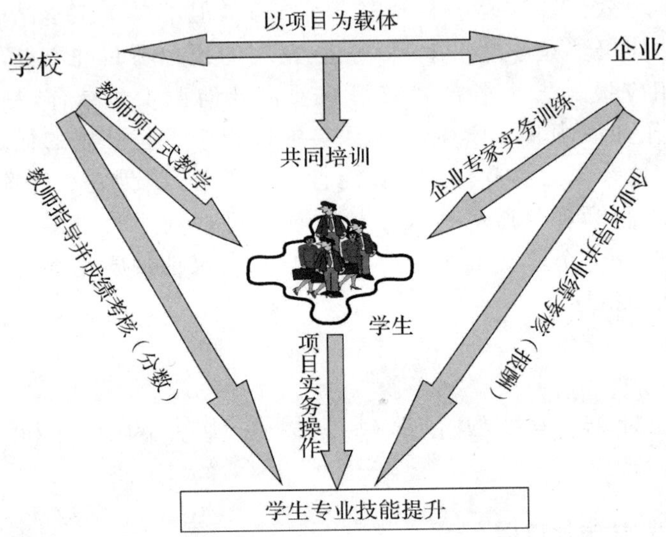

图1　项目导向型工学结合培养模式运行机制

三、项目导向型工学结合培养模式的实践

在项目导向型工学结合培养模式实施中,我们与合作单位密切合作,采取了灵活多样的合作形式和严格科学的管理原则,最大限度地发挥了学校和企业各自的教育优势,初步形成了可操作的运行机制,并取得了较为显著的成效。以与浙江恒基房地产土地资产评估有限公司的合作为例,本专业学生和企业共同完成了由杭州市政府委托的“杭州市区存量房交易计税基准价系统”建设项目(编号:HZZFCG-2007-13)。此项目为全国第一家“存量房交易计税基准价系统”评估。该项目的完成完善了杭州市房地产交易税收监控系统,在全国具有重要的推广价值。项目主要是根据市场比较法原理,采用严密科学的数学计算模型,利用大量的住宅实际成交信息和挂牌信息,通过对全市住宅楼进行逐栋勘查、拍照、记录,依靠计算机强大的数据分析处理和运算功能,形成的一套可自动查询每套存量住宅即时的公开市场价值和计税基准价,确定应纳税额的动态征管系统。由于价格评估的准确性和前期调研工作密不可分,因而本专业学生则承担了该项目的前期工作,对杭州市住宅楼和商铺进行逐栋勘查、拍照、记录。在项目实施过程中,先由公司工作人员对相关工作内容进行了培训和指

导。然后由学生单独分配到各个社区、街道进行调查、拍照，而晚上则让学生统一到房地产综合实验中心，由本专业的教师和恒基公司委派的工作人员共同了解学生完成工作的情况，并进行相应的指导。整个项目分为两期，共收集整理了杭州 200 多个社区楼盘和 43 个街道商铺的详细情况，积累的这些珍贵资料将通过房地产专业网站展示。从而也为以后房地产专业的教学和学生的实习提供良好的条件。

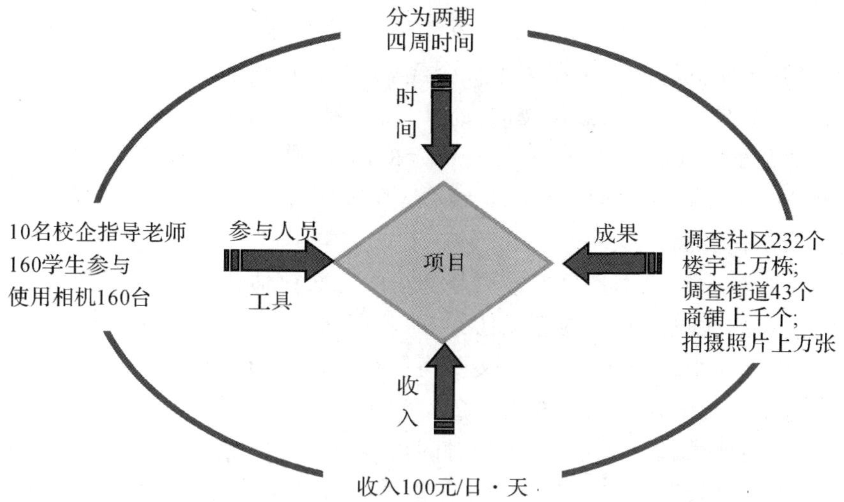

图 2　项目导向型工学结合培养模式实践

四、项目导向型工学结合培养模式的成果

项目导向型工学结合培养模式是以项目作为校企双方合作的基础。通过项目合作过程来完成和实现培养工作的一种形式，这种教育教学模式体现了一定的优势。

(一)共同参与，形成良性互动

工学结合过程中，学生进入企业，老师的跟踪管理负有不可推卸的责任，因而老师必须参与学生的实践工作，但在实际操作过程中，往往会碰到困难，老师难以实地指导学生。为此在恒基公司实习的两周时间内，白天我们让学生单独到分配的各个社区进行调查、拍照，而晚上则让学生统一到房地产综合实验中心，由本专业的教师和恒基公司委派的工作人员共同指导。通过这种方式，一方面，我们可以了解学生当天的工作情况并有针对性地进行指导，了解学生实践方面的不足。另一方面，也加强我们和恒基公司的联系，让我们更加了解企业的需求和愿望，也能够使企业进一步了解学校的办学模式和理念，形成互动式交流合作机制，这为工学结合模式的开展创造了条件。

(二)实现了学校、企业、学生三赢

本次工学结合可以说对学校教学、学生以及企业是三赢之举。

1.首先赢的是学校教学工作和办学。工学结合是一种“借鸡下蛋”的实践教学方式,为学校提供了宝贵的校外实践学习基地,弥补了学校教学资源不足。同时也为本专业提供了第一手宝贵的专业设置依据。

2.其次收益最多的是学生。工学结合教学模式,提高了学生的综合素质和职业岗位技能,弥补了校内教学的不足。学生积累了社会经验,思想逐渐由幼稚走向成熟,熟悉了所在岗位的工作流程,掌握了岗位的操作技能,此外,工学结合还使学生获得享受劳动果实的快乐。一般工学结合学生能顶岗工作,有比较稳定的岗位,作为校方来讲,已经是求之不得的,因此往往不会涉及工作报酬。而本次工学结合,恒基公司给予学生一定的报酬。这就大大提高了他们的工作积极性。

3.工学结合对企业来说也是赢家。恒基公司的此次评估业务,调查量非常大,仅单靠公司员工根本无法在如此短的时间内完成任务,而聘用临时工,既要确保临时工具有一定的知识要求、技术性要求和组织纪律性要求,又要确保足够的人数,这在短期内不是随意能够找得到的。而工学结合则给他们解了燃眉之急。学生经过一年的专业学习,已经具备了一定的知识要求、技术性要求,因而能在最短的时间内较好地完成公司委派的工作任务。同时,企业通过接受“工学结合”的学生实习,满足了对高素质人才的需要,并以此发现人才,培养人才,为企业发展作好人才储备。目前本专业已经多名学生被恒基公司录用。

[参考文献]

[1] 姜大源.职业教育学研究新论[M].北京:教育科学出版社,2007.
[2] 戴士弘.职业教育课程教学改革[M].北京:清华大学出版社,2007.
[3] 李汉斌.职业院校“工学结合”模式初探[J].职业技术与教育,2006(1).
[4] 任君庆.“学工交替”模式研究[J].宁波大学学报,2004(5).
[5] 沈美娟.产学合作是培养技术应用人才的必由之路[J].教育与职业,2006(1).
[6] 周庆玲,郭敏.空调专业“工学结合”人才培养模式的构建[J].武汉船舶职业技术学院院报,2007(1).
[7] 李汉斌.职业院校“工学结合”办学模式初探[J].职业技术教学:科教版,2006(1).
[8] 戴翔东,石莹.高职院校工学结合人才培养模式研究[J].天津职业院校联合学报,2010(1).
[9] 周强.浅谈项目教学法在工学结合教学模式下的应用[J].职业与教育,2010(3).

高职院校校内外实训基地共享平台构建应用研究

朱维巍　董瑞丽

[摘　要]本文在对高职院校校内外实训基地共享平台理论研究基础上，分析共享平台构建的条件基础和实践价值，针对浙江金融职业学院银行业务实训基地展开实证研究，详细介绍该实训基地共享平台的构建思路，并从发挥专业优势与特色办学的校企合作平台、培养金融应用型人才的教学示范基地、银行从业人员业务培训与资格认证的服务中心、教师专业教学能力提升与科研水平提高的实践平台、适应实训教学改革的共享教学资源平台等几个角度论证成果。

[关键词]高职院校；实训基地；共享平台；思路；成果

一、相关理论研究

有关实训基地建设的研究与实践，在发达国家起步较早，较为典型的模式有德国的“双元制”、澳大利亚的TAEE、北美的CBE和国际劳工组织研究出来的MES等。这些实训基地建设的共同特点主要表现为国家、社会、行业投资比例大，政府对实训基地建设投入大量资金保障；设施、技术先进，与企业水平和生产实际相近；校企合作紧密，有些实训基地直接建在企业中，由企业承担某阶段的实训教学；实训教学人员多来自企业，专业技能和教学经验都比较丰富；学生的考核标准统一，具有权威性和客观性。

在我国有关实训基地的研究也逐渐成为热点，最初的重点放置于实训基地模式及功能研究上。有关高职院校校内外实训基地建设模式，主要从政府投资建设、政校共同建设、政校企共建、校企合作建设、校际联合建设等几个角度入手；而建设的内容和要素涉及教学目标、教学方案、教材、教学手段和模式、师资队伍和教学评估等方方面面。在明确实训基地是高职教育特有的实践教学基地的前提下，有学者论证实训基地具有专业知识实践、职业技能培训、科技成果转化、应用课题研究等多项功能，确定了实训基地在高职专业技术人才培养中的作用。后期的研究更侧重于校内外实训基地共享平台的构建，不仅有包括管理体制的运行目的、管理体制、运行管理机制等内容的校内外实训基地管理机制的研究（高参参，2011），还有从校内外实训基地各自的优缺点入手，以案例研究入手，探究校内外实训基地的建设途径（徐京耀，2010）。

二、高职院校校内外实训基地共享平台构建的条件基础和实践价值

(一)条件基础

1. 经济环境的共享。校内外实训基地的构建是建立在区域经济基础上，受经济环境的影响和制约，并反哺于当地高职教育人才培养的需要。借助经济环境支撑和地域条件优势，高职院校校内外实训基地教学与实训资源的有效整合是构建共享平台的根本。

2. 场所设施的共享。校内实训基地的建设立足企业生产样板，以真实产品为实训内容，意在为学生提供真实的实践场所、体验真实的工作环境。校外实训基地是学生职业素质拓展的主要场所。校内外实训基地在场所的设立、设施的搭建环节不是割裂与矛盾的，而是协调与统一的。另外，城市大学城的建立大大缩小校际间的空间距离，为校际间的共享平台提供了可能。

3. 目标的共享。实训基地的共享是为了更好地实现学生校内学习与校外实践的零距离对接。学生校内实践教学的丰富和拓展为日后的实践工作奠定坚实的基础；反过来说，学生在校外实训基地的实践操作和培训，必然有利于其岗位技能和实践能力的提高，提高就业竞争力。两者的出发点和归宿点是一致的。

4. 信息的共享。通过校外实训基地的建设，高职院校可以洞悉社会和行业对人才培养的要求，以及相关的信息资讯；而校内实训基地的建设，又拉近了学生掌握行业信息的途径。共享的信息资源打通校内外实践教学的脉搏。

5. 收益的共享。由于缺乏政府对企业的行政干预能力，加上企业营利性的生产目的，造成长期以来校企在高职人才培养中的责任失衡，也大大影响高职院校实训基地的共享性。只有校企双方建立富有约束力的、健康的人才供需关系，才是构建高职院校校内外实训基地共享平台的根本动力，才能真正调动起双方合作的积极性和创造性。

(二)实践价值

1. 实现各方资金收益与社会效益的双赢。打通校内、校外实训基地的共享平台，有利于统筹社会、学校、企业参与校内外实训基地建设的关注度、资金投入和利益分配，转变传统校内实训基地“以训养训”的路子，变“消耗型”实训为“经营型”实训，相互补充和渗透，缩短校内外的衔接通道。

2. 凸显高职教育职业能力培养的目标。高职教育不仅要重视学生专业职业技能的培养，还要重视学生快速应变的生存能力和可持续发展的后续能力培养。校内外实训基地的共享，进一步体现学生“四个学会”的培养目标，即学会求知、学会做事、学会共事和学会生存，并提供了有利的条件支持。

3. 实现校内外教学内容和方式的协调统一。共享平台的构建，促使校内外教学内容、教学方式的完整性。校内外实训教学过程中，除了保持原有的特色和风格，还需要兼顾对方的条件和策略。共享需在协调中统一，在统一中协调。

4. 推动师资队伍的联系与渗透。实训基地共享平台的构建，一方面促使校企之间师资力量的均衡与互补，便于校内师资的理论学术水平和前沿问题研究与校外师资的行业实践经验和行业文化底蕴的技术交流、信息渗透；另一方面推动校际间师资力量的沟通与学习，把不同学校的学科建设氛围、校园文化特点，以及教师的教学理念、教学思想、教学方法等更好地加以融合，取长补短，相互借鉴。

5. 贯彻学生双证书培养和职业资格认定标准。高职院校校内外实训基地共享平台的构建也是标准统一的途径。在学生待就业和行业员工在职培训阶段，学生双证书培养和员工职业资格认定既是衡量高职院校教育水准的标尺，也是鉴定行业职业素质要求的指标。校内外实训基地共享平台的构建可以做到标准的明确性和一致性。

三、实证研究

浙江金融职业学院是2006年首批国家示范性职业院校之一，金融专业是23个专业中的重点，而银行业务实训基地是金融专业主要的实训基地，自2003年起建迄今为止，已陆续新建、改建、扩建了现代银行柜员实训中心实训室、货币陈列与鉴别实训室、银行职业技能鉴定中心、银行业务操作室等实训场所，还与行业共建了浙商银行实训室、邮储银行实训室等。实训基地在建设初期就把服务对象定位于校内学生和行业员工两者。为学生营造仿真银行职业环境、提供银行业务操作仿真性实训练习，有利于学生毕业与上岗的零距离；为行业员工提供银行岗前业务培训，增强社会服务功能。银行业务实训基地的建设积极推动校企之间的合作与联系，促进校企之间共享平台的搭建，实现互惠互利、共建共赢的学业、就业、创业一体化建设的新型实训基地建设模式。在近10年的积累建设中，银行业务实训基地在校内满足以"商业银行综合柜台业务""银行会计实务"等8门课程的教学实训，实训项目数达60个，除金融专业外，还辐射其他14个专业的实训教学任务，年实训人数达300万。

本课题把应用研究的视角定位于浙江金融职业学院银行业务实训基地共享平台构建，采用问卷调查和访谈的形式，对象集中于浙江金融职业学院校内师生，以及在该校实训基地进行专业培训和技能鉴定的在职行业人员。本次调查问卷共发放120份，收回119份，有效问卷117份。

(一)共享平台构建思路

浙江金融职业学院银行业务实训基地建设目标定位于针对校内学生营造仿真银行职业环境、提供银行业务操作仿真性实训练习，实现学生毕业与上岗零距离；针对行业职员提供银行岗前业务培训，增强社会服务功能；积极拓展校企之间合作，加强与企业的联合与协作，创新实训基地建设模式，实行学业、就业、创业三位一体化建设，为校内外学生、行员提供银行从业人员资格认证培训与考证考核，使银行业务实训基地成为高职教育培养金融应用型人才的教学基地，成为金融行业员工业务培训与资格认证考证服务中心。

在明确建设目标的基础上，浙江金融职业学院银行业务实训基地的建设方案即：通过实训场地扩建、设备更新、师资队伍培养建设、实训项目内容改革、社会培训服务能力提升等方面深化实训基地建设内涵,实现集教学、科研、培训、技能鉴定与技术服务于一体的多功能实训基地建设目标。

1.扩建实训场地。扩建400平方米银行职业技能训练与鉴定中心,配备计算机及银行点钞机等机具,在开展职业技能教学、在校生银行职业技能考核和毕业班学生银行职业技能鉴定功能的基础上,进一步强化社会服务功能,为银行、信用社等社会业务部门开展银行职业技能培训、鉴定工作提供支持,并具备组织开展银行在职员工技能集训、比赛的功能。

2.更新软硬件设备。更新现有实训室部分机器设备,新购买银行业务操作软件,添加银行柜面业务操作机具与技能训练用具,密切跟踪行业业务的发展变化,进一步推进金融类专业的实训教学改革,培养学生银行业务基本操作技能,增强岗位适应性。

3.改革银行业务实训项目内容教学。基于示范性实训基地实践平台,推动专业课程教学改革,实施基于银行业务工作过程导向的情境式项目课程教学改革,强调"教学做"一体化,通过银行单位个人存款、贷款、支付结算、代理、外汇等业务的项目化教学改革与实施,强化金融类专业学生岗位职业能力提升,突出金融应用型人才培养目标。

4.构架双师结构教学团队。与行业合作通过行业聘任、校内教师挂职实习锻炼等方式构建双师结构教学团队,通过银行实践、业务进修培训、校企合作,开发基于学生职业能力提升的银行业务技能训练软件系统等方式,不断提升教师的教学、科研与社会服务能力。

5.拓展社会服务功能。依托银行业务示范性实训基地实践平台,不断深化校企合作内涵,拓展社会服务功能。包括为各类银行订单班级学生、各商业银行新员工开展的银行职业技能培训、考核;银行柜面及内部业务培训、考核;银行反假货币资格证书认证培训与考核、银行从业人员资格认证培训与考试;银行业务岗前培训与考核等。依托货币陈列与鉴别实训室,为校外学生及社会人员提供货币知识普及宣传、为同类院校专业实验室建设与课程教学改革提供借鉴参考等。

(二)共享平台成果展示

1.实训基地共享平台是发挥专业优势与特色办学的校企合作平台。浙江金融职业学院银行业务实训基地建设在场景布置上充分体现了银行的职场环境特色。"真实"的银行营业环境里,学生每次实训可以根据实训老师和实训案例的要求,进行分组实训,扮演不同的角色,进行仿真化的实训,使得学生的学习积极性和效果大大提高。实训用具与教学软件资源的高度仿真性配备,货币陈列和鉴别实训室全方位的共享仪器设备,技能训练室、银行职业技能训练与鉴定中心的实训用具装备,无一不增加了银行业务实训基地的仿真性、共享性、实训操作性的功能。

在"真实"的银行营业环境,学生实训时借助银行真实的业务环境、操作器具、仿真业务凭证、业务印章、业务操作程序,通过银行业务课程的情景模拟设计、角色互换等实训练习,掌握银行各项业务处理的基本操作与业务技能,真正实现教学与实践零距离、毕业与上岗零过渡。行业员工借助实训基地的共享平台,完美地把行业职场背景与教学培训、考证有机结合在一起,真正实现校企之间的沟通与协作。

2.实训基地共享平台是培养金融应用型人才的教学示范基地。依托2500平方米银行业务实训基地,为金融专业及专业群类学生、各商业银行订单班学生提供仿真银行职场环境、仿真银行业务操作系统、仿真银行业务的实训练习平台,“教学做”一体化教学实训项目涵盖了银行从业人员职业技能水平和专业岗位适应能力等多方面的要求,强化对学生职业能力的培养,实现学生毕业与上岗零距离。每年为金融行业培养近千名面向银行柜面操作业务的在校学生、培养近百名银行职业技能竞赛后备人才的尖子学生,突出职业教育的人才培养特色,使银行业务实训基地成为高职教育培养金融应用型人才的教学示范基地。

通过对浙江金融职业学院金融专业和银行订单班学生的调查,掌握学生在银行业务实训基地的学习和实践情况,具体参与学习和实践的内容见表1。

表1 银行业务实训基地在人才培养中的共享情况调查

	仿真化教学操作	职业技能训练	职业资格认证
金融专业学生	33.1%	48.6%	18.3%
银行订单班学生	31.6%	47.9%	20.5%

从表1可以看出,金融专业和订单班学生在银行业务实训基地共享平台应用中有高度的相似性,对于仿真化教学操作、职业技能训练、职业资格认证等环节的区别不大,这就是说,金融专业的学生虽然没有进入银行订单班,但依然把银行业作为自己未来主要的就业方向。可见,银行业务实训基地在该校有着广阔的应用空间和共享平台。

3.实训基地共享平台是银行从业人员业务培训与资格认证的服务中心。依托银行业务实训基地实践平台,积极拓展社会服务功能。为各商业银行订单班级学生、各商业银行新员工开展各类培训服务与行业资格认证考核,包括银行职业技能培训、考核,银行柜面及内部业务培训、考核,银行反假货币资格证书认证培训与考核,银行从业人员资格认证培训与考试,银行业务岗前培训与考核等,每年完成上千名银行新员工上岗职业技能培训,每年指导上百名银行在职员工参加行业组织的职业技能比赛,每年提供上千人次银行从业人员资格认证考核培训考核,使银行业务实训基地成为银行从业人员业务培训与资格认证服务中心。

通过对浙江金融职业学院银行业务实训基地服务银行从业人员的业务培训与资格认证的统计数据整理,可以由表2充分认识其共享平台的社会服务效能。

表2 银行业务实训基地社会服务情况调查

单位:人次/年

	银行从业人员业务培训	银行从业人员资格认证
2009年	1894	3112
2010年	2022	4038
2011年	3306	4573

根据表2可以了解到,近几年来,随着服务社会窗口的递延,以及各商业银行订单班学生人数的增加,银行业务实训基地在银行从业人员业务培训和资格认证领域中发挥越来越大的作用,服务的人数均呈现递增趋势。

4.实训基地共享平台是教师专业教学能力提升与科研水平提高的实践平台。实训基地专兼职教师依托银行业务示范性实训基地,积极探索“教学做”一体化的专业课程项目教学改革和职业技能训练考核方式变革，认真研究基于就业导向的高职金融专业及专业群人才培养方案建设，编写基于银行业务工作过程导向的系列项目化课程教材及实训辅导资料，开发基于学生职业能力提升的银行业务与技能训练软件系统，不断提升自身教学与科研能力水平，提高金融行业业务培训与考证辅导能力。出版系列基于岗位职业能力培养的教学实训教材，每年提供5000人次的行业培训与考证服务。

通过调查和访谈，据不完全统计，2011年有132次兄弟院校来浙江金融职业学院银行业务实训基地参观、交流。借助实训基地共享平台的搭建，构架起教师互通信息的桥梁，不断延伸实训基地共享平台宽角度、多功能、全方位的建设理念。

5.实训基地共享平台是适应实训教学改革的共享教学资源平台。依据各门课程的特色定位不同，金融专业的中文输入、电脑传票输入、点钞技术、会计电算化等基本职业技能课程；商业银行综合柜台业务、银行会计实务商业银行授信业务、商业银行服务营销、银行卡业务、反假货币技术等专业核心课程均进行了各种形式的改革，制定了体现工学结合的课程标准，编制了新的教学质量标准与课程考核方案，围绕课程教学目标与职业岗位能力要求，设计了涵盖每一能力内容的项目活动练习，内容项目制课程改革在课程实训教学环节层面日益深入，“做中学”与“做中考”日渐成为课程教学改革的主流。

随着金融专业国家级教学资源库项目的启动和实施，浙江金融职业学院银行业务实训基地又迎来了新的挑战，借助教学资源库共享平台的构建，既紧密联系行业当前最新发展动态和业务最新要求，全方位展示各项临柜业务的操作规范和操作流程；又突出自主学习平台的应用，便于自学者循序渐进地进行专业知识要点的学习与基本操作规范要领的掌握，便于其进行综合性应知应会在线练习与考核。

目前，浙江金融职业学院银行业务实训基地经过多年的建设与完善，已达到宽角度、深层次、广渠道的信息共享、资源共享、师资共享、成果共享目标。除了正常的实训教学之外，银行业务实训基地还对校内外开放共享，服务校内学生26万余人次，服务兄弟院校学生8千余人次，服务社会(包括技能鉴定、社会培训等2.7万余人次)，社会服务产值达570万元，在校内外引起不小的反响。

[参考文献]

[1] 李强，刘继平，任东.国外高职实训基地建设模式的启示[J].中国职业技术教育，2008(36):46—48.

[2] 柳宏川.谈高校校外共享型实训基地的可持续发展[J].教育探索，2011(1):32—33.

[3] 黄锦祝.高职校内生产性实训基地管理模式与机制创新[J].教育与职业，2011(1):164—165.

[4] 李亚林.示范性高职院校实训基地建设与运行机制管理研究[J].成人教育，2011(2):75—76.

[5] 罗彦祥.共享实验实训基地背景下的师资共享研究[J].职业教育研究，2012(7):12—13.

第六篇　教育国际化

推进教育国际化　提升师生幸福感
——浙江金融职业学院教育国际化探索与实践十年回顾

刘仿强

[摘　要]2003 年至今的十年，是浙江金融职业学院快速发展的十年，也是学院在深化办学内涵、提升办学质量的同时不断加快教育开放、推进教育国际化的十年。十年来，学院的教育国际化从无到有，从有到优，国际交流日益广泛，教育国际化工作载体不断丰富，全院师生从教育国际化进程中切实受益，师生幸福感日渐提高，教育国际化有力地助推了“活力金院、特色金院、品牌金院、和谐金院、幸福金院”的建设。

[关键词]浙江金融职业学院；教育国际化；探索；实践；十年回顾

随着世界经济全球化和信息全球化的进一步加强，世界各国经济和科技日趋国际化已是一个不争的事实，教育国际化也已成为一种趋势，具有创新和传播知识与技能功能的高等教育的国际化也越来越成为国内高等教育界热议的焦点，也有越来越多的国内高校把国际化作为其未来发展的战略方向。《国家中长期教育改革和发展纲要(2010—2020 年)》明确提出要“加强国际交流与合作，坚持以开放促改革、促发展。开展多层次、宽领域的教育交流与合作，提高我国的教育国际化水平”。《浙江省中长期教育改革和发展规划纲要(2010—2020 年)》和《浙江省高等教育国际化发展规划(2010—2020 年)》明确提出了“全方位推进我省高校开展国际交流与合作，不断提高高等教育发展水平和国际化水平，为浙江全面加快教育现代化建设、实现经济社会又好又快发展服务”的奋斗目标。推进教育国际化已然成了教育界人士的共识。有学者已经把国际化列为高等教育继教书育人、科学研究和社会服务三大传统职能之后的第四职能。

高等职业教育界也同样关注教育国际化问题。众所周知，目前国内绝大多数的高职院校都是由原来的中专学校升格办学而来。浙江金融职业学院也属此类，由创建于 1975 年的原隶属于中国人民银行总行的国家级重点中专——浙江银行学校于 2000 年升格办学而来。在前 25 年的办学过程中，由于中专学校的办学定位以及当时所处的整体教育大环境，学校对于教育国际化还没有一个清晰的认识，基本上处于体制内封闭办学的阶段。进入 21 世纪，学院也进入了一个新的历史发展阶段，全体金院人励精图治，不懈努力，勇于探索，勤于实践，各项事业得到快速发展，成了在全省乃至全国都具有一定影响力、在业界得到广泛赞誉的首批国家示范性高职院校之一，始终站在教育改革开放的潮头。在学院声誉鹊起的过程中，学院的教育国际化工作也风生水起，特别是在学院 2003 年有了升格办学后的首届高职毕业生、整体迁址新校区和获得浙江省第一个人才培养水平评估优秀等级学校殊荣以来的十年间，学院结合各个阶段的办学实际，总体谋划、积极推进、分步实施各项教育国际化工作，不断探索和实践，取得了骄人的成绩，也在推进教育国际化的进程中提升了全院师生的幸福感。

一、推进教育国际化，需要统筹的战略谋划

对于一所高校来讲，教育国际化属于顶层设计的范畴，它不同于某一项微观层面的具体工作或局部范围的操作流程再造，它需要长远的规划和前瞻的视野，需要自上而下的制度设计与自下而上的工作反馈。对于推进教育国际化，金院人也有一个从小到大，从肤浅到深入的辩证认识过程。学院事业发展所处的阶段不同，每个阶段的工作重点自然也不相同。学院五年一次的发展规划，是指导学院五年发展的纲领性文件，对学院各项事业的发展具有重要的指导意义。在学院进入21世纪的三个“五年发展规划”中，都对推进教育国际化进行了分阶段清晰的战略谋划，较好地体现了金院人对教育国际化认识的不断提高过程，体现了立足本校实际，结合校情、省情，扎实开展工作的求真务实的态度。

进入21世纪伊始，也是学院升格办学的开始，尽管彼时的工作重点是校园基本建设，加强专业和课程建设，加强师资队伍建设和教育科学研究，切实提高教学质量，着力实现规范办学，但学院对教育开放和国际化已有了初步的认识。在2001年6月学院一届一次教代会上通过的《学院“十五”发展规划纲要》中，就提出了“积极发展中外合作办学”的具体目标，提出“要广泛开展社会合作和国内外交流活动”“要加强与国内外同类学校的交流，学习先进经验，取长补短。积极创造条件，缔结国内外姐妹学校，并形成中外合作办学机制”。这也是学院首次提出中外合作办学的概念。经过5年的不懈努力，随着学院“三年实现规范，五年形成特色，八年争创一流”的“358工程”第二阶段目标的初步实现，学院对于教育国际化的认识又提高到了一个新的高度。在2006年2月学院二届三次教代会上通过的《学院“十一五”发展规划》中，学院提出了“加强与国内外院校和企事业单位的交流与合作，推进产学研一体化进程；开展一定深度的国际合作办学项目，形成中外合作办学成果”的工作目标，并提出“不断拓展教育服务的领域，扩大与国内外和社会各界的交流与合作，形成开放的国际化的办学新格局”的理念，把合作面较为狭窄的中外合作办学提升到了开放的国际化的高度，在学院发展路径上提出“走国际化教育的道路”“确立教育国际化的培养目标，逐步构建教育国际化的课程体系，努力培养适应经济全球化、信息全球化、有国际意识和国际竞争能力的人才。创造条件，不断加强国际交流，积极发展国际合作办学，与教育先进国家建立实体性的合作办学机构”。《学院“十一五”发展规划》设计了学院未来五年清晰的国际化发展路径。随着2006年12月学院顺利入选国家示范性高职院校首批28所建设单位和2009年12月顺利通过国家教育部和财政部的示范建设验收并取得优异成绩，以此为标志，学院“八年争创一流”的目标基本实现，学院的综合办学实力和办学质量得到了飞速的提升，在全省乃至全国高职教育界的地位得到基本确立。在此背景之下，在2011年3月召开的学院四届二次教代会上通过的《学院“十二五”教育事业发展规划》中，学院正式提出了“全力打造教育质量

优异，金融特色鲜明，行业高度认可，社会声誉卓著，国内一流、国际知名的高职院校”的战略目标，把学院推进教育国际化的战略谋划提升到了一个前所未有的高度。在“十二五”规划中还用专门的篇幅阐述了国内外合作与交流，提出要“拓展国际合作领域，谋求与发达国家应用型高等院校在资源共享、学分互认、教师互派、学生互换、质量认证等多层次多方面的合作，不断促进师资队伍与管理队伍、人才培养、科研合作等方面的国际化。适应国际化及办学层次提高需要，逐步推进双语、全外语授课，探索与国外教育机构及金融机构联合培养学生新模式”，提出提升教师国际合作能力与业务水平，要加大选派重点建设专业的骨干教师出国（境）学习培训的力度，提升教师的学术水平和业务能力，要建立管理干部定期国（境）外考察及访学制度，提高学院国际化办学水平，不断提升国际知名度，扩大国际影响。

从进入 21 世纪以来的三个“五年规划”中对于加强对外交流与合作、推进国际化的基本要求，足可以看到学院领导对于推进教育国际化审时度势的战略谋划和理性分析，符合螺旋式上升的认知逻辑，既有对教育国际化认识的前瞻高度，又符合学院办学不同发展阶段的实际可操作性，清晰地谋划了学院每个阶段性的教育国际化进程。

二、推进教育国际化，需要稳健的分步实施

十年来，学院的教育国际化工作在三个“五年规划”的指引下，伴随着金院人对教育国际化认识水平的提高而循序渐进地分步实施，不搞一蹴而就式的改革与推进，确保了学院各项教育国际化目标的稳步实现。这一结合学院各个阶段办学实际稳步实施的推进历程从学院历年教代会通过的各项文件中可循轨迹。

在 2003 年 2 月学院一届三次教代会修订并通过的以“三年实现规范，五年形成特色，八年争创一流”为主要内容的《学院“358”工程建设纲要》和 2004 年 2 月学院二届一次教代会通过的《关于全面建设示范性高职院校若干指导意见》中，都提出了要积极发展中外合作办学，与国外同类学校开展交流合作，引进有效、优质的教学资源，实现学分相互承认、学历相互认可、学生相互选送深造的中外合作办学机制。为提高教职工综合素质和加强科研工作，在 2005 年 1 月学院二届二次教代会通过的《关于全面提高教职工综合素质的实施意见》和《关于加强和推进科研工作的若干意见》中，学院提出了通过包括选送教师赴国外培训学习在内的加大教师的培训提高、加快提高教师和管理队伍的素质以及加强国内外科研交流的要求。2006 年 2 月学院二届三次教代会上通过的《关于推进教育教学创新，不断提高教育质量的若干意见》中，提出了切实加强师资队伍建设，继续实行中青年骨干教师选拔和培养制度，学院也在原有中青年骨干教师国内培训的基础上，从该年开始有针对性地选拔中青年骨干教师赴国外进行为期较长时间的学习培训。在选送教师出国培训的同时，学院当年开始首次独立聘请外籍教师来校任教，增加教学环节中的国际化元素，增强课程教学的吸引力。《若干意见》中也提出了加强中外合作交流，走国际化办学的道路。也正是从当年开始，学院与澳大利亚西澳州中央 TAFE 学院合作举办的投资与理财、国际贸易实务两个中外合作办学项目正式招生且招生情况良好，迈出了合作办学坚实的一步。2007 年 2 月学院三届一次教代会通过的《关于扎实推进国家示范性高等职业院校建设的若干意见》中，进一步对

开展国际交流提出了新的要求:"以国际交流为纽带,借鉴先进职教经验。要继续开展中外合作办学,积极寻求与西欧、北美等发达国家的合作;要根据国际人才市场动向,建立专业调整机制,接轨国际标准与需求培养适应经济全球化的高职人才;要进一步改善工作环境,聘请境外高水平外籍教师来院任教;要创造更多机会,选派专业骨干教师出国学习与工作交流……鼓励和支持专业带头人与骨干教师出国(境)参加国际会议与论坛。"

在学院成功地进行了两届中外合作办学专业招生的基础上,2008 年 2 月学院三届二次教代会通过的《关于全面提升教育教学质量的若干意见》中,提出了"充分发挥中外合作办学项目的作用,使之成为学院国际交流与合作的窗口。继续开展广泛的国际交流,注重开拓师生的全球视野,提升师生的文化理解力与沟通能力,培育一批能在跨国企业、学校从事相关工作的学生与教师……使学院成为展示中国高职教育改革成就与示范性建设成效的窗口",进一步强调了中外合作办学项目的重要性。当年,学院首批组织的学生赴国外夏令营在澳大利亚进行了为期两周的学习和访问,开阔了视野,增长了见识。在 2009 年 12 月召开的学院三届四次教代会上通过的《学院发展规划纲要(2009—2016 年)》中,学院提出了"进一步提高国际合作水平,继续以专业为平台,开展与职教发达国家知名高职院校的合作办学,谋求资源共享、学分互认、师生互访、质量认证等多层次多方面的合作,探索双语教学、全外语教学改革,提高教学国际化水平。积极拓展国际交流,主动吸收国际高职教育办学与教学改革经验,谋求与发达国家应用型高等院校更高层次的交流与合作。进一步改善办学条件,为提升办学层次、开展国际合作、培养高质量人才、从事高水平科研、进行高层次社会服务提供可靠保障"。该规划纲要为以专业为平台进一步开展国际合作指明了国际化推进方向。2010 年 3 月 6 日召开的学院四届一次教代会上,时任院长周建松教授所做的教代会工作报告中代表学院提出实施"九大工程战略、八项行动计划、五个金院建设"的"985 工程"中包含了国际合作拓展计划,明确要求在国际合作上有新的拓展。2011 年 3 月 2 日召开的学院四届二次教代会上,正式提出了"建设国内一流、国际知名高职院校"的战略目标,院长所做的教代会工作报告中,再次强调提高学院国际化办学水平,并提出了一系列新的具体举措,包括成立推进教育国际化工作领导小组、实施双语教学试点、加强教师国际交流能力培训、增加学生国际游学机会、举办英语类校园文化活动、校园场所中英文标识转化等,并对教师出国培训交流、学生出国(境)交换学习的人员数量提出了具体目标要求。在该次教代会上通过的《关于加强文化与品牌建设的若干意见》中,学院提出了要加强文化与品牌建设,为加快建设特色鲜明、内涵丰富、国内一流、国际知名的高职院校提供精神动力和文化支撑,要增进环境熏陶的功能。在此要求的指引下,当年学院对校园文化的国际化氛围营造进行了重点建设。同在该次教代会上获得通过的《关于强化内涵建设,提升办学实力的若干意见》,对拓展教育国际化领域提出了新的要求,要求将国际化产品标准、服务标准、国际通用的职业资格标准融入专业和课程教学标准中。也正据于此,当年学院加大了双语(全外语)授课课程的建设力度,极大地推动了教学改革。2012 年 2 月 15 日召开的四届三次教代会上,院长所做的教代会工作报告中提出了以提升师生国际化意识、国际化视野、国际化能力为着眼点,大力推进教育国际化建设,并就实施教师国际化高端人才培养工程、教师 3 个月以上的出国访学、学生出国(境)交换学习、双语(全外语)授课课程建设、国际化校园文化建设等提出了具体工作要求,学院相关部门也把以上要求落实在了当年的教育国际化十件实事中并予以重点推进。

纵观这十年，加强国际交流与合作、推进教育国际化一直是学院历年教代会所列工作的重点，也有专门的配套文件出台，循序渐进地加以推进，有力地推动了教育国际化的进程。

三、推进教育国际化，需要完善的机制和制度保障

有了先进的理念对于工作的推进固然重要，但如果没有完善的机制和规章制度作有力的保障，推进教育国际化也会成为一句口号。十年来，根据每个不同阶段的工作要求，学院适时地建立和完善了相应的工作机制和出台了各项配套政策，从机制和制度上保障了各项教育国际化具体工作的开展和推进。

2005 年之前，学院上下还没有教育国际化工作的概念，如果说有对外交往，也只是限于个别的教师进行短期的出国考察交流以及偶尔的国外院校人员短暂来访交流，所以外事工作的职能就由学院办公室承担，工作量相对较少，也没有配备专门的工作人员。随着对外交往以及与国外院校教育合作交流的逐渐增多，同时也根据上级部门的要求，2005 年，学院成立了统筹协调全校外事工作的综合协调机构——外事工作领导小组，由院长亲自担任领导小组的组长。2006 年，根据实际工作的需要，学院又专门设立了外事办公室，专司外事服务和组织涉外交流职责，从机构设置上明确了工作职责并配备了专职人员。同时，随着学院出国（境）培训进修人员的逐渐增多，学院于当年出台了《教师出国（境）培训进修暂行办法》，对选派教师出国（境）培训进修工作进行规范；为适应中外合作办学项目的运行需要，学院又分别成立了中外合作办学项目协调小组和项目管理小组；为加强外籍教师的服务和管理工作，学院出台了《外籍教师工作管理办法（试行）》，使外教管理工作有据可依并逐步规范。2007 年，为加强对逐渐增多的出国人员的管理，学院出台了《护照使用管理规定（试行）》，规范出国人员的证件管理，从源头上强化管理。2009 年学院成立了国际交流学院，重点推进学生层面的对外交流和校园国际化氛围的营造，以活动项目的形式推出一系列具有国际文化元素的国际文化节、国际文化大讲堂等丰富多彩的第二课堂活动，旨在拓展全院学生的国际化视野，全院的国际化氛围日益浓厚。为提升外籍教师和外国文教专家管理工作质量，2010 年，学院修订了《外国文教专家管理办法》，进一步完善了外国文教专家管理工作。

2011 年，随着学院“建设国内一流、国际知名高职院校”目标的提出，学院成立了由主要领导担任领导小组组长、分管校领导为副组长和各相关职能处室主要负责人为成员的学院教育国际化工作领导小组，全面统筹协调学院的教育国际化工作，全院的教育国际化工作进入到一个崭新的历史阶段和发展的快车道。为鼓励全院教师对教育国际化问题进行理性分析和全面思考，并结合学院的实际情况进行理论探索，2011 年至今，学院从完善机制入手，每年以院级科研课题立项的形式，对教师的国际化问题研究进行立项资助，确立了若干项院级国际化发展重点研究课题和专项课题，部分课题已经顺利结题，这些课题从不同视角反映了学院干部教师对于教育国际化的认识以及推进教育国际化工作的建议。2011 年和 2012 年，学院教育国际化工作领导小组每年在全院师生中征集师生对教育国际化的意见和建议，并确定当年的“教育国际化十件实事”，以每年解决十件师生最为关心的推进学院教育国际

化的实事为载体，切实改善学院的国际化办学硬件和软件，有力地推进了学院的国际化进程。2012年和2013年的学院党政工作要点又分别把资助教师出国（境）访学培训、双语课程建设和国际化校园文化建设列入当年的工作要点之中，作为年度工作重点加以推进。2012年，学院陆续出台了《国际化高端师资培养工程实施办法》，并于当年遴选出20名青年骨干教师作为国际化高端重点培养师资，有重点地对青年骨干教师进行国际化素质的培养；出台了《选派教师出国（境）访学进修管理办法》，鼓励教师积极申报国家留学基金委的国外访学项目，同时积极安排办学资金分年资助骨干教师出国进行为期3个月及以上时间的访学培训；学院对双语（全外语）授课课程建设进行教学改革项目的立项资助，推动了双语（全外语）授课课程的建设；出台了《学生台湾游学奖励办法（试行）》，鼓励学生赴台开展为期一个学期的交流学习，拓展专业视野，深化专业学习。2013年，为适应新的中外合作办学项目的实施，学院调整了院级的中外合作办学项目协调小组并成立了新中外合作办学项目的管理小组，保证了新的中外合作办学项目的有序运行。

上述机制的建立及政策制度的出台，成了教育国际化工作推进的助推器，从机制和制度上保障了学院各项教育国际化工作的有序开展。

四、推进教育国际化，需要切实的工作抓手

教育国际化的推进不能光停留在纸面文件上，需要落实在实实在在的项目实施中。经过十年的实践，学院探索出了符合学院办学实际的切实可行的工作项目载体，这些项目成了推进教育国际化最有效的抓手和平台。

（一）中外合作办学项目是最综合的教育国际化推进平台

中外合作办学项目的实施既解决了国外优质教育资源的专业、教材、师资的引进问题，更带来了国外先进的教育理念、教学手段和方法、教学质量监控、学生评价与考核等软件支持，解决了师资队伍国际化培养和提升问题，同时也极大地推动了校园国际化氛围的营造和校园文化活动国际化因素的引进，可以称之为教育国际化推进的综合平台，许多问题在中外合作办学项目的运行过程中都可以得到解决。学院自2006年开始与澳大利亚西澳州中央TAFE学院进行投资与理财、国际贸易实务两个专业的合作办学，每年各招生100人。两个项目的成功实施，极大地推进了学院的整体国际化进程。2013年，学院在总结以往合作办学经验的基础上，又与澳大利亚阳光海岸大学合作开展国际金融专业的中外合作办学，将进一步深化学院与国外高校的深度合作。

（二）与国外高校广泛的国际交流互动增进了相互了解与互信

十年来，学院积极推进“走出去、引进来”战略。每年都派出教育考察团组、学术交流团组、校际交流团组或选派人员参加上级部门和协会组织的访问团组赴职业教育发达的欧美国家、亚洲邻国和我国台湾地区进行考察、访问、交流和学习，既考察学习不同国家的职业教育体系，学习先进的职业教育理念和成功经验，拓展了干部教师的国际化视野，也借此机会

主动对接国外的高等教育机构，谋求拓展新的合作领域，同时也积极宣传学院，让更多的国外高校了解学院的办学成就，主动出击，扩大影响。在“走出去”的同时，学院还采用“引进来”的办法主动邀请国外同类院校来校访问交流，让更多的国外高校直观见证学院的发展与成就，加深与国外高校的互信了解。特别是近几年，随着学院的办学声誉日益广泛，慕名前来学院考察交流的国(境)外高校日益增多，学院也有选择性地与国(境)外的十多所高校建立了友好协作关系，建立起了稳定的互访交流机制。十年来，学院自组出国(境)进行校际考察、交流和培训学习的团组从无到有，再到现在稳定的每年四五个批次，国(境)外来访的院校代表团也由每年的一至两批增加到现在的每年十多个批次，相当部分的来访国外高校是学院作为首批国家示范性高职院校建设结束并取得优异成绩后慕名前来访问交流，这也从一个侧面反映了我院作为首批国家示范性高职院校的影响与声誉。

(三)干部教师的出国(境)培训、访学和考察交流是加强师资队伍建设的有效途径

学院办学 30 多年来，始终坚持依靠全体教师办学的宗旨，不断提高教师队伍的教学水平和能力是学院不断提高办学水平的有力保证。十年来，学院每年都派出干部教师赴国(境)外高校学习、培训，且人数逐年增加，受益面越来越广，学习培训人数由十年前的每年屈指可数的几人增加到目前的每年几十人乃至近百人，学院半数以上的干部、教师都曾出国考察、交流、培训、访学，部分专业带头人、专业骨干教师已不止一次出国(境)学习、提高。占全校教师人数比重最大的中青年教师中 75%以上都有了在国(境)外短期或长期培训、访学和学习的经历。特别是近几年来，学院对教育国际化日益重视，教师的出国(境)学习培训工作也得到持续加强，由最初的以扩大受益面为主向提高培训质量转变、由零星选派教师出国学习向在国外建立稳定的访学培训基地转变。截至目前，学院已初步建立了位于美国康涅狄格州的布里奇波特大学、英国伦敦的伦敦城市大学、澳大利亚昆士兰州的阳光海岸大学、加拿大温哥华的加拿大皇家大学等四所大学作为教师的国外访学培训基地，每年选派中青年骨干教师前往开展为期 3 个月及以上时间的访学培训。此类访学培训基地的建设后续还将进一步加强和拓展，使教师培训由普及性教育理念培训向学术研究型访学转变。

(四)学生的出国(境)交流学习帮助他们切实从中受益

学院始终坚持以生为本的办学理念，尽最大努力满足每一个学生的个性发展需求。十年来，如果说前几年的教育国际化主要帮助广大教师从中直接受益，从而使学生间接受益，那么近几年的学生出国(境)交流学习项目则帮助更多的学生直接受益。学生的出国(境)交流学习主要采用两种途径：(1)根据学院的实际情况，每年组织学生在自愿报名的基础上赴台湾相关技职院校进行为期一个学期的交流学习并给予相应的资助与奖励，与台湾技职院校之间采用学分互认的方式对学生在台湾学习期间取得的学分进行认定，视同取得在校期间的专业学分。我国台湾技职院校与美国职业教育相近的教育模式，帮助学生亲身感受不同于国内教育的全新教学，极大地开拓了他们的视野，拓宽了专业领域，深化了专业学习。(2)学院在有限的教学资源条件下，专门组建国际培优班，在不收取任何费用的情况下为全院有意向毕业后出国继续深造的学生开设专门的英语雅思强化课程和跨文化交流拓展课

程，学生可以在不脱离原专业学习的同时，选择参加国际培优班的学习，通过强化培训提高英语水平和提升跨文化交际能力，为申请出国继续深造做好准备。学院相关部门则与国外的合作院校主动对接，联系国外院校对学生已修课程进行评估及对已获学分的认定对接，尽可能地帮助学生获得国外院校的认可和录取。近年来，每年都有学生在国际培优班学习后被国外本科院校录取并继续深造学习，为他们的人生发展打下更加扎实的基础。

（五）以接轨国际为主要目的双语（全外语）授课课程建设推动了教学质量的提升

课程建设是保证教学质量的关键。在推进教育国际化的进程中，只有不断加强双语（全外语）授课课程的建设，才能确保专业课程教学与国际化教学要求进行有效对接。近几年来，学院在逐步推进双语（全外语）授课课程的同时，不断加大此类课程的建设力度，对于新建的双语（全外语）授课课程，在建设期内学院以教学改革项目的形式进行立项并给予资助，鼓励专业教师积极开发建设新的双语（全外语）授课课程，同时也对双语（全外语）授课课程通过提高授课课酬的方式给予政策上的倾斜，通过报酬激励机制调动教师运用双语（全外语）授课的积极性。目前，学院已有 14 门双语（全外语）授课课程。这些课程的建设与实施，既丰富了专业课程体系，又提高了教师的专业课程开发能力和教学能力，同时也推动了教学质量的提升，让学生在教学过程中真正受益。

（六）对教育国际化问题的理论研究深化了干部教师对教育国际化的理解和认识

在外部有利环境和内部激励机制的有力推动下，教师对教育国际化的认识逐步清晰，对教育国际化问题的思考也逐步深入，越来越多的教师开始关注教育国际化问题的研究以及教育国际化与学院发展的更好契合。在此背景下，近几年来，学院每年都在院级科研立项中单列国际化专项研究课题并给予课题资助，鼓励广大教师更好地对教育国际化问题进行思考和研究。从几年来的课题申报情况看，教师们的研究视角各具千秋，有关注国外高校教育开放历史发展和经验借鉴的，有关注国内同类院校的国际化进程的，有关注国内对教育国际化的理论研究成果的，有关注中外合作办学机制建设的，也有关注课程和教材引进、教学方法和手段提高、学生评价考核改进和专业内涵质量建设的，更有对学院推进教育国际化的途径和策略研究的。实践证明，对教育国际化问题的理论研究提升了教师对教育国际化问题的认识，深化了对教育国际化的思考，进一步统一了“建设国内一流、国际知名高职院校”的思想，推动了学院教育开放的更好推进。

（七）国际化校园文化建设极大地丰富了校园文化的内涵

校园文化建设大体可分为物质文化和精神文化两个层面，校园环境文化和制度文化属于物质文化的范畴，精神文化则是学校长期形成的一种特定的精神环境和文化氛围。学院自新校区规划建设起，就对显性的物质校园文化进行了总体布局和建设，2003 年 10 月学院整体搬迁至下沙高教园区后至今，又不断地对校园文化的育人功能进行完善、提升，也基本确立了既包含物质层面又包含精神层面的金融文化、诚信文化、校友文化为特色的“三维文化育人”的独具特色的校园文化。自 2011 年学院确立“建设国内一流、国际知名的高职院校”的目标后，又重点加强了校园文化中国际化元素的建设，对校园标识进行了双语改造，出现了更多的英语宣传材料;以国际交流学院为主承办的国际文化节、国际文化大讲堂、国际商务礼仪大赛、英语角、英语口语大赛等丰富多彩的校园第二课堂活动极大地丰富了校园文化的内涵,使全院学生沉浸在浓浓的国际化氛围之中,接受潜移默化的国际化素质熏陶,在润物细无声之中提升国际化素养和跨文化交际能力,从而提升职业竞争力和可持续发展能力。

五、继续推进教育国际化面临的困难与挑战

纵观十年来,学院上下对于教育国际化有着全局的战略谋划,以完善的工作机制和制度为保障,以求真务实的态度和多样的工作抓手稳步推进各项教育国际化工作,推动了学院事业的发展,得到了高职教育界的高度认可,在教育国际化领域也担任了中国高等职业技术教育研究会国际合作办学与交流工作委员会副主任委员单位、浙江省教育国际交流协会常务理事单位和浙江省教育国际交流协会高职分会副会长单位,在全国和全省的高职教育领域发挥着示范引领作用,全院师生也在教育国际化推进的进程中切实受益,得到了快速提升,幸福感油然而生。但与学院"建设国内一流、国际知名高职院校"宏伟目标的要求相比,还有相当长的路要走。面对教育国际化的潮流,我们应正确看待所取得的成绩,正视所面临的困难与挑战。

(一)教育国际化的理念还有待进一步更新和深化

高等教育国际化是国际教育发展的必然趋势。随着经济全球化和信息全球化的进一步深入,这种趋势将会更加明显。对于高等教育后起的中国以及中国的高等职业教育,也必将经历这一过程。但随着教育国际化的推进,这一趋势也将给我们带来与传统教育理念的冲突和理念更新的更高要求,必将要求我们对原有的教育流程进行革新与改造,而自我的革新与改造必定会经历一个阵痛期,必定会有一定的风险,由此也将对教育者自身提出更高的要求。这就需要我们不断提高认识,更新理念,客观地审视现有教育教学环节中与更好地促进学生个体发展要求相悖的或许已经养成思维定式的传统做法。学院已经提出"建设国内一流、国际知名高职院校"的宏伟目标,这一目标应该成为全体金院人共同的美好愿景并为之付出共同的努力,而不断推进教育国际化是实现"国际知名"的唯一途径。

(二)国际化对接过程中存在一定程度的不匹配

目前阶段,在对外教育合作的过程中,国外高等教育机构相对处于强势地位,他们对我国的高等职业教育的了解还不是很深入,即便是像浙江金融职业学院这样国内一流的高职院校在与其进行对接时,也一定程度存在着高不成低不就的情况,我们希望合作的国外院校,对方却希望跟国内的省属重点及以上的本科院校开展合作,而希望与我们开展合作的国外院校却并不一定都是优质的教育资源,有些甚至纯粹是为了招揽中国生源而来,这在一定程度上困扰和束缚了学院的对外交流与合作。同时,不像以现代制造业专业为主的理工科高职院校,我院以文经管类专业为主,特别是以金融、财会类专业为特色的专业结构以及其

在国内外的产业特征，在开展对外教育国际合作的过程中优势并不明显。这就需要我们认真分析国外优质教育资源与自身特点，扬长避短，找到最佳契合点，推动两种资源的有效对接。

（三）对内部管理机制提出了更高的创新要求

在开展对外国际交流的过程中，由于两种不同的教育理念带来的不同的操作层面的差异，势必会对现有的传统管理机制带来一定的冲击，这就需要我们进一步解放思想，以改革促发展的态度，勇于突破原有束缚，在不断探索和实践的过程中碰撞出创新的火花，在人才培养质量观念、内部管理机制、教学手段与方法、学生评价与考核等方面进行创新，寻求合作的最佳平衡点，以适应中外合作的全新需求。

（四）校内办学资源与部门工作合力有待进一步整合与加强

推进教育国际化应是全校上下共同努力的系统工程，仅仅依靠校内一个部门或几个部门的努力必定会障碍重重。只有更好地有效整合校内办学资源和强化工作合力，全校上下拧成一股绳，力往一处使，真正形成整体工作合力，才能营造日益浓厚的国际化氛围，推进教育国际化进程向纵深发展。

六、结语

经过 38 年的艰苦创业，特别是近十多年的飞速发展，浙江金融职业学院已经站在了事业发展的新的历史起点，教育国际化正逐渐成为全校师生的共同认知，“国内一流、国际知名”已成为全校师生的共同愿景，“共建共享幸福金院，永创永续金融黄埔”已成为全校师生的共同价值理念，相信在全体金院人的共同努力下，浙江金融职业学院的教育国际化道路必将会越走越宽、越走越远，学院也将始终勇立教育改革与发展的潮头，“活力金院、特色金院、品牌金院、和谐金院、幸福金院”在不久的将来必将建成，实现办“特色鲜明、人民满意、师生幸福”的高职教育的目标。

[参考资料]

[1] 浙江金融职业学院“十五”发展规划纲要. 浙江金融职业学院一届一次教代会 2001 年 6 月 2 日审议通过.

[2] 浙江金融职业学院“十一五”发展规划. 浙江金融职业学院二届三次教代会 2006 年 2 月 24 日审议通过.

[3] 浙江金融职业学院“十二五”教育事业发展规划. 浙江金融职业学院四届二次教代会 2011 年 3 月 5 日审议通过.

[4] 关于扎实推进国家示范性高等职业院校建设的若干意见. 浙江金融职业学院三届一次教代会 2007 年 2 月 1 日审议通过.

[5] 关于全面提升教育教学质量的若干意见.浙江金融职业学院三届二次教代会 2008 年 2 月 28 日审议通过.

[6] 浙江金融职业学院发展规划纲要(2009—2016 年).浙江金融职业学院三届四次教代会 2009 年 12 月 30 日审议通过.

[参考文献]

[1] 陈昌贵.国际合作:高等学校的第四职能[J].高等教育研究,1998(5):11—14.

[2] 冯刚. 提升理念　明确思路　创新校园文化建设[J].中国高等教育,2007(2):30—32.

[3] 周文鼎.高等教育国际化界定及内涵[J].理论与实践,2010(9):80.

高职中澳合作课程教学的本土化研究
——以浙江金融职业学院国际金融专业为例

孙 颖

[摘 要]以浙江金融职业学院国际金融专业中澳合作项目为背景，分析实施中澳合作课程教学的潜在困难，包括语言障碍、教学资料障碍、教学组织和方法障碍及课程考核障碍等。在此基础上，从合作共建教学资源、合作完善管理制度、合作探索教学制度等三个方面就中澳合作课程教学的本土化问题进行探索。

[关键词]高职；中澳合作课程教学；本土化

一、中澳合作项目背景

澳大利亚阳光海岸大学(University of the Sunshine Coast，以下简称 USC)是澳大利亚的一所公立大学，位于昆士兰州首府布里斯班以北的阳光海岸地区，是一所现代化的大学，具有颁发从副学士到学士、硕士到博士学位的资质，是中国教育部正式认可的国外高等教育机构。

浙江金融职业学院(Zhejiang Financial College，以下简称 ZFC)与 USC 合作举办国际金融专业高等专科教育项目是经浙江省教育厅批准(浙教许可〔2013〕3 号)的中外合作办学项目，项目批准编号：PDE33AU3A20120658N。项目引进澳大利亚优质的教育资源、先进的教学方法与手段，贯彻“以学生为中心”的教育理念，充分调动学生的积极性、主动性，使学生在快乐中学习。项目的教学大纲、教学计划和课程设置由中澳合作院校共同制订，授课由 ZFC 和 USC 共同承担。

学生完成双方联合制定的人才培养方案，达到毕业要求者，可获得由 ZFC 颁发的普通高等专科(高职)毕业证书和 USC 颁发的学习证明。学生在 ZFC 完成两年专业学习后，各项成绩符合 USC 的入学条件，自愿在第三学年赴 USC 学习、完成后续课程并符合 USC 学位授予条件者，获得由 ZFC 颁发的普通高等专科(高职)毕业证书和 USC 颁发的商学副学士学位证书。

二、中澳合作课程教学实施的潜在困难分析

(一)语言障碍

1. 学生英语基础较差,英语水平参差不齐。

ZFC 学生英语基础较差,平均英语水平为 CET—3 左右。且该中澳合作项目采用单独招生形式,考生录取分数线及英语分数线均会有所下降,这将导致入学新生的英语基础进一步下降。

ZFC 学生英语水平参差不齐,即使是同一班级之间的同学,英语水平也存在一定的差距,如有些同学可以达到 CET—4 水平,而有些同学可能只有英语 B 级水平。

在该种情况下,采用由外教单独任教完成全英语式的专业课程学习,几乎是不可能实现的任务。

2. 中方教师英语能力有限,无法实现全程英语教学。

该项目实施中的 ZFC 国际金融专业现有专任教师 8 名,其教育背景及英语培训情况如图 1 和图 2 所示。

图 1 为国际金融专业专任教师教育背景分析图,其中有英语教育背景的为 2 人,占比为 25%;有海外留学经历的为 1 人,占比为 12.5%;其他 5 人均为国内高校教育背景,占比 62.5%。

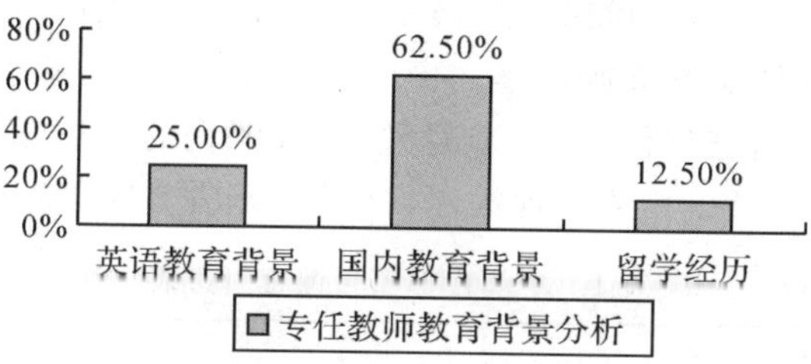

图 1　国际金融专业专任教师教育背景分析

图 2 为国际金融专业专任教师英语培训情况分析图,其中参加国外短期培训(3 个月及以下)的为 5 人,占比为 62.5%;未参加过英语培训的为 3 人,占比为 37.5%。

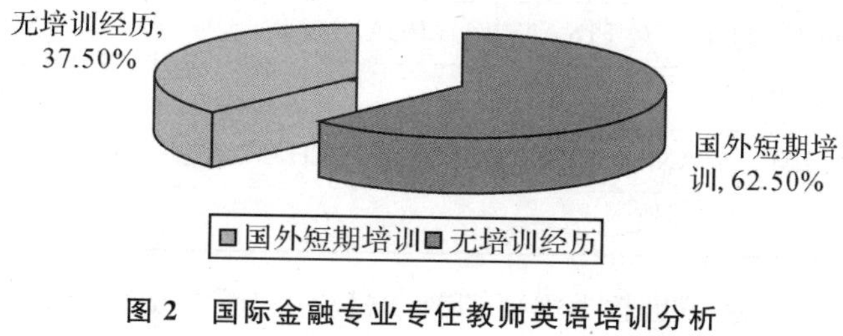

图 2　国际金融专业专任教师英语培训分析

根据图 1 和图 2 分析可知,该项目的专任教师英语教学能力存在以下问题。

1.英语口语使用频率不高,能力有待提升。由于绝大多数的ZFC专任教师均毕业于国内高校,且无英语教育背景,故英语使用一般局限于阅读专业文献等方面,英语口语水平使用频率不高,能力有待提升。而中澳项目合作课程教学方面,则要求英语教学(英文课件、英文授课、英文教案、英文讲义等),英语互动(课堂提问、课堂讨论、学生意见反馈等)、英语辅导及考核(英文教辅材料、英文作业辅导、英文试卷批改等),因此,专任教师英语口语能力的欠缺将直接影响课堂效率。

2.英语教学经历有所欠缺,教学磨合期较长。由于绝大多数的ZFC专任教师均承担中文的专业课程,如"国际金融实务""外汇交易""现代金融基础"等,无英语教学经历。而在英语课程教学过程中,需要一定的英语教学经历和英语思维方式。如在进行课程标准的制定、课程整体教学及单元教学的设计过程中,会出现许多英文专业单词、组合词语及特定句式,这些并不能够通过词典或搜索引擎找到对应的中文解释,而是需要任课教师结合课程教学内容、教学经验及英语思维方式加以理解,并最终实施。

(二)教学资料障碍

1.教材价格昂贵,无法保证学生保有率。中澳合作课程均使用澳方提供的原版英文教材。由于澳洲注重知识产权及劳动力成本高等原因,所以教材比较昂贵,一般一手教材在50—120澳元之间,二手教材在25—50澳元之间。而在国内ZFC,由于图书馆资源有限及缺乏购买二手教材的渠道,所以,学生只能购买一手教材,而昂贵的价格,往往让学生望而却步。

同时,国外教材更新速度非常快。为了保证知识的与时俱进,几乎每一个学年,教材就进行一个版本的更新,以便更好地融入新政策、新法律法规、新技术、新信息等。如此高频率的教材版本更新也进一步加剧了价格的居高不下,从而无法保证ZFC学生教材的保有率。

2.课件版权保护,无法实现资源共享。该中澳合作项目中,拟引进7门澳方课程(具体见表1所示)。但在课程引进过程中,由于USC部分课程的主讲教师实施课件版权保护手段,所以将无法直接获取USC相关课程的课件资源,无法实现资源的有效共享。

表1 中澳合作项目课程引进表

课程代码	课程名称	学分	学期分配	学时分配
COR109	COMMUNICATION AND THOUGHT	3	3	4
BUS102	ECONOMICS FOR BUSINESS	3	3	4
ACC106	ACCOUNTING PRINCIPLES	5	4	6
FIN210	INTRODUCTION TO FINANCIAL PLANNING	3	4	3
MKT101	MARKETING	3	4	3
BUS104	MANAGEMENT AND ORGANISATIONAL BEHAVIOUR	3	5	4
ACC211	BUSINESS FINANCE	4	5	5

3.教辅材料差异,无法满足教学需要。教学过程中,所涉及的案例、视频、图片等教辅材料,绝大多数为针对澳洲本土的各项素材。将这些教辅资料引入国内ZFC时,由于存在语言、文化、版权等方面的障碍,无法进行充分有效的利用。因此,需要任课教师根据国内基本

情况及教学需要收集和整理自己的教辅资料，编制适合 ZFC 学生学习的教学讲义、案例集、视频库、学生学习手册等教学资源。

（三）教学组织和方法障碍

USC 的授课方式包括两种主要模式，即 LECTURE（讲座）和 TUTORIAL/WORKSHOP（讨论/操作）。其中，LECTURE 基本以大课、开放式方式授课，时间一般为 1—3 个小时，学生数量不限，主要以教师讲授为主；TUTORIAL/WORKSHOP（讨论/操作）基本是以小课或小组方式授课，时间一般为 1 小时，学生数量一般为 20 人以下，主要以案例讨论和教师指导操作为主。如表 2 所示。

表 2　USC 教学组织形式

授课方式	教学方法	教学组织	学生数量	授课时间
LECTURE	教授为主，辅以讨论、案例	班级制/开放制形式	人数不限	1—3 小时
TUTORIAL/WORKSHOP	案例/辅导或 PRESENTATION 为主，辅以讲授	分组教学、协作教学、现场教学等	20 人以下	1 小时

以上教学组织形式和教学方法在引入国内的时候，却存在以下的问题。

1. 学生积极性不高，学习能力不强。相对于综合性大学而言，高职学生学习积极性不高，学习能力不强。因此，以教师讲授为主的 LECTURE 形式无法真正调动学生积极性，活跃教学氛围，所以并不适用。

2. 学生量相对较多，人均指导机会少。相对于 USC 大学 TUTORIAL/WORKSHOP 十几人甚至几人的教学人数而言，我们平均 30 人的班级人数，无法实现教师的每周人均指导 1 次或者每学期人均 PRESENTEATION 3 次的指标。

3. 教学方法较为单一，教学效果不佳。根据高职学生的特点，简单的讲授、案例、PRESENTEATION 等方式无法激发学生学习兴趣，学生自主参与意识较弱，无法取得良好的教学效果。

（四）课程考核障碍

中澳双方采用不同的课程考核方式，澳方 USC 主要通过考试（Test）、课业（Assignments）、课堂辅导（Tutorial）以及课堂展示（Presentation）等多种方式对学生的学习情况进行考核。国内 ZFC 则采用平时表现、项目/任务、考试等方式完成对学生课程的考核。具体考核内容和考核要求对比情况，如表 3 所示。

澳方 USC 课程考核方式在引进国内 ZFC 的实际实施过程中，存在以下障碍。

1. 英文考试（Test）难度大。首先，在进行英文 Test 过程中，由于采用全英文试卷，学生存在无法理解考试试卷要求从而不能顺利答题的可能性；其次，USC 英文 Test 中，考查学生自我归纳、自我总结问题的能力，因此，以主观题为主。即使是概念、定义，也要求学生以自己语言表述，而对于死记硬背情况，基本不给分，这对于 ZFC 的学生而言，是非常大的挑战；最后，学生必须通过 Test，否则即使 Assignments、Tutorial、Presentation 等成绩均为 100 分，也无法通过课程考核。

2. 课业(Assignments)/展示 Presentation 要求高。首先,USC 一门课程一般包括 3—4 个 Assignments,难度呈递进关系。最简单的 Assignments 一般需要 3 个星期左右,最难的 Assignments 一般需要 6—8 个星期时间完成;其次,一般以 Essay 形式完成,要求论点鲜明、格式标准、数据准确、层次清晰。且整个 Essay 均需要以英文撰写,这对于 ZFC 的学生而言,往往感到困难重重,且 Essay 中的英语语句错误比比皆是,严重影响了 Assignments 的总体质量;最后,Presentation 部分,还需要较好的口语展示能力和较强的个人魅力。

表 3 USC 与 ZFC 考核方式对比情况分析

考核方式 中澳	Test	Assignments	Tutorial	Presentation /项目任务	平时成绩
USC	①一般占比 50%;②以主观题考查学生自我总结能力;③必须通过,总成绩才能通过	①一般占比 30%—50%;②大多数以 Essay 形式完成;③内容、格式、时间要求明确,在线提交;④若不通过,总成绩则无法通过	①一般占比 10%—20%;②以小组形式完成,小组组合关键;③内容、格式、时间要求明确,在线提交	①一般占比 10%—20%;②以个人形式完成;③内容、格式、时间要求明确,个人展示	/
ZFC	①一般占比 40%—70%;②主客观题型比较均衡,难度适中;③可不通过,只要总成绩通过即可	①一般占比 10%—40%;②以小组形式完成,存在搭便车可能;③内容、格式、时间要求明确,线下提交	/	①一般占比 10%—20%;②以小组形式完成;③内容、格式、时间要求明确,个人展示。④一般属于 Assignments	①平时出勤率;②课堂表现活跃度等

三、中澳合作课程教学的本土化探索

为了推动中澳合作课程教学工作的顺利开展,提升中澳合作课程的教学质量,使其更具有中国特色,更适合 ZFC 学生学习,本文从合作共建教学资源、合作完善管理制度、合作探索教学制度等三个方面就中澳合作课程教学的本土化进行探索。

(一)合作共建教学资源

1. 根据澳方教学大纲,合作编制课程标准。澳方 USC 为中澳合作办学课程提供了英文教学大纲,大纲主要包括教学目标和能力要求。ZFC 将 USC 的教学大纲转化为课程标准。在转化课程标准时,充分考虑行动导向,考虑工作过程。USC 大纲要求的教学目标,就是一项项的学习任务,每一项学习任务均有实施的载体,这些载体称为"学习活动"。ZFC 在设计课程标准时,打破以知识传授为主要特征的传统学科课程模式,转变为以工作任务为中心组织课程内容,让学生在完成具体项目的过程中来构建相关理论知识,并发展职业能力。课程内容突出对学生职业能力的训练，理论知识的选取紧紧围绕工作任务完成的需要来进行，同时又充分考虑了高等职业教育对理论知识学习的需要。

每个“学习活动”的学习都按以典型产品或服务为载体设计的活动来进行，以工作任务为中心整合理论与实践，实现理论与实践的一体化。教学过程中，可以通过校企合作，校内实训基地建设等多种途径，采取工学交替、顶岗实习等形式，充分开发学习资源，给学生提供丰富的实践机会。

统一课程标准的编制，使得不同教师在讲授同一课程时都有一套完整的课程标准去遵循，使合作办学的不同专业课程更适合 ZFC 学生学习，使合作课程的运作质量得到了有效保障。

2. 根据中方教学特点，合作完成课程设计。双方教师合作从微观层面上科学、合理、有效地进行合作课程设计。课程设计应以能力为本位、项目为引领、任务为驱动、活动为载体、理实为一体、学生为主体、教师为主导等为原则，同时把握好能力目标确定、学生情况分析、新课导入、教学内容划分、项目和活动设计、教学方法选择、学习兴趣激发、课外作业布置及下次课程悬念设置等要点。

3. 根据合作教学需要，合作共享教学资料。澳方 USC 教师在保留版权的基础上，提供全部或部分课件、教案、案例、试题等教学资料。中方 ZFC 老师在 USC 老师提供教学材料的基础上，进一步融合中国本土元素包括相关政策、相关法规、相关数据等材料，设计本土化课程项目活动、精心编写教学讲义，按照要求书写教案和学习指导手册，制作 PPT 教学课件，改革考核体系和方式，丰富相关案例集，初步设立试题集和试题库，完善课程定位等课程建设要素。

（二）合作完善管理制度

1. 完善助教制度。教学管理上，可以采用 USC 教师与 ZFC 教师配合完成授课。其中，USC 外方教师是课程的主要组织者，除担任授课外，还要负责 ZFC 中方助教的安排和指导。包括：对助教所提问题的解答、困难的解决及安排助教所上辅导课的内容；ZFC 中方助教是课程的配合者，主要起着课堂翻译、课后学生辅导及老师与学生双方沟通桥梁等作用。

教师与助教之间的合作、交流与分工，保障了任课教师讲授的专业内容能够在辅导课中立即得到应用，学生的知识掌握情况也能够通过辅导课来了解并及时反馈给任课教师。从知识传授的角度来看两者的分工，任课教师主要介绍理论、观点、框架、学习方法等内容，助教则是通过辅导课对这些具体的理论进行实际的案例分析、公式计算、实践训练，即把教学中的抽象的理论具体化。助教在辅导中能够很快掌握学生情况，并通过与任课教师的沟通来反馈问题，便于教师对下一阶段的教学进度与内容进行动态调整。

实现助教制度具有以下优势。第一，可以为 USC 外方教师提供课堂教学支持，保证教学质量；第二，ZFC 助教通过全程跟进 USC 教师上课，了解 USC 教师授课情况，学习先进教学方法，借鉴成功教学经验，为后期独立承担相关课程奠定基础；第三，ZFC 助教利用课上和课下的时间与 USC 教师进行教学交流，就自己在教学中遇到的问题及时与 USC 教师进行探讨，从而最大限度地发挥合作办学项目在师资培养方面的作用。

2. 完善交流培训制度。ZFC应定期举行交流会，就合作课程在教学和管理中所遇到的问题进行分析，总结经验、研究对策、沟通课程信息、共享教学成果。交流会上，应邀请USC专业教师参加，USC教师就教学运行中所产生的问题，发表自己观点，对专业课程的安排和设置提出相关意见，促进了双方教师教学水平的提升。定期交流制度有利于进一步提升教师合作办学信心，有利于进一步促进教师之间的经验分享，有利于进一步推动中澳合作办学进程。

此外，ZFC应定期对教师进行培训，包括国外长短期培训、国内相关课程教育培训、国内英语方面专项培训等，切实提高师资教育教学水平。

3. 完善沟通反馈制度。在ZFC教学沟通反馈制度的基础上，进一步加强与合作办学专业学生的沟通反馈力度。包括行政班班主任定期召开班会，了解相关班级学习情况，并及时进行反馈；专业主任定期召开学生座谈会，了解专业教学运行情况，并及时加以反馈；不定期展开教学效果问卷调查，就教学运行情况、教师授课情况等进行调查，对于问题反映比较大的课程制定相关整改方案，及时与USC任课教师沟通，协助教师调整教学策略，最大限度地保证教学效果和质量，保证合作办学的顺利进行。

（三）合作探索教学制度

1. “行动导向”教学，培养学生能力。“行动导向”教学以“行动”为基本原则，通过广泛地采用不同的教学方法和教学组织形式来实现，针对与专业紧密相关的职业“行动领域”的工作过程，按照完整的行动方式来进行教学。

“行为导向”在教学实践中形成了多种课堂教学的模式，如项目教学、案例教学、模拟教学等。其中，项目教学是将一个相对独立的任务项目，即从信息的收集、方案的设计与实施到完成后的评价，都交给学生独立完成，教师起咨询、指导与解疑的作用；案例教学是在课堂上对实际生活和职业实践中所出现的问题进行分析，培养和发展学生决策能力、获取信息的能力和语言表达的能力。模拟教学是营造人为的环境或情境，使学生能够在模拟真实的职业氛围中学习职业必需的知识、技能和能力，培养学生的专业能力、方法能力、事务能力及个性与社会能力，使其得到真实意义上的职业熏陶与锤炼。

“行动导向”教学法是一种将专业知识与技能交织在一起的教学方法，理论与实践的紧密结合是职业教育的基本原则。换言之，理论基础知识必须以实践为出发点进行讲授，并使学生具有职业行动能力，使学生能熟练掌握业务操作方面的技能，能应用业务知识解决实际问题。

2. 改革考核体系，实现考核方式多样化。需要根据不同的学习内容和教学目标，采用不同的考核方法。考试(Test)可以考核学生对基础知识的掌握情况，但是考试在职业教育中应该占较小的比例，一般在20%以下；课业(Assignment)应该是课程考核的主要手段，占总成绩的50%～60%，通过完成课业，学生能够培养和锻炼自己的实际应用能力，通过小组完成课业，学生的时间安排、团队合作、编制计划、与人交流等各项通用能力也可以得到培养；辅导课(Tutorial)的成绩占总成绩的20%左右，教师在上课时为学生布置学习任务，学生以小组的形式完成任务后，在全班同学面前展示，由其他小组对其任务完成情况做出评价，教师最后对每个小组的任务完成情况做综合评价，给出最终评价成绩；总成绩中还可以包括学生课堂展示(Presentation)等成绩。具体考核要求如表4所示。

表 4　ZFC 考核方式设计

考核方式	Test	Assignments	Tutorial
ZFC	①一般占比 20%以下；②主客观题型比较均衡，难度适中，考查学生对基础知识掌握程度；③设定最低通过线	①一般占比 50%—60%；②按照 ZFC 模板，明确内容、格式、时间要求，在线/线下提交；③个人 Essay 形式完成；④根据课业难度不同，调整课业在总考核中比例	①一般占比 10%—20%；②以小组形式完成，小组组合关键；③小组成果展示可以由小组代表以 Presentation 形式完成。③平时出勤率及课堂表现活跃度等都可在此部分进行考核

[参考文献]

[1] 吴海燕. 中澳合作高职课程课堂教学设计的实践研究[J]. 比较教育研究，2011(9).
[2] 杨海波. 中澳合作办学中经济学双语教学研究[J]. 吉林省教育学院学报，2012(11).
[3] 王丽娟. 合作办学高职会计专业课程本土化的教学实践[J]. 职业教育研究，2010(4).
[4] 王英. 中澳合作办学双语教学模式探讨[J]. 中国电力教育，2010(7).

经济全球化背景下高职外语特色化教学研究

徐冯璐

[摘　要]面对经济全球化的发展趋势，各行各业急需兼具职业技能、外语能力和跨文化沟通能力的国际化技能型人才。高职外语教学是培养国际化技能型人才的重要环节。针对现实中我国高职院校外语教学同质化弊端，细分外语教学类型，并从供求特点和教学难点出发，围绕职业导向，对高职外语特色化教学实现途径进行研究。

[关键词]经济全球化；高职外语；特色化教学

一、经济全球化背景下高职外语特色化教学的意义

面对经济全球化的发展趋势，我国各行各业与国外打交道的机会明显增加，涉外业务越来越频繁地开展，“职业技能＋外语＋跨文化沟通能力”的复合型人才越来越得到市场的青睐。经济全球化迫切地要求高职教育能培养符合社会需要的高素质外向型技能人才。高职外语教学是实现外向型技能人才培养目标的核心环节，教学质量和效果直接影响到培养目标的实现。高职院校外语教学的初衷是以职业岗位技能要求为指针，培养学生以外语或涉外沟通技能支撑的专业技能。然而，在我国的高职院校中普遍存在外语教学同质化、与岗位要求脱节、效果不理想的问题。应试化的外语教学传统在高职外语教学目标、理念、课程设置、教学环节组织、教材选择、课程考核评价体系构建等各方面都留下了深深烙印，基本上就是在本科教学基础上降低要求，是专业名词与外语词句的简单叠加。高职教育所提倡的以“够用”为度，突出实践能力的教学理念并没有在外语教学中体现出来。因此，高职外语需要从社会对国际化技能人才的要求出发，找准特色化的教学定位，以职业为导向，以“实用、够用、即用”为原则，着力强化特色化教学，构建高职外语教学创新体系。

当前，已有的研究从不同角度提出了外语教学的现状、重要性及改进方法，但大多停留在一般外语教学的泛泛而谈，从高职特点出发、以职业为导向、以专业技能为核心，创新外语特色化教学模式的研究少之又少。有些研究即便是提到高职外语教学的特殊性，也只是几笔带过，对特色化教学的决定因素、难点及实施途径缺乏系统、深入、细化的分析，研究的现实指导意义有限。而且，很少从培养对象、培养目标和功能着眼对外语教学进行科学分类，相应的教学方法就缺乏针对性和适用性。本文在现有研究基础上，细化外语教学类型，挖掘高职外语教学的特色所在并系统地提出特色化教学的途径。

二、我国高职外语教学实践弊端

高职外语教学旨在培养具有国际视野、能在涉外业务中熟练沟通的技能型人才。在高职教育中大力开展外语教学不仅能够培养学生的国际视野、国际化环境下工作技能、增强职场竞争力,也是迎合人力资本市场对涉外技能型人才的迫切需求。然而,目前我国高职外语教学的现状并不容乐观,主要有以下几方面弊端。

(一)教学定位模糊

很多高职院校外语教学缺乏清晰的定位,混淆职业外语与公共外语、专业双语教学的区别,课程设置混乱,出现两种误区:一种是以公共外语为主的教学模式。外语教学主要以考级为中心展开,模仿语言教学的惯例,强调词汇量、阅读量、语法和语音,训练学生各种应试技能,无视职业特点,无法将语言作为沟通媒介来更好地服务于职业技能的养成;而外语等级证书则作为考量教师教学业绩和学生评奖评优的重要依据,培养的学生无法熟练沟通也解决不了将来工作上的问题。第二种是以专业双语教学为主的教学模式。专业知识以外文形式传授,在教材安排上通常仅仅是该课程正常教学用书的外文形式的知识重复,要求掌握的专业词汇量大,课文理解难度高。这样的教学没有切合高职学生的特点,也不符合高职教育的职业导向,偏离一线技能型人才的培养目标,既浪费了教学资源、降低了学生学习兴趣和学习效果,又降低了外语教学的实践价值。高职外语教学应当是培养和提高与学生技能紧密相关的外语运用能力,使学生能更好地运用外语操作技能、完成工作任务。以职业为导向、以典型工作场景为模块、以现实工作环节为线索来传授业务交流用语的职业外语教学应该是高职外语教学的主旋律。

(二)外语课程设置不科学

高职院校对外语教学的重要性认识有限,在相关外语课程安排上随意性较大、不科学。有些仅在大一第一学期开设了公共外语课,之后就不安排英语课程。那些安排专业英语课的学校通常会把专业英语课安排在第三或第四学期,中间一段时间学生处于英语真空环境,把原先就较薄弱的英语忘得所剩无几,到后面接触专业英语时就普遍反映对英语很生疏,再加上大二专业课学习任务加重,平时也没多少时间来重温外语。而且,专业英语课常被安排成每周两课时的考查课,内容安排上又类似于职业课的双语教学,生词多、课文深奥难懂,超过了学生所能接受的程度。因此,学生学习劲头明显不足,很难达到预期效果。

(三)学生素质与教学的矛盾

高职学生外语基础差、动机趋利、心态被动而且学习习惯不良。调查中发现,他们普遍"恐惧"外语,觉得外语很难、自己外语水平很差,而且认为外语只是那些要出国的人或者做外贸的人才会用上,与自己要从事的职业没关系。好点的学生会学学外语应付大学等级考试;而差点的学生则把外语课当作最无聊的课、"天书"课,唯恐避之而不及。高职外语教师一方面要努力达到教学目标、遵循教学计划安排、实施教学内容，另一方面要面对“不配合”“不领情”的学生，常常在课堂教学中遭遇冷场，陷入尴尬境地。

(四)技能型外语教师匮乏

技能型外语教师是复合型的稀缺人才，是我国高职院校中普遍缺乏的教育资源。当好教师难，成为一名合格的技能型外语教师更难，困难在于，其不仅要有一技之长，是某个行业的专家，有精良的职业素质和技能，而且还能自然地运用流利的外语来传授专业技能。而现在高职院校中进行外语教学的老师，要么是直接从外语教师中物色而来，对专业技能只是半路出家，往往将教学停留在纯语言教学层面；要么是该行业专业老师，外语水平有限，诸如语音、语调不正确，必将误导学生的语言学习。而且，大部分教师缺乏国外生活工作的经历，他们表达技巧和交流习惯都带有本土化的局限性，无法培养具有国际化视野和跨文化沟通能力的涉外人才。在有些开展中外合作办学的高职院校会尝试外教授课，但外教不熟悉中国高职学生的特点和认知习惯，一味推行头脑风暴、自由辩论等开放式教学，令高职学生一下子无法适应，产生排斥心理，再加上本来就欠缺的外语基础，无法与外教有效沟通，使教学效果大打折扣。

上述实践弊端是高职外语同质化教学的体现。高职外语教学如果不寻求特色化定位和创新，就势必会激化教学矛盾，陷入困境。

三、高职外语供求特点和教学难点分析

学生、学生将来从事的职业以及用人单位构成了高职外语需求方，高职教学体系是主要供给方。从供求两方面的特点来看，高职外语教学必须特色化。

(一)学生特点

1.基础薄弱。高职一般面向招收第四批高考分数线的学生。相对而言，这些学生的外语基础差，他们中的大部分掌握的外语单词非常有限、语法知识知之甚少、发音不正确，听说读写基本功很薄弱。

2.动机趋利。对于高职学生来说，求学就是为了求职。比起本科院校的学生，高职学生求学心理更加急功近利，或者说，求学动机更直接明确。有调查显示，他们只对与将来职业紧密相关的知识表现出学习的兴趣和积极性。如果他们认为所学的外语不一定会用上或与将来要从事的工作不太相干，即便对他们自身有潜在的帮助，他们也会漠然置之。

3.心理被动。高职学生在成长过程中往往是学校里“差生”，久而久之，心理上多少产生了厌学和自卑。很多高职学生在学习上主动性都不够，缺乏自觉自发学习的能动性，意志力和克制力薄弱。表现在学习外语过程中，惰性地依赖外在的帮助，碰到困难容易放弃和动摇、耐不住寂寞等。

4.习惯不良。很多高职学生从小没有养成良好的学习习惯，也缺乏科学的学习方法，经常在外语学习中感到茫然无措，更需要老师的介入和引导。

（二）职业特点

高职学生一般将来从事一线操作型和技能型职业。这些职业的工作多面向生产一线或服务窗口，业务流程化、手续模式化、操作技能化。某一特定的岗位对应的任务环节比较局限，而且多是简单、机械、重复操作的任务，不太需要创造、协调和选择，只是按既定的规则操作，如报关员、银行柜员、技工、护士等。

（三）用人单位要求特点

这几年职业市场对高职毕业学生的需求量很大，而且逐年上升。比起其他高校毕业生，用人单位更注重高职人才的实用、够用、即用。所谓实用，就是高职毕业生要具备岗位要求的知识、技能和职业素养；所谓够用，就是所学的知识、技能不求宽泛多样也无须精深，但求熟练应用，能充分满足岗位需求；所谓即用，就是从学校到职业岗位零过渡，上手快，毕业就能上岗，这就要求毕业生的操作能力非常强。

（四）高职教育特点

高等教育分三个层次，即研究性、应用兼研究性、技能性，分别由研究性重点大学、普通本科院校、高职高专院校承担。表1为三类高等教育在教学目标、方式、内容上的比较，从中不难发现作为高职外语供给方的高职教育体系的差异化定位。

表1　不同层次高等教育比较

	研究型大学	一般本科院校	高职高专院校
教学目标	培养研究客观规律、揭示科学道理的学术型人才	培养从事设计、规划、管理、决策等工作的中高层专业人才	培养生产一线或窗口服务行业所需的职业技术型人才
教学方式	重理论学习和学术研究	理论能力和应用能力并重，强调专业特长	重技能操作
教学内容	基础学科知识	应用学科知识	技术技能知识

高职外语教学必须特色化。然而，在特色化过程中，一定要处理好职业涉外人才培养的特性与一般国际化人才培养共性之间的关系，避免走求异求新的极端，这也正是高职外语特色化教学中的难点。外语教学有公共外语、专业双语教学和职业外语之分。公共外语教学着重于外语知识和听说读写语言基本功的传授，要求用语精准、纯正，没有专业性。专业双语教学以外语作为主要授课语言来教授专业知识，外语作为学生专业学习和理论研究的工具，因此，包含的专业词汇量大、句式复杂，要求学生具备较高的阅读和写作能力。职业外语是在工作岗位和业务办理过程中要使用的外语，培养学生在一定工作情境中运用外语开展工作的交际能力。职业外语不同于前两者，在于其有明确的职业指向，要求语言技能紧密依托于职业技能，关注学生将来业务岗位上外语应用的恰当和熟练。高职院校外语教学是培养职业技术型涉外人才，因此要以职业外语教学为主，强化职业外语的特性，培养学生掌握将来工作过程中涉外交际所需要的外语惯常表达和应用技能，而不是培养学生的基本语言能力或是用外语进行专业学习和研究的能力，只要够用就行，不求无限制的发展。同时，在

培养涉外人才方面，职业外语教学也有语言教学的共性，即在国际化背景下，无论哪类涉外人才都应具备外语交际能力和跨文化沟通能力。高职外语教学在强化特色化创新的同时，要兼顾在国际化背景下将学生当前职业和后续职业生涯发展以及职业素养统一起来。这就需要在课程设置、教学资料等方面做出合理安排，将必修与选修、基础与深化、课堂与课外、书本与网络、校内与校外有机结合起来。

四、高职外语特色化教学实现途径

（一）教学理念特色化

高职外语教学理念特色化，指要以学生为中心、以能力提高为核心、以素质提高为导向，跳出在语言学框架下外语教学的固有逻辑，不要苛求学生掌握丰富的词汇量、用语精准、培养扎实全面的听说读写能力，提倡实用、够用、即用便可。只要他们能在一定的业务情境中用特定的职业用语顺利完成特定的业务就可以了，不用在乎他们在业务情境之外会不会用外语。

具体来说，面向高职学生的外语教学，应形成“三授”理念，即“授之以渔、授之以娱、授之以鱼”。授之以渔，就是在教学中应轻外语语言知识的完整系统，重业务办理中外语应用能力和沟通技巧；授之以娱，就是对于高职学生尤其应在教学形式上下大功夫，寓教于乐，不断探索变换教学形式。授之以鱼，这里的“鱼”就是劳动成果，就是利益。在第一节课上，就应该结合本专业就业岗位和职业能力明确告诉学生课程学习对以后工作的“好处”。学好了职业外语就能获得职业素养提升这条“大鱼”。这种直接的利益诱导能激发学生学好职业外语的动力和自觉性。

（二）课程设置特色化

高职外语应兼顾职业技术型外语人才培养的特性和共性，设置四类实训主导型课程：素质外语、交际外语、职业外语和专业外语。素质外语课程提供基本外语知识和听说读写技能，为其他外语课程学习奠定基础。交际外语课程重点训练日常交际往来过程中各行业通用的交往礼节用语的听说写能力和外语国家文化习俗中日常习惯表达。职业外语课程重点训练学生在典型的工作情境中基于工作过程的外语沟通表达技能。专业外语课程更突出专业和职业岗位特色，侧重学生职业发展和专业提升过程中外语的要求，涉及的专业词汇和句式更为丰富、细化。这四类外语课程可根据学生、专业和学校实际情况分阶段、选择性地开设。建议在大一时以必修课形式开设素质外语课程和交际外语课程；在大二时以专业必修课形式开设职业外语课程，有条件可以系统授课两个学期，同时以选修课形式开设素质外语和交际外语的深化课程；在大三时根据订单机构人才培养要求可以选修职业外语深化课程，同时选修专业外语课程。

(三)教学方法特色化

特色化的教学理念落实到职业外语教学方法上,就是要紧密联系现实中职业岗位业务情境,并以此设计业务模块,围绕每个业务模块安排特定的高频使用的典型词汇和句型,要求学生反复使用。淡化语法结构,以业务办理和正确沟通为目的,突出外语业务性模式化的惯常使用。句式要依托仿真业务环境和业务环节,在职业任务操作中自然应用和掌握。在小班化教学实践中可以尝试以下方法。

1.项目教学法(Project Approach)。将岗位职责分解成一个个相对独立的项目任务或业务模块,要求学生能够掌握和应用项目每个环节所需的外语惯常表达。在教学过程中,教师好比导演,设计项目、引导学生实施项目、答疑解惑;学生是项目的完成者,也是演员,他们通过恰当使用典型句式,按照业务流程,独立完成项目任务。通过项目教学法的使用不仅能培养学生的职业技能和素质、训练学生应用外语进行操作和交流的能力,而且能培养学生独立与协作精神。

2.情境角色体验法(Situational Role-play Approach)。模拟行业工作环境及业务技能操作的各个过程创,设相应的情境,让学生在高度仿真的情境中运用外语完成岗位项目任务,使学生身临其境,兴趣大增。与此同时,根据每个工作项目的具体业务,让学生进行角色扮演,亲身体验角色的心理、态度、职责等。通过运用情境角色体验法,不但提高了学生的外语日常交际能力,还使学生感到真实、真正地在运用语言进行有意义的交际,学会联系生活和工作实际,激发学生学习外语的兴趣和积极性,提高语言表达能力和综合运用能力。

3.互动讨论法(Interactive Discussion)。学生分组对某个任务进行外语讨论,研究完成任务的途径及工作理念。学生上台讲,由老师和听的学生提问或评议,通过互动不仅明晰业务要点与难点,更锻炼了外语表达能力。如以银行柜面外语为例,可让学生在课后资料收集的基础上,分组讨论信用卡功能及办卡业务、ATM机操作使用、挂失业务受理等。这种教学方法属于拓展深化练习,能拓展业务用语,但实施起来对学生能力要求更高,一定要控制好难度,根据学生情况酌情采用,否则容易引起学生的畏惧应付心理。可以鼓励学生用简单句型和词汇表达、允许学生只做简短表述,甚至可以允许学生念说结合、以念为主;在老师和学生评议环节,可以中英文表述结合。

(四)教材建设特色化

这里将所有教学过程中要用到的资料、素材、工具等统称为教材。教材的内容一定要依托现实工作流程和业务特点,根据业务变化不断调整,务真务实务新,而且用语要地道纯正。高职院校可以利用国际化联合办学的契机,借鉴国外高职院校相关教材并结合实际工作开展情况编写内容;教师可以利用去相关企业挂职锻炼和假期实习的机会,从工作现场收集涉外业务真实资料,如外文加工图纸、机器设备的外文说明书、专业技术报告、专业产品的外文宣传广告、外文申请表、各类外文单证、业务往来的外文函电等等。这样既丰富教材和实训内容,又提高了其实用价值,为学生从学校到岗位的零过渡做准备。而且,以典型工作流程为线索来组织教材内容和体系、传授典型句型词汇和表达技能,符合高职学生喜经验性、策略性知识,厌陈述性知识的心理倾向,能很好地激发学生的学习兴趣。

教材开发和建设要以学生职业能力发展要求为导向，基于典型业务办理过程，着眼于职业素养和技能提高。与课程设置相一致，开发建设系列教材：素质外语课程教材可以公共外语相关教材为基础，适当降低难度，突出口语、日常习语和简单句式的听说读写。素质英语课程也可利用大学英语B级和三级等级考试中辅导用书作为教辅资料，鼓励学生通过参加B级和三级考试来提升基本的英语综合能力。交际外语课程教材应以现实中各行各业接洽沟通惯常用语和礼节表达为素材，兼顾外国文化习俗和社交技巧的灌输。职业外语课程教材应依据生产、管理、服务一线的现实工作流程、典型工作环节或场景设计教学单元和典型句式对话，以各种实训形式让学生重复不断使用常用句型，达到能熟练应用相关外语工作的能力。各课程除书本之外，还应有配套的实训指导书和常用句型汇编手册。实训指导书包含了各种实训练习，配合课堂实训教学使用，主要形式与工作环节一致，如对话练习、产品或过程介绍、填表练习、信函书写等，每次实训项目后都有自我评价，让学生在实训中体验得失进退、调整努力的方向，养成自我规划、自我监督的习惯。句型汇编手册主要收集了日常生活、交际场合和工作场合各类经典句型，便于学生随身携带，易诵易背，简化了学习方法，强化学生对惯用句型的记忆和积累。

（五）教学体系特色化

职业外语人才兼具职业技能、外语技能和跨文化社交技能，仅仅依靠课堂教学和几本教材是远远不够的，应通过“五位一体”全方位特色化教学体系，给学生营造一个体验职业、感受世界、拓宽视野的语言环境。除了课堂教学功能外，还应借助于网络平台、社团平台、实习平台、国际化办学平台的配套。通过课程网络平台不断更新丰富的学习资料，学生能各取所需，各得其所，实现因材施教；良好的交互环境也能够极大提高学生参与的热情。通过学生社团开展丰富多样的活动，如外语演讲比赛、外语沙龙、外语歌曲秀、原声电影联播等营造用语环境、传播国外文化。利用校企合作的有利条件，在校外实训基地，让学生置身真实的工作现场，在顶岗实习中使用外语。利用高职国际化办学平台，高职学生可以有机会到国外留学、实习、就业等，同时，国内高职院校也从国外接受留学生，使他们和国内高职学生一起生活学习。“五位一体”全方位的特色教学在强化高职外语特色的同时又打破单一职业外语教授的弊端，让学生在更切实、丰富、个性化的语言学习氛围中接受熏陶，耳濡目染中提升职业技能、外语能力、跨文化沟通能力。

（六）教学评价特色化

传统单一的笔试已经完全不能适应高职外语能力考核，无法体现高职外语教学的岗位应用性和实践性，也无视高职学生的类型特点。应当主要以过程化动态考核来评定学生的最终成绩，打破终结性评价单一的甄别和选拔功能，充分发挥考核的激励和反馈作用。将考核融入平时的每一堂课和每一次实训的各个环节，通过不断检验、反馈让学生不断调整学习进度方法，加强学生动力和积极性。教师做好学生平时态度和实训成绩的记载，在教学活动中观察和记录学生的表现。通过面谈、角色表演、项目调查、主题报告、讨论问题等方式考查和评价学生，使考核方式更加具有多样性、生动性，真正使学生从“知道”向“会用”转变。

考试成绩的构成可由平时态度、实训成绩及期末的综合口试组成，各部分可由教师根据实际情况灵活掌握。建议平时态度占20%，主要衡量学生到课率、课堂参与态度、团队合作精神等主观努力和教学配合态度；课堂实训占30%，主要衡量学生实训指导书完成质量、教学实训项目实施质量、课堂活动质量等客观能力水平；综合口试占50%，可设置岗位介绍、业务对话朗读、场景模拟对话等环节，考查学生一学期下来综合语言表达能力。通过这样的考核方式改革，可以使学生们更注重平时的学习和知识的积累，特别是那些基础比较薄弱的学生也可以通过持之以恒的学习确保考核成绩，大大提高学习动力和教学质量。

除此之外，高职学生以谋职为第一要务，所以应鼓励学生在学习期间参加各类社会公认度比较高的专业外语证书考试，不仅能以考促学、以考提能，而且能显著提高学生职场竞争力。可以将社会公认度比较高的专业外语证书考试成绩纳入学校考核体系，作为考量、甄别、选拔学生的一个依据，鼓励有能力的学生脱颖而出，可以尝试如以证加分、以证代考、以证免修、以证推优等激励措施。

（七）师资建设特色化

师资建设特色化体现在“三融合”，即培训与实习相融合、专职与兼职相融合、本土与国际相融合。培训与实习相融合，一方面加强高职外语教师外语培训投入，鼓励教师参加各种权威外语考证；另一方面加强教师实践实习锻炼，要求教师必须在寒暑假期间到行业单位实习，及时更新专业知识，扩充教学资源。专职与兼职相融合，除了一批稳定的高职外语专职教师，还可以聘请行业内精通外语的复合型专家作为兼职教师或特聘教授，定期到学校讲学、指导，促进产学合作，提高学生的实践能力。本土与国际相融合，一方面不仅可向国外派出教师研修团，有组织有计划提升教师的外语及业务水平；另一方面，还可以邀请国外高职院校教学专家或海外具有多年业内工作经验的技术人才定期对高职院校的外语教学和专业课进行定向培训。

［参考文献］

［1］程蕉，吕明. 教育国际化视野下的高校双语教学改革［J］. 当代教育论坛，2008(2)：84—85.

［2］戴炜栋. 国际化背景下我国外语教育的发展战略［J］. 浙江工商大学学报，2010(6)：80—85.

［3］方志菊. 谈高职院校英语教学的课堂多元评价［J］. 职业教育研究，2009(5)：25—26.

［4］姜大源. 职业教育学研究研究新论［M］. 北京：教育科学出版社，2007.

［5］矫萍，余湛波. 试论高校双语教学师资队伍培训的方法和途径［J］. 黑龙江教育(高教研究与评估)，2007(12)：13—15.

［6］罗君，邓蓉，李静. 职业用途英语成为高职公共英语教学的主旋律［J］. 陕西教育，2009(2)：41—42.

［7］温耀华，杨柳枝. 高职英语课堂中的差异教学探索［J］. 高等职业教育：天津职业大学学

报，2008(6):34—35.

[8] 徐冯璐.教育国际化视野下高职双语教学创新体系研究[J].现代企业教育，2011(10):1—2.

[9] 徐冯璐.高职银行柜面英语口语课程实践教学体系构建[J].职业技术教育，2009(29):68—70.

[10] 徐郑慧.高职职业外语教学目标及其实现途径[J].语文学刊，2010(11):155—157.

开放式、规范化的职业教育体系的探索与构建
——澳大利亚职业教育培训框架的启示

倪丽丽

[摘　要]建立开放式、规范化的职业教育体系是我国职业教育改革努力的方向,澳大利亚的职业教育发展体系在世界上享有盛誉,其国家职业教育培训框架对我国构建开放式、规范化的现代化职业教育体系有很大的启示。本文在借鉴澳大利亚职业教育模式的基础上,探索我国职业教育体系的改革与构建。

[关键词]职业教育;澳大利亚职业教育框架;开放式

建立开放式、规范化的职业教育体系是我国职业教育改革努力的方向,澳大利亚的职业教育发展体系在世界上享有盛誉,其国家职业教育培训框架对我国构建开放式、规范化的现代职业教育体系有很大的启示。

一、澳大利亚职业教育培训框架简述

澳大利亚的职业教育培训框架由:AQF(资格证书框架)、TP(培训包)、AQTF(培训质量监控框架)这三部分构成。

澳大利亚教育的整个资格证书框架有10级(如表1所示),分别为Certificate Ⅰ,Certificate Ⅱ,Certificate Ⅲ,Certificate Ⅳ,Diploma,Advance Diploma,Bachelor Degree,Graduate Diploma,Masters Degree,Doctoral Degree。澳大利亚TAFE学院(Vocational Education)是承担1到7级的教育培训。取得Cer Ⅰ(一级证书)只能从事较低级的操作工,取得CER Ⅰ(一级证书)后可以继续接受教育培训考取CER Ⅱ(二级证书),也可以先去工作。在TAFE学院的学习考取证书没有时间的限制,只要达到了证书等级规定能力标准,就可以取得证书。CER Ⅰ和CER Ⅱ可以在高中(Schools)进行培训,也可以选择在TAFE学院完成。Diploma,Advance Diploma,Bachelor Degree也可以由综合型大学(University)提供教育,如果取得了Advance Diploma,可以进一步申请进入综合性大学(University)进行本科学位(Bachelor Degree)的学习,甚至硕士学位和博士学位的学习。整个资格证书框架体现了高等中学、TAFE学院、综合性大学之间学历资格递升的有效衔接。另外,资格框架还包

括RPL(学前资格认证),即根据学生的入学前的工作经历和掌握的技能情况进行评估认证,给以相应的资格等级,可以进行跳跃式学习,不必从1级开始学习。

表1 澳大利亚资格证书框架(AQF)

综合性大学(University)	TAFE学院(职业教育)	高中(Schools)
博士学位(Doctoral Degree)		
硕士学位(Masters Degree)		
硕士文凭(Graduate Diploma)		
学士学位(Bachelor Degree)	学士学位(Bachelor Degree)	
高级大专文凭(Advance Diploma)	高级大专文凭(Advance Diploma)	
大专文凭(Diploma)	大专文凭(Diploma)	
	四级证书(CertificateⅣ)	
	三级证书(CertificateⅢ)	
	二级证书(CertificateⅡ)	二级证书(CertificateⅡ)
	一级证书(CertificateⅠ)	一级证书(CertificateⅠ)
		高中教育证书(12年级)

培训包(TP,或叫课程包)是澳大利亚职业教育课程开发的指导材料,是由澳大利亚的行业技能委员会制定的,是全国统一的标准。澳大利亚有十大技能委员会,包括农业及食品行业技能委员会、服务与健康行业技能委员会、制造行业技能委员会、服务行业技能委员会、交通及物流行业技能委员会等,行业技能委员会是由资深的行业代表组成,针对行业的需求制定课程包的培训内容,并针对当前知识技能的更新对课程包做及时的补充,确保培训标准适应行业需求。每一个资格等级根据不同的专业都有相应的培训包,每个等级专业都有基本5门核心的课程包和2门(可从12门中选取)的选修课程包。在澳大利亚网站都会及时公布最新的培训包,各学校都可以下载,并根据培训包的能力标准要求来组织教学。

培训质量监控框架(AQTF)是用于保证澳大利亚的职业教育和培训系统有全国统一的注册培训标准,以确保为客户提供高质量的培训和评估服务。主要通过审计和抽查的方式,针对TAFE学院的培训项目、教学内容、教师资格、课程和专业的设置等质量进行监督和控制。

二、开放式、规范化职业教育体系的构建

(一)建立开放式毕业资格认证体系

我们的职业院校都是三年制,基本上学生在三年结束后取得毕业证书。很多学生因为不喜欢自己所学的专业在学校混日子,得过且过。因此,应借鉴澳大利亚的资格框架,

建立一个开放式的资格认证体系，注重学生的兴趣爱好和天性禀赋，根据其意愿来选择他以后所从事的工作。可以考虑将三年时间细分为不同等级的能力标准要求，并设置资格认证评估。比如会计专业，可以将三年设置成不同的证书等级要求，比如第一年的要求是取得出纳资格证书和会计从业资格证书，第二年的要求是取得初级会计师证书，第三年的要求是取得中级会计师证书。第一年结束后取得出纳资格证书和会计从业资格证书这两本证书后，可以选择申请从事出纳等低端的会计职业工作，也可以继续第二年的学习，当然他因为经过一段时间会计专业的学习而知道不喜欢会计行业的工作，可以提出申请更换专业学习。

(二)以国家资源库建设为契机，强化课程标准，避免重复建设

虽然我们职业院校每年都会会同行业专家指导委员会探讨培养方案的修改和课程体系的调整，但因为缺乏强制性，实施效果并不好，行业的需求并没有很好地体现在课程教学中。每个职业院校都在各自建设大同小异的课程和教材，劳民又伤财，如何避免重复建设，以及如何形成全国统一的课程标准体系，澳大利亚的课程包建设是非常值得借鉴的。目前，我们应该要以国家资源库建设为契机，将国家资源库做精做深，升华为全国课程标准，实现全国共享，并强制执行。同时，应成立一个高声望的统一组织即全国行业专家委员会，并分行业分专业进行组织，针对当前的国家政策和行业需求对国家资源库做适当的补充和调整。行业专家委员会应有规范的制度和规定，并对成为行业专家委员会成员有相关的资格认证，而不是每个学校都有不同的行业专家指导委员会，行业专家水平参差不齐，缺乏有效的纪律和监督。

(三)建立和完善教师工作实践经验的评估体系

目前，我们职业院校的教师普遍为学院派，毕业于本科院校，实际工作经验不足，上课一般也是照本宣科。缺乏教师进企业的有效机制，当然也就难以开展工场进课堂的实践。现在我们对教师引进的学位要求都是硕士研究生以上，这就限制了行业精英进驻职业院校的机会，很多具有本科或大专学历的行业精英具有熟练的职业技能和丰富的工作经验，但苦于没有硕士文凭，而望职业院校大门而兴叹。如何做好将专业教师真正落实到企业实践，以及如何做到降低学位标准引进行业精英，澳大利亚的 RPL(学前资格认证)是非常值得学习的。RPL 虽然在澳大利亚是用于学生入学前的资历认证，就是针对学生入学前的工作经历进行资历评估打分，以确定其所具备的资格等级，从而可以进行有效的跳跃式学习。但我认为，也可以适用于我国职业院校教师的执教资格认证，即对其行业工作经验进行评估，以确定其所具备的职业技能资格等级。在澳大利亚，一个工作经验丰富的行业精英，只要取得行业等级四级证书，就可以从事 TAFE 学院的教学工作。职业院校是注重技能训练为主的教学模式，所以对教师的工作经验应该有更高的要求。对教师工作实践经验的评估体系的建立，是实现校企合作工学结合的根本。因为只有具备丰富行业工作经验的教师，才能真正地实现言传身教。

(四)建立终身教育培训体系

《国家中长期教育改革和发展规划纲要(2010—2020年)》第二十五条提出要“构建灵活开放的终身教育体系”“鼓励学校、科研院所、企业等相关组织开展继续教育”。在澳大利亚的TAFE学院,针对的教育和培训对象除了高中毕业生,也对成人开放,没有年龄的限制,只要想学一技之长,都可以报名就读,可以半工半读或在线学习,上课时间很灵活。随着经济社会的不断发展,知识技能的更新递进,学习已不再是接受一次或两次教育就一劳永逸的事情,因此,在高职院校有必要建立终身教育的培训体系,面对全社会招收有技能学习要求的人员,根据不同层次需求制定人性化的可选择的教育内容,并注意分层次贯彻教育目标。

(五)完善校企合作机制

澳大利亚的TAFE学院基本上都会由许多不同的校区组成。比如像KANGAN Institute(凯歌学院)就有六个校区,校区的建设是为了满足不同地区的行业发展需求,比如在汽车城附近就设立汽车修理专业校区,在飞机场附近设立飞机修理专业校区,这样就便于开展校企合作的实践活动,学生随时可以到实际场所进行观摩和学习,行业专家随时可以到课堂来指导。而我国的高职院校一般都只有一个校区,囊括了所有专业,并且普遍建在交通不便的偏远地区,学生进企业实习非常不便,也就阻碍了工学结合的良好开展。创造校企合作的条件、完善校企合作的有效机制是实现职业教育目标的有力保障。首先,高职院校可以考虑与在交通便捷或在市中心的中职学校建立合作关系,根据周边的行业氛围设立相关专业校区,这同时也为中高职一体化提供了良好的契机。另外,学校应与企业签订有效的合作协议,包括对于行业专家的薪酬支付和辅导时间的规定、学生进驻企业实习的任务设计等。

(六)与本科院校建立专业的合作关系,拓宽学生学历提升渠道

在澳大利亚,学生在TAFE学院取得Diploma(大专文凭)或Advance Diploma(高级大专文凭)后可以选择就业,也可以选择继续就读University(本科院校),比如KANGAN Institute就与8家University达成学历晋升合作关系。在TAFE学院已经学习过的课程在University(本科院校)就可以申请减免,因此在较短的时间内(一般为两年)就可以取得本科学位。而在我国职业院校的学生要想提升学位,只有通过远程教育和专升本考试。远程教育含金量不高,选择的人数较少;而专升本的招生人数有限,因此通过率很低,平均每班占2%左右。因此为了满足有学位提升需求的学生,应考虑与其他本科院校建立专业的合作关系,选拔具备良好专业潜质的学生进入本科院校学习。

(七)整合课程网络资源,有效发挥网络教学平台优势

在澳大利亚大学每学期开学前,每门课程都由课程负责人在网络上发布与该学期相关的课程教学内容,包括每周的教学内容、作业要求、在线测试时间安排、答疑时间地点等,学生必须根据网络教学平台的内容主动完成自己所选修的课程要求。而从事同一门课程教学的教师也只需根据网络教学平台进行相关的教学活动。网络教学平台的有效利用可以起到“解放了老师、约束了学生”的作用。我国职业院校虽然也开展了课程网络化,但都没有有效

发挥网络课程资源的优势，没有实行课程资源的有效共享，也没有真正开展实时的网络平台教学，依然秉承传统的讲与授，削弱了教师的积极性和学生的主动性。因此，要提高教学的效率和水平，应该要整合课程网络资源，有效发挥网络教学平台优势，实行教学的信息化、规范化、集约化。

现代合理的职业教育体系应该用八个字来概括："自由开放，规范有序。"学生可以自由地选择学与不学、学什么和不学什么，在选择了学和学什么后，就有一套规范有序的体系为其学业设定了一系列规定和评估内容，促使学生主动并积极地完成学业。因此，要发展好我国的职业教育，最主要的是构建和完善一个统一标准、集约化、规范化管理的教育机制。

[参考文献]

[1] 张辉. 澳大利亚职业教育体系与制度分析以及经验启示[J]. 教育与教学研究，2009(11).
[2] 王诗文. 澳大利亚高等职业教育培养模式的学习与借鉴[J]. 教育与职业，2009(3).

后　记

2013年是浙江金融职业学院"三个十年"的重要节点，即浙江金融职业学院迁址下沙新校区十年、浙江金融职业学院首届高职学生毕业十年、浙江金融职业学院获得浙江省人才培养工作水平评估第一家优秀等级学校十年。十年来，学校沐浴着高等教育大众化的春风，在金融事业大发展的阳光雨露滋润下茁壮发展。学校始终将教学工作当作学院中心工作来抓，深化内涵建设，取得丰硕成果。在专业建设方面，有国家级重点专业5个，有"高等职业学校提升专业服务产业发展能力"项目2项，主持金融专业国家教学资源库项目。在课程方面，有8门课程入选国家精品资源共享课程，截至2013年12月，占全国经管类国家精品资源共享课程立项数量的八分之一，在全国财经类课程建设立项中排名第一。拥有国家级教学团队1个、全国优秀教师1名，获得国家级教学成果奖二等奖1项。多年的办学实践中，学院始终注意研究先行，以研究带队伍，以研究促发展，以研究定战略，以研究抓实施，以研究扩影响，以研究升内涵。学院教师出版学术专著的数量和在国家14种高教类核心期刊上发表论文的数量均居全国高职院校前列。

为了进一步巩固教学研究成果，提升办学理念，总结提炼我院人才培养和教育教学改革创新经验，展示工作成效，学院开展庆祝"三个十年"教研论文征集活动，共收到教研论文92篇，主要围绕2003—2013年十年间高等职业教育发展、专业和课程建设、人才培养模式改革、教学管理和创新、教育国际化历程等方面。这些论文反映了浙江金融职业学院在教学方面的理论研究和实践成果、对探索高等职业教育发展、加快专业和课程建设、促进教学改革：提高人才培养质量、深化内涵建设具有一定的参考价值。有鉴于此，我们选择其中的53篇，分教育教学探讨、人才培养模式改革、专业建设、课程建设、实践教学、教育国际化六个方面呈献给读者。

由于篇幅所限，未对收到的每篇论文都予以刊登。同时，由于水平有限，一些论文的观点可能有失偏颇，一些论文的问题探讨可能仅停留在表面，编印中难免有不妥之处，恳请批评指正。

编　者

2013年12月